The Hybrid Textbooks of Civil Law Vol. 3
The Law of Obligations :
General Provisions

新ハイブリッド民法

3

債権総論

松尾 弘・松井和彦・古積健三郎
原田昌和❖著

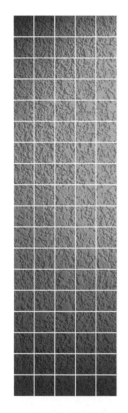

法律文化社

ハイブリッド民法シリーズの刊行にあたって

　2004年4月にわが国で初めて法科大学院が開設されました。この法科大学院は，周知のようにアメリカのロースクールに倣って法曹資格者のための専門大学院として発足したものですが，学生の質もかなり高く，ハイレベルな授業が要求されます。2006年6月には，法科大学院卒業者の受験する初めての司法試験が実施されました。法科大学院では，法曹実務教育を大幅にとりいれた実践的な教育が行われますが，それに対応するためには，学生が学部教育，法科大学院1～2年生の時期の教育において民法学の基礎的な制度，ルールを十分に理解して，応用能力を備えていることが前提となります。

　それと並んで，20世紀の末から現在までの間に，民法典およびそれに関連する法律について数多くの手直しがなされ，また幾つもの民事特別法が制定されました。ごく新しいものだけを例にとっても，1999年の民法典中の成年後見制度の改正，2004年の民法典現代語化法（口語化法），2006年の公益法人制度の改正（2007年より施行）をはじめとして，1998年のNPO法，債権譲渡特例法（2004年動産，債権譲渡特例法），民事再生法，1999年の任意後見法，住宅品質確保促進法の制定と定期借家権の導入，2000年の消費者契約法，特定商取引法，電子署名法，金融商品販売法，2001年の中間法人法，電子（消費者）契約法，2003年の人事訴訟法，2004年の新不動産登記法，新破産法，2005年の会社法，仲裁法，2006年のADR促進法，預金者保護法，金融商品取引法，新信託法，法の適用に関する通則法，2007年の労働契約法などがそれで，それらにおいてもその後手直しが行われまたはそれが予定されています。また近い将来においても，担保物権法，債権法，家族法といった民事法分野における法改正が予定または計画されています。

　このようにわが国の法学教育，わけても民法学の教育は，現在大きな転換点を迎えており，従来使われてきた民法学の教科書，参考書を見直して，新たな時代に対処するための新しい民法教科書作りに本格的に取り組まねばならない

時期に差しかかっています。そこでこのような新しい時代に対応するために，法科大学院時代の学部とロースクール両方での民法教育をにらんだ，いわばハイブリッドなテキストというコンセプトで，新しい民法教科書シリーズを企画しました。

この新しい民法教科書シリーズは，従来の総則，物権・担保物権法，債権総論，債権各論，家族法という5本の柱からなる枠組みを崩すものではありませんが，新しい現代語化民法，その他の新しく制定，改正されたばかりの数多くの民事特別法に依拠するとともに，法学部学生および法科大学院学生の両者に対応できるように，基礎的な民法制度を祖述する一方で，最新の判例・学説および新しい争点をもとりいれ，基礎から応用にいたるまでの多面的かつアクセントをつけたきめ細やかな記述を旨としています。民法典およびそれを取り巻く数多くの法令が形式的だけでなく，内容的にも新しいものとなり，かつ急テンポに新しい問題が次々と生起する現在にあって，このような新機軸の民法教科書を上梓することは，必ずや数多くの利用者を見出し，学界の共有財産となるであろうことを信ずるものです。

2006年9月

『ハイブリッド民法』シリーズ編集委員

小野　秀誠
本田　純一
松尾　　弘
滝沢　昌彦
半田　吉信

はしがき

　本書は,『新ハイブリッド民法』シリーズの第3巻として,債権総論の部分を扱うものである。債権は,経済活動の発展に伴い,その機能が多様化し,拡大しており,実務と法理がたえず相克を繰り返している。また,判例の展開も目覚しい部分である。本書は,そうした債権の性質・効力・移転・消滅および多数当事者の債権関係を明らかにするものである。

　本書は,民法(債権関係)改正(2017年)を織り込み,『新ハイブリッド民法』シリーズの方針に則り,読者が **Case** に示された具体例をイメージしながら制度の基本を確認し,図解も適宜用いることにより,立体的な理解ができるように努めた。また,関連する話題を **Topic** で取り上げ,制度が現実社会の中でどのように機能しているかを紹介した。さらに,発展的・応用的な問題を中心に **Further Lesson** で解説した。各章末尾の *Exam* および巻末の *Hybrid Exam* は,復習と応用力の鍛錬を目指すものである。これらを活用し,読者がそれぞれの勉強の進度に合わせて,講義を聴く際の予習・復習の教材として,また受験準備や独習用テキストとして,本書を利用されることを願っている。

　執筆者はいずれも,法学部および法科大学院で,日々授業や演習に奮闘しているが,その過程で得られた各自の経験や工夫や思いが本書の各所に活かされ,法学部と法科大学院とをつなぐものとしての本シリーズのコンセプトの実現になにがしかでも寄与していればと願う次第である。

　本書の企画・作成にあたっては,法律文化社の野田三納子さんから,たえず有益なご教示やお励ましをいただいた。ここであらためてお礼を申し上げたい。

　2018年8月15日

松尾　　弘
松井　和彦
古積健三郎
原田　昌和

目　次

ハイブリッド民法シリーズの刊行にあたって
はしがき
凡　例
著者紹介

序　債権総論を学ぶにあたって……………………………1
  1 本書の構成………………………………………………1
  2 近代法における債権の機能……………………………3
  3 現代法における債権の機能……………………………5
  4 民法（債権関係）の改正………………………………6

第1章　債権の意義・性質・種類………………………10
  1 債権の意義……………………………………………10
  2 債権の性質……………………………………………12
  3 債権の種類……………………………………………14
Exam(30)

第2章　債権の効力（1）■債務者に対する効力………31
  1 債権の効力総論………………………………………32
  2 履行請求権および履行の強制………………………35
  3 債務不履行に基づく損害賠償………………………42
　　 1　債務不履行序説(42)　2　事実としての不履行(44)
　　 3　損害の発生(53)　4　因果関係(58)　5　債務者の責
　　 めに帰することができない事由の不存在(59)　6　責任能力
　　 (65)　7　証明責任(65)　8　損害賠償の範囲(67)
　　 9　損害賠償額算定の基準時(72)　10　賠償額の調整(75)
　　 11　損害賠償に関する特則(77)　12　代償請求権(81)
　　 13　賠償者の代位(82)

4　債務不履行と不法行為……………………………………………82

　　　1　債務不履行責任の拡大(82)　2　請求権競合(制度間競合)(91)

　Exam(96)

第3章　債権の効力（2）■第三者に対する効力……………………97

　1　第三者に対する債権の効力（総論）……………………………97
　2　債権者代位権………………………………………………………98

　　　1　債権者代位権制度の意義と位置づけ(98)　2　債権者代位権の要件(101)　3　債権者代位権の効果(105)

　3　詐害行為取消権……………………………………………………108

　　　1　詐害行為取消権制度の意義と位置づけ(108)　2　詐害行為取消権の要件(112)　3　詐害行為取消権の効果(121)

　4　債権を侵害する第三者に対する債権者の権利…………………126

　　　1　債権の構造と債権侵害の成否(126)　2　債権侵害に対する妨害排除請求(128)　3　債権侵害を理由とする損害賠償請求(131)

　Exam(132)

第4章　多数当事者の債権・債務………………………………………133

　1　多数当事者の債権・債務の意義…………………………………133
　2　分割債権・債務……………………………………………………138
　3　不可分債権・債務…………………………………………………142
　4　連　帯　債　権……………………………………………………147
　5　連　帯　債　務……………………………………………………149

　　　1　連帯債務の意義(149)　2　連帯債務の成立・内容(154)　3　連帯債務の効力(156)　4　連帯債務者間の求償関係(161)　5　不真正連帯債務(166)

　6　保　証　債　務……………………………………………………169

　　　1　保証債務の意義(169)　2　保証債務の成立(172)　3　保証債務の内容(175)　4　保証債務の付従性・補充性(178)　5　主たる債務と保証債務との相互関係(181)　6　保証人による弁済と求償権(186)　7　共同保証(195)

　　　　8　根保証(200)　　**9**　事業に係る債務についての保証契約の特則(211)

　　Exam(213)

第5章　債権譲渡・債務引受 …………………………………… 214

　1　債　権　譲　渡 ……………………………………………………… 214

　　　1　債権・債務関係の移転可能性(214)　　**2**　債権の譲渡方法と債権の形態(215)　　**3**　債権の譲渡(216)　　**4**　有価証券の譲渡(240)

　2　債　務　引　受 ……………………………………………………… 244

　3　契約上の地位の移転について …………………………………… 249

　Exam(250)

第6章　債権の消滅 …………………………………………… 251

　1　債権消滅の意味と原因 …………………………………………… 251

　2　弁　　　　済 ……………………………………………………… 253

　　　1　弁済総説(253)　　**2**　弁済の提供，受領遅滞(257)　　**3**　第三者の弁済と弁済による代位(266)　　**4**　弁済受領権者(281)　　**5**　弁済の充当，弁済の証明(293)

　3　代物弁済 …………………………………………………………… 298

　4　供　　　　託 ……………………………………………………… 300

　5　相　　　　殺 ……………………………………………………… 304

　6　更改・免除・混同 ………………………………………………… 320

　Exam(324)

Hybrid Exam ………………………………………………………… 325
参考文献案内 …………………………………………………………… 327
判 例 索 引 …………………………………………………………… 329
事 項 索 引 …………………………………………………………… 334

Topic 目次

- **1-1** 種類債権か制限種類債権か(20)
- **1-2** 利息制限をめぐる判例と立法の相克(29)
- **2-1** カフェー丸玉事件判決の評価(34)
- **2-2** 不作為義務違反のおそれと間接強制(41)
- **2-3** 債権者による損害回避減少措置の懈怠(70)
- **2-4** 予見可能性に関する2017年改正の意味(71)
- **2-5** 富喜丸事件判決(74)
- **4-1** 不真正連帯債務概念の存在意義(168)
- **4-2** 事前求償権の制度は妥当か？(191)
- **5-1** 電子記録債権(217)
- **5-2** 特定の債務者に対して将来発生すべき複数の債権の譲渡(221)
- **6-1** 偽造・盗難カード預貯金者保護法(284)

▶▶▶Further Lesson 目次

- **2-1** 債務不履行の類型論(46)
- **2-2** 特定物ドグマの否定(51)
- **2-3** 本来の履行請求権と塡補賠償請求権の関係(58)
- **3-1** 破産法上の否認権との整合性の確保(110)
- **3-2** 非金銭債権（特定債権）に基づく詐害行為取消権行使の可否(114)
- **4-1** 事前の通知によって保護されるべき事由とは？(164)
- **4-2** 相対的効力説の帰結(165)
- **4-3** 求償権を担保する抵当権(193)
- **5-1** 債権譲渡の対抗要件の特例(229)
- **5-2** 債権差押えの対抗要件(229)
- **6-1** 最大判昭和32・6・5の射程(263)
- **6-2** 現実の提供と口頭の提供(263)
- **6-3** 弁済提供と双務契約(264)
- **6-4** 保証人兼物上保証人への代位(280)
- **6-5** システムの設置・管理についての過失(288)
- **6-6** 預金者の確定(292)
- **6-7** 請負報酬債権に対する相殺と報酬残債権が履行遅滞に陥る時期(319)

凡　例

　本書は，2017（平成29）年成立の「民法の一部を改正する法律」（平成29年法44号）対応版であり，本文中の解説は，施行後を前提にしている（施行は，2020年4月1日とされている。今回の改正については「2017年改正」と表記）。施行後を前提とした解説であるので，2017年改正を通じて変更された（変更が予定されている）民法典の条名（および項数・号数）についてとくに断りはないが，2017年改正によって現行民法典が変更となるものについては，「改正前○条」と表記した（ただし，「改正前」の状況と対比しながら解説している箇所については，「改正法」と表記した）。

【1】　判例の略語（主要なもの）

　大　判……大審院判決　　　　　　　　　最大判……最高裁判所大法廷判決
　大連判……大審院民事連合部判決　　　　高　判……高等裁判所判決
　最　判……最高裁判所小法廷判決　　　　地　判……地方裁判所判決

　民　録……大審院民事判決録　　　　　　高　民……高等裁判所民事判例集
　刑　録……大審院刑事判決録　　　　　　裁　時……裁判所時報
　民　集……大審院（最高裁判所）民事判例集　集　民……最高裁判所裁判集民事
　新　聞……法律新聞　　　　　　　　　　判　時……判例時報
　下民集……下級裁判所民事裁判例集　　　判　タ……判例タイムズ
　家　月……家庭裁判月報　　　　　　　　金　法……旬刊金融法務事情

　百選Ⅰ・Ⅱ・Ⅲ……民法判例百選Ⅰ・Ⅱ〔第8版〕，Ⅲ〔第2版〕（別冊ジュリスト）

【2】　法令名の略記

　本文カッコ内での法令条名（および項数・号数）の引用に際して，民法典については，条名のみをかかげ，その他の法令で引用頻度の高いものは，その法令名を，通例慣用されている方法により略記した。

■ 著者紹介

松尾　弘（まつお　ひろし）　　　　　　　　　序, 第1章, 第3章, 第5章 執筆

略歴　1962年生まれ。慶應義塾大学大学院法学研究科修士課程修了，一橋大学大学院法学研究科博士後期課程単位取得退学。現在，慶應義塾大学大学院法務研究科教授。

主要業績
『物権・担保物権法〔第2版〕』（弘文堂，2008年，共著）
『開発法学の基礎理論―良い統治のための法律学』（勁草書房，2012年）
『民法の体系―市民法の基礎〔第6版〕』（慶應義塾大学出版会，2016年）
『ヘルムート・コーイング 法解釈学入門』（慶應義塾大学出版会，2016年）
『発展するアジアの政治・経済・法―法は政治・経済のために何ができるか』（日本評論社，2016年）

松井　和彦（まつい　かずひこ）　　　　　　　　　　　　　　第2章 執筆

略歴　1970年生まれ。一橋大学大学院法学研究科博士後期課程修了。現在，大阪大学大学院高等司法研究科教授。

主要業績
『契約の危殆化と債務不履行』（有斐閣，2013年）
『契約法』（日本評論社，2018年，共著）
「不安の抗弁と倒産手続―民法（債権関係）改正論議を手がかりに」阪大法学66巻3・4号（2016年）
「付随的な義務の不履行と契約の解除」法律時報90巻7号（2018年）

古積健三郎（こづみ　けんざぶろう）　　　　　　　　　　　　第4章 執筆

略歴　1965年生まれ。京都大学大学院法学研究科修士課程民刑事法専攻修了，同研究科博士後期課程民刑事法専攻単位取得退学。現在，中央大学大学院法務研究科教授。

主要業績
『物権・担保物権法〔第2版〕』（弘文堂，2008年，共著）
『換価権としての抵当権』（弘文堂，2013年）
『〈判旨〉から読み解く民法』（有斐閣，2017年，共著）
「実在的総合人および総有の法的構造について」法学新報123巻5・6号（2016年）
「入会権をめぐる訴訟の形態について」加藤雅信先生古稀記念『21世紀民事法学の挑戦 上巻』（信山社，2018年）所収

原田　昌和 (はらだ　まさかず)　　第 6 章 執筆

略歴
1972年生まれ。京都大学大学院法学研究科修士課程民刑事法専攻修了，同研究科博士後期課程民刑事法専攻単位取得退学。現在，立教大学法学部教授。

主要業績
『リーガル・リサーチ＆リポート』（有斐閣，2015年，共著）
『日評ベーシック・シリーズ 民法総則』（日本評論社，2017年，共著）
『START UP シリーズ民法①総則 判例30！』（有斐閣，2017年，共著）
『LEAGAL QUEST 民法Ⅰ 総則〔第2版〕』（有斐閣，2018年，共著）
「攻撃的取引方法からの消費者の保護について―決定自由の重層的保護の視点から」淡路剛久先生古稀祝賀『社会の発展と権利の創造―民法・環境法学の最前線』（有斐閣，2012年）所収

序　債権総論を学ぶにあたって

1　本書の構成

　債権総論は，①債権の意義，②債権の効力，③債権者・債務者が複数の場合の法律関係，④債権の移転・債務の引受，および⑤債権の消滅を扱うものである。民法の条文では，第3編「債権」の第1章「総則」（▶399条～520条の20）に当たる。それは，①「債権の目的」（▶399条～411条），②「債権の効力」（▶412条～426条），③「多数当事者の債権及び債務」（▶427条～465条の10），④「債権の譲渡」（▶466条～469条），⑤「債務の引受け」（▶470条～472条の4），⑥「債権の消滅」（▶473条～520条），⑦「有価証券」（520条の2～520条の20）の7節から構成されている。本書は，基本的にこの条文構成に従い（ただし，⑦は内容的に関連する④に続けて），理論的観点から以下の6章に分けて，債権総論についての理解を進めていくことにする。

　第1章では，債権の定義や，他の権利（とくに債権と対照的な物権）と対比した場合の債権の特色を理解した上で，債権の目的物に従って分類された債権の基本類型やそれらの性質を確認する。

　第2章，第3章は債権の効力に関するものである。まず，第2章では，債務者に対する債権の効力に注目する。とくに債務者がその債務を任意に履行しなかった場合に，債権者は債務者に対してどのような法的手段をとることができるのかが中心テーマになる。これは債権の中心的効力であるといえる。と同時に，民法の他の部分で債権者に認められた各種の法的手段（不法行為など）との相互関係についてもここで整理しておくことが便宜であろう。

　他方，第3章では，債務者以外の第三者に対する債権の効力を扱う。そこでは，①債務者が第三者に対してもつ権利を債権者が代わって行使する場合（第

2節 債権者代位権)，②債務者と第三者との間で行われた行為のうち，債権者を害する行為の効力を債権者が否定する場合（第3節 詐害行為取消権)，さらに，③債務者以外の第三者に対し，債権者がその債権に基づいて直接に債権の保護（妨害排除請求，損害賠償など）を請求する場合（第4節 債権を侵害する第三者に対する債権者の権利）が扱われる。

第4章では，債権者または債務者が複数の場合に，債権の効力をどのように考えるべきか，それについての法律関係を整理する。そこで扱われる不可分債務，連帯債務，保証債務は，実質的には債権の実現をより確実にするための債権担保の機能を果たしている。したがって，この部分は，物権法における担保物権と関連づけたり，比較したりしながら理解を進めることが有益である。加えて，第5章で扱われる債権譲渡や，第6章で取り扱われる相殺の制度にも担保的機能が認められるし，やはり第6章で解説される弁済による代位の制度は債権担保の当事者間における利益調整を目的とする。そこで，実質的に債権担保に関連するこれらの制度の相互関係を繰り返し確認することが，学習効果を高めるであろう。

第5章では，債権の譲渡について扱う。①債権も所有権と同様に譲渡できるか，②それらの譲渡方法にはどのような共通点と相違点があるか，③債務者に対する債権の譲渡人，譲受人，その他の権利者との利害関係がどうなるかを確認する。また，④債権に対応する債務を債務者以外の第三者が引き受けることが可能か，可能とすればどのようにして行われるか，さらに，⑤複数の債権・債務を包含する契約上の地位全体を移転するにはどうすればよいかについても併せて検討する。

第6章では，債権のさまざまな消滅原因を扱う。民法・債権編には，弁済，相殺，更改，免除，混同（第3編第1章第6節第1款〜第5款）という消滅原因が列挙されていることから，ここでもそれぞれの債権消滅原因が実質的にどのような機能を果たしているか，その具体的な適用場面を想定し，かつ関連する制度との相互関係を確認しながら，理解を深めることが有益である。たとえば，債権の目的物の特定の効果（▶401条2項）と弁済の提供の効果（▶492条）との関係，弁済による代位の効果（▶501条）と各種の債権担保の効力との関係，相

殺（▶505条）による債権消滅の主張と債権の強制履行（▶414条）・差押え，債権譲渡（▶466条）との優劣関係などである。

債権総論の知識は，債権の性質や効力に関する一般理論に当たるものであることから，その応用範囲は広い。それだけに，債権総論内部での相互関係の理解にとどまらず，契約上の地位の移転（▶539条の2），売買契約，その他の契約や不法行為といった債権各論における関連部分はもちろん，物権法や相続法との関連部分にも広く関心をもち，それに関する解説が現れるたびに，双方向からの確認を行い，制度横断的な学習態度をもつことがとくに望まれる。

2　近代法における債権の機能

債権は現実の社会においてどのような機能を果たしているのであろうか。所有権を典型とする物権が目的物を直接に——つまり，他人の行為によって媒介されることなしに——支配し，利益を引き出すことができる権利であるのに対し，債権は他人（債務者）に対して一定の行為——物の引渡し，金銭の支払い，各種サービスの供与，特定の行動をしないことなど——を請求し，そうした債務者の行為を介して利益を引き出すことができる権利であるにとどまる。したがって，一見すると，債権は物権よりも効力が弱く，重要度も低い権利であるかのような印象も与えかねない。ところが，現実の機能の点からみると，債権は多様な主体がさまざまなかたちで利用することにより，活用場面の多様性という点では物権以上に重要な役割を果たしている。なぜなら，外界物（有体物，無体物）と異なり，他人を支配することが認められない現在の法秩序の下で，1人の人間が単独では達成することのできないさまざまな事業を，他人と契約するなどしてその者に対する債権を取得し，数多くの人々の知識や技能を動員して活用することにより，大規模に展開することができるからである。

このことを指摘した著作として，我妻栄『近代法における債権の優越的地位』（有斐閣，1953年）がある。この論文集に収録され，その表題にもなった同名の論文（1929～1931年）は，「自由なる所有権」が各種の契約と結合し，それによって生み出された各種の債権こそが，私法秩序の中心的地位を占めるにい

たる経緯を描写した。つまり,「物質的な支配権能から離脱した自由なる所有権は,その資本的作用を営むために利用した契約—債権のために,次第に圧倒されて,機能的没落の運命をたどる」という,「近代法における債権の優越的地位」のテーゼである。さらに,物的担保制度が発達し,債権の実現可能性への信頼度が高まるとともに,債権の譲渡性が強化されることにより,債権の財産的価値は飛躍的に増大する。このような背景の下で,金銭債権が発達し,銀行制度および有価証券制度を介して企業金融を支配し,やがては全経済組織が金銭債権によって維持されるにいたるというものである。

　たしかに,企業が賃貸借契約を通じて地主から土地・建物を借り入れ(賃借権),雇用契約を通じて労働者から労働の提供を受け(労働請求権),製造した商品や開発したサービスを売買契約や請負・委任契約を通じて取引先に提供し(代金債権,報酬債権),場合によってはこれらの債権を担保にして,銀行と消費貸借契約を通じて経営資金を調達し(銀行の金銭債権),さらに経営規模を拡大して収益の増大を図る……という諸局面では,企業はこれら各種の債権を活用することにより,所有権をほとんど利用することなしに,その経営を維持・拡大することが可能なように思われる。もっとも,そうした活動を支える制度的基盤として,土地・建物などの不動産の所有者の所有権の保護,動産,知的財産などの商品に対する企業の所有権の保護,それを取得する買主のための動産所有権移転の保護をはじめとする取引安全の確保などの側面で,所有権制度が,必ずしも目に見えないものの,重要な機能を果たしている(この側面に関しては,川島武宜『所有権法の理論』〔岩波書店,1949年,新版・1987年〕が,併せて読まれるべきである)。また,これらの経済取引の世界だけでなく,一般市民の日常生活において市民の財産(動産・不動産)に対する所有権が保護されていることも,間接的に経済取引を支えていることは看過できない。このように所有権がもつ基盤的制度としての意義もまた,強まりこそすれ,衰退しているわけではないことは,いうまでもない。

　しかしなお,このことをふまえた上で,現代の企業取引や市民生活における債権の機能の拡充の様子を再認識することは,実務的にも,理論的にも,また社会認識のための手がかりとしても,きわめて有用であろう。すなわち,安定

した所有権制度の地盤の上で，機能強化されたさまざまな債権が華々しく展開し，経済活動を活性化させ，社会生活を豊かなものにしているのである。

3　現代法における債権の機能

　我妻・前掲『近代法における債権の優越的地位』が描写した債権の機能増大のシナリオは，その後の経済取引の展開の仕方と合致していた点も多いが，現実がその想定を超えていた点もある。とりわけ，債権の流通は，我妻・前掲書がとくに着目した指図債権や無記名債権よりは，まずは手形・小切手などの有価証券を通じて行われた。ついで，手形の発行・管理に関するコスト削減の要請と，コンピュータ技術の発達に伴う電子媒体による紙媒体の代替（いわゆるペーパーレス化）を通じて，売掛代金債権，貸金債権などの一般の債権が，その流通性を高めることにより，債権・債務の決済手段や資金調達のための担保手段として利用される傾向が拡大した。たとえば，債権者が，その相手方との取引を通じて，将来取得するであろう複数の債権の譲渡や譲渡担保なども判例法上承認され，民法の2017年改正により，法律上も認められるにいたった。また，有価証券のペーパーレス化からさらに進んで，売買代金債権などの原因債権たる債権とは別個の債権として，電子記録債権も法制度化された。

　こうした傾向は，債権の効力や流通の保護の強化を通じて，企業の直接金融の方法を拡充している。その一方で，債権の譲受人，その債権に対する差押債権者，その債権の債務者であるが譲渡人に対して反対債権をもつ者が相殺を主張した場合における当事者間の優劣関係が判例上問題になるなど，関係当事者間の利益調整を行い，公平を図る必要性も増大している。民法の2017年改正は，こうした問題にも答えようとしている（➡第4節）。

　このような経済・社会の動きにも照らして，債権の意義や効力，関係する当事者間の法律関係を明らかにすることは，債権総論の学習にとって大きなインセンティブになり，グローバル化する現代社会の動きをみる目を涵養することにも通じる。

4 民法（債権関係）の改正

　2017（平成29）年5月26日，「民法の一部を改正する法律」（以下，改正法という）が成立し，債権関係の規定を中心に，大幅に改正がされた（平成29年6月2日法律44号，施行は一部規定を除き，2020年4月1日）。改正法は，既存の判例法理や通説的見解を明文化したものから，現在の法律や判例と異なる規定を導入したものまで多岐にわたるが，一定の特色も認められる。契約の尊重，契約などに基づいて生じる債権の効力強化と流通促進，国際取引法の影響の増大などである。

　契約の尊重は，契約の成立や内容決定を含む契約自由の原則を促進し，いったん成立した契約をできるだけ有効に取り扱うという考え方である。改正法は，契約の成立について，従来は要物契約であった消費貸借・使用貸借・寄託につき，合意のみによる契約の成立（ただし，一定の契約解除権を留保する。また，消費貸借の場合，物の受取りによらないときは，書面または電磁的記録による合意を要する）を認めて諾成主義の原則を強化し（▶587条の2・593条・593条の2・657条・657条の2），契約自由（契約の締結・内容決定・方式の自由）の原則を明文化した（▶521条・522条2項）。また，いったん契約が締結されれば，その履行が契約締結時にすでに実現不可能であっても（原始的不能），それを理由に契約が無効となることはなく（▶412条の2第2項参照），契約締結後に履行が実現不可能になっても（後発的不能），それを理由に債権が消滅することにはならないものとした（▶同条1項参照）。

　この場合，債権者としては，債務の履行が「契約その他の債務の発生原因及び取引上の社会通念に照らして不能」であるときは，その債務の履行を請求することはできないが（▶412条の2第1項），債務者に対して損害賠償を請求することができ（▶415条1項本文），その賠償範囲は債務が履行されていれば債権者が得られたであろう履行利益に及ぶ（▶416条1項・2項）。これに対し，債務者は，債務の不履行が「契約その他の債務の発生原因及び取引上の社会通念に照らして債務者の責めに帰することができない事由」によるものであることを主

張・立証したときにかぎり，損害賠償責任を免れる（▶415条1項ただし書）。したがって，債務者の損害賠償責任をめぐっては，債務者の責めに帰することができない事由として，契約における免責特約の有無とその内容が重要になってくる。

　また，双務契約の一方の債務が履行不能である場合，債権者は債務者から反対給付の履行を請求されたときは，ひとまずこれを拒むことができる（▶536条1項）。その上で，債権者は契約解除により，契約の拘束から解放される。債権者は，履行の全部が不能の場合だけでなく，債務者が債務全部の履行拒絶意思を明確に表示した場合，債務の一部についての履行不能または債務者の履行拒絶意思の明確な表示があり，残存部分のみでは契約目的を達成できない場合，または催告しても契約目的の達成に足る履行がされる見込みがない場合は，催告なしに契約を解除することができる（無催告解除。▶542条1項）。その際，履行不能について債務者に帰責事由がないときは契約を解除することができないとした改正前543条ただし書は削除された。ただし，履行不能が債権者の帰責事由によるときは契約解除できない（▶543条）。

　ちなみに，債務が履行可能であるときは，債権者は相当期間を定めて履行を催告し，その期間内に履行がないときに契約を解除することができる（催告解除。▶541条本文）が，その不履行が「契約及び取引上の社会通念に照らして軽微」であるときは，契約解除できない（▶541条ただし書）。ここにも契約を重視し，契約が成立した以上はできるだけ有効に扱おうとする契約尊重の考え方が表れている。

　このような改正法の定めは，我妻栄『新訂 民法総則』(1965年)，『新訂 債権総論』(1964年)，『債権各論　上巻・中巻一』(1957年・1962年) などに代表される伝統的な契約法理論を大きく修正する内容を含んでいる。伝統的な契約法理は，契約締結時までに契約内容の実現が不能になっていた場合（原始的不能）と，契約締結後にその実現が不能になった場合（後発的不能）とを区別し，原始的不能の場合，契約は無効となり，債権・債務は発生しないが，原始的不能であることについて不注意で相手方を契約に引き込んでしまった当事者は，契約書の作成費用など，相手方が契約を有効と信じたことによる信頼利益の喪失

分を賠償する債務を負うことを認めた（契約締結上の過失の法理）。他方，後発的不能の場合は，契約によって発生した債権・債務はその後の履行不能によって消滅する。ただし，「債務者の責めに帰すべき事由」（帰責事由）によって債務の履行が不能になったときは，債務は損害賠償請求権に転化し，債権者は債務が契約どおりに履行されていれば得ることができたであろう履行利益の賠償請求が認められた（▶改正前415条後段）。一方，債務者の帰責事由によらずに債務が履行不能になったときは，債務者の債務は消滅するが，双務契約において債権者が負う反対給付の債務も消滅するか否かは，危険負担のルール（▶改正前534条〜536条）によって決定されるものとされていた。

　これに対し，改正法は，契約を締結した以上，契約に基づく債務の履行が契約成立の前または後に不能になっても契約の有効性は影響されないとの前提に立っていることは，既述のとおりである。また，債務の履行が可能であるかぎり，その実現に向けて，債権の効力を強化している。たとえば，売買契約の目的物が種類・品質・数量に関して契約内容に適合しない場合は，買主は売主に対し，修補，代替物の引渡しまたは不足分の引渡しによる履行の追完請求，代金減額請求，損害賠償請求，契約解除を所定の要件の下ですることができる（▶562条〜564条）。このうち，追完請求，代金減額請求および契約解除は，売主の故意・過失等の落ち度の有無を問わずに認められる（▶562条〜564条・541条・542条）。したがって，売主がこのような責任を負う根拠は，契約したことそれ自体に求められる（契約絶対主義）。また，契約不適合によって損害を被った債権者は，契約内容に適合した債務の履行がされていれば得られたであろう履行利益について損害賠償を請求できる（▶564条・415条1項本文）。これに対し，債務者は，そうした債務の不履行が，「契約その他の債務の発生原因及び取引上の社会通念に照らして債務者の責めに帰することができない事由」によるものであることを主張・立証した場合にかぎり，損害賠償責任を免れる（▶415条1項ただし書）。

　改正法はまた，債務が履行不能であっても，債務者が履行不能と同じ原因によって債務の目的物の代償である権利または利益を得たときは，債権者はその受けた損害額の限度において，債務者にその権利の移転または利益の償還を請

求することができる代償請求権の制度も定めた（▶422条の2）。

　さらに，改正法は，債権の流通保護も強化している。たとえば，債権者・債務者間で債権の譲渡を禁止する特約など債権譲渡制限の意思表示がされていても，債権譲渡は「その効力を妨げられない」とした（▶466条2項）。その結果，債務者は，譲渡制限の意思表示について悪意または重過失のある譲受人に対しては債務の履行を拒み，譲渡人に対する弁済，その他の債務消滅事由をもって対抗することができるが（▶同条3項），債務者がまだ債務を履行していない場合には，譲受人は，たとえ譲渡制限の意思表示について悪意または重過失があるときでも，債務者に対して相当期間を定めて譲渡人への履行を催告し，その期間内に履行がないときは譲受人への履行を請求できる（▶同条4項）。一方，債務者は，譲渡制限の意思表示がされた債権が金銭債権であるときは，債務の履行地の供託所に供託することができ，この場合にも，譲受人だけが供託金の還付請求をすることができる（▶466条の2）。また，債権の譲渡は，その意思表示の時に債権が現に発生していることを要しないとし（▶466条の6第1項），将来債権の譲渡が可能であることについても明文規定を設けた。

　以上のように，改正法は，債権の主要な発生原因である契約を重視し，それによって生じた債権の効力強化および流通促進を図っている。契約は原始的不能の給付を目的とするものであっても，その有効性に影響を受けないとする法理は，日本が2008年に批准した「国際物品売買契約に関する国際連合条約」（1988年発効）に導入されており，2017年改正にも，そうした国際取引ルールの影響が見出される。また，債権の消滅時効について，種々の短期消滅時効（▶改正前170条〜174条，商522条）の廃止と消滅時効規定の簡素化，消滅時効の起算点として債権の行使可能時のほか，債権者の認識時も加えた起算点および期間の二重化（▶166条1項），人の生命・身体を害する損害賠償請求権の消滅時効の長期化（▶167条・724条の2）なども，国際標準化の影響を受けている。

　このようにして債権の発生・効力・移転・消滅に関するルールを合理化し，その機能をいっそう拡充させようとする方向性は，債権法のグローバル化の一環とみることができるであろう。

第1章　債権の意義・性質・種類

1　債権の意義

債権とは何か　民法は，①人格権，②物権，③債権，④親族法上の権利，そして⑤その他の新しい権利（パブリシティー権など）についての主体・客体・変動・効果を定めた一連のルールからなる権利の体系である。このうち，債権は，ある者が他の者に対して一定の行為を請求することのできる権利である。請求の対象となる他人の行為は，物の引渡し・金銭の支払い・サービスの供与といった積極的行為（作為）であることも，特定の競業・特定の建築行為・その他特定の活動をしないといった消極的行為（不作為）であることもある。このように債権の客体となる相手方の行為を**給付**という。相手方に対してそうした給付を請求する権利（請求権）をもつ者を債権者，その請求の相手方として当該給付を行う義務（給付義務）を負う者を債務者とよぶ（図表1-1）。

このように債権には，①債権者が債務者に給付義務の履行を請求する効力としての請求力がある。さらに，債権には，②債務者が履行した給付を受領し，保持し，侵害されず，不当利得返還義務を負うこともない効力としての給付保持力，③債務者が給付義務を履行しない場合に，給付義務の存在や内容に基づく債権者の主張の当否を裁判上明らかにすることを求める訴求力，④勝訴の確定判決に基づいて給付の内容を国家権力（執行裁判所）によって強制的に実現することので

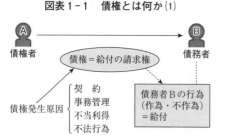

図表1-1　債権とは何か(1)

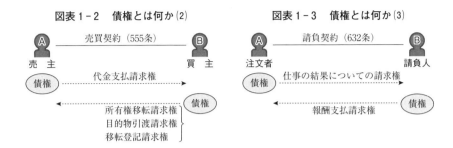

きる執行力も認められる（→32頁）。そして，債権の保護・実現手続において現れる②〜④の効力も，①請求力に由来するものであり，債権の実体法上の効力の本質は請求権性にあるといえる。債権（請求権）の発生原因には，契約（**図表1-2〜3**），事務管理，不当利得，不法行為などがある。

> **Case 1-1** A会社は，αビルの所有者Bと賃貸借契約を結び，αビルの3〜5階部分を1か月100万円で賃借した。また，Aは従業員としてC$_1$〜C$_{10}$を雇用し，業務実績に応じて毎月30〜40万円を支払うことにした。Aはそこで開発した健康器具を1セット50万円で100セットをD商社に売却する契約を結び，その際には顧客からの要望があれば技術指導も1時間2000円で行うことを合意した。AはDに対する売却代金債権を担保にして，経営資金の一部としてE銀行から3000万円の融資を受けた。さらに，Aは，Aに勤務していた従業員のFが独立し，健康器具の関連部品の開発・製造を開始するに際し，その後2年間はAの製品と競合する製品の製造・販売を行わないことをFに約束させた。この場合，B・C・D・EはそれぞれAに対してどのような権利をもつか。また，AはB・C・D・F各人に対してどのような権利をもつか。

Case 1-1 では，Aに対してBは賃貸借契約に基づく賃料請求権，Cらは雇用契約に基づく報酬請求権，Dは売買契約に基づく所有権移転請求権・目的物引渡請求権，Eは金銭の消費貸借契約に基づく貸金返還請求権をそれぞれ取得する。他方，AはBに対して賃貸借契約に基づく使用・収益請求権，Cに対して雇用契約に基づく労働請求権，Dに対して売買契約に基づく代金支払請求権，Fに対して競合する製品の製造・販売を行わないという不作為請求権をもつ。これらの請求権はいずれも相手方である債務者の何らかの行為——Aの賃料支払い・報酬支払い，Bの目的物の引渡し・修繕，Cの労働提供，Dの代金

支払い，Ｆの競合行為の不作為——を求める権利である。

　こうして債権の本質がその客体である債務者による給付を請求することのできる請求権性にあることは，物権の本質がその客体である目的物を直接に支配することのできる支配権性にあることと対照的である。つまり，債権者は債務者という人格を支配することはできないので，債権は債務者がその給付義務を履行することを介して実現される。債務者がその債務を任意に履行しないときは，債権者は裁判所に対して履行の強制（▶414条）を申し立て，裁判所（国家権力）を介して債権を実現しなければならない（➡35頁）。

2　債権の性質

債権の性質　①債権の本質は**請求権**であり，物権のような支配権ではない。それゆえに，②債権は，同一内容の給付（たとえば，同一物の引渡し，同一人による同一時間の行為など）を目的とするものであっても複数成立可能であり（**重畳性**），同一内容の物権が同時に複数成立しないこと（排他性）と対照的である（**図表1-4参照**）。

　③同一内容の給付を目的とする複数の債権が重畳的に成立した場合，どの債権に対応する債務を履行するかは債務者の決定にゆだねられ，債権者相互間には，法律に特別の規定がないかぎり，優先順位はない（**債権者平等の原則**）。債務者が債務を任意に履行しない場合，債権者は履行を強制することができるが（▶414条），債務者の給付がすべての債権を満足させるのに足りないときは，各債権者は債権額の割合に応じた案分比例によって弁済を受けるにとどまる（旧民法・債権担保編１条２項参照）。これに対し，①支配権性をもつ物権の場合，②同一物を目的とする同一内容の物権は両立せず（排他性），③同一物を目的とする複数の物権の成立が問題になるときは優先劣後の順位がつく（優先的効力。ただし，同一目的物について同順位の担保物権，たとえば，同順位の先取特権が複数成立するときは，各先取特権者は債権額の割合に応じて弁済を受ける。▶332条）。なお，債権が二重に処分された場合（債権の二重譲渡，債権の譲渡と債権の差押えとの競合などの場合）は，あくまでも１個の債権の優先的帰属が問題になるから，

図表 1-4　債権と物権との相違

	債　権	物　権
権利の本質	請求権	支配権
他の権利との関係	重畳性 債権者平等の原則	排他性 優先的効力
権利行使の相手方の範囲	債務者（相対性）	すべての者（絶対性）
権利の客体	債務者の行為（給付）	有体物（特定性・単一性・独立性が望まれる）
権利の種類・内容の定め方	法律行為自由の原則	物権法定主義

法律上優先劣後が決められ（第三者対抗要件を先に具備した債権取得者が優先する。▶467条2項），債権者平等の原則の適用場面とはならない（もっとも，優劣関係を決することができないときは，譲受債権額または差押債権額に応じて債権が分割取得される。➡238頁）。

④債権は債務者の行為を介して給付内容を実現することに主眼があるから，権利行使の相手方は債務者である。この点に着目して債権は**相対性**をもつといわれる。もっとも，債権者が債権者代位権（▶423条）および詐害行為取消権（▶424条）の行使要件を満たす場合は，当該債権を保全するために，法律により，債務者以外の第三者に対しても権利行使が認められる（➡97頁）。また，債権の給付請求の相手方は相対的でも，債権の存在自体は絶対的であるから，債権が第三者によって侵害された場合は，第三者に対しても，一定の権利行使が認められる（➡126頁）。

また，⑤債権は**債務者の行為**（給付）を客体とすることから，給付の内容（「債権の目的」とよばれる。次述）が確定しているかぎり，給付すべき目的物がまだ存在せず，あるいは具体的に特定していなくとも，成立する。債務者が将来取得するであろう物や金銭の引渡しを目的とする債権も成立可能である。支配権である物権のように権利の成立の時点で目的物が存在し，特定していることを要しない。そして，⑥債権は給付の内容が適法で，社会的妥当性を備えているかぎり，契約，その他の法律行為によって自由に決定することができる（契約自由の原則，**法律行為自由の原則**）。この点で，物権のように，その種類・内

容が法律によって定められるという制限（物権法定主義。▶175条）は課されていない（図表1－4参照）。

債権の目的 債権という権利の客体は債務者の行為（給付）であるが，その給付の内容を「債権の目的」とよぶ。それは，法律行為自由の原則の枠内で，当事者の合意などによって自由に定めることができる。それは金銭に見積もることができないものであってもよい（▶399条。本条は，それと反対の趣旨の旧民法・財産編323条1項をとくに否定するために規定された）。たとえば，AのためにBが念仏供養をする旨の契約をしたときは，AがBに対して念仏供養を請求する権利が債権として成立する（★東京地判判決年月日不詳〔大正2（ワ）922号〕新聞986号25頁）。

もっとも，債権の目的が金銭に見積もることのできないものである場合は，そもそもその発生原因である契約自体において当事者の一方が他方に請求権を発生させる意思がなかった可能性もある（その場合，契約の不成立や錯誤の問題になる）。あるいは請求権は発生するものの，当事者間で明示または黙示に不訴求の合意（訴求力を欠く）や不執行の合意（執行力を欠く）があったと解釈される可能性もある。そのいずれに当たるかは，法律行為の解釈の問題になる。

債権の目的にかかわらず，債務が履行されないときは，債権者はそれによって生じた損害の賠償を債務者に請求することができる。損害賠償は別段の意思表示がないときは金銭によって行われる（▶415条・417条。➡72頁）。

3　債権の種類

債権の種類 債権（およびそれに対応する債務）にはさまざまな形態がある。主要な分類として，次のものがある。①債権・債務の内容により，物の引渡しを目的とする**与える債務**（obligatio dandi, obligation de donner）と，債務者の行為を目的とする**なす債務**（obligatio faciendi, obligation de faire ou de ne pas faire）がある。与える債務には，②当事者が引き渡すべき物の個性に着目して債権の目的とした特定物の引渡しを給付の内容とする**特定物債権**（▶400条）と，当事者が物の個性に着目せずに債権の目的とした種類物の引渡し

を給付の内容とする**種類債権**（▶401条），一定範囲内の種類物の引渡しを債権の目的とする**制限種類債権**に区別される。これに対し，引き渡すべき物を個性ある複数の目的物の中から選択すべき**選択債権**の場合は，選択権の所在や効果が問題になる（▶406条～411条）。③引き渡すべき物が金銭である**金銭債権**（▶402条・403条）に対し，金銭債権以外の債権を**特定債権**（前述した特定物債権よりも広い）という。金銭債権には元本債権・利息債権（▶404条・405条）がある。一方，なす債務には，④請負のように一定の結果が生じることを目的とする**結果債務**（obligation de resultat）と，雇用や委任のように債務者による一定水準の行為自体が行われることを目的とする**手段債務**（obligation de moyen）がある。以上のほか，⑤債務の履行方法として，債務者が債権者の住所で履行すべき**持参債務**，債権者が債務者の住所に赴いて履行を受けるべき**取立債務**，債務者が第三者に依頼して債権の目的物を債権者に送付することによって履行すべき**送付債務**が区別される。以下，順次確認する。

与える債務・なす債務　物に対する所有権の移転およびその物の引渡しを給付内容とする債務を与える債務とよび，労働など一定の行為を積極的に行うこと（作為）または債権者の事業との競業や建築行為など一定の行為をしないこと（不作為）を給付内容とする債務をなす債務という。

　これらは，履行の強制の方法（▶414条1項）の面で違いを生じる。原則として，与える債務については直接強制が可能である。これに対し，なす債務については，①代替的な作為債務（債務者以外の者によっても給付可能な，積極的行為をすることを内容とする債務。不作為債務違反によって生じた結果の除去についての代替的債務を含む）については代替執行が，②不代替的な（債務者以外の者によっては行うことのできない）作為債務および不作為債務については間接強制が可能である（➡37-42頁）。

特定物債権・種類債権・制限種類債権　**(1) 特定物債権**　特定物債権とは，特定物の引渡しを目的とする債権（▶400条）である。**特定物**とは個々の取引において当事者が物の個性に着目して給付の内容とした物である。これに対し，個々の取引において当事者が物の個性に着目せずに給付の内容とした物を**種類物**（または**不特定物**）という。なお，物の客観的な性質と

図表1-5　特定物・不特定物（種類物）と不代替物・代替物

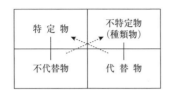

して代替可能性のない物を**不代替物**，同じく代替可能性のある物を**代替物**とよぶ。したがって，①客観的にみれば代替物であっても，個々の取引において当事者が何らかの観点からその物の個性に着目して給付の内容とした場合は，特定物となりうる。反対に，②客観的には不代替物であっても，当事者が物の個性に着目せずに給付の内容とした場合は，種類物（不特定物）となりうる（**図表1-5**）。たとえば，新刊書のように客観的には代替物であっても，当事者がその1つを何らかの個性に着目して給付の内容とすれば，特定物になりうる（**代替的特定物**ともいわれる。➡254頁）。反対に，古書のように客観的には不代替物であっても，当事者が物の個性にこだわらなければ，種類物（不特定物）になりうる。そこで，客観的に代替不可能であり，かつ主観的にも個性が重視される物は，**不代替的特定物**といわれる。

特定物債権の場合，債務者はその物の引渡しをするまで，「契約その他の債権の発生原因及び取引上の社会通念に照らして」定まる「善良な管理者の注意」をもってその物を保存する義務（善管注意義務。▶400条）を負う。善管注意義務は，無償寄託の受寄者が負う「自己の財産に対するのと同一の注意」（▶659条）よりも，注意義務の程度が高いものと解されている（旧民法・財産編334条では，有償譲渡の債務者の保存義務である「善良ナル管理人タルノ注意」と，無償譲渡の債務者の保存義務である「自己ノ物ニ加フルト同一ノ注意」とが区別されていた）。たとえば，生まゆ売買の売主が，引渡しまでに乾燥まゆにして保管した場合は，善管注意義務に反しない（★大判大正7・7・31民録24輯1555頁）。売主が善管注意義務に違反したときは，債務不履行責任（▶415条）を負う（その主張・立証責任に関しては，債務者が善管注意義務違反がなかったことを主張・立証する責任を負うと解される）。なお，特定物債権の債務者は，「契約その他の債権の発生原因及び取引上の社会通念に照らしてその引渡しをすべき時の品質を定めることができない」ときは，その引渡しをすべき時の現状でその物を引き渡さなければならない（▶483条。➡254頁）。2017年改正によって483条に上記「　」で

示した文章が加えられた結果，特定物債権の債務者は履行期における現実の状態のまま目的物を引き渡せば瑕疵ないし契約不適合があっても責任を免れるとの誤解が生じる余地はなくなった。もっとも，本条が定めるような，契約などの債権発生原因によっても，取引上の社会通念によっても，引渡しをすべき時の品質を定めることができないという事態はさほど多くないと考えられる。

(2) **種類債権** 種類債権とは，種類物（不特定物。前述(1)参照）の引渡しを目的とする債権（不特定物債権ともいう）である。これを民法は「債権の目的物を種類のみで指定した場合」（▶401条1項）と表現している。種類債権の債務者は，種類物の中から債務の内容に従った物を選び出して債権者に引き渡すことになる。その際には，引き渡すべき物の品質と，どれを引き渡すべきかの特定が問題になる。

引き渡すべき物の品質に関しては，当事者が合意で決めておくのが通常である。しかし，契約などの「法律行為の性質」によっても「当事者の意思」によってもそれが定められないときは，債務者は「中等の品質」をもつ物を引き渡す義務を負う（▶401条1項）。

引き渡すべき物の特定に関しては，(i)債務者が引き渡すべき物の「給付をするのに必要な行為を完了し」たとき（持参債務の場合は目的物を債権者の住所において現実に提供したとき，取立債務の場合は目的物を分離して引渡しの準備をし，これを債権者に通知したとき，送付債務の場合は第三地に向けて発送し，または第三地で提供したときなど，当事者間の合意および取引慣習による），または(ii)「債権者の同意を得てその給付すべき物を指定した」ときに，その物が「債権の目的物」となる（▶401条2項）。そして，以上の(i)・(ii)にかかわらず，(iii)当事者の合意により，それ以外の方法で特定することも可能である（▶401条2項は任意規定であるから）。これを**種類債権の特定**（または**集中**）という。種類債権の特定により，それ以後は特定物債権と同様の法理が基本的に妥当する（もっとも，種類債権の特色が皆無になってしまうわけではない）。すなわち，①債務者は特定した目的物を「善良な管理者の注意」をもって保存する義務を負い（▶400条参照），それを債権者に引き渡す義務を負う。債務者がこれに反したときは，前述のように債務不履行責任を負うことになる。もっとも，種類債権の場合，目的物がいっ

たん特定した後も，債権者に不利益を与えないかぎり，債務者は別途同種・同等・同量の物を調達して引き渡すなど，目的物を変更する権利（変更権）が認められると解される（★大判昭和12・7・7民集16巻1120頁。番号の異なる同種の株券への変更）。②種類債権の特定後においては，特定物の場合と同様に，債権者が，債務の履行を受けることを拒み，または受けることができずに受領遅滞（➡62頁，264頁）が生じたときは，履行の提供をした時からその引渡しをするまで債務者の保存義務は軽減され（債務者は自己の財産に対するのと同一の注意をもってその物を保存すれば足りる（▶413条1項）。この場合，債務者は故意または重過失の場合にのみ責任を負い，軽過失の場合は免責されるとの解釈がある），また，履行の提供があった時以後に当事者双方の責めに帰することができない事由によって当該目的物が滅失したときは，履行不能は債権者の責めに帰すべき事由によるものとみなされ（▶413条の2第2項），債務者は反対給付を請求することができる（▶536条2項・567条2項）。③売買などの所有権移転を目的とする法律行為の場合，当事者間に特約がないかぎり，目的物の特定により，所有権が移転する（★最判昭和35・6・24民集14巻8号1528頁。旧民法・財産編332条参照）。

> **Case 1-2** Aは外国産のビール α 100ダースをBに30万円で売却することにし，Aが管理する倉庫βにおいてBが引き取ることで合意した。Aはビール α 500ダースを調達して倉庫βに搬入し，その中からBに引き渡すべき100ダースを取り出して梱包し，Bに引渡しの準備ができたことを通知した。Bは倉庫βにすぐに行くことができず，2日後に引き取りに行ったところ，ビール α は何者かに盗まれていた。警察の捜査によると，Bが引き取りに行った日の早朝に盗まれた証拠があるが，事件当時倉庫βには鍵がかかっていなかったことも判明した。BはAに対し，改めてビール α 100ダースの引渡しを請求したが，折からビール α は人気が急騰し，現在の仕入価格はA・B契約当時の1.5倍に上がっている。AはBの請求を拒む一方で（AとしてはビールαA500ダースを調達して倉庫βに搬入し，Bのために100ダースを取り分けて梱包して引渡しの準備をし，Bに通知したと主張し），約定どおりの代金の支払いをBに請求した。A・Bいずれの主張が認められるか。

Case 1-2 において，Aがビール α 500ダースを調達し倉庫βに搬入し，Bのために100ダースを取り分けて梱包し，Bに通知したことにより，種類債権の特定（集中）が生じたとみてよいであろう。BがAの通知を受けて速やかに引き取りに行っていれば問題はなかったはずであり，種類債権の特定後，債権者

が受領遅滞にあるときは，債務者の保存義務は軽減され，Aは自己の財産に対するのと同一の注意をもって保存すれば足り（▶413条1項），その間に当事者双方の責めに帰することができない事由によってビール α の引渡しが履行不能になったときは，その履行不能は債権者Bの責めに帰すべき事由によるものとみなされ（▶413条の2第2項），Bは代物の引渡しなどの履行の追完を請求できない（▶567条2項・1項前段）。他方，Aは反対給付である代金の支払いを請求することができる（▶567条2項・1項後段）と主張するであろう（前述②）。これに対し，Bは，通知を受けてから2日後に引き取りに行ったことは受領遅滞とは解されないこと，仮にBに受領遅滞があったとしても，Aが倉庫 β を施錠しておかなかったことは重過失に当たり，自己の財産に対するのと同一の注意（▶413条1項）すら欠いていたと解されるから，Aは善管注意義務を果たしておらず，債務不履行責任を負い，依然としてビール α 100ダースを引き渡す義務を負う（前述①）と反論することが考えられる。

　以上のように，種類債権の特定（集中）の判定基準については，債務者が引き渡すべき物の「給付をするのに必要な行為」（▶401条2項）の解釈がとくに問題になる。これについては，既述のように，ⓐ債務者が債権者の現在の住所で履行すべき持参債務（▶484条1項）の場合は，債務者が目的物を債権者の現在の住所において現実に提供すること（▶493条）が必要である。この場合，債務者が目的物を運送機関に委託して発送しただけでは特定しない（★大判大正8・12・25民録25輯2400頁）。ⓑ債権者が目的物を債務者の住所に引き取りに行くことをとくに合意した取立債務（▶484条1項の「別段の意思表示」に当たる）の場合は，債務者が目的物を分離して引渡しの準備をし，これを債権者に通知することが必要である（▶493条ただし書参照。★最判昭和30・10・18民集9巻11号1642頁：百選Ⅱ-1。➡ **Topic 1-1**）。ⓒ債務者が，債権者・債務者の住所以外の第三地において引き渡すべき送付債務の場合は，当事者間の合意または取引慣習に従い，債務者が第三地に向けて発送し，または第三地で債権者に履行の提供をすることによって特定するものと解される。

　このうち，ⓑ取立債務の場合における種類債権の特定の有無に関し，「物の給付をするのに必要な行為を完了し」たといえるためには，引き渡すべき物の

分離が必要であると解されている。ちなみに、判例は、漁業用タールの売買において、当該売買に基づく債権が種類債権であれば、売主Ａが買主Ｂに対し、Ｃ社構内の溜池にタールを貯蔵し、引渡しの準備をしたことを、その場所を指定して通知しただけでは、特定は生じないとした（★最判昭和30・10・18民集9巻11号1642頁：百選Ⅱ-1。➡ Topic 1-1）。債権者の関与なしに、債務者の行為の

✐ Topic 1-1

種類債権か制限種類債権か

　ＡはＢに漁業用タール2000トンを49万5000円で売却した。Ｂはタールが必要となるたびにＡに申し出てＡが指定する場所で受領する旨を合意して、手付金20万円をＡに交付した。ＡはＣ社から買い受けたタールをＣ社構内の溜池に貯蔵してＢに引渡準備ができたことを通知し、Ｂは一部を受領したが、品質が悪いとしてそれ以後の受領をしなかったところ、Ｃ社従業員が残余タールを他に処分してしまった。そこで、ＢはＡに対して契約解除の意思表示をした上で、前記手付金から受領分の代金（10万7500円）を差し引いた額（9万2500円）の返還を請求した。第1審・控訴審ともＢの請求を認容した。控訴審は、Ａが引渡しに必要な行為を完了したことによって目的物が特定され、その保管について善管注意義務を負うにもかかわらず、Ａはその義務を尽くさなかったことから、タールの滅失による履行不能について債務不履行責任を負うことを理由とした。Ａが上告。

　最高裁は、次のように判断して、原判決を破棄・差戻しとした。①Ａ・Ｂ間の売買が種類物（不特定物）売買であるとすれば、本件ではまだ特定がないので、Ａは善管注意義務を負わない。なぜなら、「本件目的物中未引渡の部分につき、上告人〔Ａ〕が言語上の提供をしたからと云つて、物の給付を為すに必要な行為を完了したことにならないことは明らか」で、「本件の目的物が……原判示事実によつてはいまだ特定したとは云えない筋合」であるから、「上告人〔Ａ〕が目的物につき善良なる管理者の注意義務を負うに至つたとした原審の判断もまた誤り」だからである。

　また、②Ｂの債権が種類債権か制限種類債権かによって結論が異なるから、そのいずれであるかを確定すべきである。なぜなら、「通常の種類債権であるとすれば、特別の事情のない限り、……履行不能ということは起らない筈であり、これに反して、制限種類債権であるとするならば、履行不能となりうる代りには、目的物の良否は普通問題とはならないのであつて、被上告人〔Ｂ〕が『品質が悪いといつて引取りに行かなかつた』とすれば、被上告人〔Ｂ〕は受領遅滞の責を免れないこととなるかもしれない」からである。

みで種類債権の目的が特定される場合である「物の給付をするのに必要な行為を完了し」た（▶401条2項）といえるためには，特定の効果として，当事者間に明示または黙示の特約がないかぎり，所有権が移転することも考慮に入れると，引き渡されるべき目的物が他の物から客観的に区別されることが必要と解すべきであり，この意味において目的物の分離を要すると解釈することは妥当である。

(3) **制限種類債権**　種類債権のうち，当事者の意思または目的物の性質により，とくに限定された範囲内に存在する種類物だけを目的物とする債権を**制限種類債権**という。ある債権が種類債権か制限種類債権かは，目的物の性質および当事者の意思表示の解釈によって決定される。制限種類債権と解されるのであれば，①種類債権として前述したように引き渡すべき物が特定された以後は債務者が善管注意義務を負うことに加え，②限定された範囲内の種類物が滅失すれば債務は履行不能となり，債権者は債務者に対して他から調達するよう請求することができない。また，③当事者間に特約がないかぎり，目的物の品質は問題とならない。

Topic 1-1 で紹介した最高裁判決を受けた差戻審（★札幌高函館支判昭和37・5・29高民15巻4号282頁）は，Bの債権を制限種類債権と認定し，第1審判決を取り消してBの既払代金返還請求を棄却した。つまり，Bの債権は，AがC社構内の溜池に貯蔵中のタール3000ないし3500トンの中から2000トンを引き渡す内容のものであるから，制限種類債権である。したがって，残余タールが他に処分されて滅失したことにより，Bの債権は履行不能に帰したと認められる。また，Bは「C社構内の溜池に貯蔵中のタール」のうち2000トンを買ったのであるから，本件最高裁判決もいうように，「目的物の良否は普通問題とはならない」から，Bはタールの品質が粗悪であることを理由に受領を拒むことはできない。したがって，Aが引渡しの準備をして通知することによって弁済の提供（口頭の提供。▶493条ただし書。目的物の分離までは要しない。➡259頁）をしたにもかかわらず，Bは品質が悪いことを理由に引き取りに行かなかったとすれば，受領遅滞の責任を免れない。その結果，Aの保管義務が軽減されるとともに（▶413条1項），履行不能はBの責めに帰すべき事由によるものとみな

され（▶413条の2第2項），Bは契約を解除して未引渡分の代金（手付金）の返還を請求することができない（▶543条）。また，Aが残代金の支払いを請求すれば，Bは拒むことができない（▶536条2項前段，567条2項・1項後段）。

　他方，仮にBの債権が種類債権であれば，Bが主張するようにAに善管注意義務違反があったかどうか，また，Aの債務が履行不能になっているかどうかを判断するために，特定の有無が問題になる。本件のタール売買は取立債務に当たると解されるから，AがBに引渡しの準備ができたことを通知したのみで，2000トン分のタールを溜池から取り出して分離していない本件では，特定は生じていないと解される。また，C社構内の溜池のタールが滅失した後も，Aの債務は履行不能とはいえない。そして，Bはすでに引渡しを受けたタールの品質が契約の内容に適合しないことを理由に，Aに対し，代物請求または代金減額請求，および損害賠償請求または契約解除（▶562条〜564条）を主張する余地がある。

　以上のように，債権が種類債権か制限種類債権かにより，債権者・債務者間の権利・義務関係が異なりうる。そのいずれに当たるかは，当事者の意思表示の解釈の問題であり，債権の目的たる給付の内容を具体的に明らかにすることが，問題解決の決め手になる。

選択債権　　債権の目的が，数個の個性ある給付の中からの選択によって定まるものを選択債権という。選択の対象となる複数の給付にそれぞれ個性がある点で，種類債権と異なり，どの給付に特定されるかが問題になる。

> **Case 1-3**　Aはその所有する中古自動車αまたはβのいずれかを50万円でBに売却し，1か月以内に代金の支払いと引き換えに引き渡すことを合意した。その1週間後，まだいずれの自動車を売却するかが決まらないうちに，自動車αが滅失してしまった。この場合，BはAに対し，自動車βの所有権移転，引渡しおよび登録名義の変更を請求することができるか。

　選択債権の目的の特定は，(1)まず，選択権者の選択によって行われる。選択権者が誰であるかは，当事者間の合意によって定められる。しかし，当事者間の合意で定められていないときは，債務者（**Case 1-3**では，目的物の所有権移

転・引渡し等の債務を負う売主Ａ）に選択権が属する（▶406条）。当事者間の合意により，債権者・債務者以外の第三者に選択権を帰属させることもできるが，第三者が選択をすることができなかったり，選択する意思をもたないときも，選択権は債務者に帰属する（▶409条2項）。しかし，債権が弁済期にあるにもかかわらず選択権者が選択権を行使しないときは，相手方は相当期間を定めて催告し，その期間内に選択されないときは，選択権は相手方に移転する（▶408条）。選択権の行使は，債務者または債権者であれば相手方に対する意思表示により，第三者であれば債権者または債務者に対する意思表示によって行う（▶407条1項・409条1項）。いったん選択権を行使したときは，相手方の承諾がなければ撤回できない（▶407条2項）。

(2)次に，選択債権の目的である給付の中に，不能（債権発生当時に履行が不能であった原始的不能の場合，および債権発生後に履行が不能になった後発的不能の場合の双方を含む）の給付がある場合は，(i)その不能が「選択権を有する者の過失」によるものであるときは，債権の目的は残存する給付に特定する（▶410条）。過失のある選択権者に対するサンクションとして，選択権を奪うものである。

(ii)他方，その反対解釈として，給付の不能が「選択権を有する者の過失」によらずに生じた場合，債権の目的は残存給付に特定しない。この場合，選択権を有する者はあえて不能の給付を選択することもできる。これは，給付が不能になっても直ちに債務が消滅するのではないという理解を前提にしている。たとえば，債務者が選択権者である場合において，債権者の過失によってある給付が不能になったときは，債務者は不能の給付を選択し，債権者の請求に対し，履行を拒絶することができる（▶412条の2第1項）。また，債権者が選択権者である場合において，債務者の過失によってある給付が不能となったときは，債権者は不能の給付を選択し，損害賠償請求（▶415条）や契約解除（▶542条1項1号）をすることもできる。

Case 1-3 では，(i)①自動車αの滅失が，選択権をもつ債務者Ａの失火による車庫の焼失によって滅失した場合，売買に基づくＢの債権（所有権移転・引渡し・登録名義書換え等の請求権）の目的は自動車βに特定し，ＡはＢから50万円を受け取るのと引き換えに，αの所有権を移転し，引き渡し，登録名義を移転

しなければならない。②αの滅失が，選択権をもつ債権者Bが試乗中に運転ミスをして大破させたことによる場合，債権の目的はβに特定し，Aは50万円を受け取るのと引き換えに，βの所有権移転・引渡し・登録名義移転の義務を負う。αの滅失に対しては，BがAに対して別途不法行為を理由とする損害賠償責任（▶709条）を負う。以上は，410条の直接的帰結である。他方，その反対解釈として，③αの滅失が，選択権をもたない債務者Aによる車庫の失火，もしくは④選択権をもたない債権者Bによる試乗中の運転ミス，または⑤A・Bいずれの過失にもよらずに滅失したときは，選択債権の目的は残存する自動車βに特定することはない。したがって，③の場合，もしBが選択権をもち，βを選択すれば履行可能であるから問題ないが，αを選択することもでき，BはAに履行を請求することはできないが（▶412条の2第1項），債務不履行による損害賠償請求（▶同条2項・415条），契約解除（▶542条1項1号）をすることができる。④の場合，もしAが選択権をもち，αを選択したときは，AはBの履行請求に対し，履行を拒絶する一方，反対給付である50万円の支払いを請求することができる（▶536条1項）。⑤の場合において，Bが選択権をもっていれば，βを選択すれば履行可能であるが（通常はそうするであろう），αを選択することもできる。その場合，BはAに履行請求できず（▶412条の2第1項），損害賠償請求もできないが（▶415条1項ただし書），契約を解除して代金支払債務を免れることはできる（▶542条1項1号。債務者Aの帰責事由を要しない）。他方，⑤の場合において，Aが選択権をもっていれば，βを選択すれば履行可能であるが，αを選択することもでき，その場合，AはBの履行請求を拒絶できる一方（▶412条の2第1項），BはAの代金支払請求を拒絶し（▶536条1項），契約を解除することができる（▶542条1項1号・567条1項）。このように③・④・⑤は，αの履行が不能であっても（原始的不能の場合を含む。しかも，⑤の場合，αの履行不能が債権者・債務者の帰責事由によらないとしても），A・Bの債権・債務が消滅するわけではないことを示している。

　選択権が行使されると，その効果は債権発生時に遡及するが，それによって第三者の権利を害することはできない（▶411条）。たとえば，2棟の建物のうち1棟を売買する選択債権の場合，そのうちの1棟が選択権の行使前に第三者

に売却され，移転登記（▶177条）が行われたときは，後にその１棟が選択されても，債権者（買主）は，第三者に対して優先権を主張することができない。第三者が保護されるためには対抗要件を具備していなければならないか，引渡しや代金支払いでもよいかなどについては，無権代理行為の追認によって第三者を害しえない旨を規定する116条ただし書と同様の問題を生じる。

金銭債権　(1) **金銭債権の特色**　金銭の支払いを目的とする債権を金銭債権という。金銭債権は何らかの通貨によって支払いが行われる。債務者は，特定の種類の通貨または外国の通貨を給付する約束をしたときはそれによらなければならない（ただし，その特定の種類のまたは外国の通貨が弁済期に強制通用力を失ったときは，他の通貨で弁済しなければならない。▶402条２項。なお，592条ただし書参照）が，そうでないときは，債務者の選択に従って各種の通貨で弁済することができる（▶402条１項・３項）。また，外国の通貨で債権額が指定されたときでも，債務者は履行地における為替相場により，日本の通貨で弁済することができる（▶403条）。日本の通貨で弁済する場合の為替相場の基準時は規定されていない。判例によれば，現実に弁済する時を基準とするが，日本の通貨による裁判上の請求があったときは，事実審の口頭弁論終結時を基準とする（★最判昭和50・７・15民集29巻６号1029頁）。

また，通貨価値が変動した場合の支払額が問題になるが，原則として券面額による。判例は，債券発行時に比べて償還時の貨幣価値が300分の１程度に下落した場合でも，債券発行銀行（債務者）は券面額の弁済をすれば免責されると解した（名目主義。★最判昭和36・６・20民集15巻６号1602頁）。

(2) **金銭債務の不履行と損害賠償**　金銭債権の債務者が債務不履行（金銭債務については履行不能が認められないために，履行遅滞に限られる。▶419条３項参照）に陥った場合，損害賠償額は約定利率の定めがあればそれにより，それがなければ，履行遅滞に陥った時点における法定利率（▶404条。後述(3)）によって定められる（▶419条１項）。このため，債権者が債務者に損害賠償請求する場合，損害の証明を要しない（▶419条２項）。金銭債務には履行不能がないことから，不可抗力も抗弁事由とならない（▶419条３項）。金銭債権の強制執行の方法については，後述する（▶民執43条以下参照。➡40頁）。

(3) **利息債権**　消費貸借契約の当事者間で利息を支払う特約をした場合，貸主は借主に対して目的物の受領後の利息の支払いを請求することができる（特約がなければ，利息を請求することができない。▶589条1項）。ただし，商人間で金銭消費貸借をした場合は，特約がなくとも，貸主は法定利息（▶404条。後述）を借主に請求することができる（▶商513条）。利息の支払約束はあるが，約定利率が定められていないときは，法定利率に従って支払われる。法定利率は，2017年改正の施行日前に生じた利息については年5％，改正法施行日以後3年の間に生じた利息については年3％である（▶404条2項）。その後は，法定利率は1期＝3年ごとに変動し（▶同条3項），利息が生じた最初の時点における期の法定利率が適用される（▶同条1項）。各期の法定利率は，法定利率に変動があった直近の期（直近変動期）における基準割合（法務省令の定めにより，各期の初日の属する年の6年前の年の1月から前々年の12月までの各月における短期貸付けの平均利率〔当該各月において銀行が新たに行った，期間1年未満の貸付けに係る利率の平均〕の合計を60で除して計算した割合〔0.1％未満の端数があるときは切り捨てる〕として法務大臣が告示するもの。▶同条5項）と当期における基準割合との差に相当する割合（1％未満の端数切捨て）を直近変動期の法定利率に加算または減算した割合となる（▶同条4項）。

> **Case 1-4**　Aから50万円を借り受けたBは，Aとの約定に従い，元本および利息を含めて100万円を任意に支払った。その後になって，BはAに対し，利息制限法1条所定の利率を超える過払いがあったと主張し，不当利得を理由に41万円の返還請求をした。Bの主張は認められるか。

金銭消費貸借において利息を支払う契約をしても，その約定利率が**利息制限法**（昭和29年法律100号）による利率の最高限度を超える場合，その超過部分は無効である（▶利息1条，**図表1-6**）。金銭消費貸借の債務不履行による損害賠償額の予定も，元本に対する割合がこの利率（▶利息1条）の1.46倍を超える場合，その超過部分は無効となる（▶利息4条1項。違約金も損害賠償額の予定とみなされる）。利息制限をめぐっては，金融実務，判例，立法が相克を繰り返してきた（➡**Topic 1-2**）。

債務者が利息を1年分以上延滞し，債権者が催告してもその利息を支払わないときは，債権者はこれを元本に組み入れることができる（▶405条）。これを**法定重利**という。では，405条の要件を超える重利の約束の効力はどうなるであろうか。(a)判例は，延滞利息を直ちに元本に組み入れる旨を弁済期前に合意しておくこと（重利の予約）も，1年間の組入利息と重利の合算額が，利息制限法の制限利率内であれば有効であると解している（★最判昭和45・4・21民集24巻4号298頁）。これに対し，学説には，(b)405条の要件よりも債務者にとって厳しい弁済期前の合意（重利の予約）は無効であるが，未払利息を元本に組み入れる旨の弁済期後の合意は，利息制限法の範囲内であれば有効であるとの見解がある。

図表1-6
利息制限による制限利率

元本	制限利率
10万円未満	年20%
100万円未満	年18%
100万円以上	年15%

結果債務・手段債務　給付の内容が，特定の結果の実現にある債務を結果債務（不動産・動産の所有権移転や金銭の引渡しを目的とする与える債務，請負人が負う仕事完成の債務など）といい，結果の実現に向けて期待された一定の方法で努力を尽くすべき債務を手段債務（使用者と雇用契約を結んだ労働者の債務，訴訟委任を受けた弁護士の債務，診療・治療の準委任を受けた医師の債務など）という。

債務不履行の主観的要件（帰責事由。▶415条1項ただし書。➡59頁）の判断に際し，結果債務の場合は，結果が実現されていなければ原則として帰責事由ありと解されるので，債務者が自己に帰責事由がなかったこと（免責事由）について主張・立証責任を負う。これに対し，手段債務の場合は，債務が履行されていないという前に，そもそも債務者がどのような債務を負っていたのかが明らかでなければならない。そこで，債務者にどのような債務があり，それが履行されていないまたは不完全であることについて債権者が主張・立証責任を負い，それに対して債務者が自己に帰責事由がなかったこと（免責事由）の主張・立証責任を負う。このように，結果債務と手段債務とでは，債務不履行の主張・立証責任に違いが現れる（➡60頁）。

持参債務・取立債務・送付債務 債務は，目的物の引渡し，その他の履行をすべき場所に応じ，債務者が債権者の住所に赴いて履行すべき持参債務，債権者が債務者の住所を訪れて履行を実現すべき（＝債務者が自己の住所において履行すべき）取立債務，債務者が債権者の住所，その他債務者の住所以外の場所に目的物を送付するなどして履行すべき送付債務に区別される。

この区別は，種類債権の特定の要件である給付に必要な行為の完了（▶401条2項。➡17頁）および弁済の提供（▶493条。➡257頁）の有無を判断する際に意味をもつ（なお，種類債権の特定〔▶401条2項〕と弁済の提供〔▶493条〕との関係については，両者は一致することが多いが，別の制度である。➡258頁。たとえば，口頭の提供があっても，目的物の分離も債権者の同意を得た指定もないときは，種類債権の特定は生じない。➡17頁，260頁）。(1)持参債務は債務者が債権者の住所で現実に履行の提供をしなければ，給付に必要な行為を完了したとはいえない（不特定物を給付すべき債務は，通常は持参債務である。▶484条1項参照）。(2)これに対し，取立債務は，債務者が目的物を分離して，引渡しの準備をし，債権者に通知することにより，種類債権の特定が生じ，現実の履行の提供となる。(3)送付債務は，①持参債務の履行方法の1つとして送付が約定されたにすぎないときは，債権者の住所地に到達しなければ弁済の提供も種類債権の特定も生じないが，②債務者が履行地に向けて発送すれば債務を履行したことになる趣旨であれば，発送時に特定も弁済の提供も生じる。①・②のいずれであるかは当事者間の意思表示解釈の問題であるが，目的物が不特定物であるときは，②であることを債務者が立証する必要がある。債務者が債権者に送付するために目的物を取り分けて運送人に送付しただけでは，給付に必要な行為を完了しておらず，目的物が特定したとはいえない（★大判大正8・12・25民録25輯2400頁。不特定物を給付すべき債務は，通常は持参債務であるから〔▶484条1項参照〕，それが送付債務であるというためには，債務者が立証責任を負うとした原判決を認容）。

✐ Topic 1-2
利息制限をめぐる判例と立法の相克

　利息制限法は，平成18年法律155号によって改正される前の旧規定では，借主が任意に支払った制限超過利息は返還請求をすることができないとしていた（▶利息旧1条2項）。制限超過の損害賠償金も同様であった（▶利息旧4条2項）。

　そこで，「出資の受入れ，預り金及び金利等の取締りに関する法律」（昭和29年法律195号。以下，**出資法**と略称）が制定され，一般的には年109.5％，貸金業者の場合は年29.2％（日賦貸金業者・電話担保金融の場合は年54.75％，質屋の場合は年109.5％）を超える利息（債務不履行の場合に予定される損害賠償額を含む）の約束および受領が禁じられ，これに反した場合，5年以下の懲役もしくは1000万円以下の罰金（併科あり）が科された（▶出資5条，同法附則8～16号）。もっとも，この利率以下であれば，利息制限法の制限超過利息・損害賠償であっても，支払いが有効とみなされるグレーゾーン金利が形成された。

　これに対し，判例は，①債務者は任意に支払った制限超過利息の超過部分を元本に充当でき（★最大判昭和39・11・18民集18巻9号1868頁），②制限超過部分を元本に充当してもなお超過部分がある場合は，非債弁済の法理（▶705条）により，債務の不存在を知らずに支払った金額の返還請求が可能であり（★最大判昭和43・11・13民集22巻12号2526頁），③超過利息と元本が一括して支払われた場合でも，充当に関する「特段の指定」がなければ，元本への充当による元本完済分を超える利息は，不当利得として返還請求できるとした（★最判昭和44・11・25民集23巻11号2137頁）。これにより，利息制限法旧1条2項は存在意義がなくなった。

　ところが，貸金業の規制等に関する法律（昭和58年法律32号。後述する2016年改正により，**貸金業法**と改称）が制定され，貸金業を営む者が業として行う金銭を目的とする消費貸借の契約において，利息支払いを約定した場合は，利息制限法所定の制限利率を超えていても，①貸金業者が貸付契約の内容を明らかにする書面（▶貸金17条1項。17条書面）および②受取証書（▶貸金18条1項。18条書面）を債務者に交付したときは，制限超過利息の任意支払いを有効とみなした（▶貸金旧43条1項。**みなし弁済**）。これによりグレーゾーン金利が復活した。

　しかし，最終的には立法（平成18年法律155号「貸金業の規制等に関する法律等の一部を改正する法律」）により，みなし弁済の制度を廃止し，出資法による上限金利を利息制限法に合わせてグレーゾーン金利を撤廃し，利息制限法旧1条2項・4条2項を削除した。判例を契機とする制定法の変更といえる。

　その後も，判例は，いわゆるヤミ金融業者が著しく高利の貸付け（年利率数百％～数千％）の形で借主から元利金等の名目で違法に金員を取得し，多大の利益を得る反倫理的行為をした場合，当該金員の交付によって借主が得た利益は，不法原因給付（▶708条）によって生じたものとして，借主の貸主に対する損害賠償請求に際し，交付された同利益を損益相殺的な調整の対象として借主の損害額から控除することは許されないと解した（★最判平成20・6・10民集62巻6号1488頁）。

☑ Exam

　2018年9月10日，キャベツ栽培農家のAは，青果販売業者のBに，Lサイズのキャベツ100箱を1箱1000円で売却する契約をした。引渡しは同年9月15日にAの倉庫で行い，それと引き換えにBが代金全額を支払うことが合意された。Aは同年9月14日，畑で収穫して箱詰めしたLサイズのキャベツ100箱を所定のAの倉庫に搬入し，引渡準備ができたことをBに通知した。翌日，Bがトラックで引渡場所であるAの倉庫に向かう途中，反対車線を走行していたCの乗用車が中央分離帯を乗り越えてBのトラックと正面衝突し，トラックが走行不能となったため，Bはキャベツを引き取りに行けなくなった。事故の原因はCの居眠り運転であった。Bはこのことを直ちにAに連絡し，引き取りが遅れることを伝えた。同日夜，地震が発生し，Aの倉庫が倒壊したため，用意されていたキャベツ100箱をBに引き渡すことができなくなった。同年9月20日，AはBに代金10万円を請求したがBは支払いを拒んでいる。Aの請求は認められるか。

解答への道すじ

(1) Aは，Bに対して種類物の引渡債務を負うが，取立債務であるから，Aが目的物を分離して引渡準備をし，Bに通知したことによって特定したと主張するであろう（➡17頁）。種類債権の特定後に，Bに受領遅滞が生じた場合は，Aの保存義務が軽減されるとともに，履行の提供があった時以後に当事者双方の帰責事由によらずに債務が履行不能となったときは，履行不能は債権者の帰責事由によるものとみなされ（▶413条の2第2項），債務者は反対給付を請求できる（▶536条2項・567条2項。➡18頁）。

(2) これに対し，Bは，トラックの事故後直ちに引き取りが遅れることを伝えてAが了解したゆえに，Bの受領遅滞は生じていないと反論するであろう。また，Aの債務は種類債務であり，Lサイズのキャベツ100箱を調達することはなお可能であるから，履行不能になっておらず，Aはなおキャベツの引渡債務を負っていると主張するであろう。

(3) それに対し，Aは，Bからは引き取りが遅れるとの連絡を受けたのみで，引渡時期の延期は合意されていないこと，また，Aの債務はAがキャベツを栽培する畑からLサイズ100箱を収穫して引き渡す制限種類債務（➡21頁）であり，Aの畑からは調達できないから，履行不能であることを主張するであろう。

第2章　債権の効力(1)
債務者に対する効力

債権の対内的効力　債務者との関係における債権の効力を，債権の対内的効力という。本章では，この対内的効力を取り扱う。

> **Case 2-1**　AはBからプレゼン用のプロジェクターを購入する契約を締結し，Aの事業所に配達してもらうこととしたが，約束の期日になってもBはAの事業所にプロジェクターを届けなかった。

Case 2-1において，プロジェクターの引渡債権に関する債権者Aが債務者Bに対してなしうる法的手段としては，①履行請求（履行の強制），②損害賠償請求，③契約の解除が考えられる。このうち，③は契約の効力を消滅させるものであるから，債権各論の契約総則に規定が置かれている（➡第4巻）。そこで，本章では，債権の対内的効力として債権総則に規定されている①および②について扱う。

履行の強制とは，国家機関である裁判所を通じて，債権の内容を強制的に実現させることをいう。その具体的方法は，債権の内容によって異なりうる（▶414条参照）。ここでは，債務者の意思の自由や人格の尊重と，債権実現の要請という2つの観点を考慮する必要がある。

他方，損害賠償とは，債務の不履行によって債権者が被った損害を債務者が塡補することをいう。損害の塡補は通常，損害賠償金とよばれる金銭の支払いによって行われる。415条以下がこれを規定しているが，その解釈をめぐってはさまざまな学説上の対立があり，理論的に多くの課題を含む重要な領域となっている。

1 債権の効力総論

債権の一般的効力 債権の対内的効力には，次の4つがある。

(1) **請求力** 債権者は債務者に対して，任意の履行を請求することができる。これを**請求力**という。債権は，債務者に対して一定の行為を請求する権利であるから，請求力は，債権の本来的性質から導かれる当然の効力である（➡10頁）。

(2) **給付保持力** 債務者が任意の履行としてなした給付を，債権者は受領し，保持することができる。これを**給付保持力**（**受領力**）という。この効力ゆえに，債権者が給付を受領し保持することは不当利得（▶703条以下）とならず，返還義務を負わない。請求力と給付保持力は債権の最低限の効力であり，すべての債権はこの効力を有している。

(3) **訴求力** 債務者が債務を任意に履行しない場合，債権者は，その履行を裁判上請求し，債権の実現を図ることができる。これを**訴求力**という。

(4) **執行力（強制力）** 裁判において債権者が勝訴の確定判決を得ただけでは，債権の内容は実現されない。債権者の勝訴判決が確定してもなお，債務者が任意に債務を履行しない場合，最終手段として，債権者は，裁判所の助力を得て強制的に債権の実現を図ることができる。これを**執行力**（**強制力**）という。この執行力は，債権の内容に応じて，さらに貫徹力と掴取力とに分けることができる。

物の引渡しを内容とする債権の場合，その内容をそのまま強制することができる。これを**貫徹力**という。具体的には，執行官が目的物を債務者から強制的に取り上げて債権者に引き渡すという方法で，債権の内容そのものが実現される。

他方，金銭の支払いを内容とする債権の場合，債務者の一般財産を差し押さえて競売を行い，換価した上で支払いを受けることができる。これを**掴取力**という。そして，このように，債務者の一般財産が債務の担保となっている状態を「**責任**」という。この意味で，債務者の一般財産を**責任財産**ともいう。

訴求力のない債権：自然債務　債権には，原則として，前記4つの対内的効力すべてが備わっている。しかし，例外的に，請求力および給付保持力はあるが，訴求力および執行力のない債権もある。すなわち，債権者は債務者に対して任意の履行を請求することができ，債務者が任意に履行した場合は有効な弁済となり，債権者は受領物を保持することができるが，任意の履行がないからといって裁判上請求することはできないし裁判所を通じて履行を強制することもできないという債権である。このような債務は，**自然債務**または**不完全債務**とよばれる。自然債務という概念はローマ法に由来し，この流れをくむフランス民法には明文の規定がある（フランス民法1302条2項）。わが国でも，フランス民法と同じ系譜に属する旧民法には規定が存したが（財産編294条2項・562条～572条），現行民法には規定がない。

　古い判例に現れた例として，「カフェー」（女性から接客を受けつつ酒を飲む店）の客Yが，そこで女給をしていたXの歓心を買おうと，将来の独立資金として400円を贈与し，これを分割してYに支払う旨の準消費貸借契約を書面で行ったという事案がある。大審院は，この契約を，Xに裁判上の請求権を付与する趣旨に出たものと即断するのは相当でないとし，むしろYが自らすすんで履行するときは債務の弁済として有効であるが，Xにおいて履行を強要することはできない特殊な債務関係を生じさせるものと解すべきと判示し，Yの債務を実質上，自然債務であることを認めた（★大判昭和10・4・25新聞3835号5頁：カフェー丸玉事件。➡ **Topic 2-1**）。

　また，近時の判例としては，破産による免責決定の効力を受ける債権につき，このような債権が訴求力および執行力を失ったことを理由に，この債権に基づく詐害行為取消権（▶424条）の行使を否定したものや（★最判平成9・2・25判時1607号51頁），この債権に関する消滅時効の援用を否定したものがある（★最判平成11・11・9民集53巻8号1403頁）。

　そこで，学説においては，自然債務なる統一概念を解釈論上認めその下で性質・要件・効果を論じることが妥当か否かをめぐって争いがある。多数説である肯定説によれば，自然債務に当たるものとして，①当事者間で不訴求の合意がある債務，②その他特殊な事情から訴求力がないとされる債務，③消滅時効

が援用された債務，④破産手続で免責された債務，⑤勝訴判決後に債権者が訴えを取り下げた債務，⑥公序良俗違反の契約に基づく債務，⑦不法原因給付の返還債務，⑧利息制限法の制限を超過する利息を支払う債務があげられる。

しかし，当事者の合意を根拠とする①およびこれに類する②と，法律上，訴求力が認められない③以下とでは事情を異にする。さらに，後者の中でも訴求力が認められない理由はさまざまであり，これに伴い効果（更改・相殺の可否，代位行使の可否，保証や担保権設定の可否など）も一様でない。そこで，このことを論拠に自然債務なる統一概念を否定する見解も有力である。また，肯定説の中にも，①以外のものを自然債務に含めることに反対する説もある。

いずれにせよ，さまざまな理由から訴求力はないが任意に履行されれば有効な弁済になるという債権が存在するということ，このような債権の効力については訴求力が認められない理由ごとに個別に検討すべきであることをひとまず理解しておく必要はあろう。

執行力のない債権 さらに，請求力，給付保持力のほかに訴求力もあるが執行力のない債権がある。これは，**責任なき債務**とよばれている。当事者間で不執行の合意をした債務がこれに当たる。このような債権にも訴求力があるので，給付訴訟を提起することは差し支えない。ただし，給付訴訟において不執行の合意が存することが判明した場合，裁判所は，判決主文において，給付を命じた上で，当該債権については強制執行をすることができない旨が明示される（★最判平成5・11・11民集47巻9号5255頁）。

📌 Topic 2-1

カフェー丸玉事件判決の評価

カフェー丸玉事件判決は，自然債務を認めた判決として紹介されることが多い。しかし，この事件は，心裡留保に関する説明でよく用いられる設例と似ている。また，YはXと情交関係を結ぶことを目的として準消費貸借契約を締結したと考えられ，動機の不法性の問題と捉えることもできる。そこで，学説では，本件を93条の問題と捉えて同条1項ただし書により結論を導くこともできたはずであるとか，本件契約は公序良俗に反し無効（▶90条）であると解すべきである等，自然債務を持ち出さなくても妥当な解決を導くことができたとの指摘がなされている。

債務なき責任　逆に、債務がないにもかかわらず責任だけがあるという場合もある。他人の債務の担保として自分の不動産に抵当権を設定した者（物上保証人）、担保不動産の第三取得者がその典型例である。

有限責任　さらに、責任はあるが一定の範囲に限定されているという債務もある。その例をいくつかあげると、次のとおりである。

①相続の限定承認（▶922条）をした相続人は、被相続人の債務を承継するが、責任の範囲は、相続によって得た財産に限定される。

②合資会社における有限責任社員および合同会社における社員（▶会社580条2項・576条3項4項）は、出資の価額を限度として、会社の債務を弁済する責任を負う。

③株式会社における株主の責任は、その有する株式の引受価額を限度とする（▶会社104条）。

④信託の受託者が信託行為によって受益者に対して負担する債務については、信託財産の限度においてのみ責任を負う（▶信託21条2項）。

2　履行請求権および履行の強制

履行請求権の位置づけ　債務者が債務を任意に履行しない場合、債権者は、原則として、国家の助力を得て債権の内容を強制的に実現させることができる。414条はこのことを明らかにし、具体的な執行手続に関しては民事執行法等が定めている。伝統的通説によれば、このような履行の強制は、債権の効力から当然に帰結される第一次的な効果と位置づけられる。

しかし、外国の法制度に目を転じると、このような効果は自明のものではない。ドイツ法では、履行請求権にわが国と同様の位置づけを与えているが、英米法では損害賠償請求が第一次的効果とされており、履行請求権は当然には認められていない。また、わが国も加盟している国際物品売買契約に関する国連条約（CISG）は、履行請求権を認めているものの、損害賠償請求権や契約解除権など他の法的救済（remedy）とならぶ債務不履行の効果のひとつとして認めているにすぎない（▶CISG45条以下・61条以下）。履行請求権の位置づけをこの

ように理解する考え方を，レメディー・アプローチとよぶことがある。

改正法は，履行請求権を他の法的救済より優先しているとも理解できるが（たとえば，▶541条・563条など），レメディー・アプローチをすべて排除したとも言い切れない（たとえば，▶415条2項2号・3号など）。

> ■ **Case 2-2** Aは，Bとの間で，Bの所有する土地を買い受ける契約を締結したが，その後，Bはこの土地を第三者Cに譲渡し，Cへの所有権移転登記も済ませてしまった（★最判昭和35・4・21民集14巻6号930頁）。
> ■ **Case 2-3** Aは，Bとの間で，その所有する中古の指輪を10万円でBに売り渡す契約を締結し，引渡しのために自動車で高速道路を走行中，誤って交通事故を起こして自動車が大破した。この事故のため，目的物たる指輪の行方がわからなくなってしまった。

履行請求権の限界としての履行不能　債務の履行が不能な場合，債権者は，その債務の履行を請求することができない。債務の履行が不能かどうかは，**契約その他の債務の発生原因および取引上の社会通念**に照らして判断される（▶412条の2第1項）。この判断基準は，その文言とは異なり，「契約その他の債務の発生原因」と「取引上の社会通念」という別個の要素を考慮するという意味ではなく，前者すなわち契約の内容ないし契約の趣旨を確定する際に後者すなわち取引上の社会通念も考慮するという意味に解される。要するに，当該契約の趣旨に照らして債務者に債務内容の実現を求めることのできる限界を決することになる。

このため，客観的・物理的に履行が不可能な場合はもちろん，それ以外にも不能と判断される場合がある。たとえば，**Case 2-2** のように，不動産が二重譲渡されて第三者に所有権移転登記がなされた場合のほか，法律によって目的物の取引が禁止された場合（★大判明治39・10・29民録12輯1358頁）などが，これに当たる。これに対して，第三者への所有権移転登記が仮登記にとどまる場合には，なお債権者への所有権移転が可能であるから，不能とはいえない（★最判昭和46・12・16民集25巻9号1516頁）。

さらに，債権者の受ける利益に比して債務の履行に過大の費用を要する場合も，契約その他の債務の発生原因および取引上の社会通念に照らしてその債務

の履行は不能と解されることがある。たとえば，**Case2-3**の場合，債務者Aは，債権者Bに10万円相当の指輪を取得させるために，場合によっては莫大な費用（時間・労力を含む）をかけて指輪を探し出さなければならない。当該契約によってAがこのような過大な負担を引き受けたと解されない場合には，Aの引渡債務の履行は不能と評価され，Bは履行を請求することができない。

履行の強制　債務の履行期が到来しても債務者が任意にその履行をしないときは，債権者は，原則として，履行請求権の行使として国家の助力を得て債務内容を強制的に実現させることができる。414条はこのことを明らかにし，具体的な執行手続に関しては民事執行法等が定めている。損害賠償（▶415条）とは異なり，履行がないことにつき債務者の責めに帰することができない事由があっても，債務者は履行責任を免れることができない。

強制の方法には，大別して，直接強制，代替執行，間接強制の3つがある。もっとも，414条は，これら以外にも「その他の方法」による履行の強制が認められる余地を排除していない。今後，民事執行法等においてその他の方法が新設された場合には，その方法による履行の強制も認められる。

履行の強制は，いうまでもなく債権者の債権実現に対する利益を保護するための制度である。しかし同時に，2つのことに留意しなければならない。1つは，債権の強制的実現のための法制度が整備されていることの裏返しとして，債権者がこの制度を用いずに私的に債権の強制的な実現を図ることは，社会秩序を乱すおそれがあるため認められないということである（**自力救済の禁止**）。いま1つは，履行の強制を認めることによって，債務者の人格や意思の自由が不当に害されることがあってはならないということである。したがって，ある債権の強制の方法として何が適切か，あるいは何が許されないかを考える際には，債権実現の保障という要請と，債務者の人格や意思の自由の尊重という要請とのバランスを意識する必要がある。

> **Case 2-4**　Aは，犬のブリーダーBからビーグル犬を5匹買い受ける契約を締結したが，引渡期日を過ぎてもBはビーグル犬をAに引き渡さない。

(1) **直接強制**　直接強制とは，国家の助力を得て債権の内容それ自体を実

現する方法である（▶414条，民執43条以下・168条以下）。**Case 2-4** のように，動産（民法上，犬は動産である）の引渡しを目的とする債権では，執行官が強制的に当該動産を債務者から取り上げて債権者に交付する。この方法が許されるのは，金銭の支払い，動産の引渡し，不動産の明渡しを目的とする債務，すなわち「与える債務」のみである。建物の建築など「なす債務」の直接強制は，債務者の人格や身体の自由を不当に害することになるため許されない。

> **Case 2-5** Aは，Bからその所有する土地を買い受ける旨の売買契約を締結した。この土地上には古い木造家屋が建っており，Bがこの建物を収去し更地にして引き渡す義務を負った。しかし，引渡期日を過ぎてもBはこの建物を収去しない。

(2) **代替執行**　「なす債務」のうち，**Case 2-5** のように，債務者以外の第三者によって代替可能な内容をもつ債務については，債権者からの申立てに基づき裁判所の授権決定を得た第三者が債務者に代わって債務内容を実現し，その費用を債務者から取り立てるという強制の方法がとられる。これを，代替執行という（▶414条，民執171条1項1号）。

もっとも，たとえば，物の修理に関する請負契約において請負人が修理を行わない場合には，代替執行があまり意味をもたないことが多い。なぜなら，注文者はその請負人との契約を解除して第三者に修理を依頼し，余分にかかった費用相当額等を損害賠償として先の請負人に請求すれば足りるからである。

> **Case 2-6** Aは，Bからその所有するテナント・ビルの一室を賃借し，事務所として使用していたが，Aの度重なる賃料不払等を理由に賃貸借契約を解除された。ところが，Aはその後も退去をせず使用を続けている。

(3) **間接強制**　「なす債務」のうち，債務者本人によって履行される必要があるもの，すなわち不代替的な「なす債務」は，代替執行になじまないし，直接強制も，債務者の意思および身体の自由を不当に害するため許されない。そこで，この場合には，履行を遅延している期間に応じて債務者に一定額の金銭を支払わせることによって間接的に履行を強制するという方法が認められる（▶民執172条）。これを間接強制という。たとえば，他人の財産管理をした者が

清算義務を負っているにもかかわらずこれを履行しない場合などに，この方法が用いられる（★大決大正10・7・25民録27輯1354頁）。

(4) **強制方法間の相互関係**
3つの強制方法の間には，優先順位が一般的に存するわけではない。実行可能な方法が複数ある場合，債権者は，任意にいずれかを選んで用いることができる。このことは，間接強制についても同様である。かつては，他の強制の方法が可能な場合にはそれによるべきであって，間接強制はいわば最後の手段としてなるべく謙抑的に用いられるべきとの立場がとられていた（間接強制の補充性）。しかし，現在は，この立場は否定され，非金銭債権について直接強制や代替執行が可能な場合でも，債権者の申立てがあるときは間接強制をすることが認められている（▶民執173条1項）。

図表 2 - 1　**履行の強制**

$$\left\{\begin{array}{l}与える債務\left\{\begin{array}{l}物の引渡し \rightarrow 直接強制，間接強制\\ 金銭の支払い \rightarrow 直接強制\end{array}\right.\\ なす債務\left\{\begin{array}{l}作為債務\left\{\begin{array}{l}不代替 \rightarrow 間接強制\\ 代替 \rightarrow 間接強制，代替執行\end{array}\right.\\ 不作為債務 \rightarrow 間接強制，代替執行\\ 意思表示 \rightarrow 意思表示に代わる判決\end{array}\right.\end{array}\right.$$

(5) **履行の強制に馴染まない債務**　債務の性質上，強制的な債務内容の実現になじまない場合は，履行の強制をすることができない（▶414条ただし書）。たとえば，絵画や彫刻の作製，小説や論文の執筆，講演のように，債務内容の実現が債務者本人の特別な才能や学識などに依拠している場合がこれに当たる。なぜなら，債務者の自由意思を圧迫して履行を強制しても債務の本旨に従った給付を実現することが難しいと考えられるからである。また，婚姻予約の履行義務（婚姻をなす義務）や夫婦の同居義務についても，債務者の自由意思を不当に侵害するため，履行の強制はできない（夫婦の同居義務につき★大決昭和5・9・30民集9巻926頁）。

> **債務内容に応じた強制の方法**

414条は，履行の強制に実体法上の根拠を提供しているだけで，どのような債務についてどのような強制方法をとることができるのかについては定めていない。これを定めるのは，民事執行法である。

(1) **与える債務**　物の引渡しを目的とする債務については，直接強制およ

び間接強制が可能である（▶民執168条・169条・172条）。他方，金銭の支払いを目的とする債務（金銭債務）については，直接強制のみが認められる（▶民執43条以下）。具体的には，債務者の一般財産を差し押さえて競売し，その売却代金から配当を得ることになる。他に債権者がいる場合は，**債権者平等の原則**に従って，すなわち各債権者の債権額の割合に応じて配当がなされる。

(2) **なす債務**　(a) **作為債務**　何らかの作為を目的とする債務の場合，これを直接強制により実現することは，債務者の自由意思を不当に侵害したり身体を不当に拘束したりすることになるので，許されない（▶憲18条参照）。そこで，間接強制により債務者に心理的・経済的圧迫をかけることで履行を強制する方法が認められる（▶民執172条）。さらに，債務者本人以外の者によっても債務内容を実現しうる作為債務（代替的作為債務）については，間接強制のほかに，代替執行も可能である（▶414条）。**Case 2-5** はその例である。名誉毀損による不法行為に対する救済手段として認められている謝罪広告（▶723条参照）についても，判例は，単に事態の真相を告白し陳謝の意を表明するにとどまる程度のものであれば，代替的な作為であるとして代替執行を認める（★最大判昭和31・7・4民集10巻7号785頁）。

問題となるのは，幼児の引渡しである。親権者ではない者が幼児を監護している場合，親権者はその幼児の引渡しを求めることができる（★最判昭和35・3・15民集14巻3号430頁：百選Ⅲ-44）。それでは，親権者が勝訴した場合，どのようにして執行すべきであろうか。古い判例の中には，間接強制を認めたものがある（★大判大正元・12・19民録18輯1087頁）。しかし，間接強制を受けても幼児の拘束者が引渡しに応じないことも多いという実態にかんがみ，現在の実務は，直接強制を認めている。しかし，その手続を定める規定がないため，動産の引渡しに関する規定（▶民執169条1項）の類推適用により執行実務が行われている。子の引渡しに特有の問題に配慮した規定の整備が望まれる（➡第5巻）。

(b) **不作為債務**　不作為債務についても，作為債務と同様，直接強制は適切でない。そこで，原則として間接強制によることになる。ただし，不作為債務の不履行が有形的状態として存在する場合には，その除去を強制することになるが，これについては代替執行も可能である。たとえば，建物を建設しない

という債務に違反して建物が建設された場合には，裁判所の手続を経て第三者にこれを収去してもらい，その費用を債務者から取り立てることで債権を実現することができる（▶民執171条1項2号）。

さらに，騒音を出さない義務や汚染物質を流出させない義務の違反などの場合には，代替執行として，将来のため**適当な処分**をすることを裁判所に請求することもできる（▶同号）。「適当な処分」としては，たとえば，将来の損害に対して担保を提供させる，違反行為ごとに一定の賠償金を支払わせる，違反行為を防止するための設備等を設置させる等がある。

この「適当な処分」は，不作為債務に対する違反が現実に生じた場合における，違反状態の除去を強制する方法として認められるものである。このため，原則として，違反がまだ現実に生じておらず，生じるおそれがある段階にとどまる場合に，その違反を予防するために「適当な処分」を用いることはできない。ただし，一定の状況下において，例外的に，不作為義務違反のおそれがある段階で間接強制を認めた判例もある（**Topic 2-2** 参照）。

📝 Topic 2-2
不作為義務違反のおそれと間接強制

居酒屋営業に関するフランチャイズ契約において，契約終了後2年間，類似の営業を行ってはならない旨の条項があったにもかかわらず，元フランチャイジーYがこれに違反したとして，フランチャイザーXがYに対して営業差止訴訟を提起した。X勝訴が確定し，Xは執行文の付与を受けた。しかし，その後もYが海鮮レストランに変更して営業行為を続けたため，Xが間接強制を申し立てた。判決は，不作為債務の間接強制決定をするには「債権者において，債務者がその不作為義務に違反するおそれがあることを立証すれば足り，債務者が現にその不作為義務に違反していることを立証する必要はない」と判示し，その理由として，間接強制は債務者に対して債務の履行を心理的に強制し，将来の債務の履行を確保しようとするものであるから，現に義務違反が生じていなければ間接強制をすることができないというのでは，十分にその目的を達することはできないこと等をあげた（★最決平成17・12・9民集59巻10号2889頁）。

もっとも，不作為を命じる債務名義が存在しない場合や，作為債務（物の引渡しなど）に違反のおそれがある場合にも本判決の論理が及ぶのかについては，別途検討する必要がある。

(c) 意思表示をなす債務　作為債務の一種である意思表示をなす債務については，意思表示をすべきことを債務者に命ずる裁判等によって，債務者の意思表示が擬制される（▶民執174条）。このような債務においては，債務者本人が現実に意思表示をなすことは重要でなく，意思表示によって一定の法律効果が生じることに意味があるため，意思表示を擬制すれば足りるからである。

たとえば，不動産の所有権移転登記手続を裁判上求める場合（▶不登63条1項），借地権譲渡に関する賃貸人の承諾に代わる許可を裁判所に申請する場合（▶借地借家19条），農地売買に関する知事への許可申請（▶農地3条1項）や債権譲渡の通知（▶467条1項）をなすよう裁判上求める場合などがこれに当たる。

3　債務不履行に基づく損害賠償

1　債務不履行序説

債務不履行概観　債務者がその債務の本旨に従った履行をしないこと，または債務の履行が不能であることを，**債務不履行**という。この場合，債権者は，一定の要件の下で，債務者に対して，債務不履行によって被った損害賠償を請求することができる。債務者側からみると，債権者に対して損害賠償責任を負う（▶415条1項）。

損害賠償責任の根拠　415条1項に基づく損害賠償責任を正当化する根拠は，どこに求められるのであろうか。伝統的見解は，これを過失責任に求めていた。債務不履行について債務者に故意または過失があるがゆえに債務者は責任を負う，というわけである。しかし，近時，このような理解は批判にさらされる。

過失責任は，その裏返しとして行動の自由を保障する原理でもある。過失責任原理の下では，人は故意または過失がないかぎり，たとえ自らの行為によって他人に損害を負わせたとしても責任を問われないからある。しかし，契約に基づく債務の不履行が起こる場面で，このような意味での過失責任は妥当しない。なぜなら，契約当事者は，自らの意思で契約関係に入り債務を負担しており，この意味で自ら行動の自由に制約を課しているからである。このように，

過失責任は，契約関係の存在を前提としない不法行為責任の正当化根拠とはなりえても，契約関係の存在を前提とし，これに基づく債務の不履行による責任の正当化根拠にはならない。

こうして，2017年改正により，**契約の拘束力**を債務不履行責任の正当化根拠に据えることが明らかにされた。すなわち，当事者は，自らの自由意思によって契約関係に入り債務を負担したのであるから，その債務の不履行については，原則としてその責任を負うべきである。ただし，その契約の下で当該当事者がリスクを引き受けたと解されない事由によって生じた不履行については，当該当事者は責任を負わない（▶415条1項ただし書参照）。このように，債務不履行責任の有無は，契約と切り離された一般的な「過失」の有無ではなく，当該契約の趣旨に照らして決するという判断枠組みがとられることとなった。

もっとも，このような判断枠組みは，従来の裁判実務においてすでに実践されていたものであり，学説においても暗黙裏に承認されていたものである。したがって，2017年改正は，判断枠組みを実質的に変更したというよりも，むしろ裁判実務や学説がこれまで採用していた判断枠組みに合わせて法の文言を修正し，この判断枠組みを確認したものと理解される。

損害賠償論の構造　はじめに，簡単な見取り図を示しておこう（**図表 2-2**）。このような全体像をイメージしながら，具体的な問題や争点が全体のなかのどこに位置づけられるのかを理解することが重要だからである。

債務不履行に基づく損害賠償請求権が認められるための要件は，①債務の存在，②事実としての不履行，③損害の発生，④②と③との間の因果関係，⑤債務者の責めに帰することができない事由の不存在である。そこで，第1ステップとして，これらの要件を満たすことが不可欠となる。

これらの要件を満たすと，法律効果として損害賠償請求権が発生するが，この権利を具体化するためには，損害賠償額を確定する必要がある。そこで，第2ステップとして，債務不履行によって発生した損害のうち，どこまでが賠償の範囲に含まれるのかを画定し，最後に第3ステップとして，賠償額の減額調整を行う，という順序で損害賠償額を確定する。

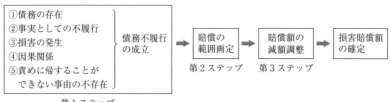

図表2-2 債務不履行に基づく損害賠償の構造

なお，損害を物の破損や怪我などの事実そのものと解する立場（損害事実説）によれば，賠償の範囲画定と減額調整との間に，損害を金銭に評価するステップが加わることとなる（➡54頁）。

債務不履行の類型　415条1項は，債務不履行を「債務の本旨に従った履行をしない」ことと「債務の履行が不能である」ことの2つに分けているかのように見える。しかし，そうではない。単に「債務の本旨に従った履行をしない」だけでは，履行が不能であること（履行ができないこと）が含まれないのではないかとの疑念が生じるため，履行が不能であることも債務不履行となりうることを明確にするために，両者を並列的に規定しているにすぎない。つまり，415条1項は，あらゆる態様の債務不履行を含んでいるのである。

このような理解を前提に，通説は，債務不履行を，不履行の態様に応じて，①履行遅滞，②履行不能，③不完全履行の3つに分類して要件を整理している（**三分類説**）。①履行遅滞とは，履行が可能であるにもかかわらず，履行期日に履行がされないこと，②履行不能とは，履行が不可能であること，③不完全履行とは，外形的には履行行為がされたが債務の本旨に従っていないことである（➡ **Further Lesson 2-1**）。さらに，2017年改正では，履行不能と同様の取扱いをする不履行態様として，債務者がその債務の履行を拒絶する意思を明確に表示したこと（履行拒絶）が明文で定められた（▶415条2項2号・542条1項2号参照）。

2　事実としての不履行

事実としての不履行とは，債務の本旨に従った履行がされなかったという客

観的事実をいう。このことにつき債務者に帰責事由があったか否かは考慮されない。ただし，手段債務の扱いには注意を要する（➡61頁）。

ここでは，不履行の態様に即して検討することが有益である。

Case 2-7 自動車販売店Aは，新車1台をBに販売し，9月30日にB宅で引き渡すことを約した。しかし，Aの側でカーナビおよびオーディオシステムの仕入れ・取付けが間に合わず，約束の納車期日を5日過ぎてしまった。

履行遅滞　(1) **履行遅滞**　不履行態様の第1の類型は，債務の履行が可能であるにもかかわらず，履行期が到来しても履行されないことである。すなわち，履行遅滞といえるためには，①履行が可能であること，②履行期が経過したこと，③履行がされないこと，の3要件を満たす必要がある。このうち，履行が可能であるか否かの判断については，履行請求権の限界のところですでに述べた（➡36頁）。

履行期が経過したか否かの判断は，412条に即して行われる。

第1に，確定期限のある債務については，債務者は，その確定期限の到来時から遅滞の責任を負う（▶412条1項）。ただし，これには次の例外がある。

①取立債務において確定期限が到来しても債権者が取り立てない場合など，債務の弁済につき債権者がまず協力しなければならないにもかかわらず，債権者がこれを行わない場合には，確定期限が到来しても債務者は遅滞の責任を負わない。

②指図証券の債務者は，確定期限の到来後に証券の所持人がその証券を提示して履行の請求をした時から遅滞の責任を負う（▶520条の9）。

③債務者があらかじめ受領を拒絶しており，しかも拒絶の意思が明確と認められる場合には，債権者は，確定期限の到来時に口頭の提供さえしなくても履行遅滞に陥らないことがある（★最大判昭和32・6・5民集11巻6号915頁。この判決の射程については **Topic 6-1** 参照）。

第2に，不確定期限のある債務については，債務者がその期限の到来した後に履行の請求を受けた時，または，その期限の到来を知った時のいずれか早い時から遅滞の責任を負う（▶412条2項）。

第3に，期限の定めがない債務については，債務者が履行請求を受けた時から遅滞の責任を負う（▶同条3項）。ただし，これにはいくつかの例外がある。
①返還時期の定めがない消費貸借においては，債務者が相当の期間を定めて返還を催告し，この期間が経過することが必要である（▶591条1項）。
②不法行為に基づく損害賠償債権については，債権者からの請求がなくても，不法行為の時から直ちに履行遅滞に陥る（★最判昭和37・9・4民集16巻9号1834頁）。

Further Lesson 2-1
▶▶▶▶▶ **債務不履行の類型論**

　三分類説は，ドイツ法に由来する。ドイツ法では，債務不履行に関する統一的規定がなく，不能と遅滞について個別に規定が置かれていただけであった。そのため，一応の履行がされたが不完全であったというタイプの不履行をどう扱うのかという問題が生じ，解釈上，積極的契約侵害という第3の類型が認められるようになった。この名称はもともと，不能・遅滞が債務者の消極的行為（履行できない・しない）によるものであるのに対して，債務者による積極的行為によって生じた不履行（瑕疵ある給付および債権者の生命・身体・財産に対する侵害）が念頭に置かれていたことに由来する。このようにしてドイツで生まれた三分類説がわが民法にも導入され，通説化した。
　しかし，債務不履行に関する統一的規定（▶415条）をもつわが国においては，ドイツの特殊事情の下での解釈論を採用する必然性はない。このような観点から，わが国の規定に則した形で債務不履行論を再構成しようという動きが近時さかんになってきている。
　なかでも有力なのは，415条をその母法であるフランス法的に把握しようとする見解である。この見解は，債務不履行の要件を，債務の本旨に従った履行がなされないこと，すなわち「本旨不履行」に一元化した上で，債務不履行責任の成否を債務内容に応じて分けて考える（**一元説**）。まず，給付結果の達成を債務内容とする結果債務については，不可抗力という免責事由が証明されないかぎり原則として債務不履行責任が発生する。これに対して，一定の行為（作為・不作為）をなすこと自体を債務内容とする手段債務については，債務者が注意義務を尽くしたか否かによって債務不履行責任の成否を判断する。もっとも，一元説のなかにも，不履行態様に応じた類型化に，整理のための道具としての有用性を認める見解もある。
　2017年改正は，これらの見解のいずれかに依拠することを積極的に意図したものではない。このため，この議論は，改正法の下でも意義をもちつづける。

(2) **違法性** 伝統的見解は，履行遅滞の要件として「違法性」をあげる。しかし，ここでの違法性は，不法行為における権利や利益の侵害といった積極的要件ではなく，同時履行の抗弁権や留置権が存するなど，債務を履行しないことを正当化する権限が債務者にある場合に違法性が阻却される，という消極的要件として位置づけられる。

> **Case 2-8** Aは，Bとの間で，Aの所有するゴッホの絵画をBに売り渡すという契約を東京のB宅で結んだ。ところが，この契約の前日，この絵画が保管されている軽井沢の別荘をAが訪れた際，たばこの火を消し忘れたまま別荘を後にしたため火災が発生し，Bとの売買契約の時点では，絵画は焼失してしまっていた。

履行不能 不履行態様の第2の類型は，履行が不能なことである。履行遅滞とは異なり，履行期の到来は要件ではない。また，不能となった時期も問わない。契約締結後に履行が不能になった場合（**後発的不能**）だけでなく，**Case 2-8** のように，契約締結時すでに履行が不能だった場合（**原始的不能**）も含まれる。つまり，原始的に実現不能な内容の契約も当然に無効になるのではなく，当該契約の解釈を通じて有効か無効かを決することになる。契約が有効とされた場合は，その契約に基づき債務が発生するが，履行不能として取り扱われる（▶412条の2第2項）。

履行が不能かどうかは，契約その他の債務の発生原因および取引上の社会通念に照らして判断される（▶412条の2第1項。➡36頁）。

不完全履行 不履行態様の第3の類型は，外形上は履行行為がされたが，債務の本旨に従った履行ではないことである。この不完全履行の存否の判断は，一般論としては，まず「債務の本旨」がどのようなものであるか，すなわち債務の具体的内容を確定し，次に債務者がこれを適切に履行したか否かを検討する，という順序で行う。

ただ，ひとくちに「不完全」といっても，その態様はさまざまである。たとえば，売買契約に基づいて発生する中心的な義務は，目的物の引渡と代金の支払いである。請負契約においては，仕事の完成と報酬の支払いであり，有償の委任契約においては，事務処理と報酬の支払いである。このような，契約に

図表 2-3　債務の構造からみた不完全履行の態様

```
                    ┌ 給付義務 ┌ 引渡債務      → 給付結果が不完全
                    │         │ （＝結果債務）
                    │         │
                    │         └ 行為債務 ┌ 結果債務 → 給付結果が不完全
契約上の債権債務 ┤                      └ 手段債務 → 注意義務違反
                    │
                    │ 給付に関連する付随義務 → 結果債務・手段債務に相応
                    │
                    └ 給付に関連しない付随義務（保護義務）→ 手段債務と同じ
```

おける中心的な義務を，**給付義務**という。債務者がこの給付義務を不完全に履行した場合には，不完全履行となる。

しかし，契約に基づいて発生する義務は，給付義務に尽きるものではない。当事者の合意または当該契約の性質上，債務者が負うべき**付随義務**も同時に発生する。このなかには，給付義務に関連するものと，そうでないものとがあるが，これらの付随義務に違反があった場合にも，不完全履行となる。

(1)　給付義務の違反　(a)　行為債務　行為債務には，①ある行為によって一定の結果を達成することを目的とする債務（**結果債務**）と，②ある行為をなすことそれ自体を目的とする債務（**手段債務**）とがある。ある債務が結果債務なのか，それとも手段債務なのかは，当該債務の発生原因が契約の場合は契約の趣旨・目的に照らして判断することになる。

（i）　結果債務　債務者が何らかの履行行為を行ったが，予定された結果が達成されない場合に，結果債務の不完全履行となる。このように評価されるためには，まず，債務の本旨がどのようなものなのか，すなわち，どのような結果の達成が債務の内容とされているのかを確定することが必要となる。その上で，現実に生じた結果と照らし合わせ，不完全な部分があるかどうかを判断することになる。

▓ Case 2-9　Aは，建設業者Bに対して，戸建て住宅の建築を依頼した。Bが計測を誤ったため，出来上がった家の床に傾斜ができてしまった。

Case 2-9 では，Bの債務内容は，合意した品質を備えた戸建て住宅を建築しAに引き渡すことである。ここには，床が水平であることも当然に含まれ

る。たしかに，Bは戸建て住宅を建築しAに引き渡したのであり，この意味では履行行為が存在する。しかし，Bが建築した戸建て住宅の床には傾斜ができてしまった。この点において，Bの履行は債務の本旨に従ったものとはいえず（▶415条1項参照），「不完全」な履行と評価される。

　もっとも，**Case2-9** においてA・B間で締結された契約は請負契約であり，請負人がした仕事が債務の本旨に従っていなかった場合については，契約不適合と評価され，特有の法律効果が認められる（▶559条・636条・637条）。契約不適合と不完全履行との関係については，後述する（➡50頁）。

　(ⅱ)　**手段債務**　手段債務の場合にも，債務の本旨，すなわち債務の内容を確定し，その不履行の有無を判断するという枠組みは結果債務と同じである。しかし，手段債務においては，債務の内容が「ある行為をなすこと」それ自体であるから，何をどの程度行えば「債務の本旨に従って」履行したことになるのかが，結果債務ほど明確ではない。このため，不履行の有無をめぐって当事者の主張が対立しやすい。

> **Case 2-10**　Aは出生当時，未熟児であったためB病院の保育器に収容され，酸素吸入器により酸素投与が行われていた。このような高濃度酸素環境におかれたことにより，Aは未熟児網膜症にかかり失明してしまった（★最判昭和60・3・26民集39巻2号124頁）。

　一般に，医師と患者の間の診療契約は準委任契約と解されている。そして，準委任契約上の受任者の債務は，善良なる管理者の注意をもって事務処理を行うことであり（▶656条・644条），これにより一定の結果を達成すること（たとえば，病気を完治させること）を含んでいない。診療契約においては，医師の義務は，人の生命・健康を管理する業務に従事する者として，危険防止のために経験上必要とされる最善の注意を尽くして患者の診療にあたることである。

　Case 2-10 では，B病院の債務の具体的内容として，Aが未熟児網膜症にかからないよう適切な定期検査をすべき義務，Aが未熟児網膜症にかかった場合にはこれに対する適切な治療法を実施すべき義務，自らに治療経験が乏しい場合には経験豊かな他の専門医に患者を転移させる義務等が存在するか否か，存

在するとしてこれに違反があったか否かが問題となる。この判断は、原則として、診療当時のいわゆる臨床医学の実践における医療水準を基準に行われる。この基準により、具体的な債務内容が確定されると、次に、B病院側にその不履行があったか否かが判断される。たとえば、Aに未熟児網膜症を疑わせる症状がみられたにもかかわらずB病院において適切な検査を実施しなかったり、B病院が未熟児網膜症の患者を扱った経験に乏しいにもかかわらず経験豊かな専門医の診察を仰ぐことを怠ったり、適時に適切な治療を施さなかったりした場合には、事実としての不履行が認められる。

(b) 引渡債務　引渡債務は、目的物の占有移転という結果の達成を目的とする結果債務である。したがって、不完全履行の存否に関する判断は、行為債務の結果債務の場合と同じである。

> **Case 2-11** 放送局Aは、テレビの料理番組で高級マグロ料理を紹介するため、Bから青森県大間産のホンマグロを買う契約を結んだ。ところが、Aの元に届けられたマグロは、南米沖の大西洋で獲れた冷凍のメバチマグロであった。

Case 2-11 のように、契約において一定の性能・品質を備えた物を引き渡すことが合意されたときは、それが「債務の本旨」、すなわち債務の内容となる。このため、たとえその物が通常有すべき性能・品質を備えていたとしても、合意した性能・品質を欠く場合は不完全履行となる。**Case 2-11** では、Aの元に届けられた冷凍のメバチマグロは通常のマグロ料理に用いられており、また一般に売られているものである。もしこの契約においてマグロの品質について特段の合意がなかったとすれば、このメバチマグロでも債務の本旨に従ったものと評価された可能性がある（▶401条1項参照）。しかし、この契約では、「青森県大間産のホンマグロ」と品質が合意されているため、これと異なる品質のマグロが引き渡されたことは、不完全履行となる。

(c) 不完全履行と契約不適合の関係　売買契約においては、売主は、種類、品質または数量に関して契約の内容に適合する目的物を引き渡す義務を負う（▶562条1項）。この義務に違反があった場合、すなわち引き渡された目的物が種類、品質または数量に関して契約の内容に適合していないことを**契約不**

適合とよび，買主には，各要件の下で，追完請求権，代金減額請求権，契約解除権，損害賠償請求権が認められる（▶562条ないし564条）。このことは，原則として，他の有償契約にも当てはまる（▶559条）。

この契約不適合は，債務不履行，なかでも不完全履行の一種である。このことは，契約不適合の法律効果としての契約解除権と損害賠償請求権を定める564条が，前者について契約の総則規定（▶541条・542条）を準用し，後者について債権の総則規定（▶415条）を準用していることからわかる。

このように，**Case 2-9** も **Case 2-11** も，不完全履行のなかでも契約不適合に関する事案ということになる。

Further Lesson 2-2
▶▶▶▶▶ 特定物ドグマの否定

2017年改正前の伝統的通説は，売買契約における売主の責任を考えるにあたり，特定物ドグマという考え方を基礎としていた。これによれば，動機は意思表示の構成要素に含まれないという理解を前提に，目的物の性能・品質は動機にとどまり意思表示に含まれないため，特定物売買に基づいて売主が負う義務は「特定されたその物」を引き渡すことに尽きる。このため，たとえ引き渡された「その物」が契約の前提とされていた性能・品質を欠いていても引渡義務は完全に履行されたことになり，売主の債務不履行責任は問題とならない。しかし，このような結論は，その特定物が一定の性能・品質を有すると期待して契約を締結した買主の信頼を損ねるため妥当でない。そこで売主に特別な責任を課したのが，瑕疵担保責任（▶改正前570条）である。

他方，物の種類に着目して売買の目的物とされた場合（つまり種類物売買の場合）は，その種類が通常有すべき性能・品質を備えた物を引き渡すことが合意されたと解されるので，売主がそのような性能・品質を欠く種類物を引き渡せば不完全履行となり，債務不履行責任の問題になる。

このように，売買の目的物が特定物であるか，それとも種類物であるかによって売主の引渡義務の内容が異なり，これに相応して売主の責任の内容および性質が異なると解されていた。しかし，このような伝統的通説の妥当性は，かねてより疑問視されていた。2017年改正では，特定物ドグマを否定することで両者の区別をなくし，契約不適合という概念の下で等しく取り扱うこととした（▶562条以下）。詳しくは第4巻を参照されたい。

> **Case 2-12** A社は，事務用機器販売店Bから複合コピー機αを購入した。αは，コピー機能のほか，パソコンと接続することにより，プリンタ，スキャナ，ファックス機としても使用できるものであった。しかし，パソコンとの接続，ソフトウェアのインストール，各種設定が複雑なため，Aはこれらの調整および使用方法に関する簡単な説明もBに頼んだ。ところが，Bが行ったパソコンの設定が間違っていたため，Aはαをプリンタとして使用することができなかった。

(2) **給付に関連する付随義務の違反** 給付義務そのものではないが，これに関連する付随義務が，明示的な合意または契約解釈によって生じることがある。たとえば，生鮮食料品など傷みやすい目的物を適切に保管する義務（▶400条参照），必要に応じて目的物を適切に梱包する義務，**Case 2-12** にあるとおり，目的物を使用できるよう調整する義務，目的物の使用方法や注意事項を説明する義務などである。このような義務の違反の有無は，当該義務の具体的内容に応じて，前述の引渡債務・行為債務と同様に判断される。

> **Case 2-13** ピアノの売買契約において，売主Aが買主Bの家にピアノを搬入した際，玄関に置いてあったBの花瓶を倒して割ってしまった。

(3) **給付に関連しない付随義務の違反** 契約によって生じる債権債務は，給付義務およびこれに関連する付随義務だけではない。さらに，債務を履行するにあたり債権者の生命・身体・財産に損害を加えない義務も発生する。この義務は，契約上の給付義務それ自体とは直接関連せず，本来的には不法行為上の法益を保護すべき義務である（この意味で，**保護義務**ともよばれる）。この代表例として，安全配慮義務があげられる（➡88頁）。もっとも，身辺警護や高齢者介護などを目的とする契約のように，債権者の生命・身体の安全配慮そのものが給付義務になる場合もある。

この義務は，一定の作為・不作為を内容とする手段債務であるため，違反の有無に関する判断は，手段債務で述べたことが当てはまる。

明確な履行拒絶 履行不能と同じ法的扱いを受ける不履行類型として，債務者がその債務の履行を拒絶する意思を明確に表示することが2017年改正で新たに規定された。履行拒絶の意思が明確といえるために

は，その意思がきわめて強固なものであって，合理的にみてもはや翻意する見込みがないと認められる必要がある。たとえば，契約の存在それ自体を不当に否定して債務の履行を拒絶する場合や，契約とは異なる不合理な条件での履行を強硬に主張し，この条件の下でなければ履行しないと主張する場合がこれに当たる。これに対して，債務者が当初の契約どおりの履行に対して難色を示したにすぎない場合や，単なる弁済猶予の申入れや契約内容の改定に関する再交渉の申入れは，これに含まれない。

このように，履行拒絶意思が強固であり終局的なものであることが厳格に求められるが，他方で，この履行拒絶の意思が表示された時期は問わない。すなわち，履行期到来時や履行期後のみならず，**履行期前の履行拒絶**でもよい。

3　損害の発生

> **Case 2-14**　賃貸アパートに住むAは一戸建て住宅を新築し，運送業者Bに，A所有の家財道具を新居に運送することを依頼した。Bがベッドを新居の2階の窓から室内に搬入する際，ベッドを窓ガラスにぶつけてしまった。これにより窓ガラスが割れ，ベッドが落下して破損した。さらに，落下したベッドがAを直撃し，Aは右腕を骨折してしまった。そのため，Aは2週間の入院を余儀なくされ，1か月にわたりタクシー運転手としての仕事ができなくなってしまった。

損害概念　「損害」とは何かをめぐっては，学説上争いがある。判例・通説は，債務不履行がなかったならば置かれていたであろう債権者の財産状態と，債権者の現実の財産状態との差額を損害と捉える（**差額説**）。しかし，2つの財産状態を確定することは困難であり，また，この定義の中に非財産的損害（精神的損害）を位置づけることも難しい。さらに，この損害概念は，完全賠償主義をとるドイツ法において採用されているものであって，制限賠償主義をとるわが民法とは相容れないとの批判もある。

そこで，債務不履行の結果として債権者が個々の法益について被った不利益，たとえば，**Case 2-14**では，破損した窓ガラスやベッドの修理費用，Aの怪我の治療費，Aが仕事を休業したことによる収入減，精神的苦痛といった損害項目を損害と捉える見解もある（**個別損害説**）。これによれば，差額説がいう

「損害」は，個々の損害の単なる総和にすぎないと解することになる。

また，事実そのものを損害と捉える見解もある（**損害事実説**）。たとえば，窓ガラスやベッドの破損およびAの怪我を損害と捉え，修理費用，治療費，休業による収入減は損害の金銭評価の問題として損害概念と区別する。

この見解の相違は，冒頭でみた損害賠償論の判断枠組みに影響する（➡43頁）。差額説および個別損害説によれば，損害は具体的金額として表されるため，損害を金銭に評価するプロセスは必要ない。これに対して，損害事実説によれば，賠償範囲に含まれるとされた損害を金銭に評価するプロセスが必要となる。また，差額説および個別損害説によれば，塡補賠償の場面において目的物の価値が変動した場合における賠償額の算定基準時をめぐる問題は，損害として把握された差額のうちどこまでを賠償の範囲に含めるかという問題と位置づけられうる。これに対して，損害事実説によれば，この問題も損害の金銭的評価の問題となる（➡72頁）。

損害の種類　損害は，異なる観点からさまざまな分類がなされる。

(1) **財産的損害・非財産的損害（精神的損害）**　債務不履行によって被害者（債権者）に生じた財産上の損害を財産的損害，非財産上の損害を非財産的損害という。

財産の損害には，生命，身体など人格的利益が侵害されることによる損害と，経済的利益が侵害されることによる損害とがある。**Case 2-14** では，Aの怪我による治療費や収入減が前者に，窓ガラスやベッドの破損による修理費用が後者に当たる。

非財産的損害とは，すなわち精神的損害のことであり，この賠償金を慰謝料という。債務不履行に関しては，不法行為における710条のように明文の規定はないものの，非財産的損害も理論的には賠償の対象になると解されている。もっとも，債務者が経済的利益やこれに関する意思決定の自由を侵害されたにとどまる場合，特段の事情がないかぎり，原則として慰謝料請求は認められない（最近の判例として★最判平成15・12・9民集57巻11号1887頁）。

(2) **積極的損害・消極的損害**　財産的損害は，積極的損害と消極的損害とに分けられる。債務不履行による既存の財産の滅失や減少を**積極的損害**とい

う。物の修理費用や怪我の治療費などがこれに当たる。他方，得られたはずの利益が債務不履行によって得られなくなったことの損失を**消極的損害**という。また，消極的損害として失った利益のことを**逸失利益**という。怪我をしたため仕事を休業せざるをえなくなったことによる収入減や，転売によって得られたはずの利益（転売利益）の喪失がこれに当たる。

損害の把握のしかた 損害の把握のしかたも，異なる観点からいくつかの分類がなされる。

> **Case 2-15** Aは，Bとの間で，B所有の建物を3000万円で買い受ける契約を締結した。ところが，引渡期日になってもBはこの建物を引き渡さない。このため，Aはホテルでの宿泊を余儀なくされ，宿泊料金5万円を支出した。また，家財道具の保管費用が3万円多くかかってしまった。
>
> **Case 2-16** Aは，Bとの間で，B所有の建物を3000万円で買い受ける契約を締結した。ところが，Bのタバコ火の不始末により，引渡し前にこの建物が全焼してしまった。Aは，この建物をCに3500万円で転売する契約を締結していた。

(1) **遅延賠償・塡補賠償** 履行期をすぎても履行されないことによって生じた損害の賠償を，**遅延賠償**という。他方，債務が履行されたのに等しい地位を回復させるに足りるだけの損害賠償を，**塡補賠償**という。415条2項にいう**債務の履行に代わる損害賠償**は，この塡補賠償を指している。

(a) 遅延賠償 **Case 2-15** では，Aは，ホテルに支払った宿泊料金5万円および余分にかかった家財道具の保管費用3万円の賠償をBに請求することができる。これが遅延賠償である。建物の引渡しは可能であるため，Aは，建物の引渡しに加えて，遅延賠償を請求することができる。このように，遅延賠償は，履行請求とともに請求することができる。Aが契約を解除した場合も（▶541条），遅滞による損害が消滅するわけではないので，Aは上記の遅延賠償を請求することができる（▶545条4項）。

(b) 塡補賠償 **Case 2-16** では，建物の明渡しは履行不能になるため，Aはこれを請求することができず（▶412条の2第1項），その代わりに塡補賠償を請求することができる（▶415条2項1号）。その具体的内容は，事案によって異なる。典型的には，引渡しの目的物たる建物の価値相当額であるが，Aがこの

図表 2-4　損害の種類

損害 ┬ 財産的損害 ┬ 積極的損害：修理費，治療費，代替品の購入費用など
　　 │　　　　　 └ 消極的損害：得られたはずの転売利益，休業による収入減など
　　 └ 非財産的損害：慰謝料

建物を転売する予定だったときは転売利益（**Case 2-16** では500万円）も含まれうる。Aは解除権を有するが（▶542条1項1号），これを行使しなければ契約の効力は維持され，Aは代金債務を負う。この場合，各当事者は，填補賠償請求権と代金債権とを対当額で相殺することができる（▶505条1項）。

　Aが解除権を行使した場合には，損益相殺（➡76頁）により代金債務の限度で填補賠償請求権が消滅し，Aは残額を填補賠償として請求することができる（▶415条2項3号）。**Case 2-16** において，Aが契約を解除した場合は，転売利益の500万円がこれに当たる。このように，通常，Aが解除権を行使した場合としない場合との間で，最終的に取得できる損害賠償額に違いは生じない。

　(c)　履行が可能な場合における填補賠償　　前述のように，履行が可能なときは，債権者は，履行請求と遅延賠償の請求をすることができるし，履行が不能なときは填補賠償を請求することができる。いずれの場合も，所定の要件の下で契約を解除することもできる（▶541条・542条）。それでは，履行が可能なときに解除をしないで填補賠償を請求することができるだろうか。415条2項は，これが可能な場合として，次の2つをあげる。

　第1は，債務者がその債務の履行を拒絶する意思を明確に表示したときである（▶415条2項2号）。この場合，債権者は契約を解除して損害賠償を請求することができるが（▶542条1項2号），解除をせずに填補賠償を請求することもできる。

　第2は，債務が契約によって生じたものである場合において，その債務の不履行によって解除権が発生したときである（▶同項3号）。すなわち，①債務者が履行遅滞に陥り，債権者から履行の催告から相当期間が経過してもなお履行をしない場合（▶541条），②定期行為において債務者が履行期を徒過した場合（▶542条1項4号），③債務者が債務の履行をせず，かつ，催告をしても債務者が契約目的を達するのに足りる履行をする見込みがないことが明らかな場合

(▶同項5号)である。この場合,債権者は,契約を解除して損害賠償を請求することができるが,解除をせず塡補賠償を請求することもできる。解除をしなければ契約は存続するので,債権者は,自らの債務を履行しなければならないが,債権者がこのことに利益を有することがあり,その場合に契約関係を維持しつつ塡補賠償を求めることができるのである。

なお,債権者が412条2項2号または3号に基づいていったん塡補賠償請求をした場合,再び履行請求をすることができるか否かについては,明文の規定がなく,解釈にゆだねられている。一方では,選択債権のように,債権者がいったん塡補賠償請求をした場合には履行請求に戻ることができなくなるとの解釈がありうる。これは,債務者がどちらの請求を受けるか確定しないという不安定な法的地位に置かれるべきではないとの理由に基づく。他方では,債権者は,塡補賠償を受けるまでは履行請求に戻ることができるとの解釈がありうる。これは,債権者が自己の利益の満足を得ていないにもかかわらず履行請求権を失うことは妥当でないとの理由に基づく。

(2) **履行利益・信頼利益**　債務の本旨に従った履行がなされたならば債権者が得られたはずの利益を,**履行利益**という。たとえば,売買契約において,買主が目的物を他に転売することを予定していたところ,売主がこの目的物を引き渡さなかったため,買主が転売利益を得ることができなくなったという場合,この得べかりし転売利益は,履行利益に当たる。損害賠償において,履行利益の賠償は,この「債務がその本旨に従って履行された利益状態」を回復しようとするものである。

他方,契約（債権）が有効に成立しなかった場合において,これを有効に成立すると信じたことによって失われた利益を,**信頼利益**という。たとえば,売買契約の締結交渉が進み契約締結直前に至った段階で当事者の一方が不当に契約交渉を破棄したという場合,相手方において契約が成立すると信じて支出した費用は,信頼利益に当たる(★最判昭和59・9・18判時1137号51頁:百選Ⅱ－3)。目的物が土地である場合の測量費用,目的物が美術品である場合の鑑定費用,売買代金を支払うために融資を受けた場合の利息などがこれに当たる。損害賠償において,信頼利益の賠償は,この「契約が有効に成立すると信頼し

なかったならば置かれたであろう利益状態」，言い換えれば，契約を締結しなかったならば置かれたであろう利益状態を回復しようとするものである。

4 因果関係

債務不履行責任が発生するためには，債務不履行と損害発生との間に因果関係がなければならない。すなわち，債務不履行が原因となり，その結果としてある損害が生じたという原因・結果の関係がなければならない。この意味での因果関係を，**事実的因果関係**という。しかし，事実的因果関係が肯定されたとしても，発生した損害すべてについて賠償責任が生じるとは限らない。発生した損害のうちどの範囲までの損害につき債務者が賠償責任を負うのかは，債務不履行責任の成立要件ではなく，損害賠償の範囲の問題である。

Further Lesson 2-3
▶▶▶▶▶ 本来の履行請求権と塡補賠償請求権の関係

　伝統的通説は，債務者の責めに帰すべき事由によって債務の履行が不能となった場合，その債権は消滅するのではなく，その内容が目的物の引渡しから塡補賠償金の支払いに転化すると解していた。これによれば，本来の履行請求権と塡補賠償請求権とは同一性を有する（同一性説）。これに対し，履行不能によって本来の履行請求権は消滅し，新たに塡補賠償請求権が発生すると考える説も有力である。履行請求権と塡補賠償請求権とは別個のものと解するのである（独立性説）。

　2017年改正で新設された415条2項2号・3号は，両債権の併存を認めるので，本来の履行請求権が履行不能を契機に塡補賠償請求権に転化するという論理を否定したものと解される。しかし，両請求権の同一性をどう捉えるか，いつの時点まで両請求権が併存するのかといった問題については，なお解釈にゆだねられている。

　なお，同一性説と独立性説の違いが具体的に表れる場面のひとつは，塡補賠償請求権の消滅時効の起算点だといわれる。たしかに，同一性説によれば本来の履行請求権の履行期が，独立性説によれば塡補賠償請求権の発生時が起算点となりやすい。2017年改正前の判例は，前者の立場を明らかにしていた（★最判平成10・4・24判時1661号66頁）。しかし，起算点をどこに定めるかは，時効制度の観点から検討すべき問題であろう。

5 債務者の責めに帰することができない事由の不存在

> **Case 2-17** Aは，Bとの間で，甲建物を3000万円でBに売る旨の契約を締結した。ところが，引渡期日の3日前に甲が次の事由により滅失した。
> (1) 震度7の大地震が発生し，甲とその周辺地域にある建物の大半が全壊した。
> (2) Aのタバコ火の不始末により甲が全焼した。
> (3) 契約当時，Cが甲を所有していたが，Aが甲をCから買い受ける方向で交渉が進んでいた。しかし，条件面で折り合いがつかずCとの交渉が決裂し，Aは甲を取得できなかった。

責めに帰することができない事由とは 事実としての不履行が，債務者の責めに帰することができない事由によって生じた場合，債務不履行責任は生じない（▶415条1項ただし書）。この意味において，この事由は，免責事由とよばれることもある。

ある事由が債務者の責めに帰することができない事由に当たるかどうかを判断する際の基準は，契約その他の債務の発生原因および取引上の社会通念である（▶415条1項ただし書）。契約上の債務の不履行の場合，債務者が当該契約においてどのような債務を負ったのか，言い換えれば，債務者が当該契約においてどのような原因による不履行のリスクを引き受けたのかという観点から判断される。これは，履行不能か否かを判断する際の基準としてあげられているものと同じである（▶412条の2第1項参照）。契約上の債務の問題を考える場合は当該契約規範が基準とされるべきであるという考えが，ここに表れている。

この文言は，前述のとおり，「契約その他の債務の発生原因」が基準であり，「取引上の社会通念」は，当該契約規範を明らかにする際の考慮要素のひとつと解される。すなわち，当事者間の明示的な合意のほか，当該契約の性質，契約をした目的，契約締結に至る経緯等の諸事情および取引上の社会通念に照らして，当該事由が，債務内容が実現されない場合に債務者が引き受けるべき責任領域に含まれるかどうかを判断することになる（➡36頁）。したがって，債務者の責めに帰することができない事由によることは，当該契約規範と離れた一般的な「故意または過失」が債務者にないこととは異なる。もっとも，裁判実務は従来から当該契約との関連においてこの判断をしていると考え

られ，この意味では，従来の裁判実務に変更を迫るものではない。

　以上の解釈論を **Case 2-17** に即して考えてみよう。債務者Aは，(1)による不履行のリスクを引き受けたとは解されないであろうが，(2)による不履行のリスクについては引き受けたと解されるであろう。それでは，(3)による不履行のリスクについてはどうか。もしAがBと契約を締結する際，自身がCから取得することを確約していたり，取得できる見込みであることを前提にBとの契約交渉を進めていたりしていた場合は，(3)による不履行のリスクをAが引き受けていたと解されうる。他方，AがBと契約を締結する際，Cから甲を取得できることを条件としていた場合や，甲を取得できなければ手付金を返還することを合意していたような場合は，Aは(3)による不履行のリスクを引き受けなかったと解される余地がある。

　このように，責めに帰することができない事由の存否に関する具体的な判断は，契約ごとに個別に行われるが，債務が結果債務であるか手段債務であるかによって判断方法は異なる。

　(1)　**結果債務**　債務者が契約において結果債務を負う場合，一定の結果を発生させることを引き受けたのであるから，債務者は，原則としてそれが実現しないリスクを引き受けたと解される。このため，債務者は，原則として免責されない。

　しかし，事実としての不履行が，債務者が当該契約によって引き受けなかったリスクの実現によって生じたと評価される場合もある。すなわち，不履行が，①不可抗力による場合，または②債権者もしくは第三者の責めに帰すべき事由によるものであって債務者において予見および回避することのできない事由による場合である。不可抗力とは，人の支配の及ばない原因によって発生した事由であり，かつ相当の注意を払っても防止できない事由をいう。たとえば，台風，地震，津波などの自然現象や，戦争，動乱，輸出入の禁止などの社会的事象がこれに当たる。**Case 2-17**(1)がその例である。

　このように，責めに帰することができない事由の存否は，通常，不履行それ自体の原因について問題とされる。しかし，履行が原始的に不能であった場合は，原始的不能それ自体の原因のみならず，原始的不能に対する債務者の認識

が問われることがある。債務者が原始的不能を知りながら契約を締結した場合は，それは債務者が不履行のリスクを引き受けたと解される。また，債務者が原始的不能を知らずに契約を締結した場合は，そのリスクを引き受けたと評価できるかどうかが決め手となる。たとえば，売買の目的物が契約締結の前日に類焼により焼失していたが，売主がそのことを知らずに翌日に契約を締結した場合において，目的物が売主の倉庫に保管されており売主においてその存否を容易に確認することができたときは，契約締結時に目的物が存在しないことのリスクを売主が引き受けたと解されることがある。したがって，売主は，原始的不能がその責めに帰することができない事由によるものであったとしても，これを知らないことが売主の責めに帰することができない事由によるものとは言えず，不履行責任を免れない。

　このように，結果債務においては，債務者が免責される余地は相対的に小さい。さらに，金銭債務については例外規定が設けられており，不履行が不可抗力による場合でも，債務者は免責されない（▶419条3項。➡77頁）。

　(2)　**手段債務**　　手段債務においては，前述のとおり，まず債務者が契約においてどのような行為義務ないし注意義務を負ったのかを確定し，次にこの義務に違反があったかどうかを判定することとなる（➡49頁）。こうして義務違反が肯定されれば，事実としての不履行が存すると認められるが，それは同時に，債務者の責任領域で生じた不履行と解される。つまり，免責はされない。このように，手段債務の不履行では，事実としての不履行の判断と責めに帰することができない事由の判断が一体化しているところに特徴がある。このことは，証明責任に関して，結果債務の不履行との大きな違いとなって現れる（➡66頁）。

> ■ **Case 2-18**　中古車販売業者Aは，顧客Bに中古車1台を売り渡す契約を締結した。引渡期日は6月30日であったが，Aがこの中古車の整備に手間取ったため7月31日になっても引渡しができないでいた。7月31日夜に集中豪雨が降り近くの川の堤防が決壊し，Aの営業所および整備工場が浸水した。Bに引き渡す予定だった中古車も水に浸かって廃車になってしまった。
> ■ **Case 2-19**　Aは，Bにピアノ1台を売り渡す契約を締結した。引渡期日は6月

30日であり，Aがこの日にピアノをB宅に運んできたが，Bは設置場所を用意していないことを理由に受取りを拒んだ。Aがこのピアノを持ち帰り営業所で保管したところ，3日後に大地震が発生し，営業所とともにピアノが全壊した。

履行遅滞中または受領遅滞中の不能　債務者がその債務について履行遅滞の責任を負っている間に，当事者双方の責めに帰することができない事由によって履行が不能となった場合，その履行不能は，債務者の責めに帰すべき事由によるものとみなされる（▶413条の2第1項）。この場合，債務者は，不能になる前に生じた遅滞による損害の賠償（遅延賠償）のみならず，不能による損害の賠償（塡補賠償）の責任も負う。**Case2-18** では，Aは，Bに対して，7月1日から同月31日までの履行遅滞によってBに生じた損害に加えて，目的物たる中古車の価値相当額を賠償する責任を負う。**Case2-19** のように，債権者が受領を遅滞している間に，当事者双方の責めに帰することができない事由によって履行が不能になった場合も同様である（▶同条2項）。

　いずれの場合も，履行遅滞ないし受領遅滞が起こらなければ債務の履行が不能になることがなかったのであるから，履行遅滞ないし受領遅滞について責任を負うべき者が，不能についても責任を負うべきとされる。言い換えれば，履行遅滞ないし受領遅滞がなくても同じ結果が生じていたとみられる事情があれば，不能の責任は発生しない。

░ Case 2-20　売主Aは，買主Bとの間で，アンティーク家具の売買契約を締結し，引渡場所をB宅と約した。Aはこの家具の運送を運送業者Cに依頼したところ，Cの運転手がトラックの運転を誤り，トラックを横転させてしまったため，積んであった家具が破損してしまった。

履行補助者による不履行　(1) **履行補助者の意義**　債務者が債務を履行するに際して，第三者を利用することがある。この第三者を，**履行補助者**という。履行補助の態様にはさまざまなものがあるが，大きく分けると，債務者の指示の下これに従属して履行行為を補助するものと，債務者とは独立して自らの裁量で債務者に代わり履行行為を行うものがある。**Case2-20** の運送業者Cは，後者の例である。

(2) **履行補助者による不履行の責任**　履行補助者が不履行をした場合，債務者は不履行責任を負うのであろうか。責任を負うとしてそれはどのような根拠に基づくものであろうか。従来，この問題は，他人の責めに帰すべき事由による不履行について債務者が責任を負うという点で個人主義的過失責任の例外と位置づけられ，その正当化根拠が論じられていた。

しかし，債務不履行責任の正当化根拠を契約の拘束力に求める改正法の立場によれば，履行補助者の不履行の問題は，そもそも履行補助者を使用することが当該契約に照らして許されるのか，それが許されるとして，履行補助者の不履行が債務者が負うべき不履行のリスクに含まれるのかという問題と位置づけられる。

第1に，当該契約において履行補助者の使用が許されない場合は（▶625条2項・644条の2第1項など参照），履行補助者の使用それ自体が事実としての不履行となる。したがって，これによって生じる不履行のリスクについては，債務者が負担すべきである。

第2に，当該契約において履行補助者の使用が明示または黙示的に許されていたか，または当該契約の趣旨・目的に照らして履行補助者の使用が前提となっていたり，または許されたりしていた場合は，履行補助者の使用それ自体は事実としての不履行に当たらない。しかし，もし債務者が自らその債務を履行していたならばなすべき行為を履行補助者に行わせ，その過程で不履行が生じた場合は，そのような不履行のリスクは，履行を補助させた債務者が負担すべきである。債務者は，履行補助者の選任・監督上の注意を怠らなかったとしても免責されない。

これとは別に，債務者が履行補助者の選任・監督を怠ったことによって不履行が生じた場合は，このことを理由に，債務者は債務不履行責任を負う。

Case 2-21　賃借人Aは，賃貸人Bからその所有する建物を賃借し，妻Cと居住していた。Aが仕事で外出中，Cが天ぷら鍋を火にかけたまま買い物に出かけてしまったため，天ぷら鍋の油が過熱して火災が発生し，建物が全焼してしまった。

Case 2-22　賃借人Aは，賃貸人Bからその所有する船舶を賃借し，Bの承諾を得てこれをCに転貸した。ところが，Cの操作ミスによりこの船舶が他の船舶と衝

突し，沈没してしまった（★大判昭和4・3・30民集8巻363頁：百選Ⅱ-5）。

(3) 利用補助者による不履行の責任　賃貸借契約における，賃借人の同居人や転借人のことを**利用補助者**という。これらの者の行為によって賃貸借の目的物が滅失・損傷した場合に賃借人が債務不履行責任を負うのかがここでの問題である。

まず，**Case 2-21**のように，同居人の行為について，賃借人が債務不履行責任を負うことに異論はない（★最判昭和30・4・19民集9巻5号556頁）。もっとも，どのような不履行になるのかをめぐっては，賃借物返還義務の履行不能になると解する判例と，目的物の保管に関する善管注意義務および用法遵守義務違反と解する多数説とに分かれる。

次に，**Case 2-22**のように，転借人の行為については，賃借人が賃貸借の目的物を転貸するには賃貸人の承諾を要することから（▶612条1項），①承諾のない転貸借と，②承諾のある転貸借（および承諾はないが信頼関係の破壊には至らないと評価される転貸借）で結論が異なりうる。

①については，履行補助者の使用が禁じられている場合と同様，転貸それ自体が事実としての不履行となる。このため，転借人の行為による賃借物の滅失・損傷は，この不履行によって生じた損害として，賃借人が責任を負う。

②については，2017年改正前の民法の下では学説上争いがあった。すなわち，ⓐ承諾があったのであるから賃借人の責任は転借人の選任監督上の注意義務違反についてのみ責任を負うとする見解と，ⓑ承諾は転貸に対するものであって転借人による不履行に関する賃借人の責任を軽減することを意味しないとして，①と同様の取扱いをする見解とがみられた。また，ⓒそもそも転借人を履行補助者（利用補助者）と位置づけることを否定する見解もあった。これによれば，転借人は賃貸人・賃借人間の法律関係とは独立した利益領域を形成しているのであるから，転借人の行為については転借人自身に責任を問えば足り，承諾の有無にかかわらず，転借人の不履行につき賃借人は責任を負わないことになる。

しかし，ⓐとⓑは，改正法の考え方と整合性を欠く。結局，改正法の下で

は，ⓒが妥当である。

6　責任能力

債務者に債務不履行責任を負わせるためには，債務者が自らの行為の結果を弁識しうる能力（**責任能力**）を有していることが必要であろうか。伝統的通説は，過失責任主義の立場から415条の帰責事由を故意過失という主観的事情に置き換えるので，債務者の責任能力は必要となる。

しかし，改正法は，契約の拘束力を債務不履行責任の正当化根拠に据え，契約で引き受けなかった事由による不履行について免責を認めるという構造を採用しているため，債務者の責任能力は，債務不履行責任を発生させるための当然の前提とはいえない。むしろ，債務者が契約において債務の履行を引き受けた以上，責任能力の欠如という債務者側の事情による不利益は債務者が甘受すべきであって，これを債権者に転嫁することは公平に反する。このように，改正法と親和的なのは，債務者の責任能力を不要とする考え方であろう。

7　証明責任

訴訟において債権者が債務不履行に基づく損害賠償を請求する場合には，証明責任の分配に関する一般原則に従い，債権者は，①債務の存在，②事実としての不履行，③損害の発生およびその額，④因果関係の存在につき，証明責任を負う。

これに対して，免責を主張する債務者は，不履行が自らの責めに帰することができない事由によるものであることにつき，証明責任を負う。

このうち，不履行の態様によって，証明すべき事柄や，債務者の抗弁事由との関係が異なる②事実としての不履行について，詳しくみていこう。

(1) **履行遅滞**　債権者は，事実としての不履行の具体的内容として，①履行期として確定期限が合意された場合は，履行期の定めおよびその経過につき，証明責任を負う（▶412条1項参照）。②履行期として不確定期限が合意された場合は，履行期の定め，その到来およびこれを債務者が知ったこと（または不確定期限の到来後に催告をしたことおよび催告日の経過）につき，証明責任を負う

(▶同条2項参照)。③履行期が合意されなかった場合は，履行の請求をしたこと（催告をしたことおよび催告日の経過）につき，証明責任を負う（▶同条3項参照）。債務の履行がないこと（債務者が履行の提供をしなかったこと）について，債権者は証明しなくてよい。債務者が履行をしたと主張する場合は，債務者側がその証明責任を負う。

　他方，債務者は，留置権（▶295条）など履行しないことにつき正当な権限を有する旨を主張する場合は，これにつき証明責任を負う。ただし，同時履行の抗弁権（▶533条）が存する場合には注意を要する。たとえば，買主が原告となって売主に対して目的物引渡しの遅滞を理由に損害賠償を請求する場合，買主が売買契約の成立（債権の存在）を主張・立証すると，これにより売主側に同時履行の抗弁権が存在することも主張・立証したことになる。判例・通説によれば，同時履行の抗弁権は，その存在のみによって履行遅滞責任を遮断するため，原告たる買主は，売主の同時履行の抗弁権が消滅したことを主張・立証しなければならない。具体的には，自らが代金債務の履行またはその提供をしたことである。

　(2)　**履行不能**　　債権者は，履行が不能であることを証明する責任を負う。
　(3)　**不完全履行**　　不完全履行にはさまざまなタイプのものが含まれるので，債権者が証明すべき事柄もこれに応じて異なる。
　(a)　給付義務の不完全履行　　給付義務の不完全履行のうち，結果債務（引渡債務を含む）については，債権者は，債務の具体的内容およびその履行が不完全であること（履行が債務の本旨に従ったものではないこと）につき，証明責任を負う。

　他方，手段債務については，債権者は，①債務内容としての具体的な行為義務ないし注意義務の内容，②債務者がこの義務を尽くさなかったことにつき，証明責任を負う。これら①②の判断は，当該不履行が債務者の責めに帰することができない事由によるものでないことの判断と実質的に同じである。というのは，当該不履行が債務者の責めに帰することができない事由によって生じたということは，債務者が課せられた義務を尽くしたことを意味するからである。したがって，債権者が①および②の証明に成功した場合，債務者におい

て，当該不履行が債務者の責めに帰することができない事由によって生じたことを証明することはきわめて困難である（➡61頁）。

(b) 付随義務・保護義務違反　債権者は，①債務者が付随義務・保護義務を負うこと，②義務の具体的内容，③債務者がこの義務に違反したことにつき，証明責任を負う。

8　損害賠償の範囲

416条の理解をめぐる学説の混乱　損害賠償の範囲を画定するための基準として，416条がある。この条文の解釈をめぐって，判例・学説は混乱をきわめてきた。

(1)　伝統的通説　伝統的通説は，416条が損害賠償の範囲を画定するための基準として，相当因果関係の基準を採用することを定めたのだと理解する。相当因果関係の基準とは，債務不履行から生じた損害として相当性のある損害を賠償範囲に含めるという考えである（**相当因果関係説**）。これによれば，①416条1項は，債務不履行と相当因果関係にある損害のみが賠償の範囲に含まれるという相当因果関係の原則を規定したものであり（「これによって通常生ずべき」を「これと相当性のある」と読み替える），②同条2項は，相当因果関係の有無を判断する際に基礎とすべき特別事情の範囲を，予見可能な事情に限定するとの基準を規定したものと解される。2項に基づき予見可能とされた特別事情は，1項の準則に用いられる結果，その特別事情によって通常生ずべき損害が損害賠償の範囲となる。結局，賠償範囲に含まれるのは，①債務不履行によって通常生ずべき損害と，②予見可能な特別事情によって通常生ずべき損害ということになる。

しかし，このような理解は，416条の沿革と付合しない。同条は，制限賠償主義を採用したイギリスの判例法理に由来するといわれる。すなわち，債務不履行によって生じた損害のうち，予見可能性のある損害のみが賠償の範囲に含まれるという考え方である。ところが，わが国の伝統的通説は，416条をドイツ法的に解釈しようとした。ドイツの損害賠償法は，原状回復を原則としており，債務不履行と因果関係のある損害すべてを賠償すべきとの完全賠償主義を

採用しているが，ここでの因果関係を事実的因果関係と解すると，賠償すべき損害の範囲が拡大しすぎてしまう。そこで，「相当因果関係」という概念を用いて，このような行き過ぎを修正しようとした。わが国の伝統的通説は，416条がこの相当因果関係を規定したものだと解することによって，相当因果関係の基準を日本法に導入したのである。そして，判例は，416条をドイツ法的に理解するかどうかはともかく，相当因果関係の基準を規定したものだとする立場を採用したのである。

　(2)　**保護範囲説**　　416条の沿革と混線の歴史が明らかになるに伴い，このようなドイツ法的に解釈された相当因果関係説は激しく批判され，現在では支持を失っている。これに代わって有力になってきているのが，**保護範囲説**である。これによれば，伝統的通説が「相当因果関係」の問題としてきたものには，次の3つの異なる問題が混在している。第1は，債務不履行責任が生じるか否かという問題であり，これを決する基準は，事実的因果関係の有無である。第2は，事実的因果関係のある損害のうちどこまでが賠償されるべきかという賠償範囲の問題である。第3に，賠償の範囲に含まれる損害を金銭的に評価するといくらになるのかという問題である（したがって，この見解は，損害概念に関する損害事実説と親和的である）。

　このように「相当因果関係」を分解して位置づけをし直すと，416条は，第2の問題についての判断基準を定めたものと理解される。そして，第2の問題は，当該契約において不履行による損害のリスクがどのように各当事者に分配されているかという観点から考察されるべきであり，このリスクを債務者が引き受けたと評価される範囲が賠償範囲となる。これを債権者側からみると，当該契約による利益の取得が保護される範囲（保護範囲）となることから，この見解は，保護範囲説とよばれる。

　この保護範囲説からは，416条1項は，当該契約の下で定型的に生じると考えられる損害については債務者がそのリスクを引き受けたものとみて賠償の範囲に含めることを定めたものと理解される。同条2項は，契約を遵守し契約利益の実現に向けて行動すべき義務のひとつとして，債務者において特別事情について予見可能であったならば，これによって損害が発生することを回避すべ

き義務が課せられることから，その発生を回避しなかった結果として生じた損害については債務者がそのリスクを負担すべきことを定めたものと理解される。

416条の基準 このように，学説は対立するが，いずれの立場にせよ賠償範囲を画定するための具体的な基準が416条であることに違いはなく，学説上の対立が個々の文言の解釈に直結するとは限らない。416条が示す基準は，次のとおりである。

①債務不履行から通常生ずべき損害は，賠償の範囲に含まれる（1項）。
②特別の事情によって生じた損害であっても，当事者がその事情を予見すべきであったときは，その事情から通常生ずべき損害は賠償の範囲に含まれる（2項）。

> **Case 2-23** 買主Aは，売主Bとの間で，Bの所有する九谷焼の皿を相場価格である50万円で買い受ける契約を締結した。Aはこの皿を60万円でCに転売する契約をすでに締結していた。ところが，Bは，この皿をAに引き渡すため運搬している途中，不注意により床に落として割ってしまった。このため，Aは，転売利益を得ることができなくなった。

(1) **通常損害** 416条1項の「通常生ずべき損害」（**通常損害**）とは，債務不履行によって生じると定型的に考えられる損害のことをいう。具体的にどのような損害が通常損害に含まれるかは，契約類型，契約当事者の属性，目的物，その他の契約内容などに照らして，事案ごとに個別に判断される。**Case 2-23** では，売買の目的物たる皿の相場価格50万円が通常損害に当たる。その他には，たとえば，種類物売買において売主から目的物が引き渡されなかった場合において，買主が同種の物を他から購入したときは，そのために要した費用，建物の売買契約において目的物の引渡しが遅延した場合は，その間のホテル宿泊費用，賃貸借契約において目的物の返還が遅延した場合は，その物の賃料相当額，身体が侵害された場合は，治療費や休業による収入減少分が，これに当たる。これに対して，債権者が損害賠償を請求する際に要した弁護士費用は，原則として通常損害に含まれない（★最判昭和48・10・11判時723号44頁）。ただし，生命・身体の損害の場合には，一定の弁護士費用が通常損害として賠償が認められることが多い。

通常損害に当たるとされた損害は、賠償の範囲に含まれる。通常損害は、債務不履行によって生じることが定型的に予見可能な損害と解されるので、重ねて予見可能性の有無を個別に問題にする必要はない。

(2) **特別損害**　416条2項の「特別の事情によって生じた損害」を、**特別損害**という。何が「特別の事情」に当たるかは、契約類型、契約当事者の属性、目的物、その他の契約内容などに照らして、事案ごとに個別に判断される。Case 2-23 では、相場価格を超える価格で転売する契約が成立していることが、これに当たる。先に通常損害に含まれると述べた宿泊費用についても、格別に高額な費用が生じた場合はその原因（大規模なイベントの時期と重なり安価なビジネスホテルがすべて予約済みであった等）が特別の事情に含まれうる。

(3) **予見可能性**　特別損害が賠償の範囲に含まれるためには、特別の事情について予見可能性の存在が必要となる（▶416条2項）。ここでの予見可能性は、単に当事者において予見することができたことではなく、「予見すべきであった」ことである。その当事者がある特別事情につき予見できなかったとし

✎ Topic 2-3

債権者による損害回避減少措置の懈怠

　Xは、Yからその所有するビルの地下1階部分（本件店舗部分）を賃借し、カラオケ店を営業していた。ある日、このビルの地下1階にある排水用ポンプの故障等により水漏れ事故が発生し、本件店舗部分の床上30〜50cmが浸水した。Xは、これによりカラオケ店の営業をすることができなくなったとして、Yに対して、4年5か月分の営業利益の喪失等による損害賠償を求めた。

　判決は、Yの債務不履行を認め、営業利益の喪失を416条1項にいう通常損害に当たると述べた。しかし、通常損害として認められる営業利益の範囲について、Xがカラオケ店の営業を別の場所で再開する等の損害を回避または減少させる措置をとることなく、営業利益相当の損害が発生するにまかせて、その損害のすべてについての賠償をYに請求することは条理上認められないと述べ、Xが上記措置をとることができたと解される時期以降における営業利益相当の損害の賠償請求を否定した（★最判平成21・1・19民集63巻1号97頁：百選Ⅱ-6）。

　本判決は、営業利益の過剰喪失分を、過失相殺ではなく賠償範囲のレベルで賠償の対象から除外した点に特徴を有する。

ても,「予見すべきであった」と評価されれば,予見可能性が肯定される。たとえば,債務者が医師や弁護士など専門職にある場合,当該債務者においてある特別事情を予見できなかったとしても,当該債務者と同様の平均的な専門職にある者に照らせば予見すべきであったと評価されることがありうる。このように,予見可能性の有無は,事実の評価の問題ではなく,規範的評価の問題である(➡ Topic 2-4)。

　ここで解釈論上問題になるのは,誰による,いつの時点における予見可能性なのかである。

　判例・通説は,債務者による債務不履行時における予見可能性であると解している(**債務者＝不履行時説**)(★大判大正7・8・27民録24輯1658頁:百選Ⅱ-7)。予見可能性が必要なのは,予見しえない特別の事情によって生じた損害についてまで債務者が賠償責任を負わされるのは酷であるとの考えに基づくものであるから,債権者の予見可能性は問題にならない。また,債務不履行時において債務者が特別の事情を予見しえたのであれば,これによって生じた損害について賠償責任を甘受すべきであるから,予見可能性判断の基準時は,債務不履行時である。

　これに対して,債権者・債務者双方による契約締結時における予見可能性であるとの見解もある(**両当事者＝契約締結時説**)。これは,契約締結時に契約の両当事者が予見すべきであった利益のみが,契約によって保護されるべき利益であって賠償の対象になりうるとの考えに基づく。

　債務者＝不履行時説によれば,債務者のみが予見しえた事情や契約締結後に

✎ Topic 2-4
予見可能性に関する2017年改正の意味

　改正前416条2項は「予見し,又は予見することができたとき」と定めており,このような規範的な評価を含まないとも理解できる文言であったが,判例・通説は,規範的な評価を含む概念として予見可能性を理解していた。そこで,今回の改正では,このことが明らかになるように表現が改められたというわけである。したがって,予見可能性概念それ自体に変更が加えられたわけではない。

予見しえた事情も考慮されるため，両当事者＝契約締結時説によるよりも損害賠償の範囲は広くなる可能性がある。

なお，予見の対象について，判例・通説は，416条2項の文言に忠実に「特別の事情」と解しているが，学説のなかには「特別の損害」と解する見解もある。**Case 2-23** では，Bが相場価格を超える価格で皿を転売する契約をすでに締結していたという事情が「特別の事情」であり，転売利益（10万円）の喪失が「特別の損害」である。

9 損害賠償額算定の基準時

損害賠償は，別段の意思表示がないかぎり，**金銭賠償**を原則とする（▶417条）。そこで，物の引渡債務に不履行が生じ，塡補賠償が問題となる場面において，給付の目的物の価格が変動した場合，いつの時点の価格を基準に損害賠償額を算定するのかが争いになることがある。

問題の位置づけ 損害賠償額算定の基準時に関する問題は，損害賠償の範囲の問題と位置づけるべきであろうか，それとも金銭的評価の問題と位置づけるべきであろうか。判例は，これを損害賠償の範囲の問題と位置づけ，416条によって結論を導いている。これに対し，金銭的評価の問題と位置づける考えが学説では有力である。とりわけ，損害事実説に立てば，このように解することになる。

判　例 判例は，損害賠償額算定の基準時をある1つの時点に固定せず，事案に応じてさまざまな時点を基準時としている。

> **Case 2-24** Aは，その所有する甲土地を，買戻特約つきでBに売り渡した。その後，Aが買戻しの意思表示をしたにもかかわらず，Bがこれに応じず，第三者Cに甲を転売してしまった。甲の価格は，契約時の2万円から上昇し続け，BがCに転売した時には77万円，AがBに対して提起した損害賠償請求訴訟の口頭弁論終結時には108万円になっていた。

(1) **履行不能の場合**　売買契約に基づく目的物引渡債務が履行不能になった場合における買主の損害賠償請求につき，判例は，原則として，履行不能時を損害賠償額算定の基準時としている。すなわち，履行不能時の価格が賠償額

となる。不能時に損害賠償請求権が発生するからである。

ただし、これにはいくつかの例外がある。

第1に、目的物の価格が上昇しつつあるという特別な事情があるときは、履行不能時において価格上昇が予見可能な場合には、上昇した価格での賠償請求ができる。なぜならば、もし債務不履行がなければ、債権者は、上昇した価格の目的物を保有することができたはずだからである（★最判昭和37・11・16民集16巻11号2280頁）。目的物を転売する予定であったか否かは問わない（★最判昭和47・4・20民集26巻3号520頁：百選Ⅱ-9）。ただし、価格上昇前に債権者が当該目的物を処分していたと予想されるときは、この限りでない。

第2に、目的物の価格が上昇し、再び下落した場合には、**中間最高価格**で転売するなどしてその価格に相当する利益を確実に得たであろうという特別の事情があり、かつ、この事情が履行不能時に予見可能であったときは、中間最高価格での賠償請求ができる（★大連判大正15・5・22民集5巻386頁。**➡ Topic 2-5**）。

このように、判例は、価格上昇の問題を損害賠償の範囲の問題と捉え、416条2項の解釈によって処理している。

他方で、不能後に契約が解除された場合につき、判例は、解除時を損害賠償額算定の基準時としている（★最判昭和37・7・20民集16巻8号1583頁）。これは、解除によって損害賠償額が客観的に確定したとの理解に基づくものと思われる。

> **Case 2-25** 売主Aは、買主Bとの間で、下駄材の売買契約を締結した。ところが、太平洋戦争後のインフレにより下駄材の価格が暴騰したため、Aは約定価格（2万5000円）での履行を拒否した。Bは契約を解除して、Aに対して、解除時の時価である9万円と約定価格との差額6万5000円の賠償を請求した。

(2) **履行遅滞の場合** 売主が目的物引渡債務の履行を遅滞したために買主が契約を解除し、損害賠償を請求した場合における損害賠償額算定の基準時については、解除時とする判例と（★最判昭和28・10・15民集7巻10号1093頁、最判昭和28・12・18民集7巻12号1446頁：百選Ⅱ-8）、履行期とする判例（★最判昭和36・4・28民集15巻4号1105頁）とがある。また、目的物の引渡しが遅滞してい

る間に価格が下落した場合において、履行期における価格と現実の引渡し時における価格との差額を損害額とした判例もある（★最判昭和36・12・8民集15巻11号2706頁）。さらに、目的物の返還請求訴訟において予備的に損害賠償が請求された事案において、事実審の最終口頭弁論期日当時における目的物の価格を損害額とした判例もある（★最判昭和30・1・21民集9巻1号22頁）。

このように、結論だけをみると判例の立場は一貫しないようにもみえるが、事案の個別事情や当事者の主張に応じた判断がなされた結果であるとも理解できる。

学説　学説の多くは、これらの判例から損害賠償額算定のための唯一の基準を導くことは困難であるし、基準を1つの時点に固定する必要もないと解している。すなわち、取引の性質、目的物の種類、価格変動、当事者の属性、経済状態などに応じて、不能時、履行期、解除時など、選択可能な基準時が複数存在し、債権者は、これらの基準時のうち任意にどれかを選択して損害賠償額を主張することができるという立場である（**多元説**）。

📎 Topic 2-5

富喜丸事件判決

損害賠償額算定の基準時について一般的基準を示したリーディング・ケースが、富喜丸事件判決である。事案は、次のとおりである。

X所有の汽船（富喜丸）が、Yの過失により、その所有する汽船と衝突して沈没した。その直後に第一次世界大戦が勃発し、船の需要が爆発的に増加したため、富喜丸と同等の船舶の価格は、沈没時には10万円であったが最高で190万円にまで高騰した。その後、戦争の終結により船の需要が後退し、同等の船舶の価格も10万円に戻った。Xは中間最高価格である190万円の賠償を求めたが、Yは沈没時の10万円を主張した。

判決は、①損害賠償額は、原則として不法行為時の価格とすべきであるが、②その後に価格が高騰した場合において、その高騰した価格で転売するなどして確実にその価格に相当する利益を得たであろうという特別の事情があり、かつ、右事情が不法行為時に予見可能であった場合には、例外的に、高騰した価格での賠償が認められると判示した（★大連判大正15・5・22民集5巻386頁）。

この事件は不法行為の事案であるが、416条を類推適用して上記のことを述べたことから、債務不履行においても後の判例の基礎となった。

もっとも，裁判所が債権者の主張に拘束されるのか否かについては，見解が分かれる。

また，基準時の問題は損害の現実性・蓋然性が最も高い時期を確定することであるとの認識に基づき，目的物の種類・性質，当事者の事情等を総合的に判断し，最も現実的で最も蓋然性の高い損害の発生時期を定める個別・具体的判断をなすべきとの見解もある。これによれば，債務不履行時に損害が発生し，損害賠償請求権が発生するため，原則は債務不履行時（不能の場合は不能時，遅滞の場合は履行期到来時）である。ただし，いくつかの例外がある。

第1に，債権者が契約を解除した場合は，契約関係を清算しようとする債権者の意思を尊重すべきであるから，基準時は解除時となる。

第2に，履行不能において，債権者たる買主が自ら目的物を使用収益する予定であった場合は，基準時は事実審の口頭弁論終結時となる。なぜなら，この場合，給付がされなかったことによる損害は，目的物の現在の価格であると考えることができるため，現時点に最も近い時点での価格を損害賠償額算定の基礎とすべきだからである。

第3に，履行不能において，債権者たる買主が目的物を転売する予定であった場合は，基準時は転売契約時となる。この時点での価格を取得できたと考えられるからである。

10 賠償額の調整

> **Case 2-26** 建設業者Aの従業員Bは，橋の建設工事現場でダンプカーを運転して作業に従事していた。Bが積荷である砂を運ぶためにダンプカーをバックさせたところ，護岸堤から川に転落し，Bは死亡した。事故原因は，ダンプカーをバックさせる際に誘導者を置かなかったAの安全配慮義務違反ないし保護義務違反のほか，B自身の後方確認が不十分だったことにあった。

中間利息の控除　Case 2-26におけるBの逸失利益のように，将来において取得すべき利益が損害として賠償される場合，債権者は，もし債務不履行がなければ10年後，20年後に受け取るはずの利益を，いわば前倒しして現時点で受け取ることになり，これと同時に，そこから生じた果

実（利息）を取得することになる。このような果実を**中間利息**という。中間利息は，債務不履行がなければ得られないはずの利益であるから，損害賠償額から控除される。この中間利息の利率は，その損害賠償請求権が生じた時点における法定利率による（▶417条の2第1項）。将来において負担すべき治療費や介護費用などが損害となるときも，現実に負担する時までに生じる果実は中間利息であり，損害賠償額から控除される（▶同条2項）。

過失相殺　債務の不履行またはこれによる損害の発生・拡大に関して債権者に過失があったときは，裁判所は，これを考慮して，損害賠償の責任およびその額を定める（▶418条）。これを，**過失相殺**という。債務者が，自らの責めに帰することができない事由による損害についてまで賠償責任を負ういわれはなく，逆に言えば，債権者が自らの過失によって生じ，あるいは拡大した損害についてまで債務者に対して賠償請求できるのは公平に反するからである。**Case 2-26** では，Bの後方確認が不十分だったことが過失に当たる。

　過失相殺の方法は，たとえば「損害額の何割を減ずる」という形で行われる。具体的に何割を減ずるかは，裁判官の裁量にゆだねられる。したがって，債務者は，債権者の過失を基礎づける事実について主張・立証しなければならないが，過失相殺の具体的割合を主張・立証する必要はない。

　なお，「債権者」には，債権者本人のほか，受領補助者など信義則上これと同視すべき第三者も含まれる。たとえば，当座勘定取引契約において，Y銀行（債務者）が取引印を確認しないまま，偽造された手形・小切手について顧客X（債権者）の当座預金から支払いをした場合において，この手形・小切手の偽造を行ったのが，Xの経理担当事務員Aであり，しかもAが手形・小切手の振出事務等の担当者であったという事情がある場合は，このことは銀行の損害賠償責任およびその金額を決するにあたり斟酌される（★最判昭和58・4・7民集37巻3号219頁）。

損益相殺　債務不履行によって被害者（債権者）が損害を被ると同時に利益を得た場合，この利益は損害額から差し引かれる。これを**損益相殺**という。明文の規定はないが，当事者の公平という見地から認めら

れている。**Case 2-26** では，Bが生存していたならば得られたはずの利益（逸失利益）等の損害が発生するが，同時に，Bが生存していたならば支出していたはずの生活費等の出費を免れたことによる利益も生じる。そこで，これを損害額から控除するのである。

11 損害賠償に関する特則

金銭債務の特則 　金銭債務については，419条が3つの特則を定めている。

第1に，金銭債務に不履行が生じた場合の損害賠償額は，債務者が不履行責任を負った最初の時点における法定利率によって定まる（▶419条1項）。法定利率は，404条の規律によって定まる（➡26頁）。ただし，当事者間において利率に関する合意があり（**約定利率**という），これが法定利率を超えるときは，約定利率による（▶419条1項ただし書）。

第2に，金銭債務に不履行が生じた場合，損害の証明をすることを要しない（▶419条2項）。債権者は，履行期が到来しても金銭債務が履行されなかったことを主張・立証すれば足りる。

第3に，金銭債務の不履行については，たとえそれが不可抗力によるものであっても，債務者は免責されない（▶419条3項）。すなわち，金銭債務の債務者は厳格な無過失責任を負う。

このように，損害の証明を要することなく一律に一定の利率によって損害額を算定することとしたのは，①金銭の用途は多様であるから，金銭債権者が被る損害は多種多様であり，損害を判断するのが難しい，②金銭債権者の損害が莫大なものになることもありうるが，この賠償責任を債務者に負わせるのは酷である，③債務者からの反証を許さないことによって損害額についての争いを防ぐ等の理由による。これによれば，実損害が法定利率または約定利率よりも大きい場合であっても，明文の規定がある場合（▶647条・665条・669条・671条）を除き，その部分の損害賠償は認められないことになる。判例においては，このような理由により，弁護士費用その他の取立費用を損害賠償として請求することができないとしたものがある（★最判昭和48・10・11判時723号44頁）。

損害賠償額の予定　(1) **意　義**　当事者は，債務不履行について損害賠償の額を予定することができる（▶420条1項）。また，金銭でないものを損害賠償にあてるべき旨を予定することもできる（▶421条）。このような合意がある場合，債権者は，事実としての不履行が存在することを主張・立証すればよく，損害の発生や因果関係について主張・立証する必要はない。しかし，損害賠償額の予定は，債務不履行責任が発生することを前提とするものであるから，債務者が，その不履行は自らの責めに帰することができない事由によるものであることを立証すれば免責される。

損害賠償額を予定しておく主な目的は，損害の立証困難を回避することである。さらに，通常考えられる損害賠償額よりも高い金額を予定していた場合には，履行を促進する機能を有し，他方，通常考えられる損害賠償額よりも低い金額を予定していた場合には，責任を制限する機能を有する。これにより，債務者にとってリスク計算が容易になる。

なお，損害賠償額の予定があるときでも，債権者が履行を請求したり契約解除権を行使したりすることは妨げられない（▶420条2項）。

(2) **違約金・違約罰**　広い意味で「違約金」という場合，①損害賠償額の予定という意味で用いる場合と，②違約罰の意味で用いる場合とがある。

違約罰とは，債務不履行に対する制裁金のことをいう。これは，損害の填補を目的とする損害賠償とは目的を異にするので，違約罰の合意がある場合，債務者は，違約罰に加えて損害賠償金を支払わなければならない。その際の損害賠償金の額は，416条の基準により定まる。このように，違約罰は債務者に大きな負担を課すものであるから，違約金の定めがある場合は損害賠償額の予定と推定される（▶420条3項）。

(3) **予定賠償額の増減**　損害賠償額の予定がある場合には，たとえその予定賠償額よりも現実の損害が大きかったり小さかったりすることが判明したとしても，裁判所は，その額を増減することができない。この点において，当事者の合意が尊重されている。契約自由の原則の表れである。

しかし，債務不履行につき債権者に過失がある場合には，裁判所は，過失相殺をすることができる（★最判平成6・4・21裁時1121号1頁）。損害賠償額の予

定は，単に損害の立証を不要にする合意にすぎず，過失相殺を排除する趣旨ではないからである。

(4) **不当な損害賠償額の予定**　当事者の合意といえども，無制限に尊重されるわけではない。とりわけ消費者取引においては，契約締結に際して力関係で勝る事業者が自らに有利な契約条項を一方的に消費者に押しつけることがままある。そこで，これを規制するため，不当な契約条項については国家が後見的に介入し，その効力を否定する必要がある。損害賠償額の予定もこの例外ではなく，他の契約内容と同様，不当条項規制に関するルールによって制限を受ける。

まず，特別法の規定（▶消費契約9条・10条，利息4条，割賦6条，特定商取引10条など）がある場合には，これによる制限を受ける。これらの規定では，消費者が事業者に対して支払う損害賠償額として過大な金額が予定されていたとしても，平均的な損害額を超える部分については無効とされる。

また，特別法の規定がなくても，公序良俗違反（▶90条）として損害賠償額の予定全部または相当な金額を超える部分が無効とされる場合がある。逆に，事業者側に債務不履行があった場合の損害賠償額を不当に低く限定する条項が，公序良俗違反として無効と判断される場合もある。たとえば，下級審裁判例においては，乗客死傷事故による損害賠償額を100万円に限定した国内航空運送約款が公序良俗に反し無効とされた例がある（★大阪地判昭和42・6・12下民集18巻5・6号641頁）。

免責条項　契約において，一方当事者の債務不履行責任や不法行為責任を一定の場合に免除したり制限したりすることを合意することがある。責任を免除する合意を**免責条項**，制限する合意を**責任制限条項**という。契約自由の原則により，このような条項も原則として有効であるが，損害賠償額の予定と同様，特別法，民法の一般条項，定型約款に関する諸規定による制限を受ける。

第1に，特別法による制限として，とりわけ重要なのは，消費者契約法による規制である。同法8条は，次のように規制を行っている。

①事業者の債務不履行責任や不法行為責任を全部免除する条項は無効である

(▶1項1号3号)。

②事業者の故意または重過失による債務不履行責任や不法行為責任を一部免除する条項も無効である（▶1項2号・4号）。

③事業者が契約に適合しない目的物を引き渡した場合における損害賠償責任を全部免除する条項は，原則として無効である（▶2項）。ただし，事業者が追完をする責任または代金を減額する責任を負うこととされている場合等の例外がある（▶同項1号・2号）。

　第2に，民法の一般条項による制限について，判例は，故意または重過失による債務不履行責任を免除ないし制限する約款を90条により無効とする傾向にある。また，免責約款の解釈として，故意または重過失による債務不履行責任には免責約款が適用されないとした判例もある（★最判平成15・2・28判時1829号151頁）。さらに，生命・身体のようなきわめて重大な法益に対する侵害の責任を免除する約款については，たとえ軽過失による責任のみを免除するものであっても90条により無効であるとの見解が学説では有力であり，これに沿う下級審裁判例もみられる（★東京地判平成13・6・20判タ1074号219頁）。

　第3に，2017年改正により，定型約款によって契約内容を補充するための要件が新設されたので，免責約款や責任制限約款も，これらの規定の適用を受ける。詳細は債権各論にゆだねるが，概略を示すと，次のとおりである。定型取引を行うことの合意をした者が，①定型約款を契約内容とする旨の合意をしたか，または②定型約款を準備した者があらかじめ定型約款を契約内容とする旨を相手方に表示していたときは，定型約款に含まれる個別の条項は，契約内容として合意したものとみなされる（▶548条の2第1項）。ただし，この要件を満たす場合であっても，相手方の権利を制限し，または相手方の義務を加重する条項であって，その定型取引の機能およびその実情ならびに取引上の社会通念に照らし信義則に反して相手方の利益を一方的に害すると認められるものについては，合意しなかったものとみなされる（▶同条2項）。債務者の責任を不当に減免する免責約款や責任制限約款は，2項の制限に抵触するおそれがある。

12　代償請求権

> **Case 2-27**　Aは，Bから建物を賃借して居住していたが，何者かの放火により，この建物が焼失した。Aはこの建物に火災保険をかけていたので，火災保険金1000万円を手にした。他方，Bは750万円の損害を被った。

(1) **意　義**　Case 2-27 では，賃借物の滅失により賃貸借契約は終了するが（▶616条の2），Aが本来負うべき目的物返還義務は履行不能により消滅し，かつ，Aに帰責事由がないため損害賠償責任を負うこともない。つまり，Aは目的物返還義務を免れ，火災保険金を取得するという二重の利得をしている。他方で，Bは損害を被っているが，Aの債務不履行によるものではないのでAに損害賠償請求をすることはできない。このように，履行不能を生ぜしめたのと同一の原因によって，債務者が，債務の目的物の代償である権利または利益を取得したときは，債権者は，履行不能によって債権者が被った損害の限度において，債務者に対し，その権利の移転または利益の償還を請求することができる（▶422条の2）。債権者のこのような権利を，**代償請求権**という。Case 2-27 では，Bは，Aが取得した火災保険金1000万円のうち，750万円を限度として，その償還を請求することができる。

　代償請求権が問題となる典型例は，Case 2-27 のように，債務者の責めに帰することができない事由によって債務の履行が不能になった場合であるが，履行不能が債務者の責めに帰すべき事由に基づく場合にも代償請求権を認めるか否かについて，学説上争いがある。判例・通説は，この場合にも代償請求権を肯定するが（★最判昭和62・7・10金法1180号36頁参照），この場合には債権者が損害賠償請求権を取得することを理由にこれを否定する見解も有力である。この見解は，代償請求権の行使が債務者の財産管理に対する干渉となりうることから，代償請求権が肯定される場面を損害賠償請求権が認められない場合に限定しようとするものである。

> **Case 2-28**　Aは，その所有する土地を，Bに3000万円，Cに4000万円で二重に譲渡し，Cに所有権移転登記をした。

(2) **二重譲渡と代償請求権**　**Case 2-28** において，Bは，AのCに対する代金債権につき代償請求権を行使することができるだろうか。多数説は，AがCに土地の所有権移転登記をしたことによってBへの所有権移転義務は履行不能になり，同時にAはCに土地の代金債権を取得したと解して，Bの実損害を限度として代償請求権を認める。これに対して，売主が債務不履行をすることによって利得を得るのを封じることで自由競争の倫理化を図るという意図から，実損害を超える部分についても代償請求できるとの見解もある。

他方，代償請求権を否定する見解もある。①AのCに対する代金債権はA・C間の売買契約に基づいて得たものであってBへの債務の履行不能の結果ではないこと，②Aの才覚によって得た利益は代償ではないこと等を理由とする。

13　賠償者の代位

> **Case 2-29**　Aは，その所有するノートパソコンを友人Bに預けていた。ところが，Bの保管が不十分だったため，何者かに盗まれてしまった。そこで，Bは，Aに対して，損害賠償金を支払った。その後，盗まれたノートパソコンが発見された。

債権者が，損害賠償として，その債権の目的である物または権利の価額の全部の支払いを受けたときは，債務者は，その物または権利について当然に債権者に代位する（▶422条）。**Case 2-29** では，ノートパソコンの所有権はBに帰属する。もしAが損害賠償金を取得した上にノートパソコンの所有権も保持し続けるとすると，Aは二重の利得を得ることになり公平に反するからである。

もっとも，AがBに損害賠償金を返還してノートパソコンを取り戻すことも認めるのが多数説である。

4　債務不履行と不法行為

1　債務不履行責任の拡大

契約責任の時間的拡大　契約上の義務は，契約の成立によって発生し，契約関係の終了によって消滅するはずである。したがって，契約成立前や

契約終了後の紛争は，通常は不法行為によって処理される。しかし，契約成立前や契約終了後に生じる紛争は，契約をきっかけとして一定の信頼関係に立つ市民の間に生じるという点において，まったく見ず知らずの市民の間に生じることの多い不法行為とはやや異なる。この観点から，契約成立前や契約終了後の当事者間にも，契約に起因する義務が信義則上認められ，この義務の違反が契約責任として位置づけられることがある。このような現象は，契約責任の時間的拡大とよばれる。

> **Case 2-30** Aが分譲マンションの買主を募集したところ，歯科医Bが歯科医院を開業するためこれに応募した。A・B間の交渉の中でBは，Aにレイアウト図を交付したり間取りについて要望を出したりした。さらに，Bは，Aに対し，歯科医院を営むには電気を大量に使用するが容量はどうなっているのか問い合わせたところ，Aは電気容量が不足していると考え，Bの意向を確認しないまま電気容量を変更する工事を行い，これに要した費用を売買代金に上乗せすることをBに求めたが，Bは異議を述べなかった。
> その後，Bは，売買代金にかかるローンの支払額が多額にのぼるとして購入を断った（★最判昭和59・9・18判時1137号51頁：百選Ⅱ-3）。

(1) **契約成立前の義務**　(a) **誠実交渉義務**　契約準備段階に入った者は，一般市民間における関係とは異なり，信義則の支配する緊密な関係に立つと解される。これに基づき，各当事者には，相手方の人格，財産を害しない信義則上の注意義務が生じる（前掲★最判昭和59・9・18の控訴審：未公表）。この注意義務は，**誠実交渉義務**，**契約交渉継続義務**などとよばれる。契約交渉の最終段階にいたって突如として交渉を一方的に破棄することによって，相手方が契約の成立または交渉の継続を前提として支出した費用を無に帰せしめることは，この注意義務違反と評価され，損害賠償責任が発生する。

(b) **誠実交渉義務違反の法律構成**　契約交渉の不当破棄による責任を理論的にどのように捉えるかをめぐっては，学説上さまざまな見解が主張されているが，なかでも次の2つが有力である。

ひとつは，契約交渉の進捗度（これを「熟度」という）に応じて当事者間の信頼関係が高まるので，これに応じて信頼関係を破壊してはならない義務が重くなるという考え方である。これは，「熟度論」とよばれている。これによれ

ば，契約の大まかな内容について合意に達した段階で中間的合意（小さな合意）が成立し，両当事者はこれに拘束される。したがって，この段階にいたって契約交渉を一方的に破棄した場合には，この中間的合意に対する違反として損害賠償責任が生じることになる。このように，熟度論は，契約交渉段階における責任を契約責任（債務不履行責任）またはこれに類する責任として捉えようとする。

　もうひとつは，契約交渉における一方当事者の先行行為が相手方に対して契約の成立または交渉継続についての信頼を惹起したとして，これを根拠に信義則上の注意義務を構成する考え方である。すなわち，自らの先行行為によって相手方の信頼を惹起した交渉当事者は，この信頼を裏切る行為をしてはならない義務を負うことになる。契約交渉の最終段階にいたって突如として交渉を破棄することは，この義務に違反したことになり，損害賠償責任を基礎づける。これによれば，先行行為は当事者を拘束する「合意」としてではなく，行為義務を基礎づける「事実」と位置づけられるので，損害賠償責任は，不法行為責任と理解することになる。

　これらのうち，近時の下級審裁判例は，不法行為構成をとるものが主流であるといわれているが，帰一するにはいたっていない。もっとも，次に取り上げる情報提供義務違反に関する最近の最高裁判決が，誠実交渉義務違反の事案にも影響を及ぼす可能性があり，今後の動向が注目される。

> **Case 2-31**　Aは，B信用協同組合からの求めに応じ，500万円をBに出資する契約を締結し，同額を出資した。しかし，契約当時，Bは債務超過の状態にあり，早晩，監督庁から破綻認定を受ける現実的な危険性があった。Bはこのことを知りながら，Aに説明をせず出資契約を締結させた。その後，Bは破綻認定を受けるに至った（★最判平成23・4・22民集65巻3号1405頁：百選Ⅱ-4）。

(c)　情報提供義務　　対等な私人を前提とする民法の下では，契約を締結するか否かを判断するための材料となる情報は，各自がその責任において収集・分析すべきである。当事者は，原則として，自らが有する情報を相手方に積極的に提供する義務を負わない。したがって，情報収集の不十分や情報の誤解によって不利益な契約を締結したとしても，相手方にその責任を追及することは

できない。契約自由の原則は，情報収集・分析・判断に関する自己責任と表裏一体をなしているのである。

しかし，この原則は，当事者が有する情報の量や情報収集能力等について対等であるという抽象的な人間像を前提としたものであり，この前提が構造的に成り立たないタイプの契約においては，妥当しない。このようなタイプの契約では，契約交渉に入った当事者は，信義則上，相手方に対して，契約を締結するかどうかに関する判断に影響を及ぼすべき情報を提供する義務（**情報提供義務**または**説明義務**）を負い，これに違反すると損害賠償責任を負う。情報提供義務が生じる契約の典型例は，消費者契約であるが，**Case 2-31** のような出資契約においても，情報の量・調査能力の面において構造的格差が存するため，情報提供義務が認められる。

Case 2-31 では，Bの情報提供義務は，Aが契約を締結するか否かの自律的な意思決定を保障するためのものである。この義務違反によって，Aは，自律的な意思決定の機会を侵害され，これによって，もし正確な情報が提供されていたならば締結しなかったはずの契約を締結させられ，これに基づき出資をするという損害を被った。

Bは，この損害を賠償すべき責任を負うが，ここでの問題は，この責任が債務不履行責任であるのか，それとも不法行為責任であるのか，である。Aが締結した出資契約は，Bの情報提供義務違反によって生じた結果であって，もし情報提供義務が尽くされていたならば締結されなかったはずの契約である。このような情報提供義務を出資契約上の義務と位置づけることは，原因と結果を逆転させることであって妥当でない。ある契約が成立すれば，その契約に基づいて義務が生じ，この義務に違反があるときに債務不履行責任が問題となる。義務違反の結果として契約が成立したという場合に，その義務を当該契約から生じた義務と位置づけることはできないはずである。近時の最高裁判例は，このように述べ，契約締結の判断にとって重要な情報を提供すべき義務の違反を理由とする損害賠償責任の法的性質を不法行為と位置づけた（前掲★最判平成23・4・22）。

> **⚙ Case 2-32** Aは，不動産業者Bとの間で，Bの所有するマンションの一室を購入する契約を締結した。このマンションの室内には防火戸が設置されており，その電源が入っていれば熱を感知して自動的に防火戸が閉まる仕組みになっていた。契約交渉の際，Bは，Aに対して，防火戸の存在，電源スイッチの場所や操作方法について説明をせず，電源を切った状態で引き渡した。その後，Aのタバコ火の不始末により火災が発生したが，防火戸が作動せず室内の家財道具が燃えてしまった（★最判平成17・9・16判時1912号8頁）。

他方，**Case 2-32**におけるBの情報提供義務は，Aの自律的な意思決定を保障するためのものではない。もし防火戸の存在，電源スイッチの場所や操作方法について説明があったとしても，Aはこのマンションの一室を購入したと考えられる。このように，防火戸に関する情報は，Aがこのマンションの一室を購入するかどうかの意思決定に影響しないからである。ここでの情報提供義務は，Aの契約利益ないし契約目的の実現を確保するためのものである。このような義務は，契約が成立した後においてもBに課せられ，その場合には契約上の付随義務と位置づけられる。この意味で，契約締結前におけるこの種の情報提供義務は，契約の履行過程における付随義務がいわば前倒し的に当事者に課せられるものである。したがって，**Case 2-31**における情報提供義務とは異なり，この種の情報提供義務の違反を債務不履行と構成することも可能である。

このように，契約締結前における情報提供義務には，①契約締結の判断にとって重要な情報の提供義務と，②契約締結の判断には影響ないが契約利益ないし契約目的の実現に必要な情報の提供義務の2種類があり，①の違反は不法行為を構成し，②の違反は不法行為のみならず債務不履行も構成しうる。

> **⚙ Case 2-33** 住宅建設会社Aは，南アルプスの山並みが一望できるという眺望の良さを強調して，7階建てリゾートマンションの購入者を募集し，Bはその一室（甲）を購入した。その3年後，Aはこのマンションの隣地を別の住宅建設会社Cに売却した。C社はこの土地上に高層マンションを建設したので，甲からの眺望は完全に妨げられてしまった。Aは，Bに甲を販売する際，周囲に眺望を妨げるような建物が建設される予定はないと説明しており，他方で，Cが隣地をマンション建設に利用する計画であることを知りつつCに隣地を売却した（★大阪地判平成5・12・9判時1507号151頁）。

第2章　債権の効力(1)

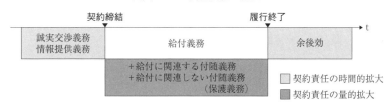

図表 2-5　契約責任の拡大

(2) 契約終了後の義務　契約関係の終了後においても，契約当事者間に契約利益を維持ないし保護することを目的とする一定の義務が信義則上認められることがある。このように，契約終了後においても契約当事者間において契約に起因する義務が残ることを，**契約の余後効**とよぶ。

Case 2-33 において，かりにAがBに甲を販売する時点において，Cに対する隣地売却の計画が存在していたとすれば，契約成立前における情報提供義務の問題となる。他方，契約締結時点において隣地売却の計画がまだ存在していなかった場合には，情報提供義務は問題にならない。しかし，契約締結に際し，Aは，Bに対して眺望の良さを強調し，これについてBを信頼せしめたのであるから，契約終了後であってもこの信頼を裏切る行為をしてはならない信義則上の義務を負う。Cのマンション建設計画を知りつつ隣地をCに売却する行為は，Aが自ら隣地にマンションを建設する行為と同視できるので，この義務違反に当たる。

もっとも，余後効という概念は，わが国の解釈論としては，契約成立前の義務ほど判例・学説上確立していない（前掲★大阪地判平成5・12・9は不法行為構成をとった）。

契約責任の量的拡大　契約は，その効果として，当事者間に給付義務を発生させる。しかし，判例・学説により，契約から生じる義務はこれにとどまらないと解されるようになり，給付義務の周辺領域にある義務（付随義務）が観念されるようになった。そして，この義務違反は，債務不履行に取り込まれた。

付随義務は，前述のとおり，給付に関連するものと，そうでないものとに分けられる（➡52頁，48頁**図表 2-3**）。後者は，債権者の生命・身体・財産に関す

る法益を侵害しないよう注意すべき義務（**保護義務**）であり，この意味で，従来は不法行為責任と考えられていた領域への契約責任の拡大と位置づけられる。その典型例が，**安全配慮義務**の問題である。

> ■ **Case 2-34** 自衛隊員Aは，隊長Bが運転する隊の車両の助手席に同乗して公務を行っていたところ，Bが滑りやすい道路で急加速したため車両がスリップして対向車と衝突し，Aは死亡した。Aの親Cは国Dに対して損害賠償を請求した（★最判昭和58・5・27民集37巻4号477頁）。
> ■ **Case 2-35** A会社の従業員Bが，Aの社屋内にある宿直室で宿直をしていたところ，Aの元従業員CがBの宿直室を訪れた。かねてからCがAの商品を窃取していたことを知っていたBは，元同僚であるCに警戒心を強め反抗的な態度をとったところ，Cは近くに置いてあった野球用バットでBの頭を殴打して殺害した（★最判昭和59・4・10民集38巻6号557頁）。
> ■ **Case 2-36** A造船所は，造船工事をその傘下にあるB会社に下請負させ，B会社の従業員Cは，いわゆる社外工としてA造船所内で船舶の建造作業を行っていた。作業内容は，A造船所の従業員（いわゆる本工）とほとんど同じものであり，本工と一緒に作業をする場合には本工の指揮監督の下に作業が行われた。Cは，騒音の激しい工場内で長期間にわたり作業を行った結果，騒音性難聴になってしまった（★最判平成3・4・11判時1391号3頁）。

(1) **安全配慮義務の意義および内容** 安全配慮義務とは，相手方の生命・健康等を危険から保護するよう配慮すべき義務である。その具体的内容は，個々の事案ごとに判断される（★最判昭和50・2・25民集29巻2号143頁：百選Ⅱ-2）。たとえば，**Case 2-34** では，①車両の十分な整備，②車両の運転者としてその任に適する技能を有する者を選任すること，③当該車両を運転する上でとくに必要な安全上の注意を与えること，**Case 2-35** では，①盗賊等が容易に進入できないような物的設備を施すこと，②万一盗賊が進入した場合には盗賊から加えられるかもしれない危害を免れることができるような物的設備を設けること，③前記①②が困難であるときは，宿直員を増員するとか宿直員に対する安全教育を十分に行うなどの対策を講じること，**Case 2-36** では，①騒音を軽減するための措置を講じること，②騒音を定期的に測定して作業場の環境改善に努めること，③耳栓などの防音保護具を支給し着用させること，④定期的に聴力検査を行い労働者の健康を管理すること等がその具体的内容になる。

他方，**Case 2-34** において，運転者が道路交通法その他の法令に基づいて当

然に負うべきものとされる通常の注意義務（制限速度遵守，前方注意，車両の適切な操作など）は，安全配慮義務の内容には含まれない（前掲★最判昭和58・5・27）。なぜなら，安全配慮義務は，契約または特別な社会的接触の関係に基づいてとくに認められる義務であって，この点において，不法行為法上の一般的な注意義務とは異なるからである。もっとも，このような判例の立場に対しては，学説から，安全配慮義務の範囲が狭くなりすぎるとの批判がある。

(2) **安全配慮義務の法的性質**　広義の安全配慮義務には，その法的性質に応じて3つの種類がある。

第1に，高齢者の介護に関する契約，身辺警護に関する契約などでは，安全配慮義務は契約上の給付義務と位置づけられる。

第2に，労働契約，保育園や学校等における就学契約などでは，安全配慮義務は契約の付随義務（給付に関連する付随義務）と位置づけられる。**Case 2-35** がその例である。

第3に，契約関係以外のある法律関係に基づく特別な社会的接触の関係を根拠に，信義則上の義務として安全配慮義務が観念されることがある。ここでは，安全配慮義務の根拠は，契約すなわち当事者の（合理的）意思ではなく，信義則ということになる。国と公務員との関係が通常の契約関係なのかという特殊な問題を含む **Case 2-34** を措くとしても，**Case 2-36** では，CはAの従業員ではないので，A・Cの間には直接の契約関係は存在しない。しかし，作業内容や指揮命令などの点において契約関係があるのと同様な実態が存することから，信義則上の義務として安全配慮義務が導かれる。

(3) **履行補助者と安全配慮義務**　**Case 2-34** において，安全配慮義務を負うのは国Dであり，その義務内容は，車両の整備，適切な人員配置，とくに必要な安全上の注意を与えることであるから，この履行補助者となりうるのは，債務者（D）からこれらの権限（人的・物的組織の編成権限）を与えられた者だけである。この者が適切な人的・物的組織の編成を怠ったことによってAが被害を被ったと評価される場合，Dは安全配慮義務違反を理由とする損害賠償責任を負う。これ以外の者は，債務者（D）からこれらの権限を与えられていないから，安全配慮義務を履行すべき立場にない。すなわち，Dが負う安全配慮

義務の履行補助者になりえないので，そのような者の行為がDの安全配慮義務違反と評価されることもない。

(4) 安全配慮義務構成の有用性　安全配慮義務が問題となるような紛争は，従来，不法行為（とりわけ715条の使用者責任）の問題とされてきた。これを，あえて安全配慮義務という概念を持ち込み債務不履行責任として構成されるようになったことには，そのほうが被害者（債権者）に有効であるからだといわれている。しかし，それは本当であろうか。

第1に，消滅時効の点で債務不履行構成のほうが被害者に有利であることが指摘される。すなわち，2017年改正前の民法の下では，不法行為に基づく損害賠償請求権に関する消滅時効期間は損害および加害者を知った時から3年と短い（▶改正前724条）のに対して，債務不履行に基づく損害賠償請求権については，債務不履行の時から10年であった（▶改正前167条1項）。

しかし，2017年改正により，生命・身体に対する損害については，消滅時効期間に差がなくなった。債務不履行に基づく損害賠償請求権は，①債権者が権利を行使することができることを知った時から5年間行使しないとき，または②権利を行使することができる時から20年間行使しないとき，時効によって消滅する（▶166条1項・167条）。他方，不法行為による損害賠償請求権については，①'被害者またはその法定代理人が損害および加害者を知った時から5年間行使しないとき，または②'不法行為の時から20年間行使しないとき，時効によって消滅する（▶724条・724条の2）。①と①'，②と②'は，それぞれ実質的に同一と解されるので，結局，生命・身体に対する損害の場合，債務不履行構成と不法行為構成との間で，消滅時効の点で違いは生じない（➡詳しくは第1巻，第4巻参照）。違いが残るのは，物に対する損害だけである。

第2に，証明責任の点で債務不履行構成のほうが被害者に有利であることが指摘される。すなわち，不法行為の場合，被害者が，加害者の故意・過失につき証明責任を負う。これに対して，債務不履行の場合，被害者は，不法行為における故意・過失に相当する帰責事由について証明責任を負わない。逆に，加害者（債務者）において，債務不履行が自らの責めに帰することができない事由によるものであることを証明しないかぎり免責されない。このように，過失

ないし帰責事由の証明責任の点で，債務不履行のほうが被害者に有利となる。

しかし，前述のとおり，手段債務においては，事実としての不履行が存在することは，債務者に帰責事由があることと実質的に重なるため，債務不履行構成でも，債権者が事実としての不履行に関する証明責任を負うことを通じて，実質的には，債務者に帰責事由があることについても証明しなければならないことになる（★最判昭和56・2・16民集35巻1号56頁。➡66頁）。結局，安全配慮義務違反に関しては，この点についてはどちらの構成でもほとんど差がない。

第3に，加害者が使用者と無関係の第三者である場合に，債務不履行構成の方が被害者にとって有利であることが指摘される。すなわち，不法行為（使用者責任）の場合には，加害者と使用者との間の使用関係が要件とされるため（▶715条1項），**Case 2-35** のように，加害者が使用者と無関係の第三者である場合には，使用者責任が成立しない。これに対し，債務不履行構成でこのような要件が課せられないため，加害者が使用者と無関係の第三者であるという事実は，債務不履行責任を追及する際の障害にはならない。

このように，債務不履行構成のほうが被害者に有利な部分は残るものの，決定的とまではいえない。

2 　請求権競合（制度間競合）

(1)　**請求権競合とは**　　安全配慮義務違反（債務不履行）が問題になる場面では，同時に不法行為が問題になることも少なくない。このように，契約から生じた債務の不履行が，同時に不法行為にも該当する場合，債権者は，債務不履行に基づく損害賠償請求権とともに，不法行為に基づく損害賠償請求権も取得するのだろうか。もし双方を取得するとすれば両者はどのような関係に立つのだろうか。このような問題を，**請求権競合（制度間競合）**という。請求権競合が問題になるのは，安全配慮義務違反の場合だけではない。診療契約，物品運送契約，寄託契約など，多様な場面が考えられる。

> **Case 2-37**　AはB病院に入院し化学療法による胃ガンの治療を受けていたが，B病院のC医師が抗ガン剤の投与量を間違えたためAは死亡した。

> **Case 2-38** Aはゴッホの絵画を東京から札幌に運送する旨をBに委託したが，Bの過失により交通事故を起こし，絵画が破損してしまった。
> **Case 2-39** AはBに貨物を預けたが，Bの従業員がこれを第三者Cに引き渡してしまった（★最判昭和38・11・5民集17巻11号1510頁）。

この議論の前提として，留意すべきは，いずれにせよ債権者は1つの事件について訴訟を2度提起することはできないし，債務不履行に基づく請求権と不法行為に基づく請求権の双方につき満足を得ることはできない，ということである。たとえば，**Case 2-37** において，Aが，Bに対して，まず不法行為に基づく損害賠償請求訴訟を提起し，敗訴した後に今度は債務不履行に基づく損害賠償請求訴訟を提起する，ということはできない。また，Aの損害額が2000万円だとして，債務不履行と不法行為の双方の要件を満たしていたとしても，Aは，それぞれ2000万円，合計4000万円を得ることはできない。Aが最終的に得られる損害賠償金は，当然のことながら，2000万円である。

つまり，ここでの問題は，事件に基づく1つの法的請求について2つの法律構成が考えられる場合に，債権者にその選択を認めるのか，それともどちらか一方のみを認めるのか，ということである。

(2) **債務不履行と不法行為の違い**　実は，この議論には，前提がもう1つある。債務不履行と不法行為の要件効果がまったく同じならば，この議論には実益がない。両者が異なり，どちらによるかによって債権者に有利・不利が生じるからこそ，この議論は意味をもつのである。それでは，両者の要件効果には，どのような違いがあるのだろうか。

①消滅時効期間，②証明責任については，安全配慮義務のところですでに述べた（➡90頁）。

③**責任制限規定の存在**　無償寄託においては，受寄者は，自己の財産に対するのと同一の注意をもって寄託物を保管する義務を負うにとどまる（▶659条）。このため，受寄者が寄託物の滅失・損傷につき債務不履行責任を負うのは，その保管に重大な過失があったときに限られる。また，高価品の運送契約においては，荷送人が運送の委託にあたりその種類および価額を明告していなかった場合，運送人が運送中に物品を滅失・損傷させても債務不履行責任を負

わない（▶商578条）。しかし，これらの規定に基づき受寄者や運送人が債務不履行責任を負わない場合にも，不法行為責任は生じうる。

　さらに，契約において債務不履行責任を制限したり賠償額の限度額を定めたりすることがある。もっとも，このような契約条項の趣旨にかんがみ，物品運送契約における賠償限度額の定めが荷送人に対する不法行為に基づく責任についても適用されるものと解するのが当事者の合理的な意思に合致するとした判例がある（★最判平成10・4・30判時1646号162頁：百選Ⅱ-111）。これによれば，債務不履行と不法行為との間で賠償額の差はなくなる。

　他方，失火責任法は，失火した者に重過失があったときのみ不法行為責任を負うことを規定しているので，建物の賃借人が通常の過失（軽過失）によって失火し，建物が焼失した場合には，不法行為責任は免れるが，賃貸借契約に基づく債務不履行責任は生じうる。

　④損害賠償の範囲　判例・通説によれば，債務不履行に関する416条は不法行為においても類推適用されるので，損害賠償の範囲はどちらの責任でも基本的には同じである。ただし，生命侵害における近親者固有の慰謝料請求権（▶711条）は，不法行為に特有のものであり，債務不履行においては認められない。

　⑤過失相殺　債務不履行，不法行為のいずれにおいても過失相殺に関する規定が置かれている（▶418条・722条2項）。債務不履行に関する418条では，裁判所は債権者の過失を必ず考慮しなければならないと理解できる規定になっているのに対して，不法行為に関する722条2項では，裁判所が被害者の過失を考慮するかどうかは任意であると理解できる規定になっている。しかし，不法行為において，債権者に過失があるにもかかわらず過失相殺がされないことは通常ないため，実際上の差はない。

　⑥遅滞の時期　不法行為に基づく損害賠償債務については，不法行為時から遅滞が生じる（➡46頁）。これに対して，債務不履行に基づく損害賠償債務については，履行期の定めのない債務と解されるので，債務者が請求を受けた時から遅滞が生じる（▶412条3項）。この違いは，遅延損害金の額に表れる。

　⑦相殺の可否　悪意による不法行為に基づく損害賠償債務を受働債権とし

て相殺することはできないが（▶509条1号），債務不履行についてはこのような規定がない。ただし，人の生命・侵害の侵害による損害賠償債務については，不法行為によるものか債務不履行によるものかを問わず，これを受働債権とする相殺は禁止されている（▶同条2号）。

以上，主な違いをみてきたが，総じて，両者の間に決定的といえるほど大きな違いがあるわけではないといえよう。しかし，だからといって請求権競合問題が意義を失うわけではない。責任制限規定がある場合には結論に大きな違いをもたらすことがあるからである。実際，判例において請求権競合が問題となった事案では，責任制限規定が存する場合が多い。

(3) **判例・学説**　債務不履行に基づく請求権と不法行為に基づく請求権がともに生じうる場合，両者はどのような関係に立つのだろうか。考え方は，大きく分けて3つある。

第1は，債務不履行に基づく請求権と不法行為に基づく請求権とがともに成立し，債権者は訴訟において双方を主張することができるという考え方である（**請求権競合説**）。債務不履行と不法行為にはそれぞれ別個の要件効果が定められているのであるから，双方の要件を満たせば双方の効果を認めるべきであるし，そのほうが債権者（被害者）の保護に資するからである。これが判例・通説の立場である。

第2は，債務不履行に基づく請求権が生じる場合には不法行為に基づく請求権は排除されるという考え方である（**法条競合説・非競合説**）。すなわち，両者は，一見すると規定の上では競合するようにみえるが，不法行為と債務不履行とは一般法・特別法の関係に立つので，特別法に基づく請求権が認められる場合にはこちらが優先すると考えるのである。

第3は，ある請求権が債務不履行に基づくものか不法行為に基づくものかは法的観点にすぎず，双方の要件を満たす場合には法的観点が競合しているだけで，実質的には，たとえば「金何円の支払いを求めうる権利」といった1個の請求権しか存在しないという考え方である（**規範統合説**）。これは，民事訴訟法におけるいわゆる新訴訟物理論の影響を受けて登場したものである。ただし，この中にも，実質的請求権は1個であるがその法的観点は複数存するとして，

請求権の法的効果の部分のみを統一的に考える説や，要件も統一的に考える説があり，細部は論者によって異なる。

☑ *Exam 1*

　Aは、海外における語学研修等の企画・実施を業とするB社が企画したアメリカ・ボストンにおける語学研修に参加した。研修中、Aは、Bが指定した提携先の4箇所の寮から、C社が設置・管理する寮を選択し、そこに滞在した。この寮の寝室には二段ベッドが設置されており、Aは、他の研修生と相談の結果、上段で寝ることになった。この二段ベッドには、落下防止用の手すりがついていたが、ベッド本体と接続する留め金が破損していたため、Aは就寝中に手すりを踏み越えて落下し、腰の骨を折る全治1か月の重傷を負った。Aは、Bに対して治療費等の損害賠償を請求したいと考えている。どのような法律構成をすべきか。

解答への道すじ

　本件事故の原因は、二段ベッド上段の落下防止用の手すりが破損していたこと、すなわちCがこの二段ベッドを適切に管理していなかったことにある。Bは、Aとの間で語学研修の提供に関する契約（準委任契約）を結んでいる。Bはこの契約上の債務不履行責任を負うであろうか。この問題を考える手がかりは、①Bは、この契約に基づいてAに対してどのような債務を負っているのか、②Cが寮の二段ベッドを適切に管理していなかったことは、Bの契約上の債務の履行とどのような関係にあるのか、である。（➡49頁以下、88頁以下）。

☑ *Exam 2*

　2020年4月20日、Bは、Aとの間で、A所有の宅地を2000万円で買い受ける旨の契約を締結した。Bは、この宅地上に建物を建設して居住する予定であった。引渡期日は同年7月10日と合意された。ところが、同年6月5日、Aはこの宅地を当時の時価である2200万円でCに譲渡し、Cに所有権移転登記を行った。その後、この宅地の近隣に大型ショッピングセンター建設の計画が報道されたため、地価が高騰し、この宅地は同年12月1日時点で3000万円に達した。しかし、この建設計画が消滅したことが判明すると、再び地価は下落し、2021年3月1日時点で2200万円にまで戻った。BはAに対してどのような法的主張をすることができるか。

解答への道すじ

　BがAに対して債務不履行に基づく損害賠償を請求しうることについては疑いない。問題となるのは、損害賠償額算定の基準時をどこに設けるかである。本件のように、目的物の価格が変動している場合には、これによって、損害賠償額が変わってくる（➡72頁以下）。
　また、Aがこの宅地をCに売却して得た売買代金2200万円につき、Bが代償請求権を行使することができるかも問題となる（➡81頁以下）。

第3章　債権の効力(2)
第三者に対する効力

1　第三者に対する債権の効力（総論）

債権の対外的効力　　第2章では，債権の対内的効力，つまり，債権者が債務者に対してどのような法的主張ができるかを検討した。これは，債権本来の第一次的効力というべきものである。これに対し，本章では，債権の第二次的効力というべき，債務者以外の第三者に対する効力，いわゆる債権の対外的効力について考察する。

　債権を保護または実現するためには，債務者以外の第三者に対しても債権の効力を主張することが債権者に認められるべき場合がある。その主要場面として，次の3つの形態を考えることができる。①第1に，債権を実現するために，債務者が第三者に対してもつ権利を債権者が代わって行使することが必要になる場合がある。その手段が，債権者代位権（▶423条）である（第2節）。②第2に，債権を実現するために，債務者と第三者との間で行われた法律行為の効力を債権者が否定することが認められる場合がある。その手段が，詐害行為取消権（▶424条）である。これは，債務者とその相手方（受益者）との行為に，その当事者でない債権者が介入してその行為を取り消すものであるから，裁判上の権利行使が求められる（第3節）。③第3に，債権を侵害する第三者に対して債権者が直接に妨害の排除や損害賠償を請求し，債権を保護する手段が必要になる場合もある（▶605条の4参照）（第4節）。これは，第三者の債権侵害に対する法的救済手段である。

　これらは，債権者にとって債権実現の最終的な担保となる債務者の財産（特別に担保権の客体となっていない一般財産で，債務の履行を最終的に担保する財産になるという意味で「責任財産」といわれる）の維持・回復による**責任財産の保全**，お

よび債権の保護・実現の強化を図るものである。

2 債権者代位権

1 債権者代位権制度の意義と位置づけ

債権者代位権の意義と機能　債権者代位権とは，債権者Aが債務者Bに対してもつ債権αを「保全するため」に，Bが第三者Cに対してもつ権利βをBに代わって行使する権限である（▶423条。図表3-1）。債権αを**被保全債権**，権利βを**被代位権利**，債権者Aを被保全債権者とよぶ。被保全債権をどのような場合に，どの程度，どのような手段で「保全」すべきかは，あらかじめ所与の内容が確定しているわけではなく，被保全債権の法的保護の要請が高まるにつれ，債権者代位権の機能は強化・拡大してきている。それは，①金銭債権の実現を確保するための責任財産の維持から出発し，②金銭債権の確実な回収へ，さらに，③特定債権の実現を確保することへと拡充してきている。

> **Case 3-1**　AはBに対して100万円を融資したが，Bは期限を過ぎても返済しない。他方，BはCに対して50万円の売掛代金債権をもっているが，Bはその支払期限を経過しているにもかかわらず，これを行使していない。この場合，AはBに代わってCに対して50万円の支払いを請求することができるか。

責任財産保全機能　被保全債権αの典型例として，AのBに対する金銭債権がある。たとえば，Case 3-1のように消費貸借の借主Bに対する貸主Aの貸金債権である。その他，買主Bに対して売主Aがもつ代金債権，売買の錯誤・詐欺などを理由とする取消権，その行使による買主Aが売主Bに対してもつ代金の返還請求権などである。この場合，Bが任意に債権αに対応する債務を履行しない場合において，AがBの財産を差し押さえて強制執行するときの対象になりうる財産（一般財産または責任財産とよばれる）を維持する目的で，Bがその債務者C（Aからみれば相手方B以外の第三者たる債務者という意味で，第三債務者とよばれる）に対して金銭債権βをもつときに，Aがこの債権βをBの名で行使し，Bに代わってCに対する金銭債権を行使する

ことができる（**図表 3-1**）。ここでは，債権者代位権は，被保全債権者Aのために債務者Bの責任財産を維持する機能を果たしている。その際，代位行使される「権利」である被代位権利βは，金銭債権のほか，錯誤・詐欺などを理由とする取消権，契約解除権，買戻権，信託の解除権（▶信託57条），権利βの消滅時効の完成を猶予させるための請求・その他の措置をとる権限などであることもある。それによって取得ないし確保される代金返還請求権などにより，被保全債権（金銭債権）αの責任財産を維持することが可能になるからである。

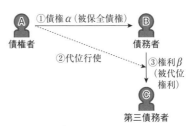

図表 3-1　債権者代位権の仕組み

> **Case 3-2**　**Case 3-1** において，BのCに対する売掛代金債権を代位行使するAは，Cに対してBへの支払いを請求できるにとどまるか，あるいはAへの直接の支払いを請求することができるか。

債権回収機能　責任財産保全機能からいま一歩進んで，債権者代位権に被保全債権を実現する機能まで認めてよいかどうかは議論されてきた。**Case 3-2** において，AのCに対する直接支払請求を認めるとすれば，債権者代位権に債権回収機能まで認めることになる。判例はこれを例外的に認め，2017年改正でこれを明文化した（▶423条の3。➡105頁）。

> **Case 3-3**　AはBから土地αを購入したが，登記名義は土地αをBに贈与したC名義のままになっていた。Aは約定期日までに代金を準備し，Bに土地αの移転登記手続を求めたが，Bはこれに応じようとしない。この場合，AはBに代わってCに対して土地αの所有権移転登記手続を請求することができるか。

特定債権実現機能　**図表 3-1** の債権α（被保全債権）が**特定債権**（金銭債権以外の債権）のこともある。この場合，Aの債権αの実現にとってBの権利βの行使が不可欠なときは，Aによる権利βの代位行使が認められている。たとえば，売買契約をしたものの目的物の引渡しを受けてい

ない買主Aが，売主Bに代わり，第三者Cの下にある目的物の引渡しを請求しようとする場合である。同様に，**Case 3-3**のように，AがBから土地を購入したが，登記名義はこの土地をBに贈与したC名義になっている場合において，BがCから移転登記を経てAへの所有権移転登記手続に協力しないときは，AはBに対する所有権移転登記手続請求権を被保全債権とし，BがCに対してもつ所有権移転登記手続請求権（被代位権利。B・C間の贈与契約またはBの土地所有権に基づく）を代位行使することができる。それにより，Aはこの土地をいったんB名義に登記した上で，BからAへの移転登記請求権（A・B間の売買契約またはAの所有権に基づく）を実現することが可能になる。

この場合，債権者代位権は，債務者の責任財産の維持という消極的・間接的な手段から進んで，むしろ特定債権の実現に向けたより積極的・直接的な手段として機能する。この機能は，**債権者代位権の転用**ともよばれる。それが債権者代位権の本来的機能から外れる「転用」とされる背景には，この機能が認められるべき場面をできるだけ限定すべきであるとみる見解が存在する。2017年改正は，**Case 3-3**に当たる場合について明文規定を設け，「登記又は登録をしなければ権利の得喪及び変更を第三者に対抗することができない財産を譲り受けた者」は，その譲渡人が第三者に対して有する「登記手続又は登録手続をすべきことを請求する権利」を行使しないときは，その権利を行使することができるとした（▶423条の7）。

債権者代位権制度の位置づけ 社会においてさまざまな種類の債権が現実に果たす機能の拡充に対する期待の増大に応じ，債権の保護・実現を法的に強化する手段の1つとして，債権者代位権の「転用」も含め，積極的な機能拡充を図ることは，法的発展のあり方として考えられる。とくに債権者代位権制度には，金銭債権であれ特定債権であれ，履行を強制することができる債権について，強制執行を準備する機能がある。その一方で，債権者代位権の機能を拡充することは，本来ならば債務者自身の裁量にゆだねられるべき権利行使の自由領域に，他人である債権者が干渉することを意味する。また，強制執行手続をとる場合とのバランスにも留意する必要がある。したがって，債権者代位権の要件・効果を解釈するに当たっては，債権者の債権の保護・実現の

要請，債務者の権利行使の自由の確保，債権の実現手続のルールとの関係を考慮に入れ，これらが調和可能な法理を探求しなければならない。

2 債権者代位権の要件

総 説　債権者代位権が認められるための要件は，①被保全債権（強制執行によって実現できるものであることを要する）の存在（▶423条1項本文・3項），②被保全債権の保全の必要性（▶423条1項本文），③被保全債権の弁済期が到来していること（▶同条2項），④代位の対象となる債務者Ｂの被代位権利が一身専属権（親権，扶養請求権，慰謝料請求権など）および差押えを禁じられた権利でないこと（▶同条1項ただし書），⑤債務者Ｂ自身が代位の対象となる権利を行使していないこと（判例）である。

被保全債権の存在と強制的実現可能性　債権者代位権を行使するためには，被保全債権が存在しなければならない（▶423条1項本文）。それは，強制執行によって実現することができるものでなければならない（▶同条3項）。債権者代位権は，金銭債権であれ特定債権であれ，強制執行を準備するために，債務者の権利を行使するものであるから，履行の強制ができない債権を保全するために用いることは，行き過ぎであると考えられるからである。

債権保全の必要性　**(1) 被保全債権が金銭債権の場合**　債権者の被保全債権が金銭債権である場合は，債務者の権利を代位行使できるかどうかは，債務者が無資力か否かによって判断されるべきものと解される。たとえば，自動車事故の被害者Ａが，加害者Ｂに対する損害賠償債権を保全すべく，Ｂが保険会社Ｃに対してもつ任意保険金請求権を代位行使するには，Ｂの資力が損害賠償債権を弁済するのに十分でないことを要する（★最判昭和49・11・29民集28巻8号1670頁）。ただし，債務者Ｂの資力が債権の弁済に十分でないことは，債権者Ａが立証責任を負うべきである（★最判昭和40・10・12民集19巻7号1777頁）。しかし，被保全債権に抵当権，その他の担保権が付されていても，債権保全の必要性を否定する（したがって，債権者代位権行使を阻止する）理由にはならない（★最判昭和33・7・15新聞111号9頁）。

他方，被代位権利が登記請求権，その他その行使が保存行為に当たる権利

で，債務者が本来行使してしかるべきであり，それを債権者が代位行使しても《債務者の権利行使の自由を実質的に制限するものではない》と解される事情があるときは，債権保全の必要性の判定基準である債務者の無資力要件を相関的に緩和することも認められてよい。判例も，金銭債権をもつ者Ａが，債務者Ｂ所有の未登記不動産を差し押さえるため，債務者に代位して登記することを認めるのに，債務者Ｂの無資力を問題にしなかった（★大判昭和17・12・18民集21巻1199頁）。また，不動産の売主の共同相続人の１人Ａが，買主Ｂに対する代金債権を保全するため，他の共同相続人Ｃらに対する買主Ｂの移転登記手続請求権を代位行使するには，債務者たる買主Ｂの無資力を必要としない（★最判昭和50・3・6民集29巻3号203頁：百選Ⅱ-12）。

(2) **被保全債権が非金銭債権（特定債権）の場合**　債権者代位権は，債権者の金銭債権の履行を確保するためだけでなく，特定債権の履行を確保するためにも利用される（**Case 3-3** 参照）。これは**債権者代位権の転用**とよばれる。この場合，被保全債権は金銭債権ではないから，債務者の無資力を基準に債権保全の必要性の要件を判断することは意味をなさない。

判例は，(i)不動産所有権の譲受人Ａが譲渡人Ｂに対してもつ**所有権移転登記手続請求権**を保全するための，Ｂが第三者Ｃ（登記名義人）に対してもつ〈登記請求権〉の代位行使（★大判明治43・7・6民録16輯537頁），同じく不動産譲受人Ａが譲渡人Ｂに対してもつ所有権移転登記手続請求権を保全するための，Ｂがもつ〈保存登記申請権〉の代位行使（★大判大正5・2・2民録22輯74頁）を認めた。2017年改正は，前者の判例を受け，登記・登録をしなければ権利の得喪変更を第三者に対抗できない財産を譲り受けた者は，譲渡人が第三者に対してもつ登記・登録手続請求権を行使しないときは，その権利を代位行使できることを明文で認めた（▶423条の７）。

(ii)抵当権者Ａが抵当権設定者Ｂに対してもつ**抵当権**を保全するための，Ｂがもつ抵当不動産に関する〈地目変更登記等申請権〉の代位行使（★大判昭和9・9・27民集13巻1803頁）も認められている。また，抵当権者Ａが抵当不動産所有者Ｂに対してもつ抵当権の内容としての**抵当不動産を適切に管理し，抵当不動産の担保価値を維持・保存するよう求める請求権**（担保価値維持請求権）を

保全するための，Bが不法占有者Cに対してもつ妨害排除請求権の代位行使（★最大判平成11・11・24民集53巻8号1899頁）も認められた。この場合，抵当権者は抵当権の実行が妨げられているときは，抵当権に基づいて直接に不法占有者Cに対して妨害排除請求をすることも可能である。とくに，BがCに目的物を賃貸するなどしてCが占有権原をもつときは，BはCに対して妨害排除請求権をもたないから，これをAが代位行使することはできない。そこで，AはCの占有に妨害目的が存在し，それによって抵当権の実行による交換価値の実現が困難となっていることを主張・立証し，抵当権に基づいて直接Cに妨害排除請求をする必要がある（★最判平成17・3・10民集59巻2号356頁）。

(iii)賃借人Aが賃貸人Bに対してもつ**賃借権に基づく使用・収益請求権**を保全するために，Bが賃貸物の所有権に基づいて賃貸物の不法占拠者など，無権原で賃貸物を占有，その他の妨害をする第三者Cに対する〈妨害排除請求権〉を代位行使することも認められている（★大判昭和4・12・16民集8巻944頁，最判昭和29・9・24民集8巻9号1658頁）。もっとも，改正法は，「不動産の賃借人」が賃借権の登記などの「対抗要件」（▶605条の2第1項）を備えたときは，賃借権に基づいて第三者に対して直接に返還請求または妨害排除請求をすることを認めた（▶605条の4）。今後はそれ以外の場合，たとえば，Aの不動産賃借権が対抗要件を備えていない場合などにおけるBの妨害排除請求権の代位行使が問題になる（➡129頁）。

　転用が認められたこれらの事例にかんがみると，①特定債権を実現するために〈代位行使される権利〉の行使が不可欠と認められることに加え，②〈代位行使される権利〉が本来行使されるべきもの（登記・登録がされるべき，妨害状態が排除されるべきなど）であるがゆえに，《Bの権利行使の自由を実質的に制限するものではない》ことも考慮に入れる必要がある。

被代位権利　代位行使される権利としては，(i)債務者Bが第三者Cに対してもつ金銭債権がある。(ii)また，所有権移転登記手続請求権，登記申請権，所有権に基づく妨害排除請求権などの非金銭債権も，代位の必要性が認められるかぎり，代位の目的となる。

　(iii)このほか，取消権・解除権・相殺権などの形成権，消滅時効の援用権（★

最判昭和43・9・26民集22巻9号2002頁），請求異議の訴え・第三者異議の訴えなどの訴訟法上の権利も含まれる。

　(iv)他方，①一身専属権および②差押えを禁じられた権利は，被代位権利には入らない（▶423条1項ただし書）。なぜなら，①扶養請求権などの一身専属権は他人による行使を認めるべきではないし，②差押えを禁じられた権利は，債権者が被保全債権の実現のために期待すべき債務者の責任財産を行使しないからである。①に当たるか否かが問題になるものとして，債務者Bが他の共同相続人Cに対してもつ**遺留分減殺請求権**がある。ⓐこれを被代位権利として肯定する見解もあるが，ⓑ判例は原則として否定する。すなわち，遺留分権利者Bが遺留分減殺請求権を第三者に譲渡するなど，権利行使の確定的意思があることを外部に表明したと認められる特段の事情がある場合を除き，債権者代位権の目的にならない（★最判平成13・11・22民集55巻6号1033頁）。遺留分減殺請求権は債務者Bの一身専属的権利であり，それを行使するかしないかはもっぱらBによって判断されるべきで，たとえ債権者Aに債権保全の必要性があっても，代位行使は許容されるべきではないからである。この問題は，遺言自由を制約する遺留分制度の趣旨をどの程度強いものと解釈すべきにもかかわる。日本民法の法定相続主義の下でも，遺言自由の範囲をできるだけ広く解釈する立場からすれば，《遺留分減殺請求権は当然に行使されるべきもの》とまでいうことはできず，その行使は遺留分権利者の意思にゆだねられるべきであるから，遺留分権利者自身による権利行使の意思が不確定または不明の場合は，債権者による代位行使を認めるべきではないであろう（ちなみに，共同相続人の1人が遺留分を放棄しても，他の共同相続人の遺留分が増加することはなく，放棄された分は被相続人による処分の自由が広がる結果となる〔▶1043条2項〕）。

被保全債権の弁済期の到来　債権者が債権者代位権を行使することは，その債権（被保全債権）の実現プロセスの一環であるから，被保全債権の弁済期が到来していなければならない（▶423条2項本文）。ただし，債権者のみならず債務者にとっても利益となる**保存行為**（たとえば，債務者が第三者に対してもつ権利の時効の中断，未登記不動産の登記など）に当たる権利は，被保全債権が弁済期にあるか否かを問わず，代位行使ができる（▶423条2項ただし書）。

債務者による権利の不行使 債務者がすでに権利行使をしているときは、その方法や結果の良し悪しにかかわらず、債務者を排除したり、重複して代位権を行使することはできない（★最判昭和28・12・14民集7巻12号1386頁）。これは、代位行使可能な権利の解釈と並んで、債権者の債権保全の必要性と債務者の権利行使自由との調整を図るための要件である。

3　債権者代位権の効果

> **Case 3-4** 前掲 Case 3-1、Case 3-2、Case 3-3 の場合において、債権者代位権の行使を認められた債権者Aは第三者Cに対し、直接自己に対して金銭の支払い、目的物の引渡し、登記名義の移転を求めることができるか。

代位債権者への直接引渡しの可否　(1)　**金銭、その他の物の引渡し**　債権者代位権の行使により、被代位権利が金銭の支払いまたは動産の引渡しを目的とする債権である場合は、債権者Aは第三者Cに対し、直接自己への支払いまたは引渡しを請求することができる（★大判昭和10・3・12民集14巻482頁、最判昭和31・1・26集民21号7頁。▶423条の3前段）。この場合、被代位権利の行使の相手方Cが代位債権者Aに金銭の支払いまたは動産の引渡しをしたときは、被代位権利はこれによって消滅する（★最判昭和29・9・24民集8巻9号1658頁。▶同条後段）。もっとも、423条の3前段は、債権者への直接引渡しが認められる場合を金銭の支払いおよび動産の引渡しに限定する趣旨ではないと解される。判例は、土地の賃借人Aが賃貸人Bの不法占拠者Cに対する明渡請求権を代位行使する場合（★大判昭和7・6・21民集11巻1198頁、前掲最判昭和29・9・24）、抵当権者Aが抵当不動産所有者Bの不法占有者Cに対する妨害排除請求権を代位行使する場合（★最大判平成11・11・24民集53巻8号1899頁。この場合、抵当権者Aが取得する占有は「管理占有」であるとされた）に、代位債権者への引渡しを認めている。

このうち、債権者Aおよび債務者Bの債権がともに金銭債権であれば、債権者Aは相殺により、優先的に弁済を受けることができる。もっとも、代位される権利が金銭債権などの可分債権である場合は、債権者Aは自己の債権額の限

度においてのみ，被代位権利を行使することができる（★最判昭和44・6・24民集23巻7号1079頁：百選Ⅱ-11。▶423条の2）。したがって，**Case 3-1** の場合，債務者Bの第三者Cに対する代金支払請求権の代位行使を認められた債権者Aは，Cから直接に50万円の支払いを受け，そのBへの返還債務とBに対する貸金債権とを対当額（50万円および利息）で相殺することができる。

また，第三債務者Cは，債務者Bに対抗することができる抗弁（相殺の抗弁など）を債権者に対抗することができる（▶423条の4）。これに対し，債権者Aが提出できる再抗弁事由は，債務者B自身が主張できるものに限られ，債権者A自身の事情に基づく再抗弁の提出は認められない（★最判昭和54・3・16民集33巻2号270頁。第三債務者Cの相殺の抗弁に関する事案）。

(2) **登記名義の移転** これに対し，登記名義に関しては，物権変動のプロセスをできるだけ正確に登記に反映させるべきとの要請と，債権者の債権保護の要請との調和可能性にかんがみても，債権者代位権の行使としては，直接に債権者名義への移転は認められないと解すべきである。したがって，**Case 3-2** では，AはひとまずBへの登記名義の移転を請求することになる。

> **債務者に対する効果**

(1) **債務者による権利行使の可能性** 債権者代位権の制度は，債務者がもつ権利の行使の自由を制限するとともに，債務者の権利に対する強制執行手続をバイパスする効果をもつ。そこで，これらの問題点との調整も考慮する必要がある。そこで，①債権者Aは，債権者代位権の行使，つまり，債務者Bが第三債務者Cに対してもつ被代位権利の行使に係る訴えを提起したときは，遅滞なく，債務者Bに訴訟告知しなければならない（▶423条の6）。そして，②債務者Bは，債権者Aが被代位権利を代位行使した場合でも，自らCに対する被代位権利を行使して相手方Cから取り立て，差押えをするなど，被代位権利を処分することを妨げられず，相手方Cも債務者Bに履行することを妨げられない（▶423条の5。これと反対の趣旨の判例〔★大判昭和14・5・16民集18巻557頁，最判昭和48・4・24民集27巻3号596頁〕を改正法で否定）。これら①・②は，改正法が債権者代位権の行使は債務者の被代位権利の処分権を何ら制限するものではないことを明らかにしたものである。

(2) **債権者代位訴訟の効果** 債権者代位訴訟は，債権者による**法定訴訟担**

当（法律の規定に基づき，第三者が訴訟担当を行うこと）に該当し，債務者にも代位訴訟の判決の効力が及ぶものと解される（▶民訴115条1項2号参照）。また，代位訴訟の提起は，被代位権利たる債権の消滅時効の完成猶予事由となる（▶147条1項1号。★大判昭和15・3・15民集19巻586頁）。

その一方で，たとえば，債務者Bが第三債務者Cに対してもつ100万円の金銭債権につき，債権者Aが代位訴訟を提起して自己への引渡しを請求した場合でも，債務者Bは当該被代位権利に対する管理処分権を失わないので，第三債務者Cに対して自己への支払いを請求することができる（▶423条の5）。この場合，債務者Bの利益を擁護するために訴えの提起を認める必要があり，債務者Bが第三債務者Cに対して被代位権利を訴訟物とする訴えを提起しても，当事者が異なり，重複起訴の禁止（▶民訴142条）には抵触しないと解される。債務者BがCに対して提起した訴えが，債権者AのCに対する債権者代位訴訟に併合されたときは，通常共同訴訟（▶民訴38条）となり，裁判の重複による不経済などの弊害を手続法上回避することが可能である。

なお，債務者BはA・C間の債権者代位訴訟に共同訴訟参加（▶民訴52条）し，Cに対する権利を裁判上請求することも可能と解される。また，たとえば，Bの所有地を不法占拠するCに対するBの妨害排除請求権をAが代位行使して訴えを提起した場合，Bはこれに補助参加（▶民訴42条）することも可能である。さらに，たとえば，債権者Aが第三債務者Cに対して代位訴訟を提起した後に，債務者Bが債権者Aの被保全債権の不存在確認を請求する場合は，BはA・C間の債権者代位訴訟に独立当事者参加（▶民訴47条）し，Cに対しては被代位権利を行使することができる。

こうした債務者の提訴の機会を保障するためにも，債権者Aの債務者Bに対する訴訟告知義務（▶423条の6）が意味をもつ。

債権者代位訴訟が提起された後に，債務者に対する他の債権者Dが同一の被代位権利を訴訟物として別訴を提起することも可能であり，これがB・C間の代位訴訟に併合されたときは，通常共同訴訟（▶民訴38条）になるものと解される。

3 詐害行為取消権

1 詐害行為取消権制度の意義と位置づけ

詐害行為取消権の意義と機能 詐害行為取消権とは、債権者Aが債務者Bに対して債権をもつ場合において、その債権を保護または実現するために、債務者Bと第三者C（受益者とよばれる）との法律行為（たとえば、Bの財産の贈与、廉価売却など）がAの債権の保護・実現を不当に妨げる行為であると認められるときに、このB・C間の法律行為を詐害行為としてその効力を裁判上否定することにより、受益者Cに対し、あるいはCからさらに当該財産を取得した転得者Dに対し、債務者Bの下から逸出した財産の回復を求める権利である（▶424条、図表3−2）。

> **Case 3-5** AはBに対して100万円を融資したが、Bは期限を過ぎても返済しない。その一方で、Bは実質的に債務超過の状態にあるにもかかわらず、その所有する中古車α（時価200万円）をCに贈与し、その旨の書面を作成した。この場合、AはB・C間におけるαの贈与契約の効力を否定することができるか。また、BがCにαを100万円で売却した場合はどうか。さらに、CがDにαを贈与し、登録名義もD名義に移転した場合はどうか。
>
> **Case 3-6** AはBから中古車βを購入し、代金の一部を支払ったが、まだ引渡しも登録名義の移転も受けていなかった。他方、BはβをCに売却し、登録名義も移転してしまった。この場合、AはB・C間におけるβの売買の効力を否定することができるか。

詐害行為取消権は、債権者代位権の行使＝債務者の権利行使の自由領域への介入以上に、債務者の法律行為自由の領域に介入し、いったん行われた法律行為の効果を否定する効果をもつ。また、債務者のみならず、受益者への影響、さらにはその転得者、転々得者への波及効果との調整も考慮に入れなければならない。したがって、その機能の拡大に対しては、債権者代位権以上に慎重になるべきである。**Case 3-5** では、債権者Aが債務者Bと受益者Cの贈与契約を詐害行為として取り消し、Cからの転得者Dに中古車αの返還を求めた場合、Dの利益保護との調整が必要になる。また、**Case 3-6** は中古車βの二重

売買または二重譲渡の事案であるから，AがCに中古車βの引渡しを求めることができるか否かは，対抗要件（▶177条・178条。この場合は道路運送車両法5条による登録）を具備したCに背信的悪意者排除の法理（先行

図表 3-2　詐害行為取消権

する取得者Aの存在について悪意で，かつAが対抗要件を欠く旨を主張することが信義に反する者〔背信的悪意者〕Cに対しては，Aは対抗要件なしに権利取得を主張することができる）が適用されるか否かをまずは検討すべきである。

　2017年改正は，詐害行為取消権の制度を債務者の責任財産保全制度として特化させる方向に進み，破産法上の否認権の規律との整合性を高めるとともに（➡ **Further Lesson 3-1**），一定の債権回収機能も承認している。

詐害行為取消権の法的性質　　詐害行為取消権の法的性質については，形成権説，請求権説，折衷説，責任説，訴権説など，さまざまな見解が提唱されている。以下の例を題材にして，各説の特色と問題点を検証する。

> **Case 3-7**　AはBに対して100万円を融資したが，Bは期限を過ぎても返済しない。その一方で，Bは債務超過の状態にあるにもかかわらず，その所有する中古車α（時価200万円）をCに贈与し，登録名義もCに移転してしまった。Cはαを250万円でDに売却し，登録名義もDに移転した。この場合，AはB・C間の贈与契約の効力を否定し，Dから中古車αを取り戻し，債権の満足にあてることができるであろうか。そのために訴訟を提起する場合，誰を相手方にすべきか。その際，Aはどのようなことを主張・立証しなければならないか。

（1）**形成権説**　　詐害行為取消権は，①詐害行為となる法律行為を取り消す（▶121条参照）ものであり，②その訴えは形成訴訟であるから，詐害行為の当事者である債務者Bおよび受益者Cの双方を相手方とする必要がある。

（2）**請求権説**　　これに対し，詐害行為取消権は，債務者の責任財産の保全を目的にするとみて，①逸出財産の取戻請求権と解し，②その訴えは給付訴訟であるから，相手方は逸出財産の現所有者である受益者Cまたは転得者Dで足

りるとの考え方がある。しかし，債務者・受益者間の詐害行為の効力を否定せずに，CまたはDから逸出財産を取り戻す根拠を説明することは困難である。

(3) **折衷説** そこで，形成権説の考え方を取り入れ，詐害行為取消権は，①詐害行為となる債務者・受益者間の法律行為の取消しを求める形成訴訟と，受益者Cから逸出財産を取り戻し，または当該財産が転得者Dに移転していれば，債権者Aの選択により，転得者Dから逸出財産を取り戻すか，または受益者Cに対して価額賠償を請求する給付訴訟からなるが，②訴えの相手方は受益者Cまたは転得者Dであり，債務者Bは被告とならないとする折衷説が提唱された。もっとも，債務者Bが被告とならない以上，債務者・受益者間の法律行為の取消しの効果を及ぼすことはできない。

この矛盾を回避するために，③取消しの効果は，訴訟の相手方となった受益

Further Lesson 3-1
▶▶▶▶▶ **破産法上の否認権との整合性の確保**

2017年改正は，詐害行為取消権の要件に関し，詐害行為に当たるか否かの判断基準として，従来は判例の解釈にゆだねていた事項につき，破産法上の否認権との整合性を確保するために，個別規定を設けた。すなわち，詐害行為の一般的要件に関する規定（▶424条）に続けて，①相当の対価を得てした財産の処分行為の特則（▶424条の2），②特定の債権者に対する担保の供与または債権の消滅に関する行為の特則（▶424条の3），③過大な代物弁済等の特則（▶424条の4）を定め，これらの行為が詐害行為になる要件を明確にし，かつ限定した。これらは，それぞれ①破産法161条，②同162条，③同160条2項の規律との整合性を図ったものである。その理由は，破産法が否認権の行使要件を絞ることにより，債務者の経済的再生を図っているにもかかわらず，民法上の詐害行為取消しの余地が残るとすると，債務者と取り引きしようとする相手方が萎縮し，再生可能性のある債務者が破綻に追い込まれることが懸念されるため，それを回避することにある。これは，破産法による否認の対象とならない行為が民法による詐害行為取消しの対象となるという意味での逆転現象を是正することを意味するものである。

なお，破産法は，民法上の詐害行為取消権の対象にはならない行為の取消しも認めている。たとえば，**権利変動を第三者に対抗するために必要な行為**（対抗要件の具備）についても，「その行為が権利の設定，移転又は変更があった日から15日を経過した後支払いの停止等のあったことを知ってしたものであるときは」，否認することを認める（▶破164条1項）。

者Cまたは転得者Dと債権者Aとの関係でのみ債務者・受益者間の法律行為を無効とする**相対的無効**（相対的取消し）と解する判例が形成された（★大連判明治44・3・24民録17輯117頁：百選Ⅱ-14）。しかし，取消対象となる法律行為の当事者である債務者に効果が及ばない相対的取消しという技巧的解釈に対しては，根強い批判が存在した。

（4）**責任説** 判例の相対的無効説によらずに詐害行為取消しの要件・効果を説明する試みの1つが責任説であり，詐害行為取消権の行使による財産帰属の変更を生じさせないものとして取消しの性質を理解しようとするものである。すなわち，詐害行為取消権は，①逸出財産を債務者Bの一般財産に回復させることなく，受益者C名義または転得者D名義のままで，債務者Bの一般財産と同様に強制執行を可能とし，受益者Cまたは転得者Dにこれを忍容させるものとみる。②この訴えは責任訴訟というべきものであり，相手方は受益者Cまたは転得者Dで足りる。しかし，この見解によれば，①の強制執行を行うためには，詐害行為の無効をもたらす取消判決のほかに，③強制執行に対して受益者Cまたは転得者Dに忍容を求める責任判決が必要となる。

（5）**訴権説** そこで，責任説と同様，詐害行為取消権は，①逸出財産を債務者Bの一般財産に回復させることなく，受益者Cまたは転得者Dの名義のままで強制執行を可能とするものであり，②訴えの相手方は受益者Cまたは転得者Dで足りるとする一方で，③取消判決を債務名義として，債務者Bの一般財産と同様に受益者Cまたは転得者Dに対して強制執行が可能であり，取消判決のほかに責任判決を要しないとする訴権説が唱えられた。

（6）**2017年改正** 改正法は，折衷説（前記(3)）に立ち，詐害行為取消権は，①詐害行為となる債務者・受益者間の法律行為を取り消し，受益者または転得者からの逸出財産の取戻しを請求するものであること（▶424条1項・424条の6），②訴えの相手方は受益者または転得者（転々得者を含む。以下同じ）であり，債務者は被告とならないこと（▶424条の7第1項）を明確に規定した。しかし，③取消しの効果に関しては，詐害行為取消請求を認容する確定判決は，債務者およびそのすべての債権者に対して効力をもつものとし（▶425条），詐害行為が取り消され，財産の返還を請求された受益者または転得者が債務者に

対して行使できる権利についても規定を設けた（▶425条の2～425条の4）。そのために，債権者が受益者または転得者に対して詐害行為取消訴訟を提起したときは，債務者に対しても遅滞なく訴訟告知をしなければならないとした（▶424条の7第2項）。さらに，転得者を相手に詐害行為取消請求をするためには，転得者が転得の当時，債務者の行為が債権者を害することについて悪意であることを要する（▶424条の5第1号）が，転々得者を相手方とする場合は，その者のみならず，「その前に転得した全ての者」も悪意であることを要する（▶同条2号。受益者の悪意が要件であることは424条1項ただし書が定めている）。その結果，途中に善意の転得者がいても悪意の転々得者との関係でのみ詐害行為取消請求をするという意味での相対的取消も否定した。これらにより，従来の判例の相対的無効説を否定し，絶対効に近づける改正を行った（➡121頁）。

2　詐害行為取消権の要件

総説　詐害行為取消権の要件としては，①債権者の債権（被保全債権）が詐害行為以前の「原因」に基づいて生じたものであり（▶424条3項），強制執行によって実現できないものでないこと（▶同条4項），②債務者が債権者を害することを知ってした行為（詐害行為）が行われたこと（▶同条1項），③詐害行為が「財産権を目的としない行為」ではないこと（▶同条2項），④受益者が行為当時善意（債権者を害することを知らなかったこと）ではなかったこと，⑤転得者（転々得者の場合はその前に転得したすべての転得者）が悪意であること（▶424条の5），⑥裁判所への請求によって行使すること（▶424条1項），および⑦権利行使期間内に行使すること（▶426条）が必要である。

詐害行為前の原因に基づいて生じた・強制執行可能な債権の存在　債権者Aが債務者Bに対してもつ債権（被保全債権）は，債務者Bと受益者Cとの詐害行為の前に存在した「原因」に基づいて生じたものでなければならない（▶424条3項）。そうでなければ，B・C間の行為がAの債権を害したとはいえないからである。たとえば，①詐害行為より前に発生した債権に基づき，詐害行為以後に生じた利息債権，②詐害行為より前に成立した保証契約に基づき，詐害行為以後に生じた主たる債務者に対する求償権，③保証委託

契約に基づき，詐害行為以後に生じた主たる債務者に対する求償権などは，詐害行為前に存在した原因に基づいて生じた債権といえる。また，被保全債権は強制執行によって実現できるものである必要がある。詐害行為取消権は，債権の強制的実現の準備をする制度であると解されるからである（▶同条4項）。

詐害行為は，債務者が債権者を害することを知ってした「行為」とされている。「行為」は法律行為が中心であるが，弁済などの準法律行為も含むと解される（▶破160条参照）。不動産所有権の譲渡の場合は「譲渡行為」（▶176条）が行われた時点が基準になるのであり，それに基づいて行われる所有権移転登記（▶177条）の時点ではない。ⓐ判例も，債務者Bから受益者Cへの不動産所有権の譲渡後，所有権移転登記前に，債権者Aの債権が成立した場合は，当該譲渡行為は債権者Aの債権成立前にすでに行われていたから，詐害行為にならないとする（★大判大正6・10・30民録23輯1624頁，最判昭和55・1・24民集34巻1号110頁）。債権譲渡の場合も同様であり，B・C間の債権譲渡行為が行われた後に，債権者Aの債権が成立した場合は，その後に第三債務者Cに対して債権譲渡通知が行われた場合であっても，債権譲渡行為を取り消すことはできない。また，対抗力を生じさせるだけでそれ自体は財産減少行為とはいえない債権譲渡通知を取り消すこともできない（★最判平成10・6・12民集52巻4号1121頁：百選Ⅱ-17）。これに対しては，ⓑ登記は債権者Aに対する関係では登記をしたときに移転行為が行われたことを対抗しうることになるだから，Aの債権成立前に登記までされているのでなければ，B・C間の移転行為は――したがってまた登記も――詐害行為取消権の対象になるとの見解もある。所有権譲渡の意思主義（▶176条・466条）・対抗要件主義（▶177条・178条・467条）の理解にもかかわるが，意思主義の下では譲渡行為を基準とする判例法理（ⓐ説）が妥当である。

B・C間の詐害行為よりも前に存在した原因に基づいて債権者Aの債権が生じたことの主張・立証責任は，債権者Aにあると解すべきである。他方，債権が強制執行により実現できないものであることは，取消訴訟の相手方（受益者または転得者）が主張・立証すべきである。

債権者の債権が金銭債権以外の場合にも詐害行為取消権が認められるか否かについては，議論がある（➡ **Further Lesson 3-2**）。

財産権を目的としない行為でないこと　「財産権を目的としない行為」は詐害行為取消権の対象とはならず（▶424条2項），詐害行為として取り消しうるのは，財産権を目的とする行為に限られる。「財産権を目的としない行為」とは，(i)婚姻，養子縁組，協議離婚，協議離縁などである。これらの行為においてはもっぱら債務者の自由意思が尊重されるべきであり，債権者といえども干渉しえない法律行為であるから，取消権の対象とすべきでない。

(ii)これに対し，**遺産分割協議**については，ⓐ遺産分割の安定性が害されることなどを理由に，詐害行為取消権の対象とはならないとの見解もある（詐害行為取消権によらずとも，財産分離制度〔▶941条〜950条〕，共有物分割への債権者の参

Further Lesson 3-2
▶▶▶▶▶ **非金銭債権（特定債権）に基づく詐害行為取消権行使の可否**

詐害行為取消権の制度趣旨が，債務者Bに対する債権者Aの債権確保のみならず，総債権者の利益のためにその実質的な共同担保となるべき財産を確保することにあるとすれば，債権者Aの債権が金銭債権の場合は問題ないが，非金銭債権（特定債権）の場合は，もっぱら債権者Aの当該債権の確保のためにのみ詐害行為取消権が機能する余地があることから問題になる。これについては，ⓐ取消債権者Aの債権は，Aの取消権行使時までに金銭債権に変じていることをも要するとの見解がある一方で，ⓑ債権者の債権が特定物債権などの非金銭債権のままでも取消権の行使が可能であり，たとえば，二重売買が行われた場合の第1買主（特定物債権者）は，第2売買が詐害行為に該当する場合，これを取り消しうるとの見解もある。

これに対し，ⓒ判例は折衷的な立場をとる。すなわち，「特定物引渡請求権（以下，特定物債権と略称する）といえどもその目的物を債務者が処分することにより無資力となった場合には，該特定物債権者は右処分行為を詐害行為として取り消すことができる」。なぜなら，「かかる債権〔特定物債権〕も，窮極において損害賠償債権に変じうるのであるから，債務者の一般財産により担保されなければならないことは，金銭債権と同様だから」である（★最大判昭和36・7・19民集15巻7号1875頁：百選Ⅱ-15）。同判決は，取消債権者の債権は金銭債権でなければならないとした旧判例（★大判大正7・10・26民録24輯2036頁）を変更したものである。

その際，判例では，詐害行為の目的物が不動産の場合は，債権者Aの債権がその不動産の引渡請求権であったとしても，直接に債権者A名義への所有権移転登記手続を請求することはできないと解しているので（★最判昭和53・10・5民集32巻7号1332頁：百選Ⅱ-16），そのかぎりでは，不動産物権変動の対抗要件の制度（▶177条）と詐害行為取消権との抵触が回避されている（➡126頁）。

加〔▶260条〕などが利用可能であることも理由とされる）。しかし、ⓑ判例は、これも詐害行為取消権の対象になるとする。なぜなら、遺産分割協議は相続の開始によって共同相続人の共有となった相続財産の全部または一部を、ある相続人の単独所有としたり、新たな共有関係に移行させたりすることにより、相続財産の帰属を確定させる行為であり、「その性質上、財産権を目的とする法律行為」といえるからである（★最判平成11・6・11民集53巻5号898頁：百選Ⅲ-69）。実際、共同相続人は、相続開始後、遺産分割前であっても、その相続分に応じて、相続財産に属する個々の財産の共有持分権を処分することができるから、このことを前提にすれば、遺産分割は（その効果が相続開始時に遡及するという擬制〔▶909条〕にもかかわらず）実質的には当該共有持分権を共同相続人間で改めて移転する財産処分行為とみることもできる（この解釈は、遺産分割が実質的に相続開始後に共同相続人間での実体的な権利移転を生じさせるものとみることから、遺産分割の移転〔的効力〕主義とよばれる。この立場から、遺産分割協議によって特定の財産を取得したBは、対抗要件〔▶177条・178条〕を備えておかなければ、他の共同相続人Cからその法定相続分に従った共有持分権を取得・差押えをするなどした第三者Dに対抗できないとする判例法理が確立している。★最判昭和46・1・26民集25巻1号90頁：百選Ⅲ-72）。この解釈を前提とするかぎり、遺産分割協議も詐害行為取消権の対象になるといわざるをえない（もっとも、その前提自体には見直しの余地ありと考えるが、この点は相続法の解説に譲る）。その場合、債権者Aが共同相続人の1人である債務者Bと他の共同相続人Cらとの遺産分割協議を詐害行為として取り消すためには、B・Cの相続分に照らしてCらへの遺産分割がどの程度過大か、Bの特別受益の有無、Cらの寄与分の有無、その他、「各相続人の年齢、職業、心身の状態及び生活の状況その他一切の事情」（▶906条）に照らして、遺産分割協議の詐害性が判断されるべきである。

　(ⅲ)他方、**相続放棄**については、判例は、詐害行為取消権の対象にはならないと解している（★最判昭和49・9・20民集28巻6号1202頁）。理由は、①相続放棄は共同相続人が相続によっていったん取得した財産（責任財産）を新たに積極的に減少させる処分行為とみることはできないし、②他人（債権者A）によって意思決定を左右されるべきではない身分行為に属するからである。このう

ち，理由①は，相続放棄の効果が相続開始時に遡り（▶939条），相続放棄をした者は最初から相続人ではなかったことになるという，相続放棄の絶対的効力（したがって，その効果を第三者に主張するために対抗要件〔▶177条・178条〕を要しないこと）を承認する判例法理（★最判昭和42・1・20民集21巻1号16頁：百選Ⅲ-73）と首尾一貫している。

　(iv)また，**離婚に伴う財産分与**も，768条3項の趣旨に照らして不相当に過大であり，財産分与に仮託して行われた財産処分であると認めるに足りる特段の事情がないかぎり，詐害行為取消権の対象とならないと解される（★最判昭和58・12・19民集37巻10号1532頁。後述）。

　「財産権を目的としない行為」であること（したがって，詐害行為取消しの対象とならないこと）の主張・立証責任は，詐害行為取消しを否定しようとする受益者または転得者が負うべきである。

　(v)法律行為以外の行為（準法律行為，その他）も詐害行為取消権の対象になりうるであろうか。たとえば，財産の実質的出捐が行われ，権利が変動する弁済は取消対象たる「行為」といえよう。これに対し，債権譲渡通知（▶467条。観念の通知と解される）のような対抗要件取得行為は，ⓐ詐害行為取消権行使の対象とはならないとするのが判例である。理由は，詐害行為取消権の対象となるのは「債務者の財産の減少を目的とする行為そのもの」であり，債権譲渡の場合にそれに該当するのは債権譲渡行為であるが，譲渡通知はそれと「別個の行為」であり，「単に……債権の移転を債務者その他の第三者に対抗し得る効果を生じさせるにすぎず，譲渡通知の時に右債権移転行為がされたこととなったり，債権移転の効果が生じたりするわけではな」いからである（★最判平成10・6・12民集52巻4号1121頁：百選Ⅱ-17。BがCに対してもつ債権につき，Bの債権者Dに対して停止条件〔BのDに対する債務不履行〕付債権譲渡行為〔実質的には債権の譲渡担保〕が行われ，その後Aの債権が成立し，さらにその後BのDに対する債務不履行があったため，BからCに債権譲渡通知が行われた〔実際にはDがあらかじめBから作成・交付を受けていた債権譲渡通知書を発送した〕事案）。

　これに対し，ⓑ準法律行為にも424条が類推適用されるとして，債権譲渡通知の取消しを認める見解もある（対抗要件具備行為に対する否認権が認められるこ

とにつき，▶破164条1項参照。➡ **Further Lesson 3-1**）。しかし，準法律行為それ自体が独立した財産処分行為ではなく，債権譲渡通知，登記申請行為など，本体である所有権譲渡行為に対抗力を付与する補助的行為にとどまるときは，本体である財産権譲渡行為自体を取り消しうるのでないかぎり，その対抗要件取得行為のみを取り消すことは認めるべきではないであろう（登記移転行為の取消しを否定する判例として，前掲★最判昭和55・1・24民集34巻1号110頁がある。債権者Aの債権成立前に不動産所有権の譲渡行為が行われ，債権成立後に所有権移転登記が行われた事案で，不動産譲渡行為および所有権移転登記の取消しを否定。➡113頁）。もっとも，ⓒ前掲・平成10年判決（上記ⓐ）の事案のように，債権譲渡担保が行われ，債権譲渡通知が実質的には譲渡担保権実行の意味をもつ場合には，それ自体を財産処分行為とみて，それ以前に成立していた債権者Aの債権に基づき，詐害行為取消権の対象になりうるとみる余地もある。

詐害行為の存在 債務者が債権者を害することを知ってした行為（詐害行為）が行われたことの主張・立証責任は，債権者にある。債務者の行為の詐害行為性の判断基準は，債務者の詐害の意思（主観的要件）と債務者の無資力（客観的要件）の相関的考慮によると解される。以下のような事例が問題になる。

（1）**一部の債権者への弁済・代物弁済・期限前弁済など** 債務者が一部の債権者への**弁済**など，債務の消滅に関する行為をしても，債務者の資力状態には変化がないから，原則として詐害行為にならない。ただし，①債務者が支払不能の状態にある時に，かつ②一部の債権者（受益者）と「通謀して他の債権者を害する意図」をもって弁済などの債務消滅行為をした場合は詐害行為になる（▶424条の3第1項。★最判昭和33・9・26民集12巻13号3022頁参照）。また，一部の債権者への**代物弁済**，**期限前弁済**などのように，債務者の義務に属さない《非義務行為》がされた場合も，①その行為が，債務者が支払不能になる前30日以内に行われたものであり，かつ②その行為が，債務者と受益者とが通謀して他の債権者を害する意図をもって行われたものであるときは，詐害行為となる（▶424条の3第2項。★最判昭和48・11・30民集27巻10号1491頁参照。債務超過の状態にある債務者Bが，他の債権者Aら〔債権額はA1が89万円，A2が141万円，

A3 が410万円，A4 が124万円〕を害することを知りながら，特定の債権者D〔債権額105万円〕と通謀し，Dだけに優先的に債権の満足を得させる意図で，債務の弁済に代えて第三者Cに対するBの債権〔107万円〕を譲渡したときは，たとえ譲渡された債権の額がDに対する債務を超えない場合であっても，詐害行為として取消しの対象となると解し，詐害行為の成立を否定した原判決を破棄・差戻しとした）。また，債務者が一部の債権者と通謀して，その者だけに優先的に満足を得させる意図で，財産を売却し，代金債権と債務を相殺することは，たとえ適正価格による売却でも詐害行為になる（★最判昭和39・11・17民集18巻9号1851頁。なお，相当代価による財産処分自体の詐害行為性の判断基準に関しては，後述(3)参照）。

このように一部債権者への弁済または代物弁済の場合，詐害行為性は行為の客観的性質（弁済・代物弁済）のみによって形式的に判断されるのではなく，個々の事案における債務者の詐害意思の有無が重視されている。

なお，債務者がした弁済，代物弁済等の債務消滅行為であって，受益者の受けた給付額が，その行為によって消滅した債務額より過大であるものは，424条所定の要件に該当するかぎり，たとえ債務者が支払不能の状態にない時，または受益者と通謀して他の債権者を害する意図で行われたのでないとしても，債権者は，その消滅した債務額に相当する部分以外の部分（過大部分）について詐害行為取消請求をすることができる（▶424条の4）。これは，過大部分の一部取消しを認めるものである（なお，代物弁済等の非義務行為の場合，424条の3第2項の要件を満たせば，過大部分も含めて取消対象となる）。

(2) 一部の債権者への担保供与　　これも，①債務者が支払不能の状態にある時に，かつ②一部の債権者（受益者）と「通謀して他の債権者を害する意図」をもって担保の供与をした場合は，詐害行為になる（▶424条の3第1項。なお，破162条参照）。これにより，一部債権者への担保供与の詐害行為性に関する従来の判例法理——原則として詐害行為になるが（★大判大正8・5・5民録25輯839頁，最判昭和32・11・1民集11巻12号1832頁，最判昭和37・3・6民集16巻3号436頁），例外的に，債務者に詐害意思がない（★大判昭和6・4・18評論全集20巻民法778頁），債務者の生計費や子どもの教育費を借り受けるために必要（★最判昭和42・11・9民集21巻9号2323頁），債務者の営業継続のために必要（★最判昭和

44・12・19民集23巻12号2518頁）などの事情があるときは，詐害行為とならない——は修正された。

(3) **相当代価による財産処分**　債務者が保有する財産を相当の代価を得て処分した場合でも，①不動産の金銭への換価などの処分による財産の種類の変更により，債務者が隠匿，無償の供与など債権者を害することとなる処分をする「おそれを現に生じさせる」ものであり，②債務者が，その行為の当時，対価として取得した金銭などの財産について「隠匿等の処分をする意思」を有しており，かつ③受益者が，その行為の当時，債務者が隠匿等の処分をする意思を有していたことを知っていたときは，詐害行為となる（▶424条の2）。①・②・③はいずれも債権者が主張・立証すべきである。これにより，相当代価による財産の売却の詐害行為性に関する従来の判例法理——原則として，不動産を売却して消費・隠匿しやすい金銭に替えることは詐害行為になるが（★大判明治44・10・3民録17輯538頁，大判大正7・9・26民録24輯1730頁），例外的に，売買代金を債務の弁済にあてるための不動産売却は詐害行為にならない（★大判大正8・4・16民録25輯689頁，大判大正13・4・25民集3巻157頁，最判昭和41・5・27民集20巻5号1004頁）——は修正された。

(4) **離婚に伴う財産分与**　離婚慰謝料の支払合意など，離婚に基づく財産分与は，約束者ないし分与者が，すでに発生している損害賠償債務の存在を確認し，賠償額を確定してその支払いを約束する行為にすぎず，新たに創設的に債務を負担する行為ではないから，それ自体は詐害行為にならない。

ただし，離婚に伴う財産分与であっても，合意された額が768条3項の趣旨に照らして不相当に過大であり，財産分与に仮託して行われた財産処分であると認めるに足りる特段の事情があるときは，慰謝料支払いの名を借りた贈与契約または対価を欠く新たな債務負担行為として，詐害行為となりうる（前掲★最判昭和58・12・19参照）。もっとも，この特段の事情があるときでも，財産分与のうち不相当に過大な部分（損害賠償債務の額を超える部分）だけが，その限度において詐害行為として取り消されるものと解される（★最判平成12・3・9民集54巻3号1013頁：百選Ⅲ-19）。

受益者およびすべての転得者の悪意　(1)受益者（**Case 3-7** のＣ）に対して詐害行為取消請求するためには，受益者の悪意が要件となるが，その主張・立証責任は受益者にあると解される。つまり，受益者は，債務者との詐害行為の時に「債権者を害することを知らなかった」こと（善意）を主張・立証することにより，債権者の詐害行為取消請求を否定することができる（▶424条1項ただし書）。

(2)転得者（**Case 3-7** のＤ）に対して詐害行為取消請求をするためには，債権者は，「受益者に対して詐害行為取消請求をすることができる場合」（▶424条の5柱書。したがって，受益者の悪意が必要となる。もっとも，受益者が善意であったことの主張・立証責任を転得者が負う）において，受益者からの転得者に対しては，その転得者が，転得の当時，債務者がした行為が債権者を害することを知っていたことが要件となる（▶同条1号）。悪意の主張・立証責任は，債権者にあると解される。また，転得者からの転得者（転々得者）を相手方にして取消権を行使するためには，「その転得者及びその前に転得した全ての転得者が，それぞれの転得の当時，債務者がした行為が債権者を害することを知っていた」ことを要する（▶同条2号）。債権者は全転得者の悪意について主張・立証責任を負うと解される。これは，受益者が善意でその転得者が悪意の場合，または転得者が善意で転々得者が悪意の場合も，債権者は悪意の転得者または転々得者との関係で取消権を行使し，財産の取戻請求が可能であるという意味での相対的取消しを認めた判例法理（★最判昭和49・12・12集民113号523頁。善意の転得者からの悪意の転々得者の事案）をも立法によって否定したものである。これも絶対的構成への転換の一環である。

裁判上の行使　詐害行為取消権は訴えまたは反訴によって行使することが必要である（▶424条1項本文）。このことは，相手方からの請求に対する抗弁によって詐害行為取消権を行使することはできないことを意味する（★最判昭和39・6・12民集18巻5号764頁）。

詐害行為取消請求の訴えは，受益者または転得者を被告とし（▶424条の7第1項），①債務者がした行為の取消しおよび②その行為によって移転した財産の返還（その返還が困難な場合は価額償還）を請求することができる（▶424条の

6)。また，債権者は，詐害行為取消請求の訴えを提起したときは，遅滞なく，債務者に対し，訴訟告知をしなければならない（▶424条の7第2項）。

権利行使期間　「詐害行為取消請求に係る訴え」は，債務者が詐害行為をしたことを債権者が知った時から2年間，または詐害行為の時から10年間経過したときは，提起することができない（▶426条）。これは出訴期間であることが2017年改正で明らかにされた。

3　詐害行為取消権の効果

総　説　詐害行為取消権の行使の効果は，ⓐ形成権説によれば詐害行為の取消し，ⓑ請求権説によれば逸出財産の取戻しまたは価額賠償請求，ⓒ折衷説によれば詐害行為の取消しと逸出財産の取戻しまたは価額賠償請求，ⓓ責任説およびⓔ訴権説によれば逸出財産への強制執行である。改正法は，前述のように，ⓒ折衷説を採用した。すなわち，債権者は，①受益者に対する詐害行為取消請求では，「**債務者がした行為の取消し**」とともに，その行為によって「**受益者に移転した財産の返還**」（▶424条の6第1項前段）。また，②転得者に対する詐害行為取消請求では，「**債務者がした行為の取消し**」とともに，「**転得者が転得した財産の返還**」を請求することができる（▶同条2項前段）。いずれの場合も，現物返還が原則である。ただし，受益者または転得者がその財産の返還をすることが困難であるときは，債権者はその財産の価額による償還を請求することができる（▶同条1項後段・2項後段）。しかも，改正法は，従来の判例の相対的無効説を否定し，詐害行為取消請求を認容する確定判決は「債務者及びその全ての債権者に対してもその効力を有する」（▶425条）とし，詐害行為取消請求が認められて財産の返還請求を受けた受益者または転得者が債務者に対して行使できる権利についても規定を設けた（▶425条の2〜425条の4）。そして，債権者が受益者または転得者に対して詐害行為取消訴訟を提起したときは，債務者に対しても遅滞なく訴訟告知をしなければならないとした（▶424条の7第2項）。これにより，従来の判例の相対的無効説が否定され，絶対効に接近した。

取消しの範囲　取り消される行為の範囲は，行為の目的が可分であるときは，取消債権者の債権額の限度で取消請求をすることができる（▶424条の8第1項）。債権者が価額償還請求をするときも同様である（▶同条2項）。たとえば，債務者Bに対して500万円の債権をもつ債権者Aは，詐害行為となる債務者B・受益者Cの間の1000万円の金銭の贈与のうち，500万円について，取消請求することができる。

これに対し，詐害行為の目的物が不可分で，かつその価額が取消債権者の債権額を上回る場合は問題になる。判例は，一方で，①不動産の贈与が詐害行為となるときは，債権者の債権額が不動産価額に満たなくとも，贈与全部の取消しが認められるとした（★最判昭和30・10・11民集9巻11号1626頁）。②また，抵当権が設定された土地に対する譲渡担保権の設定が詐害行為となるときも，譲渡担保権設定行為全部の取消しと土地の原状回復を認めた（★最判昭和54・1・25民集33巻1号12頁）。

しかし，判例は他方で，③抵当権の設定された家屋の代物弁済が詐害行為に当たるときは，取消しは家屋の価額から抵当権の被担保債権額を控除した「残額の部分」に限って行われる「一部取消し」であり，しかも，詐害行為取消権の対象が1棟の家屋の代物弁済のように「不可分のもの」であるときは，「債権者〔A〕は一部取消の限度において，その価格の賠償を請求する外はない」とし，債務者B・受益者C間の代物弁済契約全部の取消しと転得者Dに対する所有権移転登記の抹消登記手続請求を認めた原判決を破棄し，家屋の価格，取消しの範囲などについて審理すべきであるとして差し戻した（★最大判昭和36・7・19民集15巻7号1875頁：百選Ⅱ-15）。さらに，④共同根抵当権が設定された数個の不動産の全部または一部の売買契約が詐害行為に該当する場合において，当該詐害行為の後に弁済によって抵当権が消滅したときは，売買の目的とされた不動産の価額から当該不動産が負担すべき抵当権の被担保債権額（それは392条の趣旨に照らし，共同抵当の目的とされた各不動産の価額に応じて抵当権の被担保債権額を案分した額〔割り付け額〕による）を控除した残額の限度で当該売買契約を取り消し，「その価格による賠償」を命じるべきであるとされた（★最判平成4・2・27民集46巻2号112頁）。

**価額償還
請求の範囲** 　受益者または転得者が財産の返還をすることが困難であるときは、債権者は財産の価額による償還の請求（価額償還請求）をすることができる（▶424条の6第1項後段・2項後段）。この場合も債権者は自己の債権額の限度においてのみ取消請求ができる（▶424条の8第2項）。しかし、①債権額の範囲内であれば、他に債権者がある場合でも、債権額に応じた平等の割合（案分額）に限定されることなく、債権額全額について価額償還請求ができる（他の債権者が必ず権利行使するとは限らないからである。★大判昭和8・2・3民集12巻175頁）。その際、②**価額算定の基準時**は「特別の事情がないかぎり、当該詐害行為取消訴訟の事実審口頭弁論終結時」と解される（★最判昭和50・12・1民集29巻11号1847頁）。理由は、受益者に財産回復義務が課される「詐害行為取消訴訟の認容判決確定時に最も接着した時点」だからである。なお、「特別の事情」としては、受益者による財産処分後・事実審口頭弁論終結前に予期しえない価格高騰があり、詐害行為がなくとも債権者はその高騰価格による弁済の利益を受けえなかったと認められるような事情が考えられる。

**遺産分割協議
の取消し** 　遺産分割協議の取消しは、取消債権者の債権額との関係で、遺産分割協議全体を取り消す必要があれば全共同相続人を被告としてこれを取り消すこともできるし、特定の受益者たる共同相続人の一部の者のみを相手方として、その者に対する特定の財産処分行為のみを取り消す（複数の受益者のうちの一部の者との関係でのみ取り消すという意味での相対的取消し）も可能と解される。

▓ Case 3-8　Aは缶詰製造業者Bに対し、原料の売掛代金債権100万円をもっていた。同じくBに対して缶材料の売掛代金債権900万円の債権をもっていたCは、Bが債務超過にあると知るや、Aが債権をもつことを認識しながら、Bに強く働きかけて唯一の財産であるB製造のみかんの缶詰3000個を譲渡担保として取得・実行し、転売代金として90万円を取得した。AはB・C間の行為を詐害行為として取り消し、Cから価格賠償として90万円の支払いを受けた。そこで、Cは、詐害行為の取消しは「全ての債権者」に対しても効力を生じる（▶425条）ことを根拠に、Aに対して債権額に応じた案分額である81万円の支払いを請求した。Cの請求は認められるか。また、この事案で、価格賠償として90万円の支払請求を受けたCが、あらかじめ自己の債権額に応じた案分額81万円の控除（支払拒絶）を主張した場合、

それは認められるか。

取消しの効果が及ぶ者の範囲　詐害行為取消請求を認容する確定判決は，債権者およびその相手方である受益者または転得者のみならず，「債務者及びその全ての債権者」に対してその効力を有する（▶425条）。その一環として，詐害行為取消請求が認められて財産の返還請求を受けた受益者または転得者は，当該財産の取得に際して支払った対価の返還等を債務者に対して請求できることを認めた（▶425条の2～425条の4）。これに対し，取消請求を受けた転得者の前主である受益者または転得者には取消しの効果は及ばない。

債務者に対する受益者または転得者の権利　取消請求認容判決の効果が債務者にも及ぶことから，以下の帰結が生じる。

(1)　**受益者の債務者に対する反対給付返還請求**　債務者の受益者に対する財産の処分行為（売買，交換など。弁済などの債務消滅行為を除く）が取り消された場合，受益者は債務者に対し，その財産を取得するためにした反対給付（たとえば，受益者が債務者に支払った売買代金，引き渡した交換物など）の返還を請求できる（▶425条の2前段）。債務者による反対給付の返還が困難な場合，受益者は価額償還を請求できる（▶同条後段）。

(2)　**受益者の債務者に対する債権の復活**　債務者の受益者に対する弁済などの債務消滅行為が取り消された場合（424条の4による過大な債務消滅行為の一部取消しの場合を除く）において，受益者が債務者から受けた給付の返還または価額の償還を債権者または債務者にしたときは，受益者の債務者に対する債権（弁済などによって消滅した債権）は原状に復する（▶425条の3。★大判昭和16・2・10民集20巻79頁，▶破169条参照）。

(3)　**転得者の債務者に対する権利付与**　転得者を被告とする詐害行為取消請求が認められた場合において，①取り消された詐害行為が債務者の受益者に対する売買，交換などの財産処分行為（弁済などの債務消滅行為を除く）であったときは，その行為が受益者に対する詐害行為取消請求によって取り消されたとすれば425条の2によって生ずべき受益者の債務者に対する反対給付返還請求権または価額償還請求権が転得者に付与される（▶425条の4第1号）。②取り

消された詐害行為が債務者の受益者に対する弁済などの債務消滅行為（424条の4による過大な債務消滅行為の一部取消しの場合を除く）であったときは、その行為が受益者に対する詐害行為取消請求によって取り消されたとすれば425条の3によって回復されるべき受益者の債務者に対する債権が転得者に付与される（▶同条2号）。ただし、①の場合は当該転得者がその前主から財産を取得するためにした反対給付の額、②の場合は当該転得者がその前主から財産を取得することによって消滅した債権の価額を限度とする（▶同条柱書ただし書）。

債権者への支払いまたは引渡し　債権者は、受益者または転得者に対して財産の返還を請求する場合（▶424条の6第1項前段・2項前段）において、その返還請求の目的が金銭の支払いまたは動産の引渡しであるときは、直接自己への支払いまたは引渡しを請求できる（▶424条の9第1項前段）。この場合において、受益者または転得者が債権者に支払いまたは引渡しをしたときは、もはやそれを債務者にすることを要しない（▶同項後段）。以上のことは、債権者が受益者または転得者に価額償還請求する場合（▶424条の6第1項後段・2項後段）にも妥当する（▶424条の9第2項）。

すでに判例は、(i)詐害行為の目的物が金銭、その他の動産である場合は、①取消債権者への直接の引渡請求を認めていた（★大判大正10・6・18民録27輯1168頁、最判昭和39・1・23民集18巻1号76頁〔石炭等の動産につき、転得者から債権者への直接引渡しを認めた原判決を認容〕）。その結果、債権者は債務者への返還債務と自己の債権とを相殺することにより、事実上の優先弁済を受けることができる。その場合、②他の債権者が取消債権者に対し、取消訴訟後に債権額に応じた平等の割合で分配を請求することもできない（★最判昭和37・10・9民集16巻10号2070頁。目的物〔缶詰〕をすでに転売していた受益者C〔やはり債務者Bの債権者。債権額4426万円〕から価額賠償86万円を受領した取消債権者A〔債権額86万円〕に対し、Cが改めて債権額に応じた案分額である79万円余の支払請求をしたが、請求棄却）。さらに、③取消しの相手方（受益者または転得者）が、やはり債務者に対する債権者である場合（一部債権者への弁済、代物弁済、譲渡担保権の設定・実行などが詐害行為として取り消された場合など）において、この者が自己の債権額に応じた案分額の支払いを拒絶することもできない（★最判昭和46・11・19民集25巻

8号1321頁)。したがって、**Case 3-8** におけるＣのＡに対する支払請求および支払拒絶はいずれも認められない。

　他方、改正法は不動産の場合については規定を設けていないが、(ⅱ)詐害行為の目的物が不動産の場合につき、判例は、債権者の債権がその不動産の引渡請求権であったとしても、直接に債権者の自己名義への所有権移転登記手続を請求することを否定した（★最判昭和53・10・5民集32巻7号1332頁：百選Ⅱ-16）。これにより、詐害行為取消権の制度（▶424条）が不動産物権変動の対抗要件の制度（▶177条）に抵触することが回避されている。

4　債権を侵害する第三者に対する債権者の権利

1　債権の構造と債権侵害の成否

債権の相対性の意味　債権は、債権者が債務者に対して一定の行為を請求できる権利であることから、債権は特定の債務者に対してのみ主張しうる「相対権」であるといわれることもある（➡13頁）。しかし、債権の相対性とは、《権利内容の実現方法が、権利者自身の手によって直接に行われるのではなく、債務者の意思および行為を通して行われる》ということから生じる帰結であり、債務者との関係を無視できないという意味において債権は相対的であるが、債権者・債務者関係における債権の存在自体はいわば絶対的であるといえる。したがって、債権が何らかのかたちで侵害されたときは、当該実定法秩序の中で可能なかぎり、所有権、その他の物権と同様に、1つの権利として、第三者に対する関係でも法的保護を受けることができる。

Case 3-9　ＡはＢから土地を賃借してキャベツを栽培していた。ところが、この土地の一部をＣが無断で資材置場として使用しており、Ａが再三注意しても、Ｃは土地所有者ではないＡから文句をいわれる筋合はないといって取り合わない。そこで、ＡはＢに対してＣを排除するように求めたが、Ｂはそれに応じようとしない。この場合、Ａは賃借権に基づいて直接にＣの妨害を排除することができるか。

Case 3-10　Ａはコンピュータ・エンジニアのＢを雇用していた。ＢはＡの事業を推進する上でなくてはならない人材であったが、ＢはＡと事業の上で競合関係に

あるCから強い働きかけを受け、Aとの契約を解除し、Cと雇用契約を結んで働き始めた。この場合、AはCに対して何らかの法的手段をとることができるか。

債権侵害の基本類型　債権者A・債務者B以外の第三者Cに対する関係において、Aがもつ債権への侵害とそれに対する法的保護の必要性が問題になる事例の類型としては、以下のようなものがある。

(1)　**無権利者による債権侵害**　たとえば、①賃借人Aが賃貸人Bから賃借している目的物を、無権原者Cが不法占拠したり、損傷した場合が典型的である（賃借権の侵害。**Case 3-9**）。②また、使用者Aとすでに雇用契約を締結した労務者Bを、第三者Cが拘禁して働かせなかった場合、企業Aに勤務する従業員Bに対し、第三者Cが人身事故を引き起こしたことにより、A自体が損害を受けた場合（企業損害）などがある（雇用契約上の労務請求権の侵害。**Case 3-10**）。③そのほか、消費貸借契約、その他に基づく金銭債権の侵害として、債権者Aによる債務者Bの財産への強制執行を免れさせる目的で、第三者Cが債務者Bと共謀し、Bの財産をCに仮装譲渡し、または隠匿した場合などがある。

(2)　**二重契約者による債権侵害の可能性**　債権は、同一内容の給付を目的とするものであっても複数成立可能であるが（重畳性。➡13頁**図表1-4**)、その場合、後に債権を取得した者は、先に債権を取得している者に対して、その債権を侵害したことになるか。たとえば、①買主Aが売主Bと売買契約を締結した目的物につき、第三者CがBと重ねて売買契約を締結し、目的物の引渡しを受け、または対抗要件を備えた場合（二重売買、二重譲渡）、売買契約に基づく買主Aの所有権移転請求権および目的物引渡請求権の侵害となるか。②賃貸人Dに対する賃借人Bの賃借権をAが譲り受けた後に、第三者CがBからこの賃借権を重ねて譲り受け、賃借物の利用を開始した場合（賃借権の二重譲渡）、賃借人Aが賃貸人Bから賃借した目的物につき、第三者CがBと重ねて賃貸借契約を締結し、目的物の利用を開始した場合（二重賃貸借）、賃借人Aが賃貸人Bから賃借した目的物を、第三者CがBから譲り受け、Aの賃借権を否定する（Bの賃貸人の地位を承継しない）場合（「売買は賃貸借を破る」ケース）は、Aの賃借権の侵害となるか。③また、使用者Aがすでに雇用契約を結んでいた労務者

Bと，第三者Cが重ねて雇用契約を締結し，労務を提供させた場合（二重雇用）は，Aの雇用契約上の労務請求権の侵害となるか。

これらの行為が債権侵害となるかどうかは，それ自体を一般的・抽象的に論じるのではなく，Cの行為それ自体に対する妨害排除ないし差止請求，損害に対する賠償請求など，それぞれの法的救済手段ごとに，それを認めなければAの債権の保護・実現が適切に図られないかどうかを検証しながら，その要件とともに，具体的に検討する必要がある。

2 債権侵害に対する妨害排除請求

債権に基づく妨害排除請求が問題となる場面 侵害行為に対する妨害排除が問題になるのは，無権利者または二重契約者による賃借権侵害のように，債権侵害行為が反復・継続して行われる継続的債権・債務関係が典型である。判例は，対抗力を備えた土地賃借権者が，同一土地につき二重に賃借権を取得して占有を始めた第三者に対し，建物収去・土地明渡請求をすることを認めた（★最判昭和28・12・18民集7巻12号1515頁：百選Ⅱ-57ほか。▶605条の4第2号参照）。さらに，この者は，不法占拠者に対しても直接に，建物収去・土地明渡請求をすることができるとした（★最判昭和30・4・5民集9巻4号431頁ほか。▶605条の4第2号参照）。また，専用漁業権の賃借人Aが，当該漁場で操業する無権原者Cに対し，漁業差止の仮処分請求をすることも認めた（★大判大正10・10・15民録27輯1788頁）。**Case 3-9** におけるAは，農地賃借権の対抗要件としての引渡し（▶農地16条1項）を受けているとすれば，Cに対して直接に妨害排除請求をすることができる。

対抗問題との区別の必要性 二重契約者による債権侵害のうち，賃借権の二重譲渡や，賃貸物の買主による賃借権の否定のように，賃借権そのものの帰属や存続が問題とされる事例は，Aの債権の効力の問題以前の，Aの債権の存否自体の問題であるから，競合する（相容れない）債権と所有権，または債権と債権との優劣決定基準となる対抗要件をどちらが先に具備したかの対抗問題であって，帰属が確定した債権に基づく妨害排除の問題にはならない。このことは，二重売買や二重雇用のケース（➡131頁）にも妥当する。

二重賃貸借の場合も債権に基づく妨害排除の問題として捉えるべきかどうか，検討の余地がある。たしかに，この場合にも債権の重畳的帰属を前提にして，そのうち対抗力を備えた一方の債権に基づき，他方の債権による妨害の排除が認められている。しかし，対抗力を備えた債権の実質は，目的物に対する直接的な支配を内容とする物権に接近し，そうした物権的な権利の帰属と，その物権的権利に基づく妨害排除請求の認容が，問題の実質をなしていると考えられる。これは，債権に基づく妨害排除の要件の問題（後述）と関係する。

> **類似の機能を営む他の諸制度との関係**

　また，債権に基づく妨害排除請求の可否や要件を検討する際には，①債権者代位権の特定債権（賃借権）保全への転用による妨害排除請求権の代位行使，②特定物債権に基づく詐害行為取消権の行使による，詐害行為に該当する二重売買などの取消し，③占有訴権による侵害の回復など，類似の機能をもつ諸制度との要件・効果の相互関係や役割分担も考慮に入れる必要がある。

　たとえば，①には，第三者Cが債務者Bに主張しえた抗弁事由を債権者Aにも対抗できること，反対に，第三者Cが債権者Aに主張しえた抗弁事由は，債務者Bの権利の代位行使においてはAに対抗できなくなるという特質がある。また，②では，詐害行為の悪性（最初の特定物債権者に対する背信性）がとくに問題になると解されるほか，権利行使期間に関する特則がある（▶426条）。さらに，③では，債権者Aが目的物の引渡し（占有の移転）を受けていることが要件になり，また，提訴期間が制限されている（▶201条）。

> **債権に基づく妨害排除の要件と対抗要件**

　判例は，既述のように，土地賃借権が対抗力（▶605条，借地借家10条，被災地借地借家特別措置法4条1項・2項など）を備えたときは，無権原者や二重賃借人に対して直接に妨害排除請求をすることができると解した。この判例法理は，建物賃借権や農地賃借権が対抗力を備えた場合（▶借地借家31条，農地16条1項）にも同様に妥当すると解される。

　これらの判例法理の展開を受けて，改正法は，「不動産の賃借人」が605条の2第1項に規定する対抗要件（▶605条，借地借家10条・31条，農地16条などの法令の規定による）を備えた場合において，①その不動産の占有を第三者が妨害し

ているときは妨害停止請求を，②その不動産を第三者が占有しているときは返還請求をすることができるとした（▶605条の4）。これは，債権に基づく返還請求・妨害排除請求の一部を認めたものであり，これに限定する趣旨ではなく，これら以外の判例法理の蓄積を否定する

　これらの例は，対抗力が与えられることにより，目的物の排他的利用が認められて，実質的に物権に接近した不動産賃借権特有の効力に基づくものであると解される。したがって，対抗要件の具備を債権に基づく妨害排除請求の一般的要件とみることはできない。

　そこで，これらの対抗要件を具備していない債権に基づく妨害排除請求が認められるか，認められるとすればどのような場合かが問題になる。たとえば，ⓐ賃借権に関しては，賃借人への目的物引渡し後には妨害排除請求を認める見解がある。これに対し，ⓑ不法占拠者に対しては，目的物の占有移転前であっても，賃借権に基づく妨害排除請求を認めるべきとする見解もある。しかし，ⓒ基本的には，物権について物権的請求権が認められる理由と同様に，債権の場合にも，債権内容の実現にふさわしい法的保護手段の1つとして妨害排除請求が認められるべきである。この観点からは，債権の種類や，同じ種類の債権でもその具体的内容の相違に応じて，妨害排除請求の可否に関する結論が異なることも認められよう。たとえば，同じく賃借権でも，単に賃貸借契約が交わされただけの段階と，いったん賃貸人が目的物を賃借人に引き渡し，賃借人による利用が開始された段階とでは，債権（賃貸人に対する個々具体的な請求権）の内容が異なっていると解される。そして，前者の段階では，その後賃借人がどのようにして目的物から利益を引き出すかは，なお賃貸人の意思にゆだねられているのに対し，後者の段階では，目的物利用の方法に関する決定権が——賃貸借契約の範囲内で——賃借人に付与されているものと解される。その結果，後者の段階での賃借権には，対抗要件の有無にかかわらず，また，現在の占有の有無にかかわらず，賃借権そのものに基づく妨害排除が認められると解すべきであろう。

　この考え方は，賃借権のほか，たとえば，労務者に対する使用者（**Case 3-10**のA）の労務請求権についても，たんに雇用契約を締結したにすぎない段階

と，すでに雇用が開始され，労務者の労務提供が行われている段階とで区別して考えることを可能にするであろう。もっとも，労務請求権の場合は賃借権の場合よりも，債権の内容実現が債務者（労務者）の意思に依存する度合いが一般的に高いことが，考慮される必要があろう。

3　債権侵害を理由とする損害賠償請求

損害賠償請求の根拠　債権侵害を理由とする損害賠償請求の法律上の根拠は，709条に求められる（★大判大正4・3・10刑録21輯279頁：百選Ⅱ-19）。そこでは，損害賠償請求の要件として，①加害者の故意・過失，②加害行為によって権利または法律上の利益が違法に侵害されたこと，③損害の発生，④加害行為と損害発生との間の因果関係が要求されるが，債権侵害との関係では，とくに①と②が問題になる。

加害者の故意・過失　債権侵害による不法行為が成立するためには，ⓐ第三者Ｃの過失で足りるとする見解，ⓑそれだけではなく，ＣにはＡの債権ないしＡ・Ｂ間の契約関係の存在についての認識（悪意）を要するとの見解，さらには，ⓒＣには債権者Ａに対する害意，債務者Ｂとの共謀，債務者Ｂに対する教唆などまで要するとの見解などがある。加害者の主観的要件としては，不法行為の一般要件論に従ってⓐ説によりつつ，債権侵害による不法行為の特殊性は次にみる違法性の要件の中で判断すべきであろう。

二重契約における第二契約者の悪意と債権侵害の違法性　債権を侵害する加害行為の違法性に関しては，とくに二重契約の事例（➡128頁）における第二契約者の行為の違法性の有無をどのように捉えるべきかが問題になる。ⓐ学説には，二重譲渡の場合，第二譲受人が悪意であれば第一譲受人に対する不法行為が成立するとみる見解がある。これに対し，ⓑ判例は，第二譲受人の悪意だけでは不法行為にならないと解している（★最判昭和30・5・31民集9巻6号774頁）。判例に賛成する学説は，債権者Ａが第三者Ｃに損害賠償を請求するには，Ｃによる不正競争，債権者Ａに対するＣの害意，債務者ＢとＣとの共謀などを要すると解している。ⓑ説によるべきであろう。**Case 3-10**においてＡがＣに損害賠償請求をした場合も，この法理が妥当すると解される。

☑ *Exam*

　2018年1月20日，AはBに対して機械αを500万円で売却した。売買代金の支払期限は同年2月20日とされていた。

　一方，Bは2018年1月10日，B所有地βを2000万円でCに売却し，代金の支払いを受けて，同年2月1日にCへの所有権移転登記手続が行われた。同年2月15日，Cはこの土地をDに2200万円で売却し，代金を支払って所有権移転登記を済ませた。同年3月1日，AはBに前記代金の支払いを請求したが，Bはすでに債務超過に陥っていた。

問1　(1)　この場合において，AはB・C間における土地βの売買の効力を否定し，Dから土地βを取り戻すことができるか。そのためには，Aは誰を相手方にして，どのようなことを主張・立証しなければならないか。

　　(2)　また，A・B間における機械αの売買が2018年1月5日に行われたが，同年1月11日にBに引き渡されていた場合はどうか。

問2　AのDに対する請求が認められた場合，DはCに対し，C・D間の売買契約に基づいて何らかの請求をすることができるか。

解答への道すじ

［問1］(1)　AがB・C間での土地βの売買を詐害行為として取り消すことができるか。①転得者Dから財産を取り戻そうとする場合の被告は誰か（➡109頁，120頁），②相当対価での不動産売却が詐害行為になるか（➡119頁），③受益者Cおよび転得者Dの悪意を要するか（➡120頁），Aが主張・立証責任を負うべき事実も含めて確認する。また，③500万円の金銭債権を被保全債権として2000万円の土地βの売買を取り消す場合，取消しの範囲および効果（➡122頁）を検討する。

　　(2)　詐害行為以前における被保全債権の存在という要件の意味，対抗要件取得行為自体が詐害行為となるかについて検討する（➡112頁）。

［問2］　債権者Aの転得者Dに対する詐害行為取消請求が認められた場合において，詐害行為が債務者Bの受益者Cに対する売買による財産処分行為であったときは，当該処分行為が取り消されたとすれば生じるべきCのBに対する反対給付返還請求権（または価額償還請求権。▶425条の2）が転得者に付与される（▶425条の4第1号。➡124頁）。その意義につき，DのCに対する売主の担保責任（▶561条）の追及とともに，検討する。

第4章　多数当事者の債権・債務

1　多数当事者の債権・債務の意義

Case 4-1　A・BがQ会社生産のα自動車1台をCに代金100万円で売り渡す契約を結んだとする。この場合，CからA・Bへの代金の支払い，またA・BからCへの自動車の引渡しはどうなされるべきか。

多数当事者の債権・債務とは　**Case 4-1**では，代金100万円という1個の給付について債権者がA・Bという複数人であり，他方で，自動車の引渡しという1個の給付についてその債務者がA・Bという複数人になっている。このように，1個の給付について債権者または債務者が多数である場合を，多数当事者の債権・債務という。民法は，これに属するものとして，①**分割債権・債務**，②**不可分債権・債務**，③**連帯債権**，④**連帯債務**および⑤**保証債務**，を規定している（▶427条以下）。ただし，①〜④は，1個の給付の本来的義務者あるいは権利者が多数となる場合を定めるものであるのに対し，⑤は，後述のように，本来的義務者が1人であるところ，その債務の担保のためにさらに別の者が同様の債務を負担するというものであって，前四者とはその意味合いが異なる。他方で，②の不可分債務と④の連帯債務は，1個の給付について多数人が重畳的に債務を負う点で，債権の担保的機能を有し，その点では⑤と共通する。

　多数当事者の債権・債務においては，第1に，債権者は債務者に対し各々どの程度の給付を請求することができるか，また，債務者は債権者に対し各々どの程度の給付をなさなければならないのか，が問題となる。第2に，1人の債権者ないし債務者について生じた事由が，他の債権者ないし債務者に対してい

かなる影響を及ぼすか、が問題となる。さらには、債権者の1人が弁済を受領し、あるいは債務者の1人が弁済をした場合に、他の債権者・債務者に対していかなる権利・義務関係が生じるか、が問題となる。

分割債権・債務の原則 個人主義を基調とする民法は、給付をその性質上分割することができるかぎり、かつ当事者が特段の意思表示をしていないかぎり、債権者、債務者のいずれが多数であるとしても、各債権者、債務者は、給付全体を等分に分割した部分について、個別に請求することができ、あるいは履行しなければならないとした（▶427条）。これを分割債権・債務の原則という。すなわち、**Case 4-1** では、A・Bはそれぞれ、Cに対し100万円を二等分した50万円を支払えという個別の債権を有することになる（➡138頁）。他方で、α自動車の引渡しはその性質上分割することができないものであるため、CはA・Bのそれぞれに対し、自動車全体の引渡しを請求しうることとなる（▶430条。➡142頁）。

Case 4-2 AはB銀行に1000万円の預貯金債権を有していたが、遺言なしに死亡し、その配偶者Cと子Dが相続した。このとき、C・DはB銀行に対しいかなる権利を有することになるか。

債権の準共有との関係 物権法においては、複数人が同一物を所有する形態として**共有**に関する規定があり、個人主義の観点から、共有では各共有者の権利、すなわち**持分権の独立性**が認められている。そして、物権法では、権利の共有、すなわち準共有の概念も認められており、その中には1つの債権を複数人が共有する場合が含まれる（▶264条参照）。

共同相続が開始した場合、相続財産は共同相続人の共有に属するとされている（▶898条）。ここでの共有が狭義の共有を意味するのか、あるいは各共有者の持分権の行使が団体の共同目的によって制限される**合有**を意味するのか、という議論があるが、判例はこれを狭義の共有と解している（★最判昭和30・5・31民集9巻6号793頁）。そうすると、**Case 4-2** では、AのBに対して有した1000万円の預貯金債権は、C・Dによって準共有されることとなろう。このと

きに問題となるのが，債権の準共有と多数当事者の債権・債務の規定との関係である。

　427条以下が定める多数当事者の債権・債務は，1個の給付について複数の債権者・債務者が存在する場合を定めるものであり，とくに複数の債権者が存在するケースは債権の準共有に類似する。債権の準共有は，1個の債権についてその帰属主が複数となるからである。他方で，民法264条は，別段の定めのないかぎりにおいて共有の規定を準共有に準用するとしている。そこで，通説は，多数当事者の債権・債務の規定はまさにこの別段の定めに該当するから，1個の債権が複数人に帰属する場合は，多数当事者の債権・債務の規定によって処理されるとする。すなわち，多数当事者の債権・債務に関する規定は，準共有の規定に対して特別法の地位に立つという。その結果，債権の準共有が問題となれば，債権の目的給付が可分である場合には共有者の持分に応じて分割された債権が成立することとなる。判例も，金銭債権が共同相続の対象となると，債権は相続分の割合で当然に分割されて承継されるという立場をとっていた（★最判昭和29・4・8民集8巻4号819頁：百選Ⅲ-65）。

　民法の多数当事者の債権・債務は，1個の給付について当事者の一方が本来的に複数である場合を規律するものであるのに対し，債権の準共有は，本来的に1つの債権が複数人に帰属するケースであるから，両者は同一次元の問題ではない。しかし，債権の準共有が問題となる場合でも，各権利者がいかなる権利主張をなしうるかという問題については，個人主義に立脚した427条以下の取扱いは基本的にあてはまるものといえよう。それゆえ，基本的には判例・通説の立場を支持してよいであろう。債務が共同相続の対象となった場合にも，これと同様の扱いをすべきこととなろう（➡141頁）。

　そこで，上記の考え方を **Case 4-2** の預貯金債権にも当てはめれば，C・Dそれぞれが500万円の債権をBに対して有することになりそうである（★最判平成16・4・20家月56巻10号48頁参照）。もっとも，預貯金債権が当然に相続分に応じて分割されるとすると，これは原則として遺産分割の対象となる遺産の範囲から外れると解するのが素直になるが，本来，遺産分割の具体的内容は相続人間の特別の受益や遺産への寄与等を考慮して決定されるにもかかわらず，多く

の場合，預貯金債権は被相続人の財産の主要な構成部分であることを考慮すると，これが遺産分割の対象から外れることになれば，相続人間の実質的な公平が保たれないことになりかねない。このような事情を背景として，近時，最高裁は，預貯金債権が共同相続の対象となる場合には，これは当然には分割されず，遺産分割の対象になると判断した（★最大判平成28・12・19民集70巻8号2121頁）。ただし，その理由においては，預貯金債権が共同相続の対象となっても口座によって一体的な管理がされている点も重視しており，この判断の射程は，直ちに預貯金債権以外の金銭債権にも及ぶとはいえない。

Case 4-3 A・B・C・Dは共同して不動産事業をするために組合契約を結び，組合財産となった建物を事業の一環としてEに賃貸した場合，かかる賃貸借契約によって発生する賃料債権についての法律関係はどうなるか。

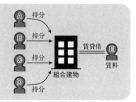

団体による債権の支配 Case 4-3 は，A・B・C・Dという複数人が賃料という1個の給付について債権者となる場合であり，まさに多数当事者の債権に相当する。しからば，賃料債権は通常金銭債権であり，金銭はその性質上分割することができる以上，Aはたとえば賃料全額の4分の1を自由にEに対して請求することができる，と解すべきだろうか。しかし，それは，不動産事業を共同で行うという組合契約の趣旨に反することになるだろう。

民法は，組合に属する財産は組合員によって共有されるものとしているが（▶668条），組合契約の共同事業という目的に照らし，組合員がその持分を処分することを制限している（▶676条）。すなわち，組合財産は組合員によって合有されるものと考えられている。このような団体の共同目的による個人の権利の独立性の制限は，物権法における共同所有の場合にのみ妥当するものではなく，債権法においても同様に当てはまるだろう。そうすると，**Case 4-3** でも，個人主義を貫いた分割債権・債務の原則を当てはめるべきではなく，賃料債権は個々人に分割されることなく，組合員全員あるいはその委託を受けた者のみがEに対して権利を行使しうるという結論が妥当である。同様の問題は，入会団体が第三者に対して債権を取得した場合にも生じる。**入会権**は団体の構

成員全体によって目的物を支配するもの,すなわち**総有**と解されているが,その団体が対外的に債権を取得するような場合も,当該債権は入会団体によって総有されるものと判断すべきであり,構成員個人に分割されるべきものではない。はたして判例も,入会権者らの総有に属する入会地の売却代金債権は入会権者らに総有的に帰属すると判断している(★最判平成15・4・11判時1823号55頁)。

要するに,民法の多数当事者の債権・債務は,個人の権利の独立性が保障されるべきケース,すなわち物権法では持分権の独立性が認められる共有のケースを射程とするものの,逆に物権法において個人よりも団体による支配が基本とされる合有・総有のケースでは,債権法においても同様の取扱いがなされるべきであり,これは427条以下の規定の射程外にあるといわなければならない。

■ Case 4-4 Case 4-3 の組合活動において,Fから事業に必要な物品を購入した場合,その代金債務についてA・B・C・Dはいかなる地位に立つか。

債務の合有・総有　代金自体は本来的に可分な給付である。しかし,その債務者が組合団体となる場合,債権のケースと同様に,代金債務も分割されるのではなく,構成員のA・B・C・Dによって合有的に負担されると解すべきである。そのため,債権者Fの請求は全組合員に対してなされる必要があり,組合財産に対して強制執行をするには組合員全員に対してこれをなす必要があると解されている。ただし,組合の債務については,組合財産の責任と併存して,各組合員もその個人財産で責任を負うものとされている(▶675条1項・2項)。

このような問題は,入会団体が債務を負担した場合にも生じる。その場合には,入会団体の構成員が債務を総有的に負担し,債権者は団体に対して請求すべきこととなり,団体の債務について責任を負担するのは原則として入会団体の財産に限定され,通常,構成員個々人の財産は責任を負担しないと解されている。もっとも,この考え方は,入会団体を通常の「権利能力なき社団」と同様に捉えるものであり,各構成員の人格が団体の人格を構成するという古典的入会集団(「実在的総合人」とよばれる)には,適合しないように思われる。

2　分割債権・債務

分割債権・債務の意義・成立要件　すでに述べたように，近代法は個人主義の原則をとっているため，多数当事者の債権・債務では，反対の意思表示がなく，かつ給付がその性質上不可分ではないかぎり，それぞれの頭数に分割された債権・債務が成立することが原則となる（▶427条）。

(1) **分割債権**　たとえば，A・Bが1台の自動車を100万円でCに売ることによって取得する代金債権は，それぞれが50万円ずつの分割された債権となる（共同相続財産の売却による代金債権について，★最判昭和52・9・19判時868号29頁）。ただし，売買契約において，自動車に対してA・Bが有する権利の持分割合が3：1であることが明示されている場合には，むしろ代金額の割合もそれに相応するように分割されるべきこととなるし，それ以外の特約があればこれが優先することになる。いずれにしても，A・Bがそれぞれ有する代金債権は別個・独立のものであるため，CのAに対する債務の不履行や，あるいはAのCに対する支払請求による時効の完成猶予・更新などの効力は，BのCに対する債権には影響を及ぼさない。

(2) **分割債務**　A・Bが共同して1台の自動車をCから代金100万円で買う契約を結んだ場合でも，A・Bが負担する代金債務はそれぞれ50万円の分割債務になると解されている（後掲★大判大正4・9・21参照）。それゆえ，AのCに対する不履行や，CのAに対する支払請求による時効の完成猶予・更新の効力は，Bの債務に対して影響を及ぼすことはない。

発生原因たる契約上の法律関係　もっとも，A・BがCに自動車を売り渡すという売買契約はあくまで，1つの自動車の所有権移転・引渡しの対価としてCがAらに代金を支払うというものである。したがって，この双務契約の対価的関係に基づく権利については，一体的な取扱いがなされなければならない。たとえば，同時履行の抗弁権（▶533条）や契約の解除権（▶541条）がそれである。

1つの自動車の引渡しという給付はその性質上不可分なものであるため，

A・Bの引渡債務は不可分債務（➡142頁）となり，CはA・Bのいずれにも引渡しを請求することができるが，他方で，A・Bは代金全額の提供を受けないかぎり，いずれもCに対して自動車の引渡しを拒絶することができる。また，Aらが自動車の引渡しを提供したにもかかわらず，CがAに代金を提供しつつもBには提供しないならば，BはCに対し50万円の支払いを催告した上で契約全体を解除しうると解すべきである。ただし，Bはもう1人の契約当事者であるAとともにのみ解除権を行使しうるにとどまる。

逆に，A・Bが共同してCから自動車を購入した場合もこの点は同様になる。すなわち，CがAから代金の提供を受けてもBが代金を提供しないかぎり，Cはいずれに対しても自動車の引渡しを拒絶することができ，代金全額の支払いを催告してもB（あるいはA）がそれに応じない場合には，CはA・Bに対して解除権を行使することができる。

しかし，たとえば，A・BからCが米1トンを30万円で買う契約が締結された場合でも，A・Bそれぞれが500キログラムずつ引き渡し，その対価としてそれぞれが15万円ずつ受領するという法律関係が生じているならば，たとえその発生原因たる契約が1つでも，それぞれの権利・義務関係は完全に分割されている。したがって，このような場合には，A・C間の契約関係とB・C間の契約関係は相互に独立したものと捉えるべきである。

分割債務の原則の制限　分割債権・債務の原則はたしかに個人主義の原則に相応するものといえよう。しかし，当事者の便宜を考えると，とくに分割債務の原則を貫くのが適切ではない場合がある。

(1) **複数人による食事の代金**　たとえば，仲間の4,5人が一緒に連れ立ってレストランで食事をしたときの代金の支払いについて考えてみたい。このとき，レストラン側が各自どの料理を食べるのかを確認しつつ，それに対して個別に代金を請求することもあり，その場合には各自に食べた料理に応じて分割して債務が成立するという扱いでも問題がない。しかし，実際の取引では，そのような分別をすることなく，客全体に料理全部を提供しているという場合も多いのではないだろうか。この場合，レストラン側は，いったい誰がどの料理を食べているかも把握していないため，その代金全部を一括して誰でも

いいから客に対して請求したいと考えるだろう。とくに，途中で客の誰かが店を出ても，レストラン側はそう考えてこれを特別咎めようとしないケースがそれである。この場合に，残った客が自分はこの程度しか食べていないので代金もそれしか払わないと主張できることにでもなれば，店側は不測の損害を受けるだろう。

そこで，このような場合に，通説は，店と客との間には，全員に対して料理全部を提供する見返りとして代金を支払うという契約が成立しているから，本来代金自体は可分の性質をもつとしても，それが料理全部という不可分の給付に対する対価という意味をもっているとして，代金も性質上不可分の給付と捉える。すなわち，代金債務は複数の客の不可分債務（➡142頁）となり，この場合，債権者は各債務者に全額を請求することができるとするわけである（▶430条参照）。

(2) **共同賃借人の債務**　このような問題は，複数の者が共同して1つの建物を賃借した場合の賃料についても生じる。賃料は通常金銭によって支払われるからそれ自体は可分の給付といえる。しかし，建物の使用が各賃借人によってその全部につき行われている以上，その対価たる賃料についても賃借人が不可分的に債務全体を負担すると解すべきこととなる。この結論は，実際に判例がとるところであり（★大判大正11・11・24民集1巻670頁），通説もこれを支持する。

もっとも，これに対しては，賃料債務を不可分債務と捉えると，給付の不可分性という概念を不明瞭にするおそれがあり，むしろ，ここでの問題の本質は，すべての賃借人に全額の請求をすることができるという賃貸人の期待を保護する点にあるから，賃借人の負担する債務を連帯債務（➡149頁）と捉えるべきであるという見解も有力である。しかし，連帯債務は分割債務の原則の例外であり，その約定の存在は基本的に推定されないという点からは，通説の立場が穏当なものといわざるをえない。

> **Case 4-5**　AはB・Cに対してa土地を4000万円で売り渡す契約を結んだ。この場合，AはB・Cに対してそれぞれ代金をいくら請求することができるか。

(3) **共同売買の場合**　　上記の場合にも、買主のB・Cは1つの土地という不可分の物を譲り受ける対価として代金債務を負担している。そうすると、この場合の代金債務も分割債務ではなく、不可分債務になると解してもよさそうであるが、判例は、数人の者が負担する売買代金債務は分割債務になるとしている（鉱山売買の代金について、★大判大正4・9・21民録21輯1486頁。1船分の木材の共同購入の代金について、最判昭和45・10・13判時614号46頁）。その結果、B・Cのいずれかが無資力である場合には、売主のAはそのリスクを背負うこととなるが、Aがそれを嫌うならば、売買契約において、B・Cの債務を連帯債務とするという特約をつけなければならない。

　ただ、共同で1つの物を賃借する場合の賃料は不可分とされるにもかかわらず、共同で1つの物を買った場合の代金が分割されることの理由は、はっきりしない。しばしば、反対給付が一方は物の使用であるのに対し、他方は物の所有権の移転であるという違いが理由としてあげられているが、その趣旨はややわかりにくい。おそらくは次のような理解が背景にあるといえよう。すなわち、売買の場合には、所有権が移転される対象が不可分な物であっても、買主らが取得する財産権自体はそれぞれ独立した持分権の形態をとることになる（特約のないかぎり、これは等分と推定される。▶250条参照）。したがって、代金も各買主が譲り受ける持分権の対価の意味をもっている以上、結局、各買主は頭数の割合に応じて分割された代金債務を負うべきこととなる。これに対して、1つの物の賃貸借においては、各賃借人がなしうる使用は物全体に及ぶと考えざるをえず、その対価たる賃料も使用全体に対する対価として位置づけることとなる。

> **Case 4-6**　B銀行はAに対し800万円の貸金債権を有していたが、Aは遺言なしに死亡し、その配偶者Cと子Dが相続した。このとき、B銀行はC・Dに対していかなる請求をすることができるか。

金銭債務の相続　　先に述べたように、共同相続において相続財産は相続人によって共有されると解するのが判例であるが、相続財産には不動産や債権などの積極的財産のみならず、債務という消極的財産も含

まれる。そこで，共同相続人に承継された債務について多数当事者の債務の規定が適用されるとなると，金銭債務のように可分な債務では，各相続人はその相続持分の割合に応じて分割して債務を負担することとなる。実際に，判例はそのように解し（★大決昭和5・12・4民集9巻1118頁），連帯債務者の1人について相続が開始した場合でも同様に解している（★最判昭和34・6・19民集13巻6号757頁：百選Ⅲ-62）。

　この取扱いに対しては，従前の債務者の死という偶発的事情によって債権者が各相続人の無資力の危険を負担することとなると批判する向きもある。しかし，債権者は，もともと従前の債務者の財産のみを当てにすることしかできなかったのであるから，債務が分割的に承継されるとしても，他方で，各相続人に持分に応じて承継された財産から速やかに債権回収を図る措置をとるべきなのである。それゆえ，共同相続では相続財産が共有の対象となるという前提をとるかぎり，判例の見解が一貫したものといえよう。もし，債務が相続によって分割されるべきではないというならば，相続財産は単なる共有の対象ではなく，合有の対象となるべきという理論が背景にあるからであろう。

3　不可分債権・債務

不可分債権・債務の意義・成立要件　たとえば，A・BがCから1台の自動車を共同で購入する契約を結んだ場合，1個の不可分な給付が問題となるために，A・Bはそれぞれ1台の自動車の引渡しを求める債権を有することになる。これが不可分債権である。逆に，CがA・Bから1台の自動車を購入する契約を結んだ場合，CがA・Bに対して取得する債権は不可分な1台の自動車の引渡しを請求するものであるため，A・BはそれぞれCに対して自動車全体の引渡しの債務を負担する。これが不可分債務である。

　不可分債権・債務が成立する要件としては，債権・債務の目的が性質上不可分であることがあげられている（▶430条参照）。

　目的の不可分性とは，単なる給付そのものの物理的性状によって判断するのではなく，取引通念によって決定される点には注意すべきである。前述のよう

に，A・BがCから共同して家屋を借りたときに負担する賃料債務は，家全体の利用（不可分的利益）の対価という点から不可分債務と解されている。この観点からは，逆に賃貸人が複数である場合にも賃料債権が不可分債権と解されることとなる（★東京地判昭和45・7・16下民集21巻7・8号1062頁，大阪高判平成元・8・29判タ709号208頁参照）。

　ところが，最高裁の判例は，賃貸不動産が共同相続の対象となった場合，その後発生する賃料債権は，相続分に応じて当然に分割されて各相続人に取得されるという立場をとった（★最判平成17・9・8民集59巻7号1931頁：百選Ⅲ-64）。賃料が1つの不動産の利用という不可分な給付の対価である点を強調するならば，この場合に賃料債権が分割されるという結論には到達しにくい。それゆえ，最高裁の立場を推し進めれば，賃料債務の不可分性も否定されるかもしれない。しかし，賃料債権を不可分債権とすると，賃貸人の中で賃借人から賃料を取り立てた者が事実上これを一人占めする危険が生じ，むしろ分割債権とすればそのような事態を回避しやすい。これに対して，賃料債務の場合に分割債務とすると，賃借人のうち無資力者のリスクを賃貸人が負わざるをえないという事態がありうる。したがって，賃料債権に関する判例は，賃料債務に関する先例を直ちに覆すことにはならない。

不可分債権の効力　　不可分債権では，各債権者は，すべての債権者のために全部または一部の履行を請求することができ，債務者は，すべての債権者のために各債権者に対して履行をすることができる（▶428条・432条）。

　(1)　**絶対的効力のある事由**　　したがって，債権者の1人が履行を請求すれば，その請求の効力は他の債権者にも及び，債務者はすべての債権者に対して遅滞の責任を負い（▶412条3項のケース），また，すべての債権者について時効の完成猶予・更新の効力が生じる。弁済の提供や受領遅滞についても絶対的効力が生じる。そして，債権者の1人に弁済がなされれば，債権・債務は消滅する（弁済供託も同様）。このとき，他の債権者は，自己が受けるべき利益の割合に応じて，弁済受領した債権者に対してその分配請求権を取得する。

　(2)　**相対的効力にとどまる事由**　　しかし，履行ないし弁済以外の事由につ

いては，債務者と債権者の1人との間で発生した事由は，他の債権者に対して効力を及ぼさない（▶428条・435条の2，相対的効力）。ただし，他の債権者および債務者が別段の意思表示をしたときにはそれに従う（▶435条の2ただし書）。

たとえば，1人の債権者との間で時効が完成しても，他の債権者の権利はその影響を受けない。また，債務者が債権者の1人を相続したりその債権を譲り受けるなどして，**混同**（債権・債務が同一人に帰属すること。▶520条）が生じた場合も，他の債権者は，その混同の当事者になお全部の給付を請求することができる。

債権者の1人と債務者との間で**更改**（すでに存在する債務を消滅させる代わりに新たな債務を発生させる当事者間の契約。▶513条参照）や**免除**（債権者が債務者に対する一方的意思表示によって債務者を免責すること。▶519条参照）がなされても，他の債権者は，依然として本来の給付を債務者に対して請求することができる（▶429条前段）。また，債権者の1人に対して債務者が**代物弁済**（本来なすべき給付に代えて，別の給付を弁済にあてること。▶482条参照）をしても，他の債権者は，依然として債務者に本来の給付全体を請求することができる。代物弁済は債権者を満足させる点では弁済に準ずる意味をもっているが，その給付内容次第では他の債権者が害されるおそれがあるからである。

以上に対して，債務者が債権者の1人に対する反対債権でもって**相殺**（同種類の相対立する債権を有する当事者の一方が，その意思表示によって2つの債権を対当額で消滅させること。▶505条参照）を援用した場合には，その効力は他の債権者にも及ぶものとされている（▶428条・434条）。これは弁済に準ずる扱いといえよう。

(3) **相対的効力の限界**　もっとも，更改・免除後に他の債権者の請求に応じて弁済をなした債務者は，更改・免除をした債権者が他の債権者に対して取得するはずであった利益の分配請求権を，代わりに行使することができる（▶429条後段）。さもないと，債務者の損失の上に当該債権者が利得を受けることとなりかねないからである。この分配請求権の内容は，給付物が不可分である場合でも，その持分権ではなく，それに相当する価額の支払請求権と解されている。それが，更改や免除の当事者たる債務者の通常の意思に合致するからで

ある。なお，債務者が更改による新たな債務の経済的価値を従前の債務全体に代える意図を有していたとしても，債務者が行使できるのは更改をした債権者が他の債権者に請求できる範囲にとどまる。その意味で，債務者は不利益を受ける可能性があるが，これは基本的に，全債権者との間で更改の合意をしなかった自己の責任というしかない（もっとも，場合によっては更改契約の錯誤による無効などが問題となりえよう）。

これに対して，代物弁済に関しては，債務者が代物弁済を受けた債権者に代わって利益の分配請求権を行使できるという明文の規定がない。このことは，民法がかかる請求権を否定する趣旨とも考えられるが，これでは更改の場合との権衡を失することとなりかねない。むしろ，民法はこのような問題が頻繁に生じる更改・免除の場合のみを規定したにとどまり，代物弁済の場合の債務者の請求権を積極的に否定したのではないといえよう。ゆえに，代物弁済も更改に準じて扱うべきであろう。

不可分債務の効力　　不可分債務には，混同に関する規定（▶440条）を除いて連帯債務の規定が準用される（▶430条）。したがって，債権者は，債務者の1人に対して，または全員に対して同時もしくは順次に給付全部の履行を請求できるし，請求を受けた債務者は債権者に対して債務の全部を弁済しなければならない（▶436条）。

(1) **絶対的効力のある事由**　　しかし，債権者は全体として1つの給付を受けうるにすぎないから，債務者のいずれかが弁済をなせば，全債務者が債権者に対する義務を免れる。この際，弁済をした債務者は他の債務者に対してその負担すべき割合（負担部分）について求償権を取得する（▶430条・442条）。また，債務者の1人による弁済の提供も他の債務者に効力を及ぼす。したがって，これによる債権者の受領遅滞も他の債務者に対する関係で効力を有する。

債務者の1人が反対債権による相殺の意思表示をした場合には，債権者はそれによって満足しているので，弁済の場合と同様に全債務者は債権者に対する義務を免れる（▶430条・439条1項）。債務者の1人によって代物弁済がなされた場合については明文の規定がないが，同様の理由から他の債務者も義務を免れると解すべきである。

(2) **相対的効力にとどまる事由** しかし，債権者を満足させる以外の事由については，原則として相対的効力しか認められない（▶430条・441条）。たとえば，免除，時効の完成および混同である。ただし，債務者の1人との間で更改がなされた場合には，その効力は他の債務者にも及ぶものとされている（▶430条・438条）。しかし，連帯債務の箇所において説明するように，この措置については疑問が残る。

(3) **相対的効力の帰結** 前述のように，債務者の1人との間で免除がなされた場合にも，その効力は他の債務者に及ばないとされるので，債権者はなお他の債務者に対して給付全部の履行を請求することができる。改正前の民法においては，これによって弁済を受けた債権者は，免除がなされた債務者が負担すべき部分を弁済した債務者に償還しなければならないと解されていた。不可分債務に関する改正前430条が不可分債権に関する改正前429条を準用していたからである。さらに，不可分債務者の1人について消滅時効が完成した場合も，これと同様に扱うべきとする見解が有力であった。これは，免除や時効の効力が無に帰さないようにする趣旨であろう。

しかし，このような措置は，事実上免除や時効に絶対的効力を認めるに等しく，むしろ不可分債務の本質に反するものといわざるをえない。不可分債務の本質は，連帯債務と同様に，全給付を受けるまで各債務は消滅せず，各債務はその給付保持の目的のために存在するという点にあり，債権者を満足させる以外の消滅事由が債務者の1人について生じても，債権者のかかる地位に影響を及ぼさないと解すべきである。それゆえ，債務者の1人に免除の意思表示をしても，それは他の債務者からの給付保持を否定することにはならず，弁済をした債務者が，被免除者に対しその負担部分について求償することができるとしても，被免除者がさらにその償還を債権者に求めることはできない，とするのが妥当である。それが債権者の意思にも合致するといえよう。

不可分債権・債務から分割債権・債務への転化 A・Bが特定の建物をCに売り渡すという契約を結んだ場合，A・Bの負担する債務は不可分債務となる。

しかし，AおよびBの帰責事由によって当該建物が滅失したならば，履行不能によってCはA・Bに対して損害賠償請求権を取得す

る（▶415条）。損害賠償の債権は，金銭の支払いを目的とするものであり，かかる給付は可分な性質を有する。そこで，給付内容が不可分なものから可分なものに転化した場合には，従来の不可分債権・債務は分割債権・債務に転化する（▶431条）。不可分債権が分割債権に転化した場合には，各債権者は自己の権利割合について個別に債権を有し，不可分債務が分割債務に転化した場合には，各債務者はその負担部分に相当する債務を個別に負うことになる。

4　連帯債権

連帯債権の意義・成立要件　Case4-1 において，A・B・Cが，売買契約において，A・BいずれもCに対して代金100万円全額の支払いを請求しえ，また，CはA・Bいずれに対しても代金100万円全額の支払いをなしうるものとし，全体としてCによる100万円の支払いがなされれば代金債権・債務は消滅するという約定がなされれば，その効力を否定する理由はない。このように，債権の目的・給付が性質上可分であるものの，各債権者は，すべての債権者のために全部または一部の履行を請求することができ，債務者は，すべての債権者のために各債権者に対して履行をすることができる，という債権を連帯債権という。この内容はすでに説明した不可分債権と同じであるが，不可分債権は債権の目的が性質上不可分である場合に成立するのに対し，連帯債権は法令の規定または当事者の意思表示によって成立する（▶432条）。

たしかに，契約当事者がこのような債権関係を特別に合意した場合には，これを認めることもできるだろう。しかし，不可分債権についても，1人の債権者が給付を独占することによって他の債権者が害されるおそれがあるため，性質上不可分な給付以外については，これを認めるべきではないと解されてきた。それゆえ，連帯債権も特別の事情がないかぎりは認めるべきではない。もともと，民法起草者も，連帯債権の存在を認識しつつも，実際上の有用性がないとしてそれに関する規定を置いていなかった。

しかし，改正前民法では，不可分債権が当事者の意思表示によって成立する旨の規定があったが，これはむしろ，当事者の特約による連帯債権関係として

位置づけるべきものであった。連帯債権関係自体に問題があるとしても，当事者の合意や法令にそのような定めがある場合にはこれを否定することはできず，改正法においてはむしろこのことを明示することになった。

ただ，連帯債権の実例はそれほど多くないだろう。同一の債権が二重に譲渡されそれぞれ対抗要件が具備された結果，双方の優劣関係を決定することができない場合に，判例は，それぞれの譲受人は債務者に対して全給付の履行を請求することができ，他方で，債務者はいずれかに弁済すれば義務を免れるという立場をとっている（★最判昭和55・1・11民集34巻1号42頁）。したがって，この場合の債権関係は連帯債権に類似するものの，これは当事者の意思表示によって成立するわけではなく，むしろ，優劣関係が定まらない点に債権の目的の不可分性を見出すならば，不可分債権と認定すべきことになりそうである。

連帯債権の効力 連帯債権においては，各債権者は，すべての債権者のために全部または一部の履行を請求することができ，債務者は，すべての債権者のために各債権者に対して履行をすることができる。したがって，債務者によって債権者のいずれかになされた弁済や各債権者による履行請求は，他の債権者に対しても効力を及ぼす。問題は，これ以外の事由が債権者も1人について生じた場合の取扱いである。

不可分債権と同様に，当事者に別段の意思表示がないかぎり，各債権者に生じた事由は他に効力を及ぼさないのが原則とされている（▶435条の2）。しかし，各債権者が債権の目的・給付から得られる自己の利益を処分する自由を認めても，他の債権者を害することにはならない。このため，連帯債権者の1人と債務者との間に更改または免除があったときは，その連帯債権者がその権利を失わなければ分与されるべき利益に係る部分については，他の連帯債権者は履行を請求することができないとされている（▶433条）。代物弁済については明文の規定がないが，同様の扱いをしても問題がないと思われる。

債務者が連帯債権者の1人に対して反対債権による相殺の意思表示をした場合には，その効力は他の債権者にも及ぶものとされている（▶434条）。しかも，その効力は相殺の相手方である債権者の受けるべき利益部分に限定されていない。したがって，この場合，他の債権者は相殺の相手方である債権者に対

し利益の償還を請求せざるをえなくなり，当該債権者が無資力である場合にはその地位が十分に保護されなくなる恐れもある。しかし，立法者は，そのようなリスクは債務者よりも債権者らが負担すべきと判断したものといえよう。

　最後に，債権者の1人と債務者との間で混同が生じた場合には，弁済がなされたものとみなされる（▶435条）。ここに至ってはもはや，他の債権者に残された途は，混同の当事者に自己の受けるべき利益を供与するように請求する以外にないからである。

5　連帯債務

1　連帯債務の意義

Case 4-7　A・B・Cは共同でGから3億円の融資を受けたが，その際に，貸金債務全額についてA・B・Cが連帯して弁済すべき旨の約定がなされた。

連帯債務とは　　上の事例では，GとA・B・C間に3億円の金銭消費貸借契約が締結され，GがAらに対して元本3億円（多くの場合にはこれに加えて利息）の支払いを求める債権を有するのは明らかである。しかし，ここでとくに重要となるのは，GはA・B・Cから全体としては3億円という1個の給付を受けうるにすぎないが，その3億円という給付を，A・B・Cのいずれに対しても請求することができ，逆にいえば，A・B・Cのいずれも3億円の金銭債務をGに対して負担しているということである。

　民法は，金銭という可分な給付については分割債権・債務の原則をとっており，仮にA・B・CがGから3億円の融資を受けた場合には，通常，3人は各自Gに対して1億円ずつの金銭債務を負担するにすぎない。しかし，当事者の特約があれば，このように全給付を行う義務を各債務者が負担するという債務も認められる。もっとも，どの債務者が給付したにせよ，債権者が3億円という給付を受ければ，すべての債務者が債権者に対する債務を免れることになる。このような債務を連帯債務（▶436条）という。

　ただし，連帯債務者となるA・B・C間では，最終的には，融資から各人が

受けた利益の限度でのみ債権者に対する返済を負担することが前提とされていよう。したがって，債権者から支払いの請求を受けた者は，その請求に全面的に応じ弁済しなければならないが，弁済後は，他の債務者に対してこれが本来負担すべき割合について求償することができると考えなければならない。

連帯債務における債務の数 　連帯債務については，全体として１つの債務がありその義務者が複数となっているとみるべきか，あるいは，義務者の数だけ別個の債務が複数存在するかが，19世紀のドイツで議論されたことがある（ドイツ普通法学説）。一時は，全体として１個の債務を複数人が負っている場合を**共同連帯**，各人が別個・独立の債務をそれぞれ負っている場合を**単純連帯**と称して，前者では，債務者の１人について生じた事由は他の債務者に対しても効力を及ぼすが，後者では，弁済など債権者を満足させる事由以外は，債務者の１人について生じた事由は他の債務者には影響を及ぼさない，という学説が有力化した。しかし，その後のドイツでは，連帯債務では債務者の数だけ独立した債務が存在するという考え方に統一されていき，現行のドイツ民法典は，債務の数については言及しないものの，債権者を満足させる事由以外については，基本的に債務者の１人について生じた事由が他の債務者には効力を及ぼさないことにしている。

　これに対して，わが国の民法には，連帯債務における債務の数がどうであるかについては明文の規定がない上に，とくに改正前民法では，債務者の１人について生じた事由の多くが他の債務者にも効力を及ぼす旨の規定が置かれていた。この点で，わが国の民法の連帯債務は，基本的にはフランス法のそれを承継しているといわれた。というのは，フランス民法の連帯債務には，19世紀のドイツの議論でいう共同連帯に近い扱いがなされており，ある債務者について生じた事由がかなり広く他の債務者にも効力を及ぼすことになっているからである。しかし，後にみるように，日本民法は，連帯債務の成立の段階において，ある債務者について無効・取消しの原因があっても他の債務には影響がないとし，また，一応各債務者について生じた事由は他に効力を及ぼさないことを原則としている。それゆえ，わが国の民法でも，各連帯債務者はそれぞれ別個・独立の債務を負うと解するのが適切である。

連帯債務の性質　**(1) 2017年改正前の学説**　連帯債務では，各人が別個・独立の債務を負担するとしても，債権者を弁済などによって満足させれば，その目的達成によって全債務が消滅する。また，債権者を満足させた債務者の1人は，他の債務者が負担すべき部分について求償権を行使することができる。さらに，2017年改正前民法では，債務者の1人に生じた事由の多くが他の債務者にも効力を及ぼす旨の規定も存在した。そこで，このような帰結を基礎づけるために，連帯債務の性質をどのように説明するのかが議論されてきた。

　この点につき，従来の通説は，各債務者は別個・独立に債務を負担しているが，それらの間に債権者を満足させるという主観的な共同目的があるために，弁済などをした債務者は他の債務者に求償することができ，また自分について生じた事由も他の債務者に効力を及ぼしうるのである，と説明した（**主観的共同目的説**，図表4-1①）。これに対して，有力説は，連帯債務者の各人には，それぞれが本来債権者に対して負担すべき固有の義務があり，これが他の債務者に対する関係では自己の負担部分とされ，それを超える部分についてはお互いに保証しあっている関係が成り立っているとする。そのため，弁済をした債務者は他の債務者の負担部分について求償することができ，また債務者の1人について生じた事由が他の債務者にも効力を及ぼすのであるという（**相互保証説**，図表4-1②）。

　従来，通説のいう主観的共同目的とはいったい何かが明確ではないという批判がなされていた。これが，自分の受けた利益に応じて義務を分担し合うという義務者間の主観的連携関係を意味するとすれば，求償権の一応の説明ともなり，また，改正前民法で，債務者の1人に対する債権者の請求が他の債務者に効力を及ぼすとされたのも（▶改正前434条），両者間の主観的連携関係から基礎づけることもできそうである。しかし，改正前民法において他の債務者に対する絶対的効力が認められていた事由のうち，それが各債務者の負担部分に限定されている場合については（免除と時効。▶改正前437条・439条参照），通説の見解では十分に明快な説明をすることはできなかった。他方で，有力説によると，負担部分に限定された絶対的効力の点は明快に説明できそうであるが，そ

図表4-1　連帯債務の性質

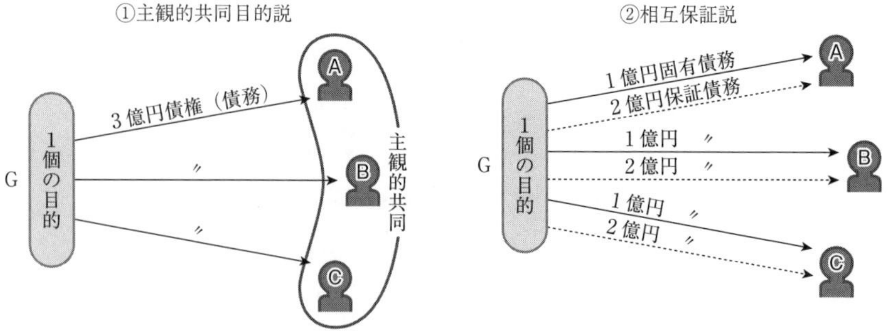

①主観的共同目的説　　　　　　　　②相互保証説

れ以外の点については必ずしも十分に説明することができなかった。

このため，その後の学説では，通説のいう主観的共同目的，有力説のいう相互保証関係，という一事をもってすべてを説明するようなことはせず，連帯債務が発生する具体的事情はさまざまであり，場合に応じて義務者相互間の関係の実質も異なるから，その実質に主観的共同関係があればそれに応じた扱いをすべきとする見解が主張されるようになっていた。

(2)　私　見　　近時の学説のいうように連帯債務の発生事情によって考慮すべき要素が異なるとするならば，そのような要素は，連帯債務の本質というより，むしろ，制度の本質とは異なる外在的な要因にすぎないというべきであろう。

連帯債務の起源もローマ法にさかのぼるといわれるが，その背景には氏族や組合などの団体関係があったことが指摘されている。しかし，個人主義を基調とする近代法ないし現代法では，債務者側に団体関係があるとしても，それが直ちに各人が対外的に全責任を負担する法的根拠となるわけではない。たしかに，このような団体関係を前提に対外的取引がなされた場合，債権・債務の合有的・総有的帰属が認められるべきであるが，その内容は各人が全責任を直接的に負うという連帯債務とは全く異なる（➡137頁）。むしろ，個人主義を基調とする近代・現代法においては，分割責任の原則の例外として連帯債務が認められる法的根拠は，そのような責任を負担するという各債務者の自由な意思決定，あるいは債権者保護を考慮した法の政策的判断にあるというべきである。

それゆえ，債務者間の内部関係にすぎない共同目的ないし団体関係を連帯債務の本質の中に取り込むことはできない。

他方で，連帯債務の性質論に相互保証という説明を取り入れることも問題である。たしかに，沿革的に連帯債務は保証制度と密接に関連していたようである。しかし，民法が保証制度のほかに連帯債務制度を導入したということには，これに独自の意義を付与する趣旨があったはずである。相互保証という理論は，改正前民法が負担部分に応じて絶対的効力を認めていたケースを説明しやすいが，免除や時効などについて絶対的効力を認めることは，もともと保証と異なる連帯債務の独自性を減殺するものであり（その意味で，多くの学説のいうように改正前民法のこれらの規定には問題があった），そのような絶対的効力を正当化するような性質論を唱えること自体が適切でない。もし連帯債務の性質を相互保証にすぎないというならば，連帯債務制度独自の存在意義自体がなくなってしまうだろう。

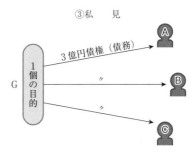

図表4-1　連帯債務の性質

③私　見

それゆえ，連帯債務の本質は，債務者間の内部関係とは別個に，各債務者が独立して債権者に対し全部の給付をするという債務を負担し，債権者が満足した範囲で目的達成によって各債務が消滅する，という義務の構造のみにあるというべきである（**図表4-1**③）。債務者間の内部関係にすぎない求償関係はこのような本質とは直接には関係せず，連帯債務を発生させる原因によって債務者間の負担割合が存在すればそれに対応した求償関係も成立する，と捉えれば十分である。また，弁済などの債権者を満足させる事由以外については，連帯債務の本質からは，債務者の1人について生じた事由は基本的に他の債務者に効力を及ぼすことにはならない。ただ，個々の事例において絶対的効力を正当化する特別の事情があれば，これを容認するにとどめるべきであろう。

(3) 改正法における解釈　　以上のように，私見はもともと，弁済とこれに準ずる事由以外については，基本的に絶対的効力を否定すべきと考えていたが，改正法では，請求，免除および時効の絶対的効力が否定されることになっ

た。ただし，更改（▶438条）および混同（▶440条）については，なお絶対的効力が認められている。

その結果，負担部分の範囲で絶対的効力が認められる事由がなくなり，相互保証説のような説明はいっそうとりがたくなった。他方で，更改および混同の絶対的効力の正当化として，主観的共同目的を強調する可能性は残っているが，後述のように，そもそも，この2つについて絶対的効力を容認する点に合理性があるのかが疑問である。それゆえ，改正法においても私見を修正する必要性はないと考えている。

2 連帯債務の成立・内容

連帯債務の発生原因　前述のように，連帯債務は，分割債権関係の原則の例外であり（▶427条参照），法令の規定または当事者の特別の意思表示によって成立する（▶436条参照）。

(1) **法令の規定による場合**　法律の規定によって連帯債務が認められる例としては，民法上は，日常家事にかかわる債務を負担した夫婦（▶761条）や，共同不法行為における各行為者の責任（▶719条）などがあげられる。また，同一の商行為によって複数人が債務者となる場合には，その債務は連帯債務として扱われている（▶商511条1項）。

(2) **当事者の意思表示による場合**　これに対して，当事者の意思表示によって連帯債務が成立するか否かは，結局，債務の発生原因である契約の解釈の問題にいきつく。しかし，民法が分割債務の原則をとっているために，判例は連帯の推定を認めない立場をとっている（★大判大正4・9・21民録21輯1486頁）。ただし，判例も，単一の契約で複数の債務者が存在する場合に，債権者が各債務者の資力を重視して契約を結んだような事情が存在する場合には，連帯債務の合意がなされたものと解している（★最判昭和39・9・22判時385号50頁）。

とくに契約によって連帯債務が成立する場合には，各債務の発生原因が同一の契約である必要はなく，各別の契約によっても連帯債務は成立しうる。たとえば，単一の債権者G，債務者Aがいる状態で，第三者Bが債権者Gとの間で後述の**併存的債務引受**（➡245頁）をする約定をした場合，B・CはそれぞれA

に対して独立した債務を負担することになるが，判例によれば，この場合にB・Cが負担する債務は連帯債務になるという（★最判昭和41・12・20民集20巻10号2139頁：百選Ⅱ-31）。

連帯債務は，債務者のすべてについて成立するとは限らない。たとえば，債務者がA・B・Cの3人であり，債権者Gに給付されるべき額が3億円である場合でも，A・Bは3億円の連帯債務を負担し，Cは単に1億円の分割債務を負担するという約定もありうる。また，各人の債務についてそれぞれ別条件の利息をつけることも可能である。

各債務の独立性 **Case 4-7**において，Aの債務を負担する意思表示が無効となり，または取り消された場合，B・Cの債務に対してはそれがどう影響するかが問題となる。民法は，たとえこのような場合でも，他の債務者の債務は影響を受けないとした（▶437条）。

仮に連帯債務を単なる相互保証と理解すると，理論的には無効となった者の負担すべき部分について債務は消滅し，他の債務者のその部分についての（保証）債務も絶対的に消滅するはずである。にもかかわらず影響がないとされたのは，まさに連帯債務が相互保証とは異なり，債権者に対する関係では各自が全額の範囲で独立した別個の債務を負っているということの現れであろう。たしかに，保証でも保証人は債権者との関係では別個の債務を負担することにはなるが，それは主たる債務に付従するという性質を有しているのに対し，連帯債務者の各債務にはそのような付従性は存しないのである。

もっとも，Aも契約当事者となり連帯債務を負担したということは，通常，B・Cの契約の意思表示の動機になっているといえよう。したがって，B・Cが連帯債務を負担する意思表示の前提としてAの債務負担が明示されているような場合には，B・Cらの契約の意思表示も錯誤により取り消される（▶95条1項・2項）可能性が残っている。

各債務者の負担部分 連帯債務において，各債務者は全部の給付をする債務を負担する。しかしながら，債務者相互間においては自己が究極的に負担すべき割合が存在する。これが**負担部分**である。

本来，負担部分は債務者の内部関係にすぎないから，これを債務者間の自由

な合意によって決することができるはずである。はたして，判例によれば，負担部分は，債務者間の約定があればそれにより，かかる約定がない場合には，各債務者が発生原因たる契約などにおいて受ける利益の割合によって決定され，このような事情もない場合には平等になるとしている（★大判大正4・4・19民録21輯524頁，大判大正5・6・3民録22輯1132頁）。そして，一度決定した負担部分も債務者間の合意で自由に変更することができるとしている（★大判昭和7・4・15民集11巻656頁）。

3　連帯債務の効力

全面的な請求　連帯債務においては，債権者は債務者の1人に対し，またはすべての債務者に対し，同時もしくは順次に，債務全部または一部の履行を請求しうる（▶432条）。**Case 4-7** においても，GはA・B・Cに対して，同時または順次に，3億円全額または一部の支払いを請求することができる。

このような連帯債務の効力は，とくに債務者らの資力状態が悪化したときに重要な意義をもつ。たとえば，A・B・Cの全員または一部について破産手続が開始された場合，Gはすべての手続において債権全額（3億円）について配当に加入することができる（▶破104条1項）。それぞれの手続で届けることのできる債権額が3分の1にすぎないとすることに比べ，全額について配当加入することができるのが債権者に有利であることは明らかである。

ただし，各債務者の破産手続が同時に進行するとは限らない。たとえば，Aの破産手続ですでに一定の配当を受けたことがBの破産手続の進行中に明らかになった場合に，なおその手続において債権全額を配当の基準額とすることができるかどうかが問題となる。この点については，破産法が，債権者が全額の弁済を受けた場合でないかぎりこれを認めることにしている（▶破104条2項参照）。

債務者の1人に生じた事由の効力　**(1) 弁済・履行の絶対的効力**　連帯債務は一定の給付を確保するためのものであるので，債務者の1人がなした弁済またはこれに準ずる行為は，他の債務者に対しても当然効力を有す

る。たとえば，**Case 4-7** において，Aが弁済のために３億円を供託したならば，これによってGは満足することができるので，A・B・Cの債務は消滅する。また，Aがその所有する甲不動産の所有権を弁済に代えてGに譲渡したならば（代物弁済），Gはこれによって満足したことになるので，やはりA・B・Cの債務は消滅することになる。さらに，Aが弁済の提供をした場合にも，その効力，さらにはこれによるGの受領遅滞の効力もB・Cに対して及ぶ。

(2) **相対的効力の原則** 問題であるのは，それ以外の事由がいかなる効力をもつかである。民法は，債権者を満足させる事由以外については，１人の債務者について生じた事由は他の債務者に効力を及ぼさない，という相対的効力の原則をとっている（▶441条本文）。ただし，当事者の特約によって絶対的効力が認められる余地はある（▶同条ただし書）

(a) **時効，免除および訴えの提起** たとえば，時効の完成猶予・更新は，当該債務者以外に対して効力を及ぼさない。他方で，ある債務者について消滅時効が完成しても，その効力は他の債務者には及ばない。それゆえ，債権者は他の債務者について時効が完成していなければ，これに対して履行を請求することができる。また，債権者は，債務者の１人に免除の意思表示をしても，他の債務者に対してはなお本来の履行を請求することができる。これらの場合に，弁済をした債務者は，債務者間の内部関係に基づき，時効の完成した債務者または免除された債務者に対しても求償権を行使しうるが（▶445条参照），そのことは債権者との関係に影響を及ぼさない。さらに，債権者は各債務者との間で個別に訴訟を提起することができ，債務者の１人との裁判による既判力は他の債務者には及ばないことになる。

(b) **連帯の免除** 連帯債務においては，単なる債務の免除のほかに，**連帯の免除**とよばれる債権者の意思表示も問題となる。これは，債務者を連帯責任から解放し，これに原則形態である分割債務のみを負担させるものである。すなわち，連帯の免除を受けた者は，自己の負担部分に相当する金額の債務を負担する。**Case 4-7** のGが，Aに対してかかる連帯の免除の意思表示をすれば，AはGに対して１億円の分割債務を負担するのみとなる。

連帯の免除も他の債務者に効力を及ぼさない。それゆえ，上記の例ではB・

Cは依然として従来どおりの連帯債務を負担する。したがって，すべての債務者が連帯関係から解放されるのは，Gが全債務者に対して連帯の免除の意思表示をした場合に限られる。

(c) 債権譲渡　債権者は各債務者に対する債権を個別に譲渡することもできる。仮に全債務者に対する債権を一括して第三者に譲渡した場合でも，その対抗要件たる通知ないし承諾（▶467条1項）の効力は各債務者ごとに生じる。それゆえ，ある債務者に対する通知を怠ってしまうと，当該債務者に対する関係では債権譲渡を対抗しえなくなる。

(3) **例外としての絶対的効力**　(a) 更　改　たとえば，**Case 4-7** において，G・A間で3億円の金銭債務を消滅させる代わりに3億円相当の価値をもつ不動産をAがGに譲渡する債務を負担する，という更改（▶513条）の合意がなされたとしよう。2017年改正前から，連帯債務者の1人と更改がなされた場合，他の債務者B・Cも従来の債務を免れることになっていた（▶改正前435条）。この規定の趣旨は，法律関係を簡略化するという点と，それが当事者の通常の意思に合致するという点にあるとされていた。これによれば，あとはAがB・Cに対して求償権を取得しうることとなるだけである。

ただ，更改は必ずしも債権者を満足させるものではないにもかかわらず，これによって他の債務が消滅することは債権者に不利となるおそれがある。むしろ，先に述べた連帯債務の本質にはこの取扱いは適合しないであろう。そのために，従前の学説はここでの更改の認定は慎重でなければならないと主張していた。そもそも，1人の債務者との間でのみ更改をした債権者の通常の意思とは，更改の当事者の新たな債務と他の債務が併存して連帯関係に立ち，いずれかの給付を受ければその段階ですべての債務が消滅するというものではないか。したがって，筆者は，立法論としてはむしろこの規定は排除されるべきと考えていたが，改正法においても，この取扱いはそのまま維持されている（▶438条）。

もっとも，当該規定はあくまで任意規定であるから，債権者が相対的効力にとどめる意図で更改の合意をしたことが認定された場合には，その意思を尊重して，他の債務者の債務と更改後の債務が連帯関係に立つと解してよいと思わ

れる。

> **Case 4-8** Case 4-7 においてA・B・Cの負担部分が均等であった場合に，AがGに対して支払期限の到来した2億円の金銭債権を有しているとき，GがBに対して3億円の支払いを請求してきたならば，Bはいかなる主張をすることができるか。

(b) 相　殺　連帯債務者の1人の反対債権による相殺（▶505条）は，実質的に債権者を満足させる点で弁済と変わらないから，これに絶対的効力を認めるのは当然である（▶439条1項参照）。したがって，仮に**Case4-8**において，AがGに対して相殺の意思表示をすれば，Bも2億円の範囲で債務を免れることになる。

しかし，相殺の効力はあくまで当事者の意思表示によって発生するため，連帯債務者の1人が債権者に対して反対債権を有している場合であっても，当該債務者が相殺の意思表示をしないかぎり，債務消滅の効力は生じないことになる。その結果，債権者から全額の請求をされた他の連帯債務者がこれを拒絶できないことになると，弁済をした債務者は相殺権を有した債務者に求償権を行使し，求償に応じた債務者は今度は債権者に対して反対債権の支払いを請求することとなる。たとえば，**Case 4-8**においては，Gからの請求を受けたBは依然として3億円を支払わざるをえず，Bは支払いの後にはAに対してその負担部分たる3分の1に相当する1億円の求償権を行使し，求償に応じたAはGに2億円の支払いを請求することになる。しかし，このときにGが無資力になっていると，Aの反対債権の回収は事実上困難となる。

そこで，民法は，他の債務者も，反対債権を有する債務者の負担部分の限度では支払いを拒絶することができるとした（▶439条2項）。支配的見解によれば，この規定の趣旨は，上記のような求償の循環を防止し，反対債権を有する債務者を債権者の無資力によるリスクから保護する点にあるとされる。

ただ，そもそも439条2項の趣旨自体にかなり疑問がある。というのは，反対債権を有する債務者が債権者の無資力のリスクを負担するのは，自らが適時に相殺の意思表示をしない結果であり，これを特別に保護する意味はないからである（後述のように〔➡164頁〕，他の債務者には求償権の行使について事前の通知が

要求されているから，相殺権を行使する機会は十分に保証されていることになる）。したがって，本条項の存在意義を合理的に説明しようとするならば，反対債権を有する債務者が相殺権を行使しないために，その負担部分についてすら請求される，すなわち債務全額の請求にさらされる不利益から，他の債務者を保護するという点に求めるべきではないか。だからこそ，本条項の内容は，実際に相殺の効力を発生させるのではなく，反対債権を有する債務者の負担部分の範囲では債務の履行を拒絶しうるということになるのだろう。ただし，このように解したとしても，債権者が満足を受けるまで各債務者に全額の請求をなしうるという連帯債務の本質からは，立法論として，この規定は必ずしも適切とはいえない。

(c) 混　同　連帯債務者の1人が債権者を相続したり，債権者から当該債権を譲り受けるなどして混同（▶520条本文）が生じた場合，混同の当事者については債権・債務を存続させる意味がないとしても，他の連帯債務者の債務はどうなるのかが問題である。

　この点について，民法は，混同の当事者は債務を弁済したものと看做している（▶440条）。すなわち，これによってすべての連帯債務者の債務が消滅するとしたわけである。その趣旨は，法律関係を簡明に処理する点にあるとされる。仮に，混同によってもなお他の連帯債務者の債務が存続するならば，他の債務者は混同の当事者に債務全額を弁済せざるをえず，他方で，混同の当事者も債務者の地位を有していた以上，弁済をした債務者はこれに対して求償権を取得することになる。これはいたずらに法律関係を複雑化させるだけなので，混同によって弁済がなされたものと看做し，単にその当事者は他の連帯債務者に求償権を行使しうることにした，というわけである。

　しかし，混同によってその当事者が求償権のみを取得することになると，残りの連帯債務者のうちの誰かが無資力になれば，そのリスクを背負うことも考えられる（▶444条3項が問題となる場合）。このことはやはり，連帯債務においては全額の満足を得るまで全債務者に請求しうる，という本質に反するともいえる。それゆえ，立法論としては，なお混同に絶対的効力を認めることには疑問がある。

4　連帯債務者間の求償関係

求償権の意義　連帯債務者の1人が弁済その他の免責行為をすれば，他の債務者もその分だけ債務を免れる（ただし，弁済による代位の問題は残る）。このとき，弁済などによって共同の免責を得た債務者は，他の債務者に対しその負担部分の額に応じた求償権を取得する（▶442条1項）。この求償権の内容は，特約のないかぎり，支出額（ただし，実際に免責された額の範囲内にとどまる）のほか，免責があった日以後の法定利息および不可避の費用その他の損害賠償を包含するものとされる（▶442条2項）。

求償権の意義ないし根拠については議論がある。前述の如く，債務者間の主観的共同目的を連帯債務の本質とする立場は，求償権の根拠も，一定の割合に応じて負担を分かち合うという債務者間の関係に求めることになろう。これに対して，連帯債務を相互保証として位置づける立場からは，負担部分を超える弁済は他人の債務の弁済に相当するために，その調整として求償権が発生するものとみることとなろう。私見では，求償権の根拠は，義務者間の内部関係においては各人が全給付のうちに負担すべき割合が存在するため，内部間の利益・損失を調整する点にある。

Case 4-9　Case 4-7において，A・B・Cの負担部分が均等であったところ，AはGに対して1億円だけ弁済をした。この段階でのA・B・C間の法律関係はどうなるか。

求償権の要件：弁済した程度　改正前民法においては，求償権は他の債務者の負担部分について認められる旨が規定されるにすぎなかった。このため，**Case 4-9**のように自己の負担部分を超えない弁済がなされた場合，他の債務者に対して求償権を取得するか否かが問題となっていた。この点について，判例は，現に弁済した額のうち他の債務者の負担部分の割合に応じて求償できるという立場をとっていた（★大判大正6・5・3民録23輯863頁）。これによると，このケースでは負担部分は各々3分の1であるから，Aは1億円の3分の1ずつについてB・Cに対して求償権を取得することになる。通説は，債務者間に負担を分かち合うという主観的共同目的があるということを根拠とし

て，この結論を支持していた。

これに対して，Aは自己の負担部分（1億円）を超える弁済をして初めてB・Cに求償しうるとする見解もあった。とくに，連帯債務を相互保証として捉えるならば，自己の負担部分に相当する金額の弁済は自分の債務の弁済にすぎないので，求償権を取得するにはこれを超える金額の弁済を要するというのが一貫する。

債務者間の主観的共同目的なるものが連帯債務の本質ではないならば，本来，各債務者は債権者に対してそれぞれ個別に全額の支払いをすべきであり，内部関係においては，自己の負担すべき金額を超えた支払いをして初めて求償の問題が生じるといえる。しかし，債務者間には通説のいう共同目的の関係がある場合も否定しえず，その場合には判例・通説の取扱いにも合理性がある。この問題について，2017年改正への過程では紆余曲折があったが，最終的に改正法は従前の判例・通説の立場を明確に採用するに至った。ただし，債務者間に格別の共同関係が存在しない場合には，自己の負担部分を超えた弁済をして初めて他の債務者に求償をなしうると解すべきである。この点で，判例が，いわゆる不真正連帯債務のケースでは，負担部分を超えた弁済についてのみ求償を容認する立場をとっているのは合理的といえよう（→ **Topic 4-1**）。

> **Case 4-10** **Case 4-7** において，Gから支払いを請求されたAは直ちにGに3億円全額を弁済した（A・B・Cの負担部分は均等）。
> (1) BがGに対して弁済期の到来した1億円の金銭債権を有していた場合，AはBに対して1億円の求償権を行使することができるか？
> (2) Aの弁済を知らないBがGに3億円を支払った場合，BはAからの求償に応じなければならないか？

求償権行使の制限①　**Case 4-10**(1)では，本来Bは反対債権によって相殺
：事前の通知　することができたはずである。それゆえ，AがBに事前に何も通知せずに弁済した場合でも，AはBに対してその負担部分について求償することができるとすれば，Bが相殺によって義務を免れるという利益を奪うことになる。もともと，設例のように共同の契約関係にある連帯債務者の間では，このような事態にならないように，互いに弁済にあたってはこれを

他の債務者に通知する信義則上の義務があるともいえる。そこで，民法は，連帯債務者の1人が，他の債務者の存在を知りつつ事前に通知をせずに免責行為をしても，他の債務者は，自己の負担部分については，債権者に対抗しえた事由を免責行為をした債務者に対抗することができるとした（▶443条1項前段）。

したがって，**Case 4-10**(1)のBはAに対して，相殺によって自己の負担部分に相当する1億円の義務を免れるということを対抗することができるから，これを抗弁としてBはAからの1億円の求償には応じなくてもよいこととなる。もっとも，このことは，債権者Gとの関係で相殺の効力を認めるというのではなく，Aの弁済によってGの債権は完全に消滅しており，ただAのBに対する求償権の行使を否定するにとどまる。したがって，Gに対する関係では，BのGに対する反対債権は存続しているから，AはBに代わってGに対してその支払いを請求することができる（▶443条1項後段参照）。

> **求償権行使の制限②**
> **：事後の通知**

Case 4-10(2)では，一般理論としては，先になされたAの弁済が有効となり，BのGに対する弁済は義務なくしてなされた非債弁済であるから，BはGに対して不当利得返還請求権を取得するということになるだろう（▶703条・704条）。しかし，これでは，BはAからの求償権の行使に応じなければならず，さらにはGが無資力になっていればそれによるリスクを甘受せざるをえなくなる。本来，Bは，すでに弁済がなされたことを知っていれば，このようなリスクを避けることができたはずである。

設例のような連帯債務者の間では，弁済その他の免責行為をした債務者は，他の債務者が上記のようなリスクにさらされないように，これを通知する信義則上の義務を負うといえよう。そこで，民法は，かかる通知を怠った場合には，その後，他の債務者が善意で弁済その他の免責行為をすれば，その弁済等を有効なものとみなすことができるとした（▶443条2項）。それゆえ，**Case 4-10**(2)では，逆にBのAに対する求償権が認められることになる。もちろん，このような通知の必要性は他の債務者の存在を知っていた場合を前提としている。

もっとも，ここで後の弁済等を有効にするとしたのは，あくまで善意で弁済

等をなした者を保護するためであるから，逆に善意の弁済者がその利益を放棄して先の弁済を有効とすることも自由である。また，善意の弁済者が先行する弁済者に対し自己の弁済を有効と主張した場合でも，その対外的効力をどのように捉えるかが問題となる。

以前の通説は，これによってすべての者との関係で後の弁済が有効なものとなり，先に弁済をなした者は債権者に対して不当利得返還請求権を取得し，また，他の連帯債務者も後の弁済者からの求償に応じるべきとの立場をとっていた（絶対的効力説）。しかし，判例は，この制度の趣旨が先の弁済者との関係で後の善意の弁済者を保護する点にあるとして，あくまで両者間においてのみ後の弁済が有効になるにすぎないと考え（★大判昭和7・9・30民集11巻2008頁），現在の通説もこれを支持している（相対的効力説）。この立場によると，**Case 4-10**(2)では，A・B間においてのみBの弁済が有効とされ，債権者Gおよび

> ### Further Lesson 4-1
> ▶▶▶▶▶ 事前の通知によって保護されるべき事由とは？
>
> 　443条1項において保護される債務者の事由の典型例としては，本文で述べた相殺の抗弁があげられる。それでは，それ以外に本規定によって保護されるべき事由としては具体的に何があるだろうか。学説の中には，同時履行の抗弁権，無効・取消事由および時効をあげるものもあったが，それは以下のように疑問である。
>
> 　連帯債務者の1人について，連帯債務の発生原因たる契約の意思表示に瑕疵があったときには，その債務者は取消権の行使により連帯債務を免れることができる。かかる取消権は，他の債務者が弁済をした後にも行使することができるし，それがなされれば当初より債務を負担していなかったことになるから，他の債務者からの求償を拒絶することができる。したがって，これを本規定によって特別に保護する意味はない。当初から債務が無効であった場合もこれとまったく変わらない。
>
> 　他方で，同時履行の抗弁権が債務者の1人に認められる場合でも，他の債務者は履行を拒絶することができないから，それによる弁済が否定的に評価されるべきではなく，通知の有無にはかかわりなくその求償権の行使も認めざるをえない。さらには，時効が連帯債務者の1人について完成した場合でも，その効力は他の債務者には及ばないから，他の債務者による弁済は正当であり，時効の当事者に対する求償権は認められなければならない。
>
> 　したがって，結局，443条1項によってとくに保護されるのは，反対債権によって相殺することができたという事由に限定されることになりそうである。

債務者Ｃとの関係では先にＡがなした弁済が有効となるから，ＢはＡに対して１億円の求償権を行使することができるが，Ｃに対して１億円の求償権を行使できるのはＢではなくＡとなる。

たしかに，一般理論としては先の弁済が有効とされる以上，これを修正するのも制度の目的に必要な範囲にとどめるのが穏当であろう。その意味で，判例・通説の立場を支持してよい。しかし，相対的な効力のみを認めるにとどまると，法律関係がいささか複雑になる点には注意しなければならない。

互いに通知を怠ってしまった場合 それでは **Case 4-10**(2)において，Ｂが弁済するにあたってこれを事前にＡに通知していなかった場合はどうか。すなわち，Ａ・Ｂ双方が事後の通知と事前の通知を怠っていた場合に，いずれの弁済を有効とするのかが問題となる。

通説は，このような場合には一般原則に従いＡの弁済を有効と解してきた。

Further Lesson 4-2
▶▶▶▶▶ **相対的効力説の帰結**

本文で述べた相対的効力説に従う場合に，とくに問題となるのが，債権者に対して不当利得返還請求権を誰がいかなる範囲で取得するのか，という点である。設例のＢがＡに対して１億円の求償権を行使でき，逆にＡはＢに対して１億円の求償権を行使しえないとすれば，債権者Ｇとの関係ではＡの弁済が有効でありＢからの３億円は不当利得であるといっても，ＢはＧに対してせいぜい残りの１億円の不当利得返還請求権を取得するにとどまることとなろう。他方で，ＡがＣに対して求償権を行使して１億円を受領した場合，それがＢとの関係では不当利得となる可能性がある。これを肯定すれば，ＢはＡに対して１億円の不当利得返還請求権を取得するから，その一方でＧに対して１億円の不当利得返還請求権を行使しうるというのは疑問となる。このため，ＡがＣから受領したものをＢに払い渡したならば，その割合でＢのＧに対する不当利得返還請求権を代わりに行使できるとするのが穏当である。

このように相対的効力説の帰結はきわめて複雑となるが，それにもかかわらずこれが支持されるのは，本文の例とは異なり，Ａがたとえば２億7000万円の不動産でもって先に代物弁済をしたような場合には，その効力を可能なかぎり認めることが他の連帯債務者Ｃにとっては有利となりうるからである。というのは，債務の消滅額より実際の支出額が低い場合には，求償額は後者を基準に決定されるからである（この場合，３億円払ったＢからの求償より，Ａからの求償が低額になる）。

判例も，443条2項は同条1項の規定を前提とするから，同条1項について過失のある者まで同条2項で保護するものではないとして，同様の結論をとった（★最判昭和57・12・17民集36巻12号2399頁：百選Ⅱ-20）。たしかに，双方がその義務を怠っている以上，責任の程度は同等と考えることができるので（Bが事前に通知をしておけば，Aもそこですでに弁済をしたことはBに対して通知するだろう），このように解するのが穏当といえる。

無資力による
リスクの負担 Case 4-10におけるAの弁済が求償権行使の制限にかからないものである場合，当然，Aは，B・Cに対して3億円のうちの3分の1，すなわち1億円ずつを求償することができる。ところが，Cが無資力となっていてCから償還を受けることができなくなった場合，その負担部分の1億円をAが負担するというのは公平ではあるまい。

そこで，このように連帯債務者の1人が無資力である場合には，残りの債務者は，各自の負担部分の割合に応じて無資力者の負担部分を分かち合う（▶444条1項）。したがって，AはCの負担部分の半分（5000万円）をさらにBに求償しうることになる。ただし，Aが弁済した後に適時にCに求償しないうちにCが無資力になった場合など，償還不能についてA自身に過失がある場合には，そのリスクはAのみが負担する（▶同条3項）。

上の例で，仮に無資力者のCのみが負担部分を有し，A・Bの負担部分はともにゼロであった場合には，A・Bは均等の割合でCの無資力部分を負担することになる（▶同条2項）。無資力者のリスクは負担部分の程度に応じて分かち合うのが公平であるからである（★大判大正3・10・13民録20輯751頁参照）。それゆえ，やはりAはBに対して1億5000万円の償還を求めることができる。

5 不真正連帯債務

Case 4-11 自動車を運転していたAおよびBがそれぞれの過失によって衝突事故を起こし，飛びはねた車体が通行人Gにぶつかり，Gは重傷を負った。この場合，AとBはそれぞれGに対しいかなる責任を負うだろうか。

不真正連帯債務の意義 Case 4-11 では，現在の判例によると，AとBにはGに対して共同不法行為責任（▶719条1項前段）が成立するとされている。その場合，AとBはGへの損害賠償について連帯責任を負う。すなわち，仮にGの受けた損害額が500万円だとすれば，Gはその全額の賠償をAおよびBにそれぞれ請求することができ，Gが弁済を受けた範囲でAおよびBの債務は消滅する。それゆえ，ここでA・BがGに対して負担する債務は連帯債務の一種と思われる。

しかし，2017年改正前においては，これを単なる連帯債務と捉えると，たとえばGが，加害者Aには資力がないので，損害賠償の交渉を事実上Bとの間でのみしていた場合に，Aの債務について消滅時効が完成すると，Aの負担部分については，もはやGはBに対しても賠償請求することができないという事態が生じた（▶改正前439条参照）。あるいは，Aが無資力であるためにGがこれに対して免除の意思表示をした場合にも，同様の結果が起きかねなかった（▶改正前437条参照）。しかし，これは不法行為の被害者にとって不測の損害となりかねない。

このため，通説は，ここでA・Bに成立する債務を，連帯責任を負う点では連帯債務と共通するが，連帯債務におけるような各債務者の負担部分が存在しない債務と捉え，これを**不真正連帯債務**と称した。そして，この債務には連帯債務に関する規定，とくに絶対的効力に関する規定と債務者間の求償関係に関する規定は適用されないものとした。通説は，この債務を連帯債務と区別する根拠として，ここでは連帯債務において存在する主観的共同目的が認められないという点をあげた。たしかに，Case 4-11 のAとBは，主観的な共同目的を有さず，偶発的事故によって同一損害に対して責任を負うにいたったにすぎない。

通説が不真正連帯債務として捉えるものとしては，共同不法行為のケースのほかに，不法行為の使用者責任（▶715条）における使用者の損害賠償債務と被用者の損害賠償債務，法人の不法行為における法人の賠償債務（▶44条）と理事その他の代表者の賠償債務などがあった（連帯債務の本質を債務者間の主観的共同目的に求める学説は，併存的債務引受の場合にも不真正連帯債務が成立するとしていた）。判例も，使用者責任と共同不法行為のケースを不真正連帯債務として捉

え（★最判昭和45・4・21判時595号54頁，最判昭和57・3・4判時1042号87頁等），不真正連帯債務においては，債務者の1人に対する免除の意思表示は残りの債務者に効力を及ぼさないとの立場をとった（★最判昭和48・2・16民集27巻1号99頁）。

不真正連帯債務概念の有用性 たしかに，**Case 4-11** では，不法行為の被害者の救済のために，時効・免除の絶対的効力を否定するのが穏当であろう。しかし，通説は，免除や時効の絶対的効力を排除するためだけに不真正連帯債務という概念を持ち出していたきらいがあり，この概念自体に積極的

📝 Topic 4-1
不真正連帯債務概念の存在意義

　もともと，筆者は，免除や時効に絶対的効力を容認することが連帯債務の本質に合致しないとみており，このような絶対的効力が認められる債務関係を典型的連帯債務とし，その他を不真正なものとして位置づける議論自体が疑問であった。たとえば，最判平成10・9・10民集52巻6号1494頁（百選Ⅱ-21）は，共同不法行為者であるA・Bのうち，Aと被害者Cとの間で訴訟上の和解が成立し，CがAに対し残債務を免除したときでも，改正前437条の規定は適用されないため，Bに対して当然に免除の効力が及ぶものではないとしつつ，Cが訴訟上の和解に際しBの残債務をも免除する意思を有していると認められるときは，Bに対しても残債務の免除の効力が及ぶものというべきであるとしていた。すなわち，不真正連帯債務とされるケースでも，免除の意思表示の解釈によっては絶対的効力が認められるのであり，このことは，絶対的効力の容認について，真正，不真正なる概念を論じること自体に意味がないことを示している。

　もっとも，改正法において従来の不真正連帯債務概念が完全に排除されたとはいえないだろう。というのは，負担割合に応じた求償権や求償に際して負う通知の義務は，債務者相互間に主観的な共同目的が存在する場合には正当化されるのに対し，そのような事情が認められない共同不法行為のケースでは同じ扱いを当然に認めることはできない点で，この場合に成立する債務を改正法にいう連帯債務と区別する必要性がなお残るからである。改正法では，不真正連帯債務概念は完全に否定され，共同不法行為において，加害者の1人が自己の負担部分に相当する金額を超えない賠償をした場合でも，他の加害者に対する割合的な求償権が認められるという見解が主張されているが，この場合の加害者らは共同で債務を負担する意思表示をしていない以上，そのような扱いは不当であろう。

意義があるとはいいがたい。また，通説が不真正連帯債務においては連帯債務のごとき負担部分が存しないと主張したため，従来，被害者に対して加害者の1人が全額賠償をしたときでも，賠償をした加害者はもう一方の加害者に対して求償することができないかのように説明されてきた。しかし，共同不法行為の加害者間では，損害の発生に対する各自の寄与度があるはずであり，これが全損害の賠償に対して各加害者が究極的に負担すべき割合に相当するはずである。それゆえ，近時では，賠償をした加害者はもう一方に対して求償することができると解するのが一般的になり，判例も，自らの負担部分を超えて弁済をした者は他の債務者にその超える部分について（この点では442条の適用の場合とは異なる）求償することができるとした（★最判昭和63・7・1民集42巻6号451頁：百選Ⅱ-97，最判平成3・10・25民集45巻7号1173頁参照）。さらに，有力説は，従来不真正連帯債務とされてきたケースにも，具体的事情によっては連帯債務の規定の適用を認めるべきとも主張するようになっていた。

このため，最近では不真正連帯債務という概念の有用性自体に疑問が呈されるようになってきたが，一般の学説は，典型的連帯債務とは異なるケースを不真正連帯債務として位置づけること自体は否定していなかった。しかし，前述のように，改正法では請求，免除および時効の絶対的効力が否定されたため，この概念の有用性にはますます疑問が生ずることとなろう。

6　保証債務

1　保証債務の意義

Case 4-12　AはBから500万円の融資を受ける際に保証人を立てるように要求され，Cに保証人となってくれるように依頼したところ，Cはこれを承諾し，AがBから預かってきた保証契約書に署名・捺印をした。その後，AはこれをBに交付し，融資金として500万円をBから受領した。

保証債務とは 債務者以外の第三者が，債権者に対して，債務者が債務を履行しないときに自分がこれに代わって債務を履行する，と約束することを保証といい（▶446条1項），かかる契約をした第三者を保証人という。**Case 4-12** では，Cが債権者Bとの間で保証契約をしていることになり，Cが保証人となる。保証人自身は，債権者から金銭を借りたわけではないので連帯債務のような負担部分を有しないが，債権者に対する関係では，債務の担保のためにこれと同内容の債務を負担することになる。これを保証債務とよぶ。

保証債務の性質 保証債務は債務者が負担する債務（主たる債務）とは別個の債務である。したがって，保証債務が有効に成立している状態で保証人が死亡すると，これはその相続人にも承継されることになる。

しかし，保証債務の目的は主たる債務（債権）の担保・満足にある。したがって，主たる債務が有効に成立していなければ保証債務も成立せず，主たる債務が弁済などによって消滅すれば保証債務も消滅する。すなわち，保証債務は主たる債務に付従する性質を有する（**付従性**）。それゆえ，主たる債権が第三者に譲渡されると，これに伴って保証債権も当然に第三者に移転することになる（**随伴性**）。

保証債務の目的が主たる債務の担保・満足にある以上，保証人がその債務を履行すると，当該給付は主たる債務に対する弁済にあてられることになり，双方の債務がその範囲で消滅する（ただし，主たる債務については弁済による代位の問題が残る）。保証人による弁済は，債権者との関係では自己の債務の履行に当たるが，主たる債務者との関係では他人の債務を自己の財産で弁済したことになるから，弁済をした保証人は主たる債務者に対して求償権を取得する。

個人保証と機関・法人保証 一般市民が保証をする場合，知人である債務者からの委託を受けてなされることが多く，えてして友人からの依頼であるという情宜から，何らの見返りもなしに保証契約を結び（無償性），しかも，その際には自己が負担する法律上の責任の意義を十分に理解していない場合も多い（委託者たる債務者は，しばしば「絶対に迷惑がかからないから」という

言葉で保証を頼む)。このような場合，後日債務者が不履行をしたときに，保証人にも債務があるとしてその責任を厳格に追及することには疑問も生じる。そのため，さまざまな場面で保証人を救済する法的措置が問題となっている。

ただし，今日では，法人・会社が事業活動の1つとして保証をなすことも多く，ここでは経済的合理性に裏打ちされた計画の下に保証がなされるため，特別に保証人を保護しなければならない事情はない。このような保証をしばしば**機関保証**ないし**法人保証**とよぶ。その代表例としては，信用保証協会による保証や銀行が設立した保証会社による保証がある。前者は，十分な資産をもたない中小企業への銀行融資を促進するために，法律（信用保証協会法）に基づいて設立された信用保証協会（公的機関）が，企業が銀行に対して負担する債務について有料で保証するというものである。信用保証協会は，保証による損失を防ぐために求償権の行使を徹底し，この求償権の確保のためにあらかじめ債務者から担保の提供を受けている。また，後者は，銀行が住宅ローンなどの債権を担保するために，関連企業である保証会社に保証をさせておき，保証会社は，保証料を債務者から受け取ることで利益を得て，債務者が不履行をしたときには銀行に弁済しつつ，債務者への求償権の行使を徹底して損失を防いでいる（求償権の利率を高くするなどの方法をとっている）。

これらのうち，とくに保証会社による保証のケースでは，いわば，保証会社は債権者たる銀行に代わって債務者から融資金を回収している側面があり，ここでは保証人を保護するよりも，むしろ，そうした保証会社からの過酷な取立てから債務者を保護することが要請されるともいえよう。

損害担保契約　**損害担保契約**とは，特定の原因によって生じた損害を補償するという契約である。ここでは，損害を発生させた者の故意・過失の存否，すなわちそれ自身の賠償責任の存否とはかかわりなく契約者が損害を補償するという点で，契約者の債務には保証のような主たる債務への付従性がない。

このような契約の性質は本来的に保証とは異なるものであるが，契約自由の原則からその有効性も認められる。

2 保証債務の成立

<small>保証契約の成立</small> 保証債務が有効に成立するには、まず、保証人が債権者との間で保証契約を締結しなければならない。ところが、保証はしばしば主たる債務者の委託に基づきその仲介によってなされるため、保証人となる者が自ら債権者に対して債務を負担するという意識に乏しいことがある。その結果、後日、債権者が保証人に責任を追及してきたときに、保証人は錯誤などを理由にして契約の取消しを主張することもある。そこで、保証人となる者には慎重さを求め、後日の紛争を避けるためにも意思表示を明確にさせる必要があることから、保証契約は書面でなされなければ有効とはならないとされている（▶446条2項）。なお、ここでの書面には電磁媒体による記録も含まれる（▶同条3項）。

さらに、事業によって負担する債務が保証の対象となる場合には、とりわけ個人による保証にはより慎重さが求められることから（保証額が多大になる可能性があるため）、2017年改正によって、その意思表示の際には公正証書による厳格な方式が要求されることになった（▶465条の6以下参照）。詳しくは後述する（➡211頁）。

<small>保証契約と保証委託契約との関係</small> 前述のように、保証契約は主たる債務者からの委託を受けてなされることが多い。その場合、主たる債務者と保証人との間には、保証契約を締結することを委任する契約がなされていることになる。

もっとも、かかる保証委託契約は保証契約が有効に成立するための要件ではない。したがって、そのような委託がなくとも第三者が債権者との間で保証契約を締結すれば、かかる第三者も保証人としての責任を負うことになる。他方で、保証の委託を受けた第三者が保証契約を結んだ後に、保証委託契約が無効であることが判明しても、保証の委託が保証契約の条件などとされていないかぎり、保証契約は当然には無効とはならない（★大判大正6・9・25民録23輯1364頁）。保証の委託はあくまで保証契約の動機にすぎないからである。

ただし、前述のように、委託を受けた保証においては保証人が不測の損害を被る危険性が高い。そのため、改正法では、事業のために負担する債務を個人

が保証する場合には，保証を委託する債務者に契約の締結に際して保証人に情報を提供する義務を課し，これに違反した場合には保証人が保証契約を取り消しうる余地を認めている（▶465条の10）。詳しくは後述する（➡212頁）。

主たる債務の存在 　保証債務は主たる債務への付従性を有する。したがって，保証債務の成立のためには，保証契約とともに主たる債務が存在しなければならない。

(1) **消費貸借が無効である場合**　そうすると，**Case 4-12** の金銭消費貸借が何らかの原因で無効となると，保証債務は有効とはならない。ただ，たとえば，消費貸借契約の貸主とされた者が現実に金員を交付していた場合には，契約の無効による不当利得返還債務が成立するので，かかる不当利得返還債務について保証が成立するかが問われよう。これは結局，保証契約における当事者の意思の解釈によって決定されることになるが，第三者の債務を担保するという保証の性質からは，基本的には否定されるべきである。

(2) **将来の債務の保証の有効性**　他方で，**Case 4-12** の消費貸借契約には無効原因はなかったとしても，Ｃの保証債務がいかなる時点で成立するのかも問題となる。すなわち，消費貸借契約は目的となる金銭などが交付されることによって効力が生じる**要物契約**とされているため（▶587条），主たる債務はＡがＢから金員を受領した時点で発生し，保証債務もその時点に初めて有効に成立すると解すべきように思われる。

　この問題について，以前の通説は実際に金員が交付された時点で保証債務も成立すると解していたが，近時の多数説は，消費貸借契約の合意が成立し債務の内容が確定しているならば，その時点で保証債務は有効に成立すると解すべきだと主張する。たしかに，同様の問題は抵当権の設定についても生じており，そこでは，支配的見解は消費貸借の合意があればその時点で抵当権も有効に成立しうるとしている（★大判大正2・5・8民録19輯312頁）。

　しかし，抵当権の設定については，第三者に対する抵当権の優先的効力を確保するために，消費貸借の合意時点で抵当権の有効性を認める必要があるが，単なる債務にすぎない保証債務についてはそのような事情がない。それゆえ，あえてこの問題について付従性を緩和する解釈論を唱える必要はないように思

われる。なお，改正法では，書面による合意のみによって消費貸借契約が有効に成立することが認められたが（▶587条の2），この場合においても，借主の貸金返還債務は現実に金銭の引渡しを受けた時点で発生すると解するのが穏当であり，保証債務もその時点に成立すると考える。

制限行為能力者の負担する債務の保証　**Case 4-12** のAが実は未成年者であり，親権者の同意を得ないままBと消費貸借契約を結んでいた場合，Cの保証債務はこれによっていかなる影響を受けるだろうか。

　未成年者が親権者，すなわち法定代理人の同意なくして結んだ契約は取り消すことができる（▶5条2項・824条参照）。それゆえ，取消権が行使されると主たる債務は当初より無効であったことになり（▶121条），これについての保証債務も無効となる。ところが，民法は，行為能力の制限によって取り消される可能性がある債務を保証した場合でも，保証人が保証契約当時に取消原因を知っていたならば，たとえ取消しによって主たる債務が消滅しても，保証人自身がこれと同内容の独立の債務を負担する契約を結んだものと推定した（▶449条）。これは，債権者が未成年者などに不当利得の返還を請求できるとしてもその範囲が限定されてしまうため（▶121条の2第3項後段），そういう事情を知りながら保証人となった者は，そのような債権者の不利益をカバーする意思をもっているのが通常だ，との趣旨といえよう（前述の損害担保契約がなされたものと解釈する）。しかし，このことは保証人に過大な責任を負わせることになるが，たとえ保証人が悪意で保証契約を結んだとしてもそのような意思をつねにもつとは限らない。それゆえ，この措置に対しては立法論として批判があり，解釈論としてもその適用を制限すべきであるとの見解がある。

保証人の要件　保証人となるには特別の要件は必要ではない。たとえ無資力者や制限行為能力者であっても，保証契約自体が有効に成立すれば保証人となりうる。

　しかし，債務者が保証人を立てるように義務づけられている場合には，保証人は行為能力および弁済の資力を有する者でなければならない（▶450条1項）。当初は双方の要件を満たしている場合でも，その後保証人がこれを欠くにいたった場合には，債権者はこれらの要件を満たす者を代わりに保証人とす

ることを請求することができる（▶450条2項）。制限行為能力者や無資力者が保証人となっても，保証の実効性に欠けるからである。もっとも，債権者が保証人を指定した場合にはこの限りではない（▶450条3項）。また，債務者は他の担保を供することによってその義務を免れることもできる（▶451条）。

3 保証債務の内容

<u>主たる債務との同一性</u> 保証債務は債権者と保証人との契約によって成立するから，その内容は当該契約によって律せられることになる。

ただし，保証債務は主たる債務を担保する目的を有するから，保証契約において特別の約定がないかぎり，その内容は主たる債務と同一となる。したがって，主たる債務について，元本のほかに，利息，違約金，損害賠償その他元本に従属する債務がある場合には，保証債務も，特約のないかぎり，元本，利息，違約金，損害賠償，その他その債務に従たるもののすべてを包含するとされる（▶447条1項）。もっとも，保証人は，保証債務についてのみ，違約金または損害賠償の額を約定することができる（▶447条2項）。これは，保証債務が主たる債務とは別個の債務であることに基づく。

保証債務が主たる債務に付従する以上，たとえ保証契約において主たる債務よりも重い責任を負うとする約定がなされても，保証債務の内容は主たる債務の内容に縮減される（▶448条1項）。これに対して，保証契約において保証人の責任を主たる債務者の責任より軽くする約定がなされれば，それは付従性には反せず有効である。

以上に対して，保証契約が締結された後に主たる債務の目的または態様が当初より加重された場合には，保証債務はどうなるか。保証の対象となったのは加重される前の債務である以上，保証債務の内容は当然には加重されないとみるべきである。改正法では，このことが明文をもって定められている（▶448条2項）。

<u>一部保証の効力</u> **Case 4-12** において，Cが，債権者Bとの間で，Aの債務の一部，300万円について保証するという契約をしたとしよう。一部保証は，保証の付従性に反することはないので有効とされる。

もっとも、この場合に保証人が負う責任の内容については2つの可能性がある。

1つは、Cが500万円の債務のうちの300万円までの弁済は債権者に保証するというものであり、そのような場合、仮にAが100万円しか支払えないときには、Cは200万円を支払えばその責任を免れる。これに対して、もう1つは、Aの支払額にかかわりなく、C自らが債権者を300万円までは満足させるというものであり、この場合には、Aが100万円しか支払えないときには、Cは300万円を支払わなければならない。もちろん、Aが300万円を支払えば、Cの責任は200万円に縮減される。

一部保証がなされた場合に上記のいずれに該当するのかは、結局、保証契約の解釈による。しかし、債権者にとっては後者のほうが明らかに有利であり、保証の目的が債権担保にある以上、いずれであるかが不明である場合には、後者の契約がなされたものと解する説が有力である。

> **Case 4-13** Aはその所有する土地建物をBに代金3000万円で売却するという契約を結び、Cは、Bとの間で、Aが当該契約によりBに対して負担する債務を保証するという契約を結んだ。その後、Aが目的物の所有権移転登記に協力しないため、Bは催告の上契約を解除し、すでにAに支払った代金の返還を請求した。かかる場合のCの責任はどうなるか。

契約上の債務の保証と契約の解除との関係　Case 4-13 の売買契約で、売主たるAが買主Bに対して負担する債務としては、目的物の所有権の移転に関わる登記の移転、引渡し、およびこれらの不履行に伴う損害賠償の債務があげられよう。

そうすると、契約上の債務を保証したCが負担する保証債務も、かかる目的物の引渡しや損害賠償は包含するが、Case 4-13 のようにその原因となった契約が解除されれば、主たる債務も消滅するので、契約解除によりAがBに対して負担するにいたった代金返還債務は、保証の対象外になりそうである。はたして、以前の判例はそのような立場をとっていた。すなわち、契約の解除によって契約は無効なものとなるから、当初売主が負担した債務と解除後に発生した債務とは同一性がなく、保証人は責任を負わないとしたのである（★大判

明治36・4・23民録9輯484頁。請負契約のケースについて，大判大正6・10・27民録23輯1867頁）。これに対し，同じく契約上の債務を保証するというケースでも，賃貸借における賃借人の債務を保証する場合には，解除によっても賃貸借契約が遡及的に無効とはならないこととされているため，判例も，解除後になお賃借人が賃貸人に対して負担する債務（たとえば，賃借物の返還債務や返還の遅延による損害賠償債務）について保証人も責任を負うという立場をとった（★大判昭和13・1・31民集17巻27頁，最判昭和30・10・28民集9巻11号1748頁）。

　しかし，このような区別は形式論理的であり，とくに売買契約における判例の取扱いは，必ずしも保証契約をなした当事者の合理的意思に合致するとは考えられない。そのため，学説は，売買の場合であっても，解除後に生じる債務が保証の対象となるか否かは，もっぱら保証契約において当事者がいかなる意思を有していたかによって決せられるべきであり，**Case 4-13** のような場合には，特段の事情がないかぎり，解除後の売主の債務も保証する契約がなされていると解すべきであるとした。その結果，判例も，「特定物の売買における売主のための保証においては，通常，その契約から直接に生ずる売主の債務につき保証人が自ら履行の責に任ずるというよりも，むしろ，売主の債務不履行に基因して売主が買主に対し負担することあるべき債務につき責に任ずる趣旨でなされるものと解するのが相当であるから，保証人は，債務不履行により売主が買主に対し負担する損害賠償義務についてはもちろん，特に反対の意思表示のないかぎり，売主の債務不履行により契約が解除された場合における原状回復義務についても保証の責に任ずるもの」とするにいたった（★最大判昭和40・6・30民集19巻4号1143頁：百選Ⅱ-22）。その後，最高裁は，請負契約の請負人の債務の保証のケースにおいて，債務不履行による解除がされた場合には，請負人が受け取っていた前払金の返還債務について，特段の事情がないかぎり保証人は責任を負うとしている（★最判昭和47・3・23民集26巻2号274頁）。

　ただ，これらの判例の射程をどう解するのかは問題である。請負や特定物売買では解除に伴う債務を保証するのがつねとしても，不特定物売買までがそうであるとは断定できない。というのは，請負人の債務や特定物の引渡債務は通常は契約当事者であるがゆえに履行可能であるため，ここでの保証の重点は，

むしろ債務不履行がなされた場合の損害賠償債務や金銭返還債務にあるといえるが，不特定物売買では必ずしもそうではないからである。したがって，この問題では，主たる債務の基礎となる契約内容を考慮しつつ，保証契約においてはどのような債務を保証する意思があったのかを，個別に解釈するしかないといえよう。

4　保証債務の付従性・補充性

主たる債務の履行期限と抗弁権　債権者は，主たる債務の履行期限が到来するとともに保証債務の履行期限が到来すれば，保証人に履行を請求することができる。通常，双方の期限は同時期とされるであろうが，仮に保証債務の期限を主たる債務よりも後にする約定があれば，それは有効である。しかし，保証債務の期限を主たる債務より先にする約定は，付従性に反するので無効である（▶448条1項）。

保証債務が主たる債務に付従することから，主たる債務について履行を拒絶することができる抗弁権が存在するときには，保証人は，それを援用することによって保証債務の履行を拒絶することができる（▶457条2項）。

主たる債務者の反対債権による相殺権の援用　AのBに対する金銭債務についてCが保証人となったが，AがBに対して金銭債権を有していたとしよう。A・B双方の債権の弁済期が到来している場合，Aが相殺の意思表示をすればその債務は対当額の範囲で消滅し，Cの保証債務もその範囲で消滅する。

それでは，Aが相殺の意思表示をしていない状況で，BがCに対し保証債務の履行を請求してきた場合には，Cは保証債務を履行せざるをえないだろうか。これを肯定してしまうと，保証債務を履行したCはAに対して求償権を行使し，また，AはBに対して反対債権を行使するしかなくなるが，それは煩雑であるうえに，主たる債務者の資力如何では，保証人に求償金を回収しえなくなるリスクを負わせることにもなる。本来，債権者は，主たる債務者に履行を請求しても相殺の抗弁を対抗される以上，保証人に対する関係でこれ以上の権利主張は認められるべきではない。そこで，保証人は，たとえ主たる債務者が

相殺の意思表示をしていなくとも，これが援用しうる相殺の抗弁の範囲で保証債務の履行を拒絶しうることとされている（▶457条3項）。

主たる債務者の取消権・解除権との関係　同様のことは，主たる債務の発生原因たる契約について主たる債務者が取消権や解除権を有している場合にも生ずる。かかる取消権・解除権を有するのは，あくまで契約当事者たる債務者であり，その権利を行使するか否かという自由も債務者に存する。そうすると，債務者自身がこれを行使しないかぎり主たる債務ならびに保証債務は有効であり，保証人は債権者の履行請求を拒絶しえないように思われる。はたして，かつての判例はそのような立場をとった（★大判昭和20・5・21民集24巻9頁）。

　しかし，保証人が債権者に弁済をした後に主たる債務者が取消権・解除権を行使すると，主たる債務および保証債務は当初より無効であったことになるから，保証人は債権者とされた者に不当利得返還請求権を取得するが，これが無資力となっていると，そのリスクを保証人が負わなければならないことになる。本来，債権者は主たる債務者に履行を請求しても，取消権・解除権の行使によってこれを拒絶される可能性があるから，保証人に対する関係でそれ以上の権利主張を認めるべきではない。そこで，通説は，保証人は，主たる債務者が取消権または解除権をもって対抗しうる範囲で，保証債務の履行を拒絶することができると解してきたところ，改正法においてこのことが明文化されている（▶457条3項）。もっとも，たとえば債務者が契約を追認する等によって取消権・解除権が確定的に消滅すれば，保証人の履行拒絶権も否定されることになる。

保証債務の補充性　保証人は債権者との関係では債務を負担するが，主たる債務者との関係ではあくまで債務者が弁済すべきであり，保証人の責任はこれを補充するにすぎない。そこで，民法は，このような保証人の責任の補充性を債権者との間でも尊重することにして，保証人に**催告の抗弁権**と**検索の抗弁権**を与えた。

　まず，保証債務の履行期限が到来しても，債権者が主たる債務者に履行請求をせずに保証人に履行を請求してきたときには，保証人はまず主たる債務者に

催告するまで支払いを拒絶することができる（▶452条本文）。これが催告の抗弁権である。ただし，主たる債務者について破産手続が開始され，または，主たる債務者が行方不明となったときには，催告の抗弁権は否定される（▶452条ただし書）。次に，仮に債権者が主たる債務者に履行請求をした場合であっても，主たる債務者に資力があり，かつ，その責任財産への執行が容易であることを保証人が証明すれば，かような執行を債権者が行うまで保証人は債権者の請求を拒絶することができる（▶453条）。これが検索の抗弁権である。そして，それぞれの抗弁権が主張されたにもかかわらず，債権者が主債務者への速やかな請求・執行を怠ったために債務者の財産から満足しえなくなった場合には，その満足しえなくなった範囲で，保証人はその債務・責任を免れることとした（▶455条）。

検索の抗弁権の要件とされる債務者の資力とは，必ずしも債務全額の満足を受けることができる程度のものでなくともよく，保証人が債務者に容易に執行できる財産があることを証明すれば，かかる抗弁権は肯定される（★大判昭和8・6・13民集12巻1472頁）。この制度の趣旨が，債務者の責任財産から満足しうる範囲ではまずそちらから満足せよ，という点にあるからである。また，執行が容易であるということは，債権者が執行をするについて格別の時日・費用を要しないことを意味する（前掲★大判昭和8・6・13）。一般論としては，債務者の住所にある金銭などの動産については執行が容易であり，逆に不動産への執行は容易ではないと解されている。

連帯保証　　上記の２つの抗弁権の中で，とくに検索の抗弁権は債権者にとって負担となる。そこで，保証契約において保証人は主たる債務者と連帯して債務を負うという約定がなされればそれも有効であり，これを**連帯保証**という。連帯保証では２つの抗弁権が排除される（▶454条）。金融機関は，速やかな債権回収を実現するため，この連帯の特約をつけることがほとんどであり，実務ではむしろ連帯保証のほうが通常の保証よりも多い。

債権者の情報提供義務　　本来，主たる債務者の責任を追及することも，保証人の責任を追及することも債権者の自由といえよう。しかし，すでに述べたように，主たる債務者の委託を受けて保証人となった者は不測の損

害を受ける危険性が高く，これを保護する必要性も大きい。このため，改正法においては，保証人が主たる債務者の委託を受けて保証をした場合において，保証人の請求があったときは，債権者は，保証人に対し，遅滞なく，主たる債務の元本および主たる債務に関する利息，違約金，損害賠償その他その債務に従たるすべてのものについての不履行の有無ならびにこれらの残額およびそのうち弁済期が到来しているものの額に関する情報を提供しなければならないとされた（▶458条の 2）。かかる義務に違反した場合の効果は明らかにされていないが，その目的が保証人の損害を回避する点にあることから，債権者は義務違反と因果関係にある損害を賠償する責任を負うと考えられる。場合によっては，債務不履行による保証契約の解除も可能となろう。

さらに，保証人は必ずしも主たる債務者の期限の利益の喪失を知ることができず，これを放置すれば主たる債務者による履行遅滞の責任をそのまま保証人が負うことになりかねない。仮に保証人が期限の利益の喪失を知れば，自らが速やかに弁済をして責任の拡大を回避することもできよう。このため，改正法は，主たる債務者が期限の利益を有する場合において，その利益を喪失したときは，債権者は，保証人に対し，その利益の喪失を知った時から 2 か月以内にその旨を通知しなければならないこととした（▶458条の 3 第 1 項）。そして，債権者がその期間内に通知をしなかったときは，債権者は，保証人に対し，主たる債務者が期限の利益を喪失した時から債権者が通知を現にするまでに生じた遅延損害金に係る保証債務の履行を請求することができないことにしている（▶同条 2 項）。ただし，期限の利益の喪失を知ることが難しいのは，通常，個人による保証の場合であることから，保証人が法人である場合にはこの措置は認められない（▶同条 3 項）。

5　主たる債務と保証債務との相互関係

主たる債務に生じた事由の効力　**(1) 付従性による絶対的効力**　保証債務は主たる債務を担保するものでありこれに付従するから，主たる債務について生じた事由は，その内容を拡張させるものでなければ，保証債務にも効力を及ぼすことになる。すなわち，主たる債務が弁済や免除によって消

滅すれば，その範囲で保証債務も消滅する。更改がなされた場合でも，保証債務は付従性によって消滅する。

　主たる債務についてその債権者が債権譲渡をすれば，随伴性によって保証債権も移転する。このとき，主たる債権について債務者に対する対抗要件（▶467条1項）が具備されていれば，保証債権の移転についても当然に保証人に対抗することができる。

　(2) **主たる債務についての消滅時効の効力**　　(a)　保証人の時効援用権
　主たる債務について消滅時効が完成すれば，保証人は，これを援用することにより，主たる債務とともに保証債務も消滅したことを主張することができる（★大判昭和8・10・13民集12巻2520頁）。たとえ，主たる債務者が時効の利益を放棄したとしても，かかる放棄の効力自体は相対的であるから，保証人はなお時効を援用することによって保証債務を免れることができる。

　(b)　保証人による時効利益の放棄　　これに対して，主たる債務者がその消滅時効を援用したにもかかわらず，保証人がかかる時効の利益を放棄する意思表示をした場合にはどうなるか。多数の学説は，主たる債務者による時効の援用によって主たる債務が消滅する以上，付従性によって保証債務も保証人の援用の有無にかかわりなく消滅するという。その上で，保証人が時効の利益を放棄する意思表示をしつつ債権者に弁済をした場合，かかる弁済は債務がないことを知りつつなされた非債弁済に該当するので（▶705条），保証人は債権者に対して不当利得返還請求権を行使することができず，また，主たる債務者に対しても求償権を取得しないとする見解が有力である。

　しかし，時効の援用・放棄の効力を相対的に捉えるならば，たとえ主たる債務者が時効を援用しても，保証人がその利益を放棄すれば当人との間では時効が完成していないものとして扱うことも可能である。それゆえ，この場合には，保証人との間ではなお主たる債務および保証債務が存続し，保証人の債権者に対する弁済は本来的に有効なものというべきではないか。その場合でも，主たる債務者はもはや債務を免れている以上，保証人は求償権を取得しえないといえば足りる。

　(c)　保証債務についての時効の完成猶予・更新等　　主たる債務について消

滅時効が完成したにもかかわらず，保証債務については保証人の承認によって消滅時効の完成猶予・更新が生じ，または，保証人が保証債務の時効の利益を放棄した場合の取扱いはどうなるか。

　前者について，判例は，主たる債務が時効によって消滅するときに保証債務だけが存続するという理由はないとして，主たる債務者による時効の援用や利益の放棄にかかわりなく，保証人は主たる債務の消滅時効を援用することによって義務を免れるとした（★大判昭和5・1・29新聞3092号15頁）。後者についても，判例は，原則として保証人は主たる債務の消滅時効を援用することができるとした（★大判昭和7・6・21民集11巻1186頁）。ただし，主たる債務者が消滅時効の完成後に債務を承認して，保証人も主たる債務者による債務承認を知りつつ保証債務を承認した場合には，保証人がその後主たる債務の消滅時効を援用することは信義則に照らして許されないとした判例がある（★最判昭和44・3・20判時557号237頁。もっとも，この事案は主たる債務者が会社で保証人がその代表取締役であるという特殊なケースである）。

　学説上も，前者については判例を支持する見解が一般的であるが，後者については見解が分かれている。まず，保証債務の時効の利益の放棄の意思表示を，主たる債務の存否にかかわりなく自らが弁済するという意思表示と解釈できる場合には，もはやその後の時効の援用は許されないという点については異論がないようである。しかし，そのように解釈できない場合について，保証人の放棄の意思表示の中には主たる債務の時効の利益の放棄も含まれるとする立場と，やはり保証人はなお主たる債務の時効を援用することができるが，主たる債務者が時効の利益を放棄した場合にかぎって保証人の時効の援用を否定するという立場がある。

　思うに，保証債務の時効の利益の放棄は，主たる債務の時効の利益の放棄とは区別すべきであり，原則としては保証人には主たる債務の時効の援用を容認すべきであろう。しかし，主たる債務者が時効の利益を放棄したことを知りながら保証債務の時効の利益を放棄する行為は，主たる債務についての時効の利益の放棄を容認するに等しい態度といえる。それゆえ，保証人が後になって両者の形式的区別を根拠に主たる債務の消滅時効を援用するのは，信義則に反す

るものといえよう。

　(3)　**主たる債務の時効の完成猶予・更新**　債権者が主たる債務者に履行請求をするなどした結果，主たる債務者について消滅時効の完成猶予・更新が生じた場合，保証人はいかなる影響を受けるか。この点につき，民法は，主たる債務者についての時効の完成猶予・更新が保証人に対しても効力を及ぼすとしている（▶457条1項）。本来，時効の完成猶予・更新がその当事者に対してしか及ばないとされている点からは（▶153条），これはその例外といえる。この措置は，保証債務の付従性から理論的に導かれるものではなく，保証の実効性を確保するために法律が特別に認めたものと解さざるをえない（★最判昭和43・10・17判時540号34頁は，457条1項を付従性の帰結とみているが，疑問である）。というのは，付従性とは主たる債務なくして保証債務は成立しえないという原理であるのに対し，ここで問題となるのは，主たる債務が時効の完成猶予・更新によって存在しつつも，保証債務だけが消滅することを認めてよいのかという点であるからである。

　ただ，立法論としてはこの取扱いには疑問が残る。今日，保証人は主たる債務者とは別に債務（保証債務）を負うと解されており，主たる債務の時効の完成猶予・更新がこれとは別の債務に及ぶという理論的根拠に乏しいからである。沿革的には，この取扱いは，保証人は主たる債務者と一体的に債務を負うという考え方を背景にしていたきらいがあり，今日における保証人の位置づけには必ずしも相応しない。

　(4)　**主たる債務者の死亡・破産**　主たる債務者が死亡して相続が開始すれば，その相続人が主たる債務を相続し，保証人は依然としてこれを保証することになる。仮に相続人が**限定承認**（▶922条）をしても，それは相続人の責任を限定するにとどまり，債務自体は相続人に承継されるから，保証人の地位は変わらない。また，法定相続人が相続を放棄（▶938条）するなどにより相続人が存在しない場合でも，主たる債務者であった死亡者の財産自体に法人格が付与されるため（▶951条），やはり主たる債務は存続し保証人は依然として保証債務を負担する。

　主たる債務者について破産手続が開始し免責許可の決定が出された場合で

も，なお債務自体は存在するから（▶破253条参照。自然債務になると解されている），保証債務が影響を受けることはない。ただし，主たる債務者が法人である場合には，破産手続の終了に伴い法人は解散するから（▶一般法人148条6号等参照），もはや債務者が存在しない以上，主たる債務も保証債務も消滅するように思われる。しかし，保証とはまさに主たる債務者の資力が悪化したときにこそその効力を発揮すべきものであり，かかる結論は到底支持することができない。そのため，通説は，破産手続が終了しても主たる債務者の法人は残債務の処理という目的の範囲で権利能力を失わず，保証債務も存続すると解している。判例も，債務者の破産という局面においてこそ保証の意味がある点を重視し，保証債務が存続するという結論をとっている（★大判大正11・7・17民集1巻460頁）。ただ，判例は，その一方で，法人格が消滅することにより主たる債務も当然に消滅することになるから，その保証人が主たる債務の時効を援用する余地もないとしている（★最判平成15・3・14民集57巻3号286頁）。

保証債務に生じた事由の効力 **(1) 一般の原則** 保証債務について生じた事由は，債権者を満足させるもの（弁済，供託など）以外には主たる債務に影響を及ぼさない。したがって，債権者が保証人に対して免除の意思表示をしても，主たる債務は存続するし，保証債務について時効の完成猶予・更新があっても，主たる債務の時効に対する影響はない。もっとも，判例は，「保証人が主たる債務を相続したことを知りながら保証債務の弁済をした場合，当該弁済は，特段の事情のないかぎり，主たる債務者による承認として当該主たる債務の消滅時効を中断する効力を有する」としている。その根拠は，相続によって保証人は主たる債務を承認しうる地位に立つことや，保証債務の付従性にかんがみると，主たる債務の相続を知りながらした保証債務の弁済は，主たる債務の承認も包含するという点にある（★最判平成25・9・13民集67巻6号1356頁）。

(2) 連帯保証に関する特則 ただし，連帯保証の場合には，連帯保証人に関して生じた事由について，連帯債務に関する438条・439条1項・440条および441条が準用される（▶458条）。

このうち，更改がなされた場合の取扱い（▶438条）については，従前から，

学説の多くは、保証という性質からみてこれを当然の効力とし、458条を待つまでもないとしてきた。しかし、保証が主たる債務を担保する目的を有することからは、債権者と保証人との更改によって主たる債務が当然に消滅するというのはいささか疑問であり、むしろこれは保証の目的に適合せず、立法論として疑問である（438条自体が立法論として疑問であることは前述した➡158-159頁）。また、(3)に述べるように、保証人の反対債権による相殺があれば、債権者はそのかぎりで満足することになるため、これによって主たる債務者も免責されることは当然のことといえ、これを連帯保証の場合に特別に規定する意味はないといえよう（▶439条1項の場合）。これに対して、連帯保証人と債権者との間に混同が生じたときに弁済がなされたものとすることは、法律関係を簡明にする点で適切であろう。これにより、以後の法律関係を主たる債務者に対する求償の問題として処理することができるからである。

(3) **保証人の有する反対債権による相殺**　保証人が債権者に対して同種類の反対債権を有している場合に、保証人自身が相殺の意思表示をすれば、主たる債務者もその範囲で免責されることには疑いがない（もちろん、求償と弁済による代位の問題は残る）。しかし、保証人が相殺の意思表示をしないときに、主たる債務者がこれを援用することはできるだろうか。

主たる債務者が反対債権を有するときに、保証人がそれを根拠に履行を拒絶することができるのはすでに述べた（➡178頁）。しかし、主たる債務者と保証人との間では、第1に主たる債務者が弁済の義務を負っている以上、保証人の意思に反するかたちで主たる債務者に相殺の援用を認めるべきではない。

6　保証人による弁済と求償権

求償権の根拠・性質　保証人は債権者に対する関係では債務を負担するので、その弁済は単なる第三者弁済（▶474条）とは異なる。しかし、主たる債務者との関係ではその債務を弁済していることになり、保証人は債務者に対して求償権を取得する。

ただし、債務者の委託によって保証人になった場合と、委託なくして保証人になった場合とで、求償権の性質には違いがある。前者の場合、保証人は債務

者の委任に基づいて保証債務を負担しているから，かかる債務の弁済も債務者からの委任によってなされていると評価することができる。それゆえ，ここで弁済に要した費用は委任事務処理の費用に該当し，保証人の求償権は委任における費用償還請求権に相当する（▶650条1項）。これに対して，後者の場合には，債務者との関係では本人の意思によらずしてその事務を処理していることになるため，保証人の求償権は事務管理の費用償還請求権に相当する（▶702条1項）。

しかし，保証人が債権者に対して保証債務を負担するといっても，債務者との関係では第1に弁済すべきは債務者である。この点で，保証人による弁済には通常の委任事務処理等とは異なる側面もあるから，民法は特別にその求償権に関する規定を設けた。

委託を受けた保証人の求償権　**(1) 事後求償権**　債務者の委託を受けて保証人となった者が，債務者に代わって弁済し，または自己の財産をもって債務を消滅させるべき行為をしたとき，その支出額（ただし，債務の消滅額の範囲内）について当然に債務者に対して求償権を有する（▶459条1項）。ここでの求償権は，弁済その他の免責行為があった日以後の法定利息および不可避の費用その他の損害の賠償を包含する（▶459条2項・442条2項）。もちろん，これは任意規定であり，求償権に関する当事者の特約があればそれが優先する。

しかし，弁済期前に保証人が弁済をした場合には，委託の範囲を超えた弁済がなされたことになり，保証人に同様の保護を認めるべきではない。このため，この場合には，保証人は主たる債務者が弁済の当時に受けた利益の範囲でしか求償することができず，また，求償権の行使は弁済期の到来から認められることになる（▶459条の2第1項前段・同条3項）。その結果，主たる債務者が反対債権による相殺をなしえたときには，その範囲で保証人の求償権は否定されるが，その場合，保証人は主たる債務者の有する反対債権を行使することができる（▶459条の2第1項後段）。もっとも，主たる債務の弁済期以後の法定利息およびその弁済期以後に債務の消滅行為をしたとしても避けることができなかった費用その他の損害については，求償が認められる（▶459条の2第2項）。

(2) 事前求償権 (a) **事前求償権の意義・要件** 求償権とは本来，自己の不利益において他人が利益を得たときにこれを調整する意味をもつ。したがって，保証人の求償権も，原則としては弁済その他の免責行為があった後に初めて成立する。ところが，民法は，委託を受けた保証人については，弁済その他の免責行為がない段階でも，以下の要件のいずれかが満たされる場合に，保証人はあらかじめ債務者に対して求償権を行使しうるとした。これを**事前求償権**という。

① 主たる債務者が破産手続開始の決定を受け，かつ，債権者がその破産財団の配当に加入しないとき（▶460条1号）。

② 債務が弁済期にあるとき。ただし，保証契約の後に債権者が主たる債務者に許与した期限は，保証人に対抗することができない（▶同条2号）。

③ 保証人が過失なくして債権者に弁済すべき旨の判決を受けたとき（▶同条3号）。

以上のいずれかが満たされ事前求償権が認められる場合でも，主たる債務者は，債権者が全部の弁済を受けない間は，保証人に担保を供させ，または保証人に対して自己に免責を得させることを請求することができる（▶461条1項）。債務者が事前求償に応じても保証人が弁済しなければ，債務者は債権者からの二重の請求にさらされるおそれがあるからである。この請求権は，本来，求償に応じた後に認められるべきものであるが，大審院の判例（★大判昭和15・11・26民集19巻2088頁）や多数説は，債務者保護のために，保証人がかかる請求に応じなければ債務者は求償自体を拒絶することができると解している。

その一方で，債務者は，弁済の供託をし，担保を供し，または保証人を免責させて，償還の義務を免れることができる（▶461条2項）。

(b) **事前求償権の根拠・性質** 伝統的学説は，事前求償権の制度趣旨を次のように理解してきた。委託を受けて保証人となった者の弁済は，債務者によって委任された事務の処理にあたる。したがって，委任の場合における費用前払請求権（▶649条）が保証人にも認められるべきであるが，これを無条件に容認すると，債権者の債務をあくまで担保するにとどまり，弁済は第1に債務者がなすべきであるという保証の目的に反する。また，保証人からの求償を直

ちに認めると、債務者が融資を受けたこと自体が無意味になりかねない。このため、民法は保証人の事前求償権には特別の要件を課した。

すなわち、(a)の①では、保証人が債権者に弁済した後に債務者に対して求償権を行使しようとしても、もはや破産手続が終了して救済されないおそれがあるため、事前の求償を容認しなければならない。(a)の②では、債務が弁済期にある以上、債権者はいつでも債務者に請求すべきであるが、これを怠っているうちに債務者の資力が悪化するようになると、やはり事後的求償だけでは保証人が十分に保護されなくなるおそれがある。(a)の③では、保証人は弁済をしたに等しい地位に置かれるので求償権を認めても問題はない。

しかし、事前求償権の性質を費用前払請求権として捉える学説に対しては、近時、次のような事例をめぐって異論が唱えられるようになっている。

> **Case 4-14** AはBから2000万円の融資を受ける際に担保を提供するよう求められたため、Cにその所有する甲不動産に抵当権を設定してくれるよう依頼した。Cはこれに応じてBのAに対する債権を担保するために甲不動産に抵当権を設定した。ところが、被担保債権の弁済期が到来したにもかかわらずAが弁済をしないので、Bは抵当権の実行による競売の申立てをした。

(c) 物上保証人と事前求償権　**Case 4-14** のCのように他人の債務のために担保物権を設定した者を、**物上保証人**という。物上保証人は、他人の債務のために担保を供している点で、保証人と共通する。したがって、物上保証人にも、債務者に代わって債権者に弁済し、または担保権の実行によってその財産を失った場合には、保証人と同様に求償権が明文で認められている（▶372条・351条）。それゆえ、**Case 4-14** でも、競売がなされて代金がBに配当されれば、Cは、Aに対してその額に応じた求償権を有する。

それでは、物上保証人も、保証人と同様に、債権者を実際に満足させる以前に債務者に対して求償権を行使することができるだろうか。この点について、事前求償権を物上保証人に認める明文の規定はない。そこで、判例は、物上保証人には保証人のような事前求償権は認められないとした（★最判平成2・12・18民集44巻9号1686頁）。その根拠として、たとえ債務者の委託を受けて抵当権を設定しても、物上保証人は保証人とは異なり債務を負担せず、また実際に債

権者を満足させる額は競売がなされなければ判明しない，という点をあげている。判例の考え方は，物上保証人は，債務を負担しない以上，保証人のように債務者から債務の弁済を委託されてはいないため，費用前払請求権の一種としての事前求償権は認められない，というものと思われる。

　この判例の立場に対しては批判的な見解が多い。批判の中心は，判例が物上保証人も保証人と同じく他人の債務のために担保を供していることを軽視している，という点にある。そこで，委託を受けた物上保証人についても事前求償権を認めるべくさまざまな説が主張されているが，近時では，事前求償権を費用前払請求権として捉えるべきではなく，これを保証人の債務者に対する免責請求権として捉えるべきとする見解が有力となっている。この見解は，そもそも債務者に対する信用供与という保証の目的からは，債務者が保証人となるように委託をしたとしても，それは弁済までを委託するものではなく，単に保証契約の締結の委託にとどまるから，460条の事前求償権の性質は委任事務処理費用の前払請求権とは全く異なるという。むしろ，弁済期が到来すればもはや保証人の債務者に対する信用の供与は終了し，保証人は債務者に対して保証の負担から解放するように請求できるはずであるが，事前求償権は保証債務からの解放に必要な費用の請求という点でこの免責請求権に相当する。したがって，この権利は，債務者に信用を供与した点で共通する物上保証人にも認められるべきであるという（▶460条の類推適用）。

　しかし，立法論としてはともかく，解釈論として460条の事前求償権を免責請求権と同一視することは困難である。仮に460条の権利が論者のいう免責請求権であるならば，その権利内容はまず債務者に対して免責に必要な行為をせよというものにとどまり，免責に必要な具体的行為の選択は義務者たる債務者の裁量にゆだねられるはずである。それゆえ，これが直ちに保証人自らが弁済するために要する費用の請求権とはなりえない。むしろ，保証人から債務者に対する催告にもかかわらず債務者が免責に要する行為を怠ったとき，初めてそのような費用の請求も問題となるであろう。ところが，民法は明らかに，460条の要件が満たされれば直ちに保証人は債務者に対して求償しうるとし，しかも，論者のいう免責を460条の事前求償権から債務者が免れる手段として別個

に規定している（▶461条2項参照）。このことは，現行民法が事前求償権を免責請求権とは異なる権利として定めたことを明確に示している。

(3) **事後求償権と事前求償権との相互関係**　事前求償権を委任における費用前払請求権の一種として捉えると，事前の求償権でも事後の求償権でも，その目的は弁済に要する費用の支払請求ということになる。このため，双方の権利をあわせて1つのものとみるべきなのか，それともあくまで別個の2つの権利とみるべきなのかが議論されている。

> ✐ **Topic 4-2**
> **事前求償権の制度は妥当か？**
> 　本文のように，解釈論としては事前求償権をあくまで費用前払請求権の一種として理解せざるをえないが，逆に立法論としては，そのような権利を保証人に認めることが本当に妥当であるのかは疑問である。事前求償権を免責請求権として位置づけようとする見解は，保証人が債務者に代わって弁済することを前提にする権利は保証の目的に合致せず，むしろ保証人の保護としては免責請求権で足りるとするが，この主張は立法論としては傾聴に値する。ドイツ民法の規定やフランス民法における通説は，保証人には免責請求権のみを認めるにとどめているが，わが民法でも正面から保証人には免責請求権を認めるにとどめるのが望ましい。
> 　もっとも，現行法の解釈論において，委託を受けた物上保証人に事前の救済が一切認められないかといえば，そうとはいいきれない。たしかに，460条の事前求償権は物上保証の構造には適合しないが，債務者が抵当権の設定を委託する契約では，弁済期が到来すればすみやかに弁済し物上保証人には不利益を与えないということが暗黙の前提になっていることが少なくないだろう。それゆえ，かかる委託契約の解釈そのものによって，弁済期到来後には物上保証人には債務者に対して担保権の拘束から解放するよう請求できる権利が認められる可能性も残っている。
> 　ちなみに，2017年改正の際の議論では，事前求償権の制度に関して，主たる債務者による保証委託の有無にかかわらず，債権者には主たる債務者に対して適時に執行をする義務を課すことによって，事前求償権制度を廃止するという立法論も提示されていた。しかし，かかる執行義務をもって保証委託を基礎とする事前求償権に代えるという議論には疑問があり，さらに，このような義務は債権者の権利行使の自由を不当に制限する恐れもあることから，筆者はかかる立法論には疑問をもっていた。結局，そのような法律改正はなされなかったが，筆者は，依然として，事前求償権に代えて免責請求権制度を導入すべきという問題意識をもっている。

しかし，給付目的が同一であるにしても，両者の発生原因は異なり，事後求償権が実際にかかった費用の償還という性質を有するものであるのに対し，事前求償権はそのような不利益が生じないようにする保全的権利といえる。それゆえ，それぞれを別個の権利と捉えた上で，ただ給付目的が同一であるという点から，一方の行使によって満足が得られれば，他方が発生していた場合であってもそのかぎりで双方の権利が消滅するというべきである。それ以外の権利の消滅事由については，あくまで個別に効力が生じるとみるべきである。したがって，判例が，事前求償権を行使することができたからといって，その時点から事後求償権の消滅時効が進行することにはならない，としたのは正当である（★最判昭和60・2・12民集39巻1号89頁）。

ただし，事前求償権の目的が費用償還の保全にあるとすると，事後求償権の満足に十分な担保が供されている場合には，原則として事前求償権の行使を認めるべきではない（▶461条2項参照）。この点で，事前求償権は事後求償権の確保のために存するといえるから，事前求償権の行使は事後求償権の行使の意義も持ちうるというべきである。近時，このような観点から，事前求償権を被保全権利とする仮差押えが事後求償権の消滅時効の中断（完成猶予）事由に当たるとする判例が現れている（★最判平成27・2・17民集69巻1号1頁）。

委託を受けなかった保証人の求償権　委託を受けないで保証人となった者も，債権者に弁済その他の免責行為をすれば自己の財産で債務者の義務を免れさせているので，債務者に対して求償権を有する。しかし，ここでの弁済は事務管理にすぎないから，主たる債務者が弁済の当時に受けた利益の限度でのみ償還請求しうるにとどまる（▶462条1項・459条の2第1項）。

仮に主たる債務者の意思に反して保証をしていたならば，主たる債務者が現に利益を受ける限度においてのみ求償権を取得する（▶462条2項前段）。それゆえ，主たる債務者が求償の日以前に債権者に対する相殺の原因を有していた場合には，相殺によって義務を免れる部分については求償権が認められないことになる。ただし，この場合，保証人は，債権者に対して，当該相殺によって消滅すべきであった債務の履行を債務者に代わって請求することができる（▶462条2項後段）。

さらに，主たる債務の弁済期が到来する前に保証人が弁済等をした場合には，求償権の行使はあくまで弁済期以後から認められる（▶462条3項・459条の2第3項）。

求償権行使の制限・通知の必要性　主たる債務および保証債務の弁済期が到来すれば，一応，保証人は債権者に弁済しなければならなくなるが，弁済その他の免責行為をすればつねに求償権を行使しうるとすると，主たる債務者の利益を害するおそれが生じる。たとえば，主たる債務者が債権者に対する反対債権によって相殺をなしうる状況にあるにもかかわらず，保証人の弁済による求償権を容認すると，債務者は債権者に対して履行を請求せざるをえず，債権者が無資力の場合にはそのリスクを負担することになる。また，そのような事情がない場合でも，保証人の弁済を知らずに債務者が債権者からの請求に応じて弁済をした場合，保証人の求償権を認めれば，債務者が二重弁済

Further Lesson 4-3
▶▶▶▶▶　**求償権を担保する抵当権**

　信用保証協会による保証や銀行の住宅ローンのための保証会社による保証においては，保証人が債務者に対して取得することになる求償権を担保するために，債務者所有の不動産に抵当権を設定することが多い。このようなとき，債務者が不履行に陥って保証人が弁済をすれば，保証人は債務者への求償権のために抵当権を実行することになるが，仮に保証人による弁済前に他の債権者が抵当不動産の競売を申し立てたときには，保証人はいかなる待遇を受けることになるだろうか。

　判例は，信用保証協会による保証のケースに関して，事後求償権を担保するために根抵当権の設定を受けた保証人は，目的不動産の競売において，主たる債務の弁済期が到来しているかぎり（すなわち事前求償権の要件が具備されているかぎり），その競売代金から優先弁済を受けることができるとしている（★最判昭和34・6・25民集13巻6号810頁）。この判例の結論は，事前求償権を事後求償権と同一のものと捉える場合には説明しやすい。しかし，たとえ両者を別個の権利と捉える場合でも，保証人の有する抵当権が事後求償権のみならず，事前求償権をも担保するものと解釈しうるならば，他の債権者による競売手続の中で保証人は事前求償権の満足のために優先弁済を受けることができるといえよう。

　その結果，事後求償権に担保が供されていながら事前求償権の行使を認めることになるが，これは事後求償権の保全のために事前求償権の行使も認めざるをえない一例といえる。

の危険にさらされる。

　そこで，このような不利益から債務者を保護するために，第1に，保証人が事前に債務者に通知しないで弁済その他の免責行為をしても，主たる債務者が債権者に対抗しうる事由を有していた場合には，債務者はかかる事由を保証人に対抗することができるとされている（▶463条1項前段）。ただ，委託を受けない保証の場合にはもともと債務者には相殺の利益が保証されているため（▶462条参照），この規定は委託を受けた保証の場合にのみ適用される。したがって，委託を受けた保証において保証人が事前の通知をせずに弁済をした場合には，主たる債務者が相殺を主張しえた場合には保証人はそのかぎりで求償権を行使しえない。もっとも，この場合には，保証人は相殺によって消滅すべき主たる債務者の債権を行使することができる（463条1項後段）。

　第2に，弁済その他の免責行為をした保証人がその旨を主たる債務者に通知しなかったために，その後，債務者が善意で弁済その他の免責行為をすると，債務者は自己の弁済を有効とみなすことができる（▶463条3項）。ただし，このことは債務者と保証人との間でのみ妥当することであるから，債権者との関係では保証人の弁済が依然として有効と解される。そこで，保証人は債務者に代わって債務者の債権者に対する不当利得返還請求権を行使しうる。なお，主たる債務者の意思に反して保証がされた場合には，もともと保証人は主たる債務者が現に受けた利益の限度でしか求償しえないため（▶462条2項），通知の有無にかかわらず，主たる債務者は自己の弁済を有効とみなすことができる。

債務者による保証人への通知　　主たる債務者の委託なくして保証契約が結ばれた場合には，先に債務者が弁済をしたことを知らずに保証人が再度弁済しても，それによる不利益は保証人が甘受すべきである。しかし，債務者の委託によって保証債務が成立した場合には，保証人をこのような二重弁済の危険から保護する必要がある。

　このため，主たる債務者の委託による保証においては，債務者が弁済その他の免責行為をしたことを保証人に通知しなかったため，保証人が善意で弁済等をした場合には，保証人は自らの弁済の有効性を主張して，債務者に対して求償権を行使することができる（▶463条2項）。この場合，主たる債務者が保証

人の債権者に対する不当利得返還請求権を代わりに行使することになる。

連帯債務者・不可分債務者の保証の場合 たとえば，A・B・CがGに対して900万円の連帯債務を負い各債務者の負担部分は平等であったが，DがかかるA・B・Cの債務をすべて保証したとしよう。この場合に，Dが債務者に代わってGに900万円を弁済すれば，Dは，A・B・C全員に対してそれぞれ900万円全額の求償権を取得する。そして，いずれの債務者からにせよ全額の弁済を受ければ，各債務者に対する求償権は消滅する（各求償債務は連帯債務の関係に立つ）。

それでは，DがAのGに対する債務のみを保証し，Aに代わってGに900万円を弁済した場合はどうか。理論的には，この場合のDは自分が保証した債務者Aに対して900万円の求償権を取得し，かかる求償に応じた債務者Aは，他の連帯債務者B・Cに対してその負担部分について（300万円）求償権を有することになりそうである。しかし，これは煩雑である上に，債務者Aが無資力であると保証人Dは十分保護されないおそれが生じる。そもそも，保証人Dの弁済によって他の債務者B・Cもその債務を免れている。そこで，民法は，連帯債務者の1人のために保証した者は，他の債務者に対し，その負担部分について直接求償権を有することとした（▶464条）。不可分債務者の1人について保証がなされた場合も同様である。設例では，Dは他の債務者B・Cに対して300万円ずつ求償することができる。

7　共同保証

共同保証の意義 同一の債務について複数の者が保証をする場合を**共同保証**という。共同保証が有効であることには何ら問題はない。共同保証の契約は，全保証人との間で一括して結ぶことも，各保証人との間で個別に結ぶこともできる。

共同保証がなされた場合，たとえ保証契約が別々であっても，債務の目的が可分であり，かつ当事者の別段の意思表示がないかぎり，各保証人は債権者に対して頭数の割合で分割された範囲で義務を履行すればよい（▶456条・427条）。これを**分別の利益**という（**図表4-2①**）。かかる原則がとられたのは，分

割債権・債務の原則をとることと同様に，個人主義の立場を貫いた結果である。

しかし，分別の利益により，債権者は，複数の保証を得ても，保証人のいずれかが無資力になるとそのリスクを自身で負わざるをえなくなる。それゆえ，分別の利益は保証の担保力を減殺するものであり，これを認めることには立法論として疑問がある。

保証連帯 そこで，債権者と保証人との特約によって各保証人が連帯して全額の給付をする債務を負うとすることが考えられる。これを**保証連帯**という（**図表4-2②**）。保証連帯の効力は契約自由の原則から当然に認められる。保証連帯を成立させる合意の方法としては，債権者が全保証人との間で一括して合意をするもの（狭義の保証連帯ともよばれる）と，債権者が各保証人と別個に合意をするものが考えられる。

保証連帯が成立すると，各保証人の保証債務は連帯関係に立つから，これには連帯債務に関する規定が準用されると解されている。他方で，保証連帯においても，各保証人は，債権者に対して催告の抗弁権（▶452条）や検索の抗弁権（▶453条）を行使することができる。

連帯保証の場合 以上に対して，共同保証の場合でも各保証人が連帯保証の約定をしている場合には，分別の利益は認められないと解されている（★大判明治39・12・20民録12輯1676頁）。なぜなら，連帯保証人は，債権者との関係で，もともと債務者と連帯して全額の給付をなす債務を負担しているからである（**図表4-2③**）。

判例は，単に連帯保証人が複数存在する場合には，保証人相互間には直接の連帯関係がないので，連帯保証人間には連帯債務の規定は準用されず，債権者が連帯保証人の1人に対して免除の意思表示をしても，他の連帯保証人の義務は影響を受けないとしていた（★最判昭和43・11・15民集22巻12号2649頁）。これに対して，学説では，連帯保証人相互間では当然に連帯関係が成立するという見解が少なくなかったが，単なる連帯保証の併存の場合には保証人間の主観的な共同目的もないのであるから，判例の見解が妥当であったと思われる。もっとも，改正法においては連帯債務における免除の絶対的効力が否定されていることには留意すべきであろう。

図表 4 − 2　共同保証の各形態

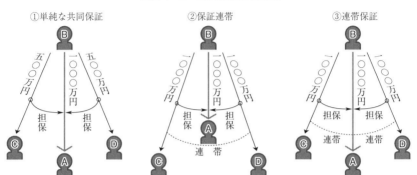

Case 4-15 (1)　AのBに対する1000万円の金銭債務について，Aから委託を受けたCとDが連帯保証をした。その後，Bから請求を受けたCは1000万円をBに支払った。A・C・D間の法律関係はどうなるか。
(2)　AのBに対する1000万円の金銭債務について，Aから委託を受けたCとDが単なる保証をしたが，Bから請求を受けたCは1000万円をBに支払った。A・C・D間の法律関係はどうなるか。

共同保証人間の求償権①：分別の利益がない場合

Case 4-15(1)において，主たる債務者Aに代わって弁済をした連帯保証人Cは，当然Aに対してその全額の求償権を有することとなる。しかし，自分で弁済しなかった債務者は無資力であることが多く，CはAからは事実上償還を得られないこととなりかねない。他方で，もう一方の連帯保証人Dは，Cの弁済によって自分の保証債務を免れているが，それにもかかわらずこのようなリスクをCのみが負担するというのは公平ではあるまい。

そこで，共同保証において，債務が不可分であるため，または全額を弁済すべき旨の特約があるため，自己の負担部分を超える弁済をした保証人は，連帯債務の場合に準じて，他の保証人に対して負担部分を超える部分について求償権を有し，かかる求償権は，弁済の日以後の法定利息および不可避の費用その他の損害の賠償も包含するものとされた（▶465条1項・442条2項）。ただし，連帯債務の場合と同様に，求償権の行使には，他の共同保証人に対して弁済前後に通知をなすという制限的要件が課される（▶465条1項・443条）。なお，共

同保証人中に無資力者がいる場合には、残りの保証人はその負担部分に応じて無資力のリスクを分担する（▶465条1項・445条）。

465条1項にいう「全額を弁済すべき旨の特約がある」場合とは、保証連帯の場合のほか、連帯保証による共同保証の場合も含むものと解されている。また、求償権は、条文上、負担部分を超えた弁済をしたときにその超えた部分についてのみ認められるとされ、支配的見解もそのように理解してきたが、近時、連帯債務の場合と同様に、負担部分を超えない弁済でも負担割合に応じた求償権が直ちに認められるとする見解も主張されていた。

たしかに、近時の学説によれば弁済をした保証人がより保護されることになる。しかし、連帯債務における割合に応じた求償が債務者間の主観的共同目的によって基礎づけられるとすると（➡161-162頁）、単なる連帯保証の併存の場合をこれと同様に扱うことには疑問が残る。いずれにせよ、**Case 4-15**(1)では、CはDに対し500万円の求償権を取得することになる。

| 共同保証人間の求償権②：分別の利益がある場合 |

それでは、**Case 4-15**(2)のCのように、互いに連帯しない保証人の1人が債権全額を支払った場合、残りの保証人に対していかなる権利を主張しうるか。

この場合でも、保証人は、主たる債務、および他の共同保証人の負担している保証債務を自らの弁済によって消滅させている。そして、主たる債務者に対する関係ではその委託に基づいて弁済をなしたといえよう。しかし、他の保証人Dとの関係では、Dの負担部分を義務なくして弁済したといえる。そこで、民法は、分別の利益を有する保証人が自分の負担部分を超えて弁済をした場合には、他の共同保証人がその当時に受けた利益の範囲でのみこれに対し求償権を有することにした（▶465条2項・462条1項）。仮にこの弁済が他の共同保証人の意思に反するものと認められる場合には、その保証人が現に利益を受ける限度でしか求償することができない（▶465条2項・462条2項参照）。

したがって、**Case 4-15**(2)のCは、基本的には弁済当時にDが受けた利益の限度でのみDに対し求償権を主張しうることになる。

| 弁済による代位との関係 |

ところで、**Case 4-15**の事例では、Cは、理論的には弁済による代位により、債務者Aに対する求償権の確保のため

に，債権者Bの権利，すなわちそのAに対する債権およびDに対する保証債権を行使することができそうである（▶500条・501条1項参照）。このため，2017年改正前には，共同保証人間の求償権と弁済による代位との関係が議論され，一応，両者が併存することを認めつつ，弁済による代位の権利行使は共同保証人間の求償権の範囲に限定されるという見解が有力であった。改正法はかかる立場を採用するに至っている（▶501条2項）。

　それでは，弁済による代位におけるごとく，共同保証人間の求償権にも主たる債務者に対する求償権を確保するという意義があるだろうか。判例は，「民法465条に規定する共同保証人間の求償権は，主たる債務者の資力が不十分な場合に，弁済をした保証人のみが損失を負担しなければならないとすると共同保証人間の公平に反することから，共同保証人間の負担を最終的に調整するためのものであり，保証人が主たる債務者に対して取得した求償権を担保するためのものではない」と解し，「保証人が主たる債務者に対して取得した求償権の消滅時効の中断事由がある場合であっても，共同保証人間の求償権について消滅時効の中断の効力は生じない」とした（★最判平成27・11・19民集69巻7号1988頁）。すなわち，457条1項の類推適用を否定したわけである。

　しかし，保証人が他の保証人に対する求償権の行使によって満足した場合に，主たる債務者に対する求償権はどうなるのだろうか。あくまで，双方の求償権は無関係であり主たる債務者に対する求償権に変化はない，とするのは無理であろう。むしろ，他の保証人に対する求償権の行使によって満足した範囲において，主たる債務者に対する求償権は消滅し，他方で，求償に応じた他の保証人は，その範囲で主たる債務者に対する求償権を取得するというべきではないか。その意味で，他の保証人に対する求償権の満足は，同時に債務者に対する求償権の満足として扱われ，前者は後者の確保のためにも存在するというのが素直であろう。判例も，共同保証人間の求償権の必要性の基礎を主たる債務者の無資力のリスクに求めており，そもそも主たる債務者が求償に応じれば，他の保証人に対する責任追及も問題にはならないことを暗に示している。したがって，主たる債務者に対する求償権と他の保証人に対する求償権との関係は，主たる債務と保証債務との関係に類似する。

もっとも，前述のように（➡184頁）そもそも457条1項の規律自体に疑問があるところ，これを主たる債務者に対する求償権と共同保証人間の求償権との関係に及ぼすのはますます不当であり，結論としてはその類推適用を否定するのが穏当である。というのは，共同保証人の1人は，必ずしも他の保証人の存在を知るとは限らず，仮にこれを知っていても，他の保証人の主たる債務者に対する求償権の担保のために自らが求償金債務を負う，という意思決定もしていない以上，主たる債務者に対する求償権の行使によって当然に自己に対する求償権の時効も影響を受けるというのは，不測の事態になりかねないからである。

8 根 保 証

Case 4-16 Aは，Bとの間で，2年間，与信額の上限を500万円として月ごとに一定種類の商品を売り渡してもらうという契約を結んだ。しかし，AはBから当該契約から生じる債務の保証人を立てるよう求められたため，Cにその保証を委託し，CはBとの間でAの債務について連帯保証をする契約を結んだ。

根保証の意義 Case 4-16 の契約において，AがBに対して負担する債務は，月々の売買ごとに発生するものであり，その額などの債務の内容は現段階では確定していない。そして，Cがなす保証は，継続的契約関係に基づきAが現在および将来にBに対して負担することになる不特定の債務群を対象にするものである。このような保証を**根保証**とよぶ。

このように，将来発生する不特定の債権群を担保する制度としては，他に**根抵当権**がある。民法は，根抵当については，その一般的有効性を認めつつ，それが有効に成立する要件として，被担保債権の範囲の限定や債権者が優先弁済を受けることのできる上限額（極度額）を根抵当権設定契約で定めることを要求している（▶398条の2以下）。

これに対して，根保証については，従来，民法上の明文規定はなかった。しかし，このことは根保証の有効性が認められないということではなく，契約自由の原則にかんがみればこのような保証の有効性も認められる。というのは，仮に保証契約の段階で保証されるべき債務が特定していなくとも，その後，保

証契約で指定していた内容の債務が発生すれば，その時点で保証債務の効力を認めることは付従性に反しないし，逆にいったん保証の対象となった債務が弁済によって消滅すれば，それについての保証債務も消滅することには問題がないからである。そして，債権者は，債務者が履行しないときに，その時点で保証人が負担する保証債務の履行を求めることになるだろう。

保証人の責任限定の理論　しかし，根保証では，個別債務の保証とは異なり，保証人の責任が非常に広範なものとなるおそれがある。このため，保証人を過大な責任から解放するための理論が問題となった。

従来は，根保証における債権者と保証人との関係は，継続的契約関係の一種であり，債務者と並んで保証人も債務を負担していき，ただ一定期間経過後や債務者の資力が悪化するという事情が生じた場合には，保証人には将来に向かってその契約関係を解消する権限が認められる，という解釈理論がとられてきた（**図表4-3①**）。それゆえ，根保証も継続的保証とよばれることが多かった。

これに対して，根抵当制度においては，根抵当権設定後も目的物から優先弁済を受ける債権が確定せず，一定の事由が生じた段階で初めて被担保債権たる元本が確定するという措置がとられている。この**元本の確定**という理論を根保証にも及ぼすならば，保証契約成立後に債権者と主たる債務者との間で発生した債務は直ちに保証の対象としては確定せず，その後，一定の事由が発生した時点で現存する債務群が初めて保証の対象として確定する，ということになる（**図表4-3②**）。近時ではこのような見解が有力になってきている。

しかし，一口に根保証といっても，従来問題となったケースには，主たる債務の範囲が非常に広範であるものから，比較的その範囲が限定されているものまであって，それぞれに特有の問題点がある。そこで，以下では，根保証の例としてしばしば問題となった，信用保証，賃借人の債務の保証について順次説明を進め，さらに，近時設けられた個人保証における特別の規制と身元保証の問題をみていきたい。

信用保証　(1)　**意　義**　**Case 4-16** のような継続的与信取引（売買や貸金など）によって発生する債務を一括して保証することを，しばしば信用保証という。かかる**信用保証**でも，**Case 4-16** のように，保証さ

図表 4-3　根保証における保証債務の構造

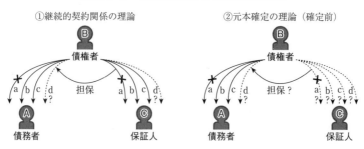

れるべき債務の種類や保証期間が限定され，かつ，債務総額の上限が500万円とされることにより保証人の責任額も限定されるならば，とくに保証人に過大な責任を負わせるものではない。

(2) **包括根保証の効力**　それでは，AがBに対して以後負担することになる債務をCがすべて保証するという契約がなされた場合はどうか。このように保証期間の定めまたは保証人の責任限度額の定めがない保証を，**包括根保証**という。包括根保証の効力を認めると，保証人は際限のない責任を負うことになりかねないが，契約自由の原則にかんがみ，このような保証も一応は有効と解されてきた。しかし，その効力を文字どおりに認めてしまうと，保証人が過酷な責任にさらされる。そこで，保証人を過大な責任から解放する解釈論が確立した。

(a) 伝統的学説の解釈論　(i) 保証されるべき債務の範囲・責任額の限定　第1に，たとえ主たる債務の範囲や保証人の責任限度額が契約で明示されていなくとも，保証契約の経緯などにかんがみればこれらは合理的な範囲に限定されるべきとする（保証契約の解釈の一種）。すなわち，債権者と主たる債務者との取引関係から，保証人として責任を負うべき範囲は一定限度に解釈できるというものである。

(ii) 保証人への解約権の付与　第2に，一定の事情があれば，保証人には将来に向かって保証契約を解約する権利が認められるという。これには**任意解約権**と**特別解約権**がある。いずれも判例によって確立された法理であり，学説もこれを基本的に支持してきた。

任意解約権とは，たとえ保証期間が定められていない場合でも，保証契約成立から一定の期間が経過した後には，保証人が保証契約を将来に向かって解約することができるという権利である（★大判昭和7・12・17民集11巻2334頁）。保証契約の経緯から，債権者が主たる債務者に対して融資を行うのは2年程度であろうということが前提になっているならば，当該期間が経過すれば，もはや保証人は以後生じる債務の責任から解放されるというべきだからである。

　特別解約権とは，債務者の資力状態が悪化し，または債務者が保証人との信頼関係を破壊する行為をした場合には，保証人は将来に向かって保証契約を解約しうるという権利である（前者のケースにつき，★大判大正14・10・28民集4巻656頁。後者のケースにつき，最判昭和39・12・18民集18巻10号2179頁：百選Ⅱ-23）。このような特別の事情が生じた場合には，保証人が保証契約をなした前提が欠落したともいいうるからである（**事情変更の法理**の適用例ともいえる）。

　なお，特別解約権については，保証期間の定めがない場合に限定する理由はなく，これは保証期間の定めがあるケースでも認められるとするのが，一般的見解となっている。

　　(ⅲ)　相続の制限　　保証期間および責任限度額の定めのない包括根保証がそのまま保証人の相続人に承継されると，これに不測の損害を負わせるおそれがある。このため，判例は，かかる包括根保証は契約当事者の人的信頼関係を基礎とするものとみて，その相続を否定した（★大判大正14・5・30新聞2459号4頁，最判昭和37・11・9民集16巻11号2270頁）。通説もこれを基本的に支持してきた。もっとも，相続が否定されるのは，以後発生するであろう債務に関する一般的な保証の責任であり（**基本的保証債務**），保証人の死亡時にすでに具体的に発生していた保証債務（**具体的保証債務**）の相続は否定されない。また，信用保証であっても，**Case 4-16**のように保証期間および責任限度額が指定されている保証については，判例はその相続を容認している。

　(b)　近時の学説　　以上の見解に対して，近時では，信用保証にも根抵当における元本の確定の理論を応用して，保証人の責任を限定していくべきとの見解も唱えられるようになった。もっとも，この理論をとる場合でも，その具体的結論は，判例が解約権の付与や相続の否定によって到達した結論から大きく

は変わらないだろう。

> **Case 4-17** AはBからビルの一区画を2年間賃借する契約を結ぶにあたり，Bから契約上の債務の連帯保証人を立てるように求められた。そこで，Cが，Aが賃貸借により負担する債務を連帯保証する約定をした。

賃貸借における賃借人の債務の保証　**(1) 意　義**　Case 4-17のCがなした保証は，Aが月々Bに対して負担する賃料債務のほかに，Aによる目的物の用法違反や賃料滞納によって発生する損害賠償債務も包含する。したがって，この保証も，将来発生する不特定の債務を保証する点で，根保証の1つといえる。

Case 4-17の賃借人の債務の保証においては，保証人が責任を負う期間は限定されており，責任の限度額については定めがないとしても，通常は賃料額の総計がその限度となるので，保証人に包括根保証のように過大な責任を負わす危険性は比較的低い。したがって，このような保証の有効性は一般的に認めてよい。また，その相続も肯定してよいだろう（★大判昭和9・1・30民集13巻103頁）。

(2) 保証人の責任　Case 4-17において，Aが賃料の2か月分を滞納したとしよう。その後のB・C間の法律関係はいかに取り扱われるべきであろうか。

賃料を滞納した賃借人に対しては，当然，賃貸人は，その支払いを催告できるが，これに賃借人が応じないときには最終的に契約を解除することができる。この場合，Cが滞納された賃料やそれによる損害賠償，さらには目的物の返還について保証人としての責任を負うことには異論がない。しかし，賃貸人が契約を解除せず滞納賃料額が増大した場合でも，保証人が責任を負うか否かは問題である。賃貸期間が定められている場合に保証人の保証の解約権を認める最高裁判例はないようであるが，債権者が意図的に契約を解除せずに保証人の責任を追及するような場合には，その権利行使が権利濫用と判断される可能性もあろう。

(3) 契約更新後の債務についての保証人の責任　Case 4-17において，

A・B間の賃貸借契約が，不履行もなく2年間が経過して終了し，従来と同一の条件で更新された場合，Cは更新後の債務についても保証人としての責任を負うだろうか。保証契約でその約定が明確になされていれば問題はないが，そうではない場合に疑問が生じる。

　本来，同一の条件による契約の更新といえども，更新は当初の契約とは別個の契約の締結とみるべきである。それゆえ，更新後の契約の債務を保証するという約定がないかぎり，保証人はもはや責任を負わないといえそうである。はたして，大審院の判例はそのような立場をとった（★大判大正5・7・15民録22輯1549頁）。

　しかし，Case 4-17 のような建物賃貸借は借地借家法の適用を受け，特別の方式でなされた期限付建物賃貸借（▶借地借家38条）に該当しないかぎり，賃貸人は正当の事由がなければ更新を拒絶することができず，かつ，適時に更新拒絶の通知をしないと契約は従前の条件で更新されたものと看做される（▶借地借家26条・28条）。したがって，このような扱いを受ける賃貸借契約について保証契約を結んだならば，逆に特段の事情がないかぎり，保証人Cは更新後の契約によって発生する債務も保証したものと解すべきであろう。かかる見解が通説となっていたが，最高裁の判決でもそのような判断を下すものが現れている（★最判平成9・11・13判時1633号81頁）。ただし，この場合には，保証人の責任が過大なものとならないように，相当期間が経過した後にはこれに解約権を認めるべきである。

(4) **期間の定めのない賃貸借の場合**　Case 4-17 とは異なり，A・B間の賃貸借の期間の定めがない状況で，Cが賃借人Aの債務を連帯保証した場合は，Cの責任はいかに取り扱うべきか。判例は，この場合でも，信用保証におけるような任意解約権を保証人には認めない（★大判昭和7・10・11新聞3487号7頁）。しかし，AがBに対して賃料を滞納し続けると，Bから賃貸借解除の意思表示がなされないかぎり，保証人Cの責任は際限なく拡大するおそれがある。それゆえ，後述の身元保証のケースなどに準じて，Aが継続的な不履行をするなど信頼関係を破壊するような行為に及んだならば，CはBに対して保証契約を将来にむかって解約することができるというべきであろう。賃料債務を

履行できないような者に貸し続けるということ自体が問題であり，あえてそのような選択をした貸主を保護する必要はないからである。判例もこのような解約権を保証人に認めている（★大判昭和8・4・6民集12巻791頁〔保証契約後，相当期間が経過し，かつ賃借人がしばしば賃料の支払いを怠り，将来も誠実に債務を履行する見込みがないにもかかわらず，賃貸人が賃借人に使用収益をさせている場合〕，大判昭和14・4・12民集18巻350頁〔賃借人がほぼ1年分の賃料を滞納しているにもかかわらず，なお賃貸借が継続される場合〕）。もちろん，この場合でも，解約されるまでに発生した賃料債務や損害賠償債務について，保証人は責任を負う。

> **Case 4-18** Aは，B金融会社から継続的な融資を受けようとした際，融資の条件として，以後AがBに対して負担する債務について保証人を立てるように求められた。そこで，Aは友人のCにその保証を委託し，CはBとの間でAが負う債務について連帯保証をする契約を結んだ。

個人の根保証に関する特別規定　(1) **意　義**　知人の依頼によってなされる保証では，主たる債務者への情宜のために，自己の責任を十分に認識しないで契約がなされるケースが少なくない。とくに **Case 4-18** のような根保証では，後日，保証人となったCが不測の損害を受ける危険性が高い。実際に，近時，根保証によって一般市民が債権者からの苛酷な取立てにさらされるという事態が社会問題化した。そのため，自然人が保証する場合については，根保証における責任の範囲を法律によって規制すべきではないか，という議論が活発になされるようになった。その結果，2004年に新たに根保証について保証人の責任を限定する特別規定が新設され，さらに2017年改正においてそれが拡張されている（▶465条の2以下）。

(2) **特別規定の内容**　(a) **極度額の要求**　一定の範囲に属する不特定の債務を主たる債務とする保証契約であって保証人が法人でないもの（以下では「個人根保証契約」という）の保証人は，主たる債務に関する利息，違約金，損害賠償その他その債務に従たるすべてのもの，およびその保証債務について約定された違約金または損害賠償の額について，**極度額**を限度として履行する責任を負う（▶465条の2第1項）。そして，極度額の定めのない個人根保証契約は

無効とされ（▶同条2項），極度額の定めも書面によってなされなければならない（▶同条3項）。2004年の改正時には，この特別の規律は，主たる債務の範囲に金銭の貸渡しまたは手形の割引を受けることによって負担する債務が含まれる保証に限定されていたが，2017年改正ではそのような限定は排除されることになった。

　(b)　元本の確定　　保証人が責任を負うべき元本債務の発生期間については，次のような限定が加えられている。

　第1に，個人根保証契約であってその主たる債務の範囲に金銭の貸渡しまたは手形の割引を受けることによって負担する債務（以下では「貸金等債務」という）が含まれるもの（以下では「個人貸金等根保証契約」という）において，主たる債務の元本の確定すべき期日（**元本確定期日**）が定められていない場合には，元本は根保証契約の締結から3年を経過すれば確定し（▶465条の3第2項），根保証契約で元本確定期日が定められていても，それが根保証契約締結から5年を超える日とされている場合には，その約定は無効であり（▶465条の3第1項），元本は根保証契約締結から3年後に確定する（同条2項参照）。

　個人貸金等根保証契約において元本確定期日の定めがある場合には，当事者の合意によってこれを変更することはできるが，変更後の元本確定期日が変更の日より5年を超える日とされている場合には，変更の効力は認められない（▶465条の3第3項本文）。ただし，元本確定期日の前2か月以内に変更をする場合には，変更後の元本確定期日が変更前の期日から5年以内の日であれば，当該変更は有効となる（▶同項ただし書）。なお，ここでの元本確定期日の定めおよびその変更については，書面が要求される（▶465条の3第4項）。

　第2に，個人根保証契約全般において，以下のいずれかの場合には主たる債務の元本は当然に確定する（▶465条の4第1項）。

　①債権者が，保証人の財産について，金銭の支払いを目的とする債権についての強制執行または担保権の実行を申し立てたとき。ただし，強制執行または担保権の実行の手続が開始しなければならない（▶同項1号）。

　②保証人が破産手続開始の決定を受けたとき（▶同項2号）。

　③主たる債務者または保証人が死亡したとき（▶同項3号）。

第3に，個人貸金等根保証契約においては，以下のいずれかの場合にも主たる債務の元本は当然に確定する（▶465条の4第2項）。
①債権者が，主たる債務者の財産について，金銭の支払いを目的とする債権についての強制執行または担保権の実行を申し立てたとき。ただし，強制執行または担保権の実行の手続が開始しなければならない（▶同項1号）。
②主たる債務者が破産手続開始の決定を受けたとき（▶同項2号）。
　この2つが個人貸金等根保証契約においてのみ元本確定事由とされたのは，たとえば，賃貸借契約によって賃借人が負担する債務の保証においては，賃借人の資力が悪化しても，なお，その利用権の確保のために賃貸借を続行させなければならない必要性も否定しえないからである。
　(c)　求償権保証の特則　　将来発生する債務を包括的に保証する契約がなされても，法人が保証人となるかぎり，極度額や元本確定期日の定めがなく，または，元本確定期日が契約から5年を超える場合でも，当該契約はそのまま有効とされる。しかし，保証人たる法人がその保証債務を履行した後に主たる債務者に対して有する求償権を担保するために，さらなる保証契約が結ばれることがある。かかる求償権についての保証人が自然人である場合には，将来発生する債務を直接に保証した場合と同様に，不測の損害を受けるおそれがある。
　そこで，保証人が法人である根保証契約において極度額の定めがないときは，その根保証契約の保証人の主たる債務者に対する求償権にかかる債務を主たる債務とする保証契約は，法人の保証でないかぎり，無効とされる（▶465条の5第1項・3項）。また，保証人が法人である根保証契約であってその主たる債務の範囲に貸金等債務が含まれるものにおいて，元本確定期日の定めがないとき，または，元本確定期日の定めもしくはその変更が個人による保証においては無効となるものである場合には，その根保証契約の保証人の主たる債務者に対する求償権にかかる債務を主たる債務とする保証契約（主たる債務の範囲にその求償権にかかる債務が含まれる根保証契約も同様）は，法人の保証でないかぎり，無効とされる（▶同条2項・3項）。
　(3)　従前の解釈論との関係　　特別規定が導入される前の信用保証に関する解釈論では，保証人の責任限度額の定めがない場合でも根保証は有効とされて

いたが，特別規定では，責任限度額たる極度額の定めがなければ，個人根保証契約自体が無効とされる。また，従前は，責任限定の方法として保証人に解約権を付与するという解釈が有力であったが，特別規定は，根抵当と同様に元本確定の理論を採用することにより，保証人の責任の範囲に限定をつけることにした。とくに，個人貸金等根保証契約において保証期間の定めがない場合には，契約から3年を経過した時点で現存する債務のみについて保証人は責任を負えば足りることとなる。これは従前の解釈論の任意解約権に相当する特別の措置といえよう。また，元本確定期日にかかわりなく，債務者に対する強制執行や債務者についての破産手続が開始した場合に元本が確定するとしたのは，従前の解釈論における特別解約権に相当するものといえる。他方で，個人根保証契約において，保証人が死亡すれば元本が確定することとしたのは，包括根保証の基本的保証債務が相続されないとした判例の解釈論に相応した措置といえる。また，保証人に対する強制執行や保証人についての破産手続が開始し，あるいは債務者が死亡した場合に元本が確定するとしたのは，根抵当における元本の確定（▶398条の20第1項1号・同4号参照）に相応した取扱いといえよう。

ただし，以上の特別規定は，すべての根保証に適用されるのではなく，あくまで個人による根保証の場合に適用されるにすぎない。それゆえ，特別規定の射程の及ばないケースについては従前の解釈論が妥当することとなる。

身元保証　(1) **意　義**　**身元保証**とは，雇用契約関係において被用者が使用者に及ぼした損害を第三者（身元保証人）が賠償するという契約である。これには，被用者に帰責事由があるためにそれ自身が損害賠償債務を負担し，これと並んで第三者がその保証債務を負担するというものと，被用者に帰責事由がなく損害賠償債務を負わない場合でも，使用者に生じた損害を第三者が賠償するというものの2つが含まれる。前者は本来の意味での保証に該当するが，後者は主たる債務への付従性を有さない損害担保契約の一種である。いずれの場合でも，身元保証における保証人の責任は過大なものとなるおそれがある。そこで，この契約については，身元保証法が保証人の責任を制限する規定を設けている。

(2) **身元保証法の規律**　(a) **保証期間**　身元保証法1条は，身元保証契

約を，被用者の行為によって使用者が受けた損害を賠償するというすべての契約と定義し，かかる契約で保証期間の定めがない場合には，その効力期間は契約成立日から3年間とすることにした（ただし，商工業見習者の身元保証契約については5年とする）。また，保証の期間を約定する場合でも5年を超えることはできず，仮に5年を超える期間が約定されてもそれは5年に短縮される（▶身元保証2条1項）。なお，身元保証契約も更新することはできるが，その期間は更新の時点から5年間を超えてはならない（▶身元保証2条2項）。

身元保証人が負担する基本的保証債務については，その相続を否定するのが支配的見解である（★大判昭和18・9・10民集22巻948頁）。身元保証の基礎には，保証人と被用者との強い人的信頼関係があるからである。

(b) 使用者の義務と保証人の解約権　身元保証契約がなされると，使用者は次の事実があれば遅滞なく身元保証人に通知しなければならない（▶身元保証3条）。すなわち，①被用者に業務上不適任または不誠実な事情があり，これによって身元保証人の責任を惹起するおそれがあることを知ったこと（▶同条1号），②被用者の任務または任地を変更し，これによって身元保証人の責任を加重しまたは被用者の監督が困難となること（▶同条2号），である。そして，かかる通知を受けた身元保証人は将来にむかって身元保証契約を解約することができる（▶身元保証4条前段）。身元保証人自身が上記の2つの事実を知ったときにも同様である（▶同条後段）。この規定の趣旨は，被用者による損害が拡大する前に保証人を責任から解放する点にある。

それでは，上記の2つの事実が発生したにもかかわらず使用者が通知を怠った場合には，身元保証人の責任はどうなるだろうか。判例は，①の事実の通知を怠っている間に被用者が同様の行為に及んだとしても，身元保証人はそれによる責任から当然に免れるわけではないが，通知義務違反は，身元保証人の責任ないしその金額を定めるについて斟酌すべき事情に当たるとした（★大判昭和17・8・6民集21巻788頁）。すなわち，身元保証法5条では，裁判所は，身元保証人の損害賠償の責任およびその金額を定めるにつき，被用者の監督に関する使用者の過失の有無，身元保証人が身元保証をなすにいたる事由およびこれをなすにあたって用いた注意の程度，被用者の任務または身上の変化その他一

切の事情を斟酌するものとされているが，通知義務違反もかかる斟酌の対象となるわけである。

(c) 片面的強行規定　以上の身元保証法の規定に反するもので身元保証人に不利な約定がなされても，それはすべて無効となる（▶身元保証6条）。

9　事業に係る債務についての保証契約の特則

事業のために負担する貸金等債務が保証の対象に包含される場合　もともと保証には大きなリスクが伴うから，その意思表示は慎重を期するため書面によることとされているが，事業のために負担する貸金等債務が保証の対象に包含される場合には，とりわけ保証人に過大なリスクが生ずる恐れがある。このため，2017年改正によって，このような保証契約については，その契約の締結に先立ち，その締結日の前1か月以内に作成された公正証書で保証人になろうとする者が保証債務を履行する意思を表示していなければ，その効力は生じないものとされた（▶465条の6第1項。保証意思宣明証書の作成）。ただし，この取扱いは個人による保証に限定される（▶同条3項）。

保証意思宣明証書の作成の方式については，詳細な規定が設けられている（▶465条の6第2項・465条の7参照）。

また，事業のために負担する貸金等債務を保証の対象とした保証人が主たる債務者に対して有する求償権が，さらなる保証の対象となる場合にも，同様の危険があることから，上記と同様の取扱いがなされる（▶465条の8参照）。

特別措置のさらなる例外　上記の特別措置のさらなる例外として，主たる債務者の地位に準ずる者が保証をした場合には，特別措置が認められないこととされている（▶465条の9）。これは，それらの者に主たる債務者と同じ義務を課すことには格別の問題がないからである。これに該当するものとしては，主たる債務者が法人である場合におけるその理事，取締役などがあげられている（▶同条1号・2号・3号）。

もっとも，主たる債務者が行う事業に現に従事している配偶者をこの中にとり込んだ点については（▶同条3号），「従事」の解釈次第で配偶者に不測の事態も招きかねず，疑問も呈されている。

主たる債務者の情報提供義務　事業のために負担する債務を対象とする保証・根保証が委託される場合，これを引き受けた保証人は不測の損害を被る危険性が強い。このため，かかる保証を委託する債務者は，委託を受ける者に対し，①〜③の事項に関する情報を提供しなければならないとされている（▶465条の10第1項）。

①財産および収支の状況

②主たる債務以外に負担している債務の有無ならびにその額および履行状況

③主たる債務の担保として他に提供し，または提供しようとするものがあるときは，その旨およびその内容

そして，主たる債務者が上記①〜③の事項に関して情報を提供せず，または事実と異なる情報を提供したために，委託を受けた者がその事項について誤認をし，それによって保証契約の申込みまたはその承諾の意思表示をした場合において，主たる債務者がその事項に関して情報を提供せずまたは事実と異なる情報を提供したことを債権者が知りまたは知ることができたときは，保証人は，保証契約を取り消すことができる（▶同条2項）。この取扱いの意義は，通常の詐欺取消しの要件（▶96条1項）として求められる詐欺の故意を不要としている点にある。

　もっとも，このような特別の保護は個人による保証の場合に限られ，法人による保証の場合には認められない（▶465条の10第3項）。

☑ Exam 1

　A・B・Cは，共同して，Gとの間で，返済期限を1年後とする金銭消費貸借契約を結び，Gから900万円の金銭を受領した。このとき，A・B・Cは，Gに対して，賃金返還債務を連帯して負担する旨を約束した。他方で，A・B・Cの3人は，Gへの返済について，それぞれ全体の3分の1ずつを負担するという合意をした。その後，返済期限が到来したために，GがBに対して900万円の支払いを請求してきたが，AはGに対して弁済期の到来した200万円の金銭債権を有していた。

　問1　BはGに対していかなる主張をすることができるか。
　問2　BがとくにA・Cに連絡もせずにGに対して300万円を弁済した場合，Bは誰に対していかなる請求をすることができるか。

解答への道すじ

　AがGに対して相殺の意思表示をすれば，200万円の範囲でB・Cも債務を免れるのは明らかである。このような意思表示がなされないとき，Bは債権者Gの請求に対していかなる対処をとるべきか，また，Bの対応次第で他の債務者との関係にいかなる影響が生ずるのかが問題となる（➡161頁以下）。

☑ Exam 2

　Aは，Gとの間で，返済期限を1年後とする金銭消費貸借契約を結び，Gから1000万円の金銭を受領した。この際，B・Cは，それぞれAから委託されて，個別にGとの間で，AがGに対して負う賃金返還債務についてAと連帯して保証する契約を書面により締結した。返済期限が到来したものの，Aが債務を履行しようとしないため，Gは，B・Cそれぞれに支払いをするように請求したところ，BからGに対して600万円だけが弁済された。

　問1　Bは，AおよびCに対していかなる請求をすることができるか。
　問2　BがAに対してその義務を免除する意思表示をした場合には，BはCに対していかなる請求をすることができるか。

解答への道すじ

　共同保証人のうちの1人が弁済をした場合に，他の共同保証人に対していかなる権利を行使することができるのか，さらに，弁済をした保証人の主たる債務者に対する権利と他の保証人に対する権利との相互関係はどうなるのかが問題となる（➡197頁以下）。

第5章　債権譲渡・債務引受

1　債権譲渡

1　債権・債務関係の移転可能性

債権の譲渡性　債権も物権とともに財産権と観念されている（▶555条参照）。そして，不動産や動産の所有権を譲渡することができるのと同様に，債権も譲渡することができる。それは，その財産権としての性質から当然であると考えられている（**図表5-1**）。もっとも，債権の譲渡性は必ずしも当初から自明のものであったわけではない。ローマ法では，債権・債務（obligatio）は債権者と債務者とを結ぶ法鎖（iuris vinculum）と観念されていたから，債権・債務の同一性を保ったまま債権者を変更することは性質上不可能であり，債権者の変更は更改になると考えられた。それは，旧債権者A・債務者Bの間で旧債権を消滅させ，新債権者C・債務者Bの間で新債権を発生させるものであるから，債務者Bの同意が必要であった。では，AのBに対する債権を消滅させずにその同一性を保ったままCに移転することは，理論的に不可能なのであろうか。

しかし，第1に，経済活動の発達に伴い，債権が財産権としての性質をもつことから，弁済期未到来の債権を売却したり，これを担保にして資金を調達するなど，債権を流通させることへの現実的要請が高まった。第2に，権利概念の発達により，債権も1つの権利である以上，所有権と同様に譲渡可能であると観念されるよ

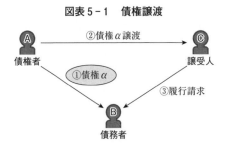

図表 5-1　債権譲渡

うになった。第3に，裁判を通じた権利保護が発達し，債権の実現可能性や債権の流通に対する法的保護が充実してきた。第4に，債権の帰属主体や内容を客観的・定型的に表象し，証明できる証券制度も発達した。こうして，債権者Aが債務者Bに対してもつ債権を，Bの同意を要することなしに，その同一性を保ったまま第三者Cに譲渡することが法理論上も可能になった。

今では，債権譲渡は，①債権の換価，②担保化，③回収などの手段として，また，④多数の小口債権を用いた資金調達の手法としても活用されている。こうして債権の譲渡性が承認・強化されることにより，債権の財貨性は飛躍的に高められてきたといってよい。

明治初期には，金銭等借用証書を貸主から第三者に譲渡するには，借主に証書を書き換えさせることが譲渡の効力要件とされ（明治9年太政官布告99号），借主の同意が必要であったことから，債権譲渡には制約があった。これに対し，旧民法（▶財産編347条など）を経て，現行民法は**債権譲渡自由の原則**を採用した（▶466条1項・2項参照）。債権も財産権の一種である以上，債権譲渡法の構成は，所有権譲渡法の構成とパラレルな構造をもつことへの理論的要請がある。では，不動産や動産に対する所有権の譲渡と債権の譲渡をどこまでパラレルに捉えることができるか，債権の特殊性に由来する相違はどの点にあるか，それを明らかにすることが本節の課題である。

2　債権の譲渡方法と債権の形態

> **譲渡方法からみた債権の諸形態**

所有権であれば不動産・動産などその目的物が可視的であるのに対し，債権は債務者の行為を目的とするから，その客体自体が目に見えづらい。そこで，債権の譲渡性を高めるために，債権を外部的に認識可能な形式と結合させる工夫が試みられてきた。その典型が**証券**である。債権は証券との結合度に応じ，便宜的に以下の3つの形態に分類できる。すなわち，①債権の発生・変更・移転・行使のいずれにおいても，証券との結合が必ずしも必要とされていない債権，②債権の発生・変更・移転・行使のいずれかの点で証券との結合が必要とされている債権，③債権の発生・変更・移転・行使のすべての場面で証券との結合が必要とされている債権

図表 5-2　譲渡方法からみた債権の諸形態

		記　名　式	指　図　式	無　記　名　式
①型	一般の債権	──	──	──
②型	証券的債権	記名式所持人払債権	指図債権	(免責証券)
③型	有価証券	記名社債，指図・裏書禁止手形・小切手，記名式所持人払小切手	一般の手形・小切手，倉庫証券，運送証券，船荷証券	無記名小切手，無記名債権(商品券，乗車券，入場券)

である（図表5-2）。

　①の典型例は，特定の債権者に履行することが予定されている一般の債権である。②の例として，民法が定める証券的債権がある。③の典型例は，手形・小切手，株券，社債券などの有価証券である。このうち，証券との結合が予定されている②・③は，その帰属主体の表示・決定方法の相違に応じ，記名式・指図式・無記名式に大別される。改正法は，②も「有価証券」のカテゴリーに含め，記名式所持人払証券・指図証券・無記名証券について譲渡方法を規定した（▶520条の2～520条の20）。

　近年では，コンピュータ技術の発達に伴い，債権を証券に表象させることなしに，一般の債権のままで，コンピュータを介した電子的な記録のやり取りにより，決済や流通を行うことが可能になってきた。その結果，債権の帰属主体，内容，移転を電子的に管理することにより，証券化のコストを削減しようとするペーパーレス化が進行している。その最先端が電子記録債権の構想である。その結果，一般の債権（譲渡）の復権現象が生じている（➡ Topic 5-1）。

3　債権の譲渡

> **Case 5-1**　AはBに対して1000万円の売掛代金債権をもっていたが，弁済期は3か月先であった。Aは急に資金が必要になったため，この売掛代金債権をCに900万円で譲渡したいと考えている。Cもそれに同意している場合，AはBに対するこの債権をBの同意なしに，A・C間の合意のみでCに譲渡することができるか。

債権の譲渡とは　債権は一般に債務者が特定の債権者に対して履行することを予定しており，必ずしも流通させることを目的としているとはいえない。しかし，流通させるために証券との結合が予定されてお

> ✏ **Topic 5-1**
> **電子記録債権**
> 　金銭債権について，その取引の安全を確保して流動性を高めるとともに，電子的な手段を利用した譲渡の法的安定性を確保することにより，債権・債務の決済のみならず，金銭債権を活用した資金調達を容易にするために，電子記録債権の制度が，電子記録債権法（平成19年6月27日法律102号）によって創設された。
> 　電子記録債権とは，金銭債権であって，債権の発生または譲渡について，同法が定める電子記録がされることを成立要件とするものである（▶電子2条1項）。すなわち，民間の電子債権記録機関（▶電子2条2項・51条1項）が管理する電子的帳簿としての記録原簿に，発生記録をすることによって発生し（▶電子15条），譲渡記録をすることによって譲渡が効力を生じる（▶電子17条）。
> 　電子記録債権の譲受人として譲渡記録を受けた者は，当該電子記録債権の発生原因や譲渡原因に無効事由があっても，当該電子記録債権を取得する。ただし，その者に悪意または重過失があるときは，取得は認められない（▶電子19条1項。**善意取得**）。また，発生記録における債務者Bが，電子記録債権の譲渡人Aに対して債権の不成立・無効・弁済などの人的関係に基づく抗弁事由をもっていたとしても，Aから当該電子記録債権の移転記録を受けた譲受人Cに対抗することができない。ただし，譲受人Cが債務者Bを害することを知って当該電子記録債権を取得したときはこの限りでない（▶電子20条1項。**人的抗弁の切断**）。このようにして電子記録債権はその流通保護が図られている。
> 　もっとも，電子記録債権の発生記録において，当該電子債権には善意取得の規定（▶電子19条1項）を適用しない旨を記録することができ（▶電子16条2項8号），その記録がされている場合は，善意取得することができない（▶電子19条2項1号）。また，電子記録債権の発生記録において，当該電子債権については人的抗弁が切断されない旨の記録をすることもでき（▶電子16条2項10号），その記録がされているときは，人的抗弁は切断されない（▶電子20条2項1号）。
> 　電子記録債権の法制度に関しては，池田眞朗・太田穣編著『解説 電子記録債権法』（弘文堂，2010年），池田眞朗「電子記録債権の普及と展望」金融ジャーナル2011年5月号8-11頁参照。

らず，債権の成立・譲渡・行使のいずれについても，証書の作成・交付が必要とはされていない一般の債権（指名債権ともいう）であっても，財産権たる債権の一種として，不動産や動産の所有権と同様に譲渡が可能である。その際，債務者（**Case 5-1**のB）の同意は必要ない（譲渡の成立・効力要件ではない）。債権の譲渡は，所有権の譲渡に準ずるものとして，**準物権行為**とよばれる。

債権譲渡についても，所有権譲渡の場合と同様に，意思主義・対抗要件主義（▶176条・177条・178条）が妥当すると解される（▶466条1項本文・467条参照）。もっとも，債権の客体は所有権の客体のような有体物ではないことから，債権譲渡の要件については客体の特殊性に対応する特別の規制が存在する。

債権譲渡の要件 債権譲渡の要件としては，①債権が譲渡可能なものであること，②債権譲渡の合意が存在すること（意思主義），③債権譲渡の対抗要件が具備されたこと（対抗要件主義）が必要である。

法律上の譲渡制限 債権譲渡の要件として，債権が譲渡可能なものでなければならない。債権譲渡の制限としては，(A)法律上の譲渡制限，(B)債権の性質上の譲渡制限（▶466条1項ただし書），(C)意思表示による譲渡制限（▶466条2項～4項参照）がある。このうち，法律上の譲渡制限は，当該債権者自身が履行を受けなければ意味のない債権につき，当該債権者が確実に履行を受けられるようにするなどの法政策的理由に基づいて，法律上譲渡を禁止するものである。たとえば，①扶養請求権（▶881条による処分禁止），②恩給・年金の給付請求権，③保険給付請求権などである。これらは，一身専属性の強い債権として，次にみる性質上の譲渡制限とオーバーラップすることも多い。法律上の譲渡制限が付された債権について譲渡の合意をしても，強行法規に反する法律行為として，無効である（▶91条）。

性質上の譲渡制限 債権は原則として譲渡可能である（▶466条1項本文。債権譲渡自由の原則）。ただし，債権の「性質がこれを許さないときは，この限りでない」（▶同項ただし書）。ここにいう債権の性質上譲渡が許されないものとしては，(i)まず，債権者の人的特定性が要請されるものがある。これには，扶養請求権（▶881条）などの一身専属権，使用借権（▶594条2項）などが含まれる。(ii)次に，債権・債務関係が当事者間の人的信頼関

係を基礎としていることから、債権を移転するためには債務者の承諾が要求される債権がある。たとえば、①賃借権の譲渡（▶612条1項。賃貸人の承諾）、②労働者に対する使用者の権利の譲渡（▶625条1項。労働者の承諾）などである。③当事者間の人的信頼関係が重視される点で、委任者の債権（★大判大正6・9・22民録23輯1488頁。受任者の承諾）、組合員相互の債権なども同様に解すべきである。

もっとも、これらのうち、賃借権は無断譲渡された場合であっても、賃貸人に対する背信行為と認めるに足りない特段の事情がある場合は、賃貸人の解除権が制限される結果、賃貸借関係は賃貸人と賃借権譲受人との間に移行すると解されている（★最判昭和45・12・11民集24巻13号2015頁）。また、労働請求権も、営業譲渡が予想されていた場合は、労働者の承諾なしに譲渡可能であると解される。

将来債権の譲渡　債権の性質上の譲渡制限に関連して、未だ発生していないが、**将来発生すべき債権（将来債権）の譲渡**が可能かどうかが問題になる。改正法は、判例法理（→ Topic 5-2）を踏まえてこれを正面から肯定し、債権の譲渡は、その意思表示の時に債権が現に発生していることを要しないものとした（▶466条の6第1項）。そして、債権譲渡の意思表示の時には発生していなかった債権が、その後発生したときは、譲受人は「発生した債権を当然に取得」するものとした（▶同条2項）。この「当然に」の意味については、解釈の余地がある。一方では、ⓐ債権が発生すると譲渡契約時にさかのぼって譲渡人に帰属すると同時に譲受人に移転したものと擬制されるとみる見解（譲渡契約時承継取得説）がある。他方では、ⓑ債権が発生した時点で、譲渡人に帰属するまでもなく、直ちに譲受人に帰属するとみる見解（債権発生時原始取得説）がある。いずれにしても、譲渡契約時に対抗要件を具備していれば、債権発生時に改めて対抗要件を具備する必要はない点については争いがない。これに対し、所有権の場合、いまだ存在しない目的物につき、現在、譲渡契約をしても効力は生じないし、対抗要件を具備することもできない点で異なる。たとえば、建築予定のマンションの所有権につき、売買契約は直ちに効力を生じる（▶555条）が、所有権の譲渡が効力を生じることはなく、売買契約時

に所有権の保存登記や移転登記をすることもできない。しかし，判例は，未発生債権の財貨性を債権譲渡契約の時点で顕在化させること（たとえば，譲渡人が融資を受けるために売却したり譲渡担保として利用するなど）への実務上の強い要請を徐々に追認するかたちで，将来発生すべき債権の譲渡合意も有効であると解し，改正法もこれを認めた。このように将来債権譲渡の承認は，将来債権がもつ現在の財産価値を実現するための法的構成であるといえる。

将来債権譲渡の要件　将来債権の譲渡は，債権発生の蓋然性の程度を問わず，有効であるが，譲渡の目的とされる債権が発生原因・成立時期・弁済期・額などによって**特定**されていなければならない。それにより，将来債権の譲渡契約を締結し，その時点で対抗要件（▶467条）を具備しておけば，有効であり（対抗力を取得），後に実際に債権が発生した時点で改めて対抗要件を具備する必要はない（★最判平成19・2・15民集61巻1号243頁）。たとえば，医師AがCから資金を得るために，Aが支払担当機関B（特定の債務者）に対してもつ将来の診療報酬債権（複数）を，一括してCに譲渡し，その時点でBに対して確定日付のある証書で通知することにより，当該債権の二重譲受人，差押債権者などの第三者に対する対抗要件（▶467条2項）を具備することも有効である。その結果，当該診療報酬債権（複数）の発生後にその一部を差し押さえたAの債権者Dに対し，Cは債権譲渡および対抗要件具備の有効性を主張することができる（★最判昭和53・12・15判時916号25頁）。

ただし，将来発生すべき債権の譲渡が，社会通念に照らして相当とされる譲渡人の活動範囲を著しく制限したり，他の債権者に不当な不利益を与えるような「特段の事情」があれば，債権譲渡の全部または一部が公序良俗に反して無効（▶90条）と解する余地があることに留意する必要がある（★最判平成11・1・29民集53巻1号151頁：百選Ⅱ-26。 ➡ **Topic 5-2**）。

さらに，複数の債務者に対して将来発生すべき複数の債権を一括して譲渡することも，債権者・債務者・発生原因などにより，譲渡人がもつ他の債権から識別できる程度に特定されていれば，有効である（★最判平成12・4・21民集54巻4号1562頁）。また，債務者が第三者に対してもつ将来集合債権（たとえば，将来2年分の賃料債権譲渡）を譲り受けるが，債務者が債務不履行に陥る等の所定

の事由が生じないかぎりは債務者に取立てを認め，債務不履行等の所定の事由が生じた時点で債権者が取立権を取得するものとする取立権限留保型の将来集合債権譲渡も有効である（★最判平成13・11・22民集55巻6号1056頁）。

将来債権譲渡は，条件付きで行うことも可能である。たとえば，譲受人が特定の事業に着手することを停止条件として，一定期間の賃料債権を譲渡する場

✐ Topic 5-2
特定の債務者に対して将来発生すべき複数の債権の譲渡

判例（前掲★最判平成11・1・29：百選Ⅱ-26）は，現在まだ存在しないが，将来発生すべき債権を現在譲渡する契約も有効であると判断した。たとえば，医師Aに対して債権をもつリース会社Cは，医師Aが社会保険診療報酬支払基金Bに対してもつ，8年3か月に及ぶ将来の診療報酬債権（複数）を一括して譲り受け，AがBに対して確定日付のある証書によって通知した。後に当該診療報酬債権（複数）の一部を差し押さえたAの債権者Dは，当該債権譲渡のうち，1年を超えた後に弁済期が到来する将来債権譲渡の部分は無効であり，その部分に関する債権はAに属していたから，Bが供託した金銭の還付請求権については，これを差し押さえたDが取立権をもつことの確認を請求した。第1審，第2審はDの請求を認容したため，Cが上告した。

最高裁は，次のような理由で，原判決を破棄し，将来債権譲渡は1年を超えた後に弁済期が到来する部分も有効である旨自判した。すなわち，たとえ譲渡対象債権が将来発生すべき複数の債権であっても，その**発生原因・債権の額・始期と終期**などによって特定されているかぎり，その債権発生の可能性の高低にかかわらず，債権譲渡は有効である。ただし，債権譲渡契約の内容が，その期間の長さ等の点で「譲渡人の営業活動等に対して社会通念に照らし相当とされる範囲を著しく逸脱する制限を加え，又は他の債権者に不当な不利益を与えるものであると見られるなどの特段の事情の認められる場合には，右契約は公序良俗に反するなどとして，その効力の全部又は一部が否定されることがある」。

この判決を契機に，将来債権譲渡の法理が展開し，複数の将来債権について譲渡担保権を設定することも認められるに至った。そして，改正法は，このことを明文で認めたものである（▶466条の6第1項）。これは，未発生債権の財貨性を現時点で顕在化させることへの実務界の強い要請に裁判所が特別に応えたものと解すべきであり，まだ存在しない権利の移転について一般的に妥当する法理を示したものとみるべきではないと考える。

合などである。**条件付きの**将来債権譲渡契約も，債権譲渡であり，譲渡契約時に対抗要件を具備しておけば有効で（対抗力を取得），条件成就後に改めて対抗要件を具備する必要はない。

一方，将来発生すべき債権の**譲渡予約**も，債権者・債務者・発生原因などにより，譲渡人がもつ他の債権から識別できる程度に特定されていれば有効である（前掲★最判平成12・4・21。予約完結の意思表示後に対抗要件が具備された事例）。ただし，債権譲渡予約について確定日付のある証書による通知・承諾が行われていても，予約完結権の行使後に改めて確定日付のある証書による通知・承諾をしないかぎり，当該債権の譲受人は債権の帰属変更を第三者に対抗することができない（★最判平成13・11・27民集55巻6号1090頁）。将来債権譲渡予約はあくまで予約であって，将来債権譲渡ではないからである。

> **意思表示による譲渡制限**

債権の譲渡を債権者・債務者間の合意などの意思表示によって禁止または制限した場合，当該債権の譲受人に対し，債務者は債権譲渡制限の意思表示の存在を理由に，債務の履行を拒むことができるであろうか。これについては，一方では，ⓐ債権譲渡制限の意思表示は第三者である債権の譲受人にも及び，それに反して行われた債権譲渡は無効であると解する**物権的効力説**がある。譲受人は善意の第三者の保護制度によって救済されることになる。たとえば，改正前466条2項は，債権譲渡制限の意思表示は「善意の第三者に対抗することができない」と定めていたが，物権的効力説はこれを債権取引の安全を確保するために法政策的に善意者を特に保護した特別規定と解した。判例は，債権譲渡禁止特約の存在を知らなかったことに**重過失**ある譲受人も悪意者と同視されるとして債権の取得を否定した（★最判昭和48・7・19民集27巻7号823頁）。

他方では，ⓑ法律上・性質上の譲渡制限がないかぎり，債権は財産権として本来的に譲渡自由であり，債権譲渡制限の意思表示はその当事者である債権者・債務者を拘束するにすぎないと解する**債権的効力説**がある。この見解によれば，譲渡制限の意思表示が付された債権でも譲受人は原則として債権を取得し，改正前466条2項は譲渡制限の意思表示について悪意の譲受人を例外的に排除した規定と解することになる。

債権的効力の原則　2017年改正は,「債権は,譲り渡すことができる」(▶466条1項本文。改正前民法と同じ)として債権譲渡自由の原則を承継し,かつ「当事者が債権の譲渡を禁止し,又は制限する旨の意思表示(以下,「譲渡制限の意思表示」という。)をしたときであっても,債権の譲渡は,その効力を妨げられない」(▶466条2項)との規定を設けることにより,改正前466条2項を改めた。これは債権的効力説を採用したものと解される。もっとも,譲渡制限の意思表示がされたことを知り,または重大な過失によって知らなかった譲受人などの第三者に対しては,債務者は債務の履行を拒むことができ,かつ譲渡人に対する弁済などの債務消滅事由をもってその第三者に対抗できる(▶466条3項)。しかし,その場合でも譲受人などの第三者は,債権譲渡制限についてたとえ悪意または重過失があっても,債務者が債務を履行しないときは,相当期間を定めて「譲渡人への履行」を催告し,その期間内に履行がなければ,その債務者は第三者への履行請求を拒むことができないこととした(▶466条4項)。こうして債務者が譲渡人に対しては債権譲渡を理由に履行を拒み,譲受人などの第三者に対しては悪意または重過失を理由に履行を拒むという,どちらにも履行されない状況が生じないようにしている。それは譲渡制限の意思表示が付された債権の譲受人保護および譲渡自由を強化した。

　さらに,譲渡制限が付された債権が譲渡された場合において,それが金銭給付を目的とする債権であるときは,債務者は譲渡制限についての譲受人の善意・悪意を問うことなく,債権全額に相当する金銭を債務の履行地(債務の履行地が債権者の現在の住所により定まる場合にあっては,譲渡人の現在の住所を含む)の供託所に供託することができる(▶466条の2第1項)。この場合,債務者は遅滞なく譲渡人および譲受人に供託の通知をしなければならないが(▶同条2項),供託金の還付請求は譲受人のみがすることができる(▶同条3項)。なぜなら,たとえ譲渡制限の意思表示が付された債権であっても債権譲渡は有効であり(▶466条2項),譲受人が債権者であって譲渡人は債権者ではないからである。したがって,466条の2第1項が債務者に認める供託権は,債権者確知不能を理由とする供託(▶494条2項)とは異なるものである。こうして譲渡制限が付された金銭債権が譲渡された場合も債務者による債務の履行に支障がな

いよう便宜を図っている。これも債権譲渡自由に資する制度であるといえる。

　また，譲渡制限が付された金銭債権の譲渡人が破産手続開始決定を受けたときは，譲受人（債権全額を譲り受けた者で，債権譲渡の第三者対抗要件〔▶467条〕を具備した者に限る）は，譲渡制限の意思表示についてたとえ悪意または重過失があっても，債務者に対して債権全額に相当する金銭を債務の履行地の供託所に供託させることができ，かつ譲受人だけが供託金還付請求権を取得する（▶466条の3。466条の2第2項・3項が準用される）。その結果，譲受人は，譲渡人の倒産の影響を免れ，倒産手続外で債権全額の支払いを受けることができる。

　加えて，譲渡制限の意思表示が付された債権に**強制執行をした差押債権者**に対しても，債務者は譲渡制限についての悪意または重過失を理由に履行を拒むことができない（▶466条の4第1項）。当事者間の合意によって差押禁止財産（▶民執131条・132条・152条・153条）を新たに創出することは認められないからである。差押債権者は，譲渡禁止の意思表示が付された債権を差し押さえ（▶民執152条），かつ転付命令（▶民執159条・160条）によって取得することができる（★最判昭和45・4・10民集24巻4号240頁）。

　ただし，債権の譲受人が譲渡制限について悪意または重過失の場合において，その**悪意または重過失の譲受人の債権者**が当該債権に対して強制執行したときは，債務者は債務の履行を拒み，かつ譲渡人に対する弁済などの債務消滅事由をもって差押債権者に対抗できる（▶466条の4第2項）。譲受人の差押債権者が，譲受人以上の権利を得ることはできないからである。

物権的効力を認める場合　ただし，改正法も1つの例外を認めた。それは，**預貯金債権に係る譲渡制限の意思表示**の効力である。すなわち，預金口座（銀行・信用金庫・信用組合・労働金庫の口座）の預金または貯金口座（ゆうちょ銀行の口座）の貯金に係る債権について当事者がした譲渡制限の意思表示には，物権的効力を認めた。その結果，譲渡制限の意思表示が付された預貯金債権が譲渡されても，債権者はなお譲渡人である。ただし，譲受人が譲渡制限の意思表示について善意かつ無重過失であったことを主張・立証した場合には，債務者に対して履行請求することができる（▶466条の5第1項）。このような特別扱いの背景として，預貯金債権には譲渡制限の意思表示が付されている

ことが周知の事実になっているという事情がある。すでに判例は，預金債権について譲渡禁止特約が付されていたことを知らなかったことに重過失ある譲受人も，悪意と同視されるとして，債権の取得を否定していた（★最判昭和48・7・19民集27巻7号823頁）。

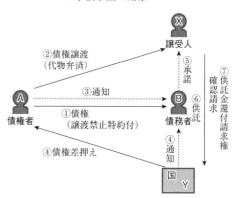

図表5-3　譲渡禁止特約付債権の譲渡と債務者の事後承諾の効果

もっとも，譲渡制限の意思表示がされた預貯金債権に対して強制執行をした差押債権者は，たとえ悪意または重過失であっても，債務者に履行請求することができる（▶466条の5第2項）。当事者間の合意によって差押禁止財産を創設することが妥当でないからである。

譲渡制限の意思表示の撤回　譲渡制限の意思表示が付された債権が譲渡された場合でも，債務者Bが**事後的に債権譲渡を承諾**すれば，債権譲渡は，承諾時ではなく，譲渡時にさかのぼって有効になるものと解される（★最判昭和52・3・17民集31巻2号308頁）。譲渡制限の意思表示の債権的効力説によれば，元々譲渡制限の意思表示自体が当事者を拘束するにすぎず，債権譲渡時に譲受人が債権を取得しているのであるから，当然の帰結である。ちなみに，物権的効力説によれば，元々無効な債権譲渡であるから，無効行為の追認として（▶119条），追認時に新たに譲渡が有効になるものと解される。しかし，無権代理行為の追認に関する116条を類推適用し，別段の意思表示がないときは，譲渡時にさかのぼって有効になると解釈する余地もある。もっとも，その場合には，追認の遡及効によって第三者の権利を害することができない（▶116条ただし書参照）。たとえば，譲渡制限の意思表示が付されたAのBに対する債権がX（譲渡制限の意思表示について悪意または重過失あり）に譲渡され，第三者対抗要件（後述する内容証明郵便＝確定日付ある証書によるBへの通知）も具備されたが，その後当該債権をAの債権者Yが差し押さえ（前述のように譲渡制限の

意思表示についてのYの善意・悪意にかかわらず，差押えは有効。→224頁)，差押通知がBに到達した後で，債務者BがXへの当該債権譲渡を承諾した場合につき，判例は譲受人Xは「116条の法意に照らし」，譲渡時にさかのぼって有効になるとされる債権譲渡の効力を第三者Yに対して主張することができないと解した（★最判平成9・6・5民集51巻5号2053頁：百選Ⅱ-25。**図表5-3**）。物権的効力説によれば，債務者Bの承諾前は，Xへの債権譲渡は無効である一方，Yの差押えは有効であるから，Yが優先することになりそうである。しかし，債権的効力説を採用した改正法（▶466条2項）の下では，Xへの債権譲渡自体も有効であるとすれば，当該債権の二重譲渡と同様の状況となり，対抗要件具備の先後に従い，Xが優先するとの解釈も可能であろう。

悪意の譲受人からの善意の転得者 譲渡制限の意思表示について悪意の譲受人Cから債権を譲り受けた転得者Dが譲渡制限の意思表示について善意であった場合，債権譲渡は有効であろうか。判例は，**悪意の譲受人からの善意の転得者**に対して債務者は譲渡禁止特約をもって対抗できないと解した（★大判昭和13・5・14民集17巻932頁）。しかし，債権的効力説によれば，悪意のCへの債権譲渡も有効であるから，Dは有効に債権を取得しうると解される。もっとも，事案は，譲渡人A（自然人）と譲受人C（法人）との法的地位の一体性もうかがわれる事案であり，仮にCの法人格が否認されうるとすれば，Dは善意の譲受人（▶466条3項）として保護される余地もある。

善意の譲受人からの悪意の転得者 譲渡制限の意思表示について**善意の譲受人Cからの悪意の転得者D**に対し，債務者Bは譲渡制限の意思表示をもって対抗できるであろうか。譲受人Cが善意であれば，その者への債権移転が確定するから，それ以後の転得者Dは善意・悪意にかかわらず，債権取得を主張しうると解する（絶対的構成）か，転得者D・転々得者E……と債権の譲受人ごとに善意・悪意（または重過失）を判断すべき（相対的構成）かが問題になる。失踪宣告後・取消前に現れた善意の第三者からの悪意の転得者，所有権の二重譲渡における善意の第三者からの背信的悪意の転得者などと共通の問題である。善意の譲受人に対する悪意の転得者からの売主の担保責任（▶565条）の追及を回避するためにも，絶対的構成により，債務者Bは譲渡制限

の意思表示をもって対抗できないと解すべきであろう。

将来債権の譲渡後に譲渡制限の意思表示が付された場合 　将来債権を譲渡する際に，すでに債務者と債権者（譲渡人）の間に譲渡禁止特約があったなど，譲渡制限の意思表示が付されていたときは，債権が発生すると同時に譲受人が当然にそれを取得するとしても（▶466条の6第2項），それは譲渡制限の意思表示が付された債権の譲渡として，466条3項（預貯金債権以外の場合）または466条の5（預貯金債権の場合）の規律に服することになる。これに対し，将来債権が譲渡された際には譲渡制限の意思表示は付されていなかったが，その後に債務者が債権者（譲渡人）と譲渡禁止特約を結ぶなどして譲渡制限特約が付された場合，債権が発生して譲受人がこれを当然に取得したとして債務者に履行請求した場合，債務者は譲渡制限の意思表示が付されていることを理由に，これを拒むことができるであろうか。債務者は債権者を固定することに利益をもつ一方，譲受人の保護および債権取引の安全を図る必要もある。そこで，改正法は，債権譲渡制限の意思表示が，譲受人が対抗要件（債権譲渡についての譲渡人による債務者への通知または債務者による承諾。▶467条1項）を具備するまでに行われたときは，譲受人およびその他の第三者が譲渡制限の意思表示が行われたことを知っていたものとみなして466条3項（預貯金債権以外の場合）または466条の5（預貯金債権の場合）を適用するものとした（▶466条の6第3項）。

債権譲渡の合意：意思主義の原則 　債権譲渡は法理論的に準物権行為と説明されるように，所有権の譲渡と同様に，当事者間の意思表示の合致のみで効力を生じる（▶176条。466条・467条はこのことを当然の前提にしていると解される）。したがって，それはもっぱら債権の譲渡に向けられた意思表示の合致である。債権譲渡の原因となる債権契約，その他の債権行為としては，所有権譲渡の場合と同様に，債権の売買，贈与，交換，和解，代物弁済契約，譲渡担保権設定契約などが考えられる。

対抗要件：債権譲渡の対抗要件の意義 　しかし，債権の譲渡は，譲渡人から債務者への通知または債務者の承諾がなければ，債務者，その他の第三者に対抗することができない（▶467条1項）。つまり，譲受人Cにとって

図表5-4 債権譲渡の対抗要件

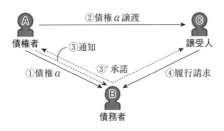

は、譲渡人Aから債務者Bへの通知または債務者Bの承諾が、①債務者Bに対する対抗要件（債務者対抗要件）であるとともに、②第三者Dに対する対抗要件（第三者対抗要件）でもある点に、所有権譲渡の場合とは異なる対抗要件の構造的特色がある（図表5-4）。②の第三者対抗要件は、**確定日付のある証書**（➡234頁）によって行われなければならない（▶同条2項）。

なお、法人がもつ金銭支払いを目的とする指名債権の譲渡に関しては、対抗要件の特例を定めた特別法上の対抗要件の制度を利用することもできる（➡ **Further Lesson 5-1**）。

また、債権譲渡と類似して、**債権の差押え**に関しては、民事執行法および国税徴収法により、通知に関する特別規定がある（➡ **Further Lesson 5-2**）。

債務者に対する対抗要件　債務者に対する対抗要件として、通知・承諾（▶467条1項）が必要とされる理由は、①債務者の二重弁済の危険を回避すること、②債権譲渡の有無に関する債務者の認識をとおして、たとえ不完全ながらも事実上期待されうる第三者への情報提供（債権譲渡の公示方法）にある。したがって、通知・承諾は債権と譲受人が特定できるものでなければならない。もっとも、②については、債務者は第三者に対して法律上情報開示義務を負うものではないから、制度的な公示機能を期待することには限界がある。このことから、467条1項が強行規定か否か、債権の譲渡人A・譲受人B間の通知・承諾不要特約は有効か否かについては争いがある。ⓐ特約有効（任意規定）説は、通知・承諾が必要とされる前記理由①を根拠に、債務者がその利益を放棄するのは自由であるとみるのに対し、ⓑ特約無効（強行規定）説・判例（★大判大正10・2・9民録27輯244頁）は、同②を重視し、467条1項が467条2項（強行規定）の要件を緩和して規定された沿革にも注目する。通知・承諾は指名債権譲渡の構造的特色に由来する対抗要件であり、より優れた、かつ実用的な代替手段がない以上、強行規定と解釈すべきであろう。

Further Lesson 5-1
▶▶▶▶▶ **債権譲渡の対抗要件の特例**

　法人が行う指名債権の譲渡については，債権譲渡の対抗要件に関する民法の特例等に関する法律（平成10年6月12日法律104号，同年10月1日施行）により，民法467条・468条の特則が設けられた（同法は，2004年改正〔法律148号〕により，「動産及び債権の譲渡の対抗要件に関する民法の特例等に関する法律」〔以下，動債と略記〕となった）。すなわち，法人が，債権（指名債権であって，金銭の支払いを目的とするものに限られる。以下同じ）を譲渡した場合に，①それが債権譲渡登記ファイル（▶動債8条参照）に登記されたときは，当該債権の債務者以外の第三者については，民法467条の確定日付のある証書による債務者への通知があったものとみなされ，当該登記の日付が確定日付となる（▶動債4条1項）。②当該債権の債務者に対しては，当該債権の譲渡人または譲受人が，債権譲渡登記ファイルに記録された事項に関する登記事項証明書（▶動債11条2項）を債務者に交付して，当該債権が譲渡されて登記されたことについて通知し，または債務者がそれを承諾したときは，それによって民法467条の確定日付のある証書による通知があったものとみなされる。この場合，登記の日付が確定日付となる（▶動債4条2項）。

　なお，民法468条2項（指名債権の譲渡人が譲渡の通知をしたにとどまるときは，債務者は，その通知を受けるまでに譲渡人に対して生じた事由をもって，譲渡人に対抗しうる）は，債権譲渡特例法上は，前記②の登記事項証明書の交付をもって通知が行われた場合にかぎって適用され，債務者は，この通知を受けるまでに譲渡人に対して生じた事由をもって，譲受人に対抗することができる（▶動債4条3項）。

　債権の譲渡が，取消し，解除，その他の原因によって失効したときは，当該債権の譲渡人および譲受人は，債権譲渡登記の抹消登記を申請することができる（▶動債10条1項2号）。この場合も，動債4条1項～3項が準用される（▶動債4条4項前段）。したがって，債務者は，この抹消登記について，登記事項証明書の交付による通知を受けるまでに譲受人に対して生じた事由をもって，譲渡人に対抗することができる（▶同項後段）。

Further Lesson 5-2
▶▶▶▶▶ **債権差押えの対抗要件**

　債権の差押えに関しては，①債権に対する強制執行や②担保権実行の手続における執行裁判所から債務者への債権差押通知，または③租税の強制徴収の手続における税務署から債務者への債権差押通知にも，確定日付のある証書による通知と同様の効果が認められることに注意すべきである。すなわち，①民事執行法に基づく強制執行としての債権差押えの効力は，差押命令が第三債務者に送達された時に生じる（▶民執145条4項）。②これは，債権質権などの実行手続についても同様である。また，③国税徴収法に基づく債権差押えの効力も，債権差押通知書が第三債務者に送達された時に生じる（▶国徴62条3項）。

通知・承諾がなければ「対抗することができない」ということの法的意味は，所有権譲渡に関する登記（▶177条）・引渡し（▶178条）と同様に，債務者にとっての権利抗弁であると解される。つまり，債務者Bは「譲渡人AがBに通知をし，またはBが承諾しないかぎり，譲受人Cを債権者と認めない」との抗弁を提出することができる。その際，債務者BがA・C間の債権譲渡について認識していても（悪意），通知・承諾を経ていない譲受人Cは債務者Bに対して履行請求するなど，債権者であることを主張することができない。しかし，債務者Bの側から譲受人Cの履行請求に応じることは妨げないと解される。

通知の法的性質 債権譲渡の通知は**観念の通知**（準法律行為の一種）であると解されている。それは，詐称譲受人からの虚偽の通知を排除するために，譲渡人Aから債務者Bに対して行われなければならず，譲受人Cが譲渡人Aを債権者代位して通知することもできないと解されている（★大判昭和5・10・10民集9巻948頁）。もっとも，譲受人Cが譲渡人Aから承諾を得て，譲渡人Aを代理して債務者Bに通知をすることは妨げられない。

> **Case 5-2** Aはその所有する中古車αをBに100万円で売却し，引渡しを済ませた。代金は毎月15日に10万円ずつ，10回払とすることで合意し，Bは10万円を支払った。AはBに対する売掛代金債権残額90万円をCに譲渡し，その旨の内容証明郵便がBに到達した。その後，αが頻繁にエンストを起こすことから，Bが自動車修理会社のDに依頼して調べたところ，αにはエンジンに欠陥があり，修理には30万円を要した。Bはこの修理代金30万円と修理中αを使うことができずに，レンタカーを使用するなどした費用10万円をAに請求したいと考えている。Cからαの残代金支払請求を受けたBは，その事情をCに話し，支払いを拒んでいる。

承諾の法的性質 債権譲渡についての債務者の承諾は，対抗要件であるから，契約成立要件としての申込みに対する承諾（▶522条〜525条）とは異なり，権利変動（債権・債務の発生）の効果意思を伴った意思表示である必要はなく，観念の通知であると解される。したがって，譲渡人と譲受人のいずれに対して行われてもよい（★大判大正6・10・2民録23輯1510頁）。もっとも，対抗要件としての機能（①二重弁済の回避，②債権譲渡に関する情報の

認識）をもつためには，少なくともどの債権の譲渡かを特定して承諾する必要がある。さらに，譲受人の特定まで必要か否かについては，ⓐ不要説（したがって，譲受人を特定しないあらかじめの承諾も有効とする）が通説とされる。これに対し，ⓑ譲受人未特定のあらかじめの承諾は，対抗要件としての意味はもたないが，通知・承諾不要特約として有効であるとの見解もある。前述のように対抗要件としての規定は強行規定である一方，債務者自身が譲受人未特定の承諾にメリットを見出し，リスクを負う意思があることを前提とすれば，ⓐ不要説が妥当であろう。

債務者に対する対抗要件具備と抗弁の対抗 債務者に対する債権譲渡の通知または債務者の承諾＝債務者に対する対抗要件具備の効果として，債務者Ｂは，「対抗要件具備時」（通知の場合は債務者の通知受領時）までに生じた，譲渡人Ａに対して主張可能な抗弁事由を，譲受人Ｃに対しても主張することができる（▶468条1項）。債務者Ｂが譲渡人Ａに主張できる抗弁事由としては，(1)Ａ・Ｂ間の債権発生原因の不成立，無効，取消し・解除による債権の消滅，(2)弁済・相殺などによる債権の消滅，(3)同時履行の抗弁権の存在，(4)条件・期限の存在などがある。なお，譲渡制限付債権が譲渡され，悪意または重過失の譲受人が債務者に対し，相当期間を定めて譲渡人への履行を催告した場合（▶466条4項），相当期間を経過した時までに譲渡人に対して生じた抗弁事由を債務者は譲受人に主張できる（▶468条2項）。また，譲渡制限付金銭債権の譲渡人が破産開始手続決定を受け，第三者対抗要件を具備した全額譲受人が債務者に供託請求した場合（▶466条の3），債務者は譲受人から供託請求を受けた時までに生じた抗弁事由を譲受人に主張できる（▶468条2項）。

債権発生原因の無効・取消し・解除など 債務者Ｂは，取消原因や解除原因が債権譲渡通知前に存在していれば，取消権や解除権を債権譲渡通知後に譲渡人Ａに対して行使しても，債権譲受人Ｃに対抗できると解される。債権譲渡通知のみによって譲渡債権に付着していた瑕疵の消滅を認めることは，債務者にとって不公平だからである。もっとも，債権者Ａ－債務者Ｂ間における債権発生原因に関する虚偽表示，詐欺取消しの効果は善意の第三者には及ばない（▶94条2項・96条3項）から，この規定によって善意の債権譲受人Ｃが保

護される余地のあることに留意すべきである。

　また，債権譲渡通知の後にA・B間の契約解除原因たるAの債務不履行が発生した場合については，ⓐ468条1項の解釈として，債務者Bは譲受人Cに対して契約解除による債権の消滅を対抗できないとの見解，ⓑ545条1項ただし書の解釈として，BはCに契約解除の効果を対抗できないとの見解，ⓒ双務契約におけるBのAに対する債権βが履行されないうちに，AのBに対する債権αがCに譲渡され，Bに通知がされると，債権βについてのAの債務不履行があっても，Bはそれによる契約解除および債権αの消滅をその譲受人Cに対抗できないとするのは，Bにとって一方的に不利益であることから，BはCに対して契約解除による債権の消滅を対抗できるとの見解がある。これは，たとえば，売主Aが買主Bに対する代金債権αを第三者Cに譲渡してBに通知した後に，Aの目的物引渡債務（＝BのAに対する債権β）の不履行を理由にBがAとの売買契約を解除したが，CがBに代金支払請求してきた場合に，Bはこれに応じなければならないかという問題である。思うに，BのAに対する債権βは，債権αの譲渡についてのAからBへの通知前にすでに発生しており，かつそれは実質的に債権αの担保となっていたから（双務契約における債権αと債権βの牽連性），468条1項の解釈として，BはCに契約解除による債権α・βの消滅を主張できると解すべきである。また，Cは原始的にそのような制約（債権βとの牽連性）のある債権αを取得した者として，債権消滅の効果を否定できない（その結果として，Cは545条1項ただし書の第三者にもあたらない）と解される。

弁済・相殺などの債権の消滅原因　前記(2)に関し，相殺については，469条に特別規定が設けられている。

　①債務者は，対抗要件備時より前に取得した譲渡人に対する債権による相殺をもって譲受人に対抗することができる（▶469条1項）。

　②債務者が対抗要件具備時より後に取得した譲渡人に対する債権であっても，「対抗要件具備時より前の原因」に基づいて生じた債権であるとき，または「譲受人の取得した債権の発生原因である契約」に基づいて生じた債権であるときは，これを自働債権とし，譲受人が取得した債権を受働債権として，相殺できる（▶469条2項）。**Case 5-2** では，BのAに対する30万円の損害賠償請

求権の発生時期はCへの債権譲渡の対抗要件の具備後であるが、その発生原因である自動車αのエンジンの欠陥は対抗要件の具備前に存在していたこと、または譲渡債権（自動車αの売買代金残額債権）と同じ契約から生じた債権であることを主張・立証することにより、損害賠償債権を自働債権、残代金債権を受働債権とする相殺を主張することができる。ただし、債務者が対抗要件具備時より後に、他人から取得した譲渡人に対する債権を自働債権とし、譲渡債権を受働債権として相殺することはできない（▶同項ただし書）。両者間には相殺への期待利益が見出されないからである。

　なお、①・②における「対抗要件具備時」は、譲渡制限付債権が譲渡され、悪意または重過失の譲受人が債務者に対し、相当期間を定めて譲渡人への履行を催告した場合（▶466条4項）は、相当期間の経過時とする（▶469条3項）。また、譲渡制限付金銭債権の譲渡人が破産開始手続決定を受け、第三者対抗要件を具備した全額譲受人が債務者に供託請求した場合（▶466条の3）は、債務者が譲受人から供託請求を受けた時を「対抗要件具備時」とする（▶468条2項）。

　債務者は対抗要件具備時までに譲渡人に対する反対債権を取得していれば、譲受人に対してもつねに相殺を主張しうるであろうか。ⓐ判例は、債務者Bが通知受領前に譲渡人Aに対して取得した反対債権を自働債権とし、AからCに譲渡された債権を受働債権とする相殺を、通知受領後に行い、譲受人Cに主張することを認め、その際、反対債権の弁済期が、譲渡債権の弁済期よりも後に、しかも通知受領後に到来する場合でも、債務者Bは譲受人Cに対して相殺を主張できるとした（★最判昭和50・12・8民集29巻11号1864頁）。債務者Bは譲渡人Aに対する反対債権を、債権譲渡通知の受領前に取得しており（▶469条1項の要件を具備）、債務者Bには当然に相殺への期待が生じていることを根拠とする。しかし、ⓑ譲受人Cにとっては、債権そのものに何ら問題がないにもかかわらず、債権取得を否定される結果となること、しかも、相殺の援用は債務者Bの意思によるので、権利取得があまりに不安定になることなどを疑問視する見解もある。相殺に対する債務者Bの合理的期待の保護と、譲受人Cの不測の損害回避とを調整する観点から、Bの反対債権の弁済期がCの譲受債権の弁済期よりも先に到来する場合には、Bの相殺を認めてよいと解される。

第三者に対する対抗要件　債権者（譲渡人）Aから譲受人Cへの債権譲渡があったことについての通知・承諾は，「確定日付のある証書」によって行われなければ，「債務者〔B〕以外の第三者」（たとえば，債権の第2譲受人Dなど）に対抗できない（▶467条2項）。その理由は，譲渡人A・債務者Bおよび第2譲受人Dが共謀して譲渡日付を操作し，第1譲受人Cを排除するような不正を防止するためである。この目的を果たすべく，**確定日付のある証書**は，日付の真実性が客観的に証明可能であり，当事者が事後的に変更することが不可能な証書である必要がある。これは民法施行法5条に規定されている。たとえば，①公正証書（▶民施5条1項1号），②公証人役場における私署証書への確定日付の付与（▶民施5条1項2号），③内容証明郵便による通知・承諾（▶民施5条1項6号）などである。なお，④強制執行，担保権の実行，租税の強制徴収手続における債権差押の通知も，確定日付のある証書による通知と同視することができる（➡ **Further Lesson 5-2**）。

　確定日付のある証書による通知・承諾は，前述した通知・承諾の2つの機能（➡228頁①・②）に加え，③二重譲渡などが行われた場合における債権帰属の優劣決定基準としての機能が期待されている。これら通知・承諾の機能①・②・③を総合すると，本来ならば通知到達時または承諾時が確定日付によって証明されるべきである（そのように解した判例として，★大判明治36・3・30民録9輯361頁）。しかし，現在の判例は，467条2項は確定日付のある証書による通知行為または承諾行為を必要としたものであり，通知または承諾があったことを確定日付のある証書によって証明すべきことを規定したものではないと解している（★大連判大正3・12・22民録20輯1146頁）。

　「債務者以外の第三者」とは，判例によれば，債務者以外の者で，債権そのものに対して法律上の利益を有する者と定式化されている（★大判大正4・3・27民録21輯444頁，大判大正8・6・30民録25輯1192頁）。学説は，譲受人の債権と両立しえない法的地位を取得した者であるとして，①譲渡された債権の二重譲受人（**図表5-5**），②同じく質権者，③同じく譲渡人に対する差押（転付命令取得）債権者，④同じく譲渡人に対する破産債権者などがこれに当たると解している。これに対し，⑤譲渡人の保証人，⑥債務者の一般債権者，⑦譲渡債権を

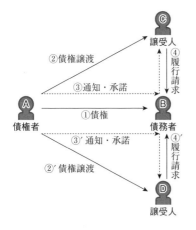

図表 5-5　債権の二重譲渡

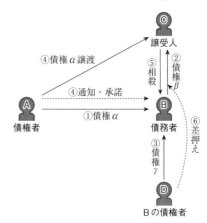

図表 5-6　467条2項の「第三者」の範囲

被担保債権とする抵当権の設定された不動産の第三取得者，⑧不法行為者などは，「第三者」に含まれない（したがって，譲受人Cは対抗要件なしに債権取得を主張しうる）と解される。また，譲受人Cが譲受債権αを自働債権とし，債務者Bの譲受人Cに対する反対債権βを受働債権として相殺した場合，相殺後にこのBのCに対する反対債権（受働債権）βを差し押さえた者D（債務者Bの債権者。債権γをもつ）は，第三者に当たらないとされた（★大判昭和8・4・18民集12巻689頁。**図表 5-6**）。Dの差押え時にはBのCに対する債権βはすでに確定的に消滅した後であるから，判例の結論が支持される。

　第三者の主観的要件については，ⓐ悪意者排除説もあるが，ⓑ善意・悪意を問わないものと解される。債権譲渡の意思表示自体には公正証書によるなどの要式が課されていないため，悪意といっても，債権譲渡の意思表示について何をどのように知っていれば悪意とみるべきかの判定が容易でなく，紛争解決の困難が予想されるからである。物権変動の意思主義・対抗要件主義に関する177条・178条の解釈と共通する問題である。

| 確定日付のある証書による通知・承諾の効果 | 確定日付のある証書による通知・承諾は，債権譲渡の第三者対抗要件であり，債権譲渡の成立要件や効力要件ではない。したがって，AのBに対する債権が弁済，債務免除など |

によって消滅した後に，債権譲渡を受けた譲受人Cは，たとえ確定日付のある証書による債権譲渡通知をAから受けても債務者Bに対抗できない（★大判昭和7・12・6民集11巻2414頁）。また，AからCへの債権譲渡について確定日付のある証書によらない通知・承諾が行われ，債務者BがCに弁済した後に，同一債権をAがDに譲渡した旨の確定日付のある証書による通知がBに到達した場合でも，Cへの弁済は有効であり，BはDに対して二重弁済する必要はない（★大連判大正8・3・28民録25輯441頁）。しかし，AからCへの債権譲渡について確定日付のある証書によらない通知が債務者Bに到達し，Bが弁済しないうちに，同一債権をAがDに譲渡した旨の確定日付のある証書による通知がBに到達したときは，BはDに弁済すべきであり，Cからの弁済請求を拒むことができる。判例は，この帰結を説明するために，確定日付のある証書による通知・承諾を伴わない第一譲渡の後に，確定日付のある証書による通知がされたときは，債務者Bに対する関係では，第二譲受人Dが唯一の債権者になるとする（前掲★大連判大正8・3・28）。この場合，Bが誤って劣後するCに弁済してしまったときは，受領権者としての外観を有する者に対する弁済（▶478条）によって保護されるかどうかが問題になる（★最判昭和61・4・11民集40巻3号558頁：百選Ⅱ-33）。

確定日付のある証書による通知・承諾の競合　AのBに対する同一債権がCとDに二重譲渡され，いずれも確定日付のある証書によって通知が行われた（**図表5-5**参照）など，確定日付のある証書による通知・承諾が競合する場合，ⓐ判例は，通知・承諾に付された確定日付の先後ではなく，確定日付のある証書による通知が債務者に到達した日時または確定日付のある証書による承諾の日時の先後によって優劣が決定されると解している（★最判昭和49・3・7民集28巻2号174頁：百選Ⅱ-29，最判昭和58・10・4判時1095号95頁）。これは**到達時説**とよばれる。もっとも，劣後者に弁済した債務者は，その者が優先しないことについて善意・無過失であれば，受領権者としての外観を有する者に対する弁済（▶478条）として保護される（前掲★最判昭和61・4・11。本事案では，債務者が劣後者を真の債権者と信じたことに相当の理由がなく，過失ありとされた）。

これに対し，ⓑ通知・承諾に付された確定日付の先後で決すべきであるとす

る**確定日付説**，ⓒ通知到達時・承諾時を確定日付のある証書によって証明すべきとする**通知到達時（・承諾時）確定日付説**もある。思うに，通知・承諾を対抗要件とした根拠（➡234頁①・②・③）のうち，③（競合権利者間の優劣決定機能）のみに着目すればⓑ説かⓒ説が客観的かつ明確な基準を提供でき，このうちⓑが最も簡易である。しかし，同②（債権譲渡の有無に関する債務者の認識を制度的基盤とする情報獲得機能）を無視できないとすれば，ⓑ説は採用困難であり，ⓐ説かⓒ説となる。このうち，制度本来の趣旨にはⓒ説が最も適合するが，到達時を確定日付のある証書で証明するための信用できる制度の構築と利用のコストが，ⓐ説によった場合に生じるトータル・コストを下回る必要がある。そうでないかぎり，ⓐ説になおアドバンテージがある。

> **Case 5-3** Aはその所有するビルの一部をBに1か月30万円で賃貸していた。AはBに対する賃料債権のうち，3月から8月までの6か月分をCに譲渡し，確定日付のある証書によってBに通知した。これと同じ頃，資金繰りに苦慮していたAは，同じくBに対する賃料債権のうち，3月から翌年2月までの12か月分をDに譲渡し，同じく確定日付のある証書によってBに通知した。AからCへの債権譲渡についての通知と，AからDへの債権譲渡についての通知はBの許にほぼ同時期に到達し，到達時の先後関係は不明であった。
> この場合において，
> (1) BがCからの賃料請求に応じて3月分30万円全額を支払った後に，Dからも30万円の支払請求を受けたとき，Bはこれに応じなければならないか。
> (2) (1)の場合において，DはCに対し，Cが受領した3月分の賃料の一部を不当利得として返還請求することができるか。
> (3) C・Dから賃料支払請求を受けたBが，債権者確知不能を理由に3月分以降の賃料を供託した場合，C・Dは供託金還付請求をすることができるか。できるとすればその額はいくらか。

確定日付のある証書による通知の同時到達など 同一債権の譲渡に関して確定日付のある証書による複数の通知が債務者の許に同時に到達し，または先後関係証明不能であるなど，確定日付のある証書による通知・承諾の到達時による優劣判定ができないことが起こりうる。判例は，当初，各譲受人は債務者に対し，譲受債権の全額の弁済を請求することができるとし，請求を受けた債務者の側からは，単に同順位の譲受人が他に存在することを理由

図表 5-7　確定日付のある通知の同時到達／先後不明の場合の優劣

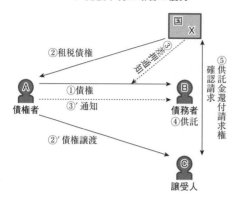

に弁済の責を免れることはできないとした（★最判昭和55・1・11民集34巻1号42頁）。**Case 5-3**(1)のCはBの請求を拒めない一方，Bへの弁済は有効であり，Dに二重払いする必要はない。この帰結を説明するために，各譲受人の債権の法的関係につき，ⓐ-1 連帯債権説，ⓐ-1' 不真正連帯債権説などが提示された。その一方で，判例法理（前掲★最判昭和55・1・11）の債務者に対する効果（各譲受人が全額弁済請求可能）を前提にしつつも，ⓐ-2 譲受人相互間では，譲受債権の債権額の割合に従って按分して（★東京地判昭和55・3・31判時975号48頁），全額譲渡の場合は複数の譲受人が平等の割合で（★大阪地判昭和56・11・30判時1048号128頁），清算すべきとの分割債権説も示されていた。

その後，最高裁は，①同一債権について確定日付のある譲渡通知と差押通知（➡ **Further Lesson 5-2**）が第三債務者Bに到達したが，先後関係が不明の事例につき，譲受人Cも差押債権者Dも自己が優先的地位にあることを相互に主張できないときは，通知は「同時に第三債務者に到達したものとして取り扱うのが相当」であると解した。②その上で，譲受債権額と被差押債権額との合計額が，第三債務者Bの供託した供託金額を超過するときは，債権譲受人Cと差押債権者Xとは「公平の原則に照らし，被差押債権額と譲受債権額に応じて供託金を按分した額の供託金還付請求権をそれぞれ分割取得する」と判断した（★最判平成5・3・30民集47巻4号3334頁：百選Ⅱ-30。傍点は引用者による。**図表 5-7**）。

したがって，優劣をつけることのできない複数の債権者から履行請求された債務者Bは，債権者確知不能を理由に供託し（▶494条2項），債権者同士で供託金額を競合する譲受債権額または差押債権額に応じて按分することによって解決を図ることとなろう。**Case 5-3**(3)のC・Dは，供託された各月分の賃料

を譲受債権額に応じて折半した各月15万円分につき還付請求をすることができる。この問題に関しては，類似の価値判断に立脚するものとして，先取特権の付された債権の優先順位に関する332条の解決方法が参考になるであろう。

では，債権の譲受人の1人であるCが債務者Bから債権全額の弁済を受けた場合に，他の同順位の譲受人Dは譲受人Cに対し，譲受債権額（または差押債権額）に応じた案分額の支払いを改めて請求することができるであろうか。判例のいう「公平の原則」とは，債権の最終的な分割帰属も認める趣旨であろうか。**Case5-3**(2)ではDのCに対する15万円の支払請求の根拠を不当利得に基づく返還請求権と解し，これを肯定する見解もある。もっとも，この判例自体がそこまで認めるものと解釈することは困難であろう。

確定日付のある証書によらない通知・承諾の競合　最後に，AのBに対する同一債権がCとDに二重譲受され，いずれも確定日付のある証書によらない通知・承諾がされた場合が問題になる。これについては，確定日付のある通知・承諾が備わっていない段階では，譲受人同士では相互に優先権を主張できないだけでなく，債務者も債権者確知不能を理由に供託することができる（▶494条2項）。もっとも，いずれも債務者対抗要件は具備しているから，この段階で債務者がどちらか一方の譲受人に弁済した場合，免責を否定することは困難であろう（▶467条1項参照）。

債権譲渡の効果　債権譲渡が有効に行われると，債権は同一性を保ったまま，譲受人に移転する。すなわち，譲受人Cは旧債権者たる譲渡人Aがもっていたのと同一の地位を取得する。したがって，①譲渡された債権を担保するための担保物権，②保証人に対する権利，③利息債権などは，債権譲渡に伴って当然に移転する。これらは，債権者の交替による更改（▶515条，518条）と異なる点である（➡320頁）。

他方，債務者Bも，旧債権者たる譲渡人Aに対するのと同一の地位を，譲受人Cに対して維持する（ただし，▶468条・469条による制限がある）。

4　有価証券の譲渡

証券と結合された債権　債権は，その成立や内容の証明，行使，譲渡などを容易にするために，証券と結合して利用される場合がある。その典型例が有価証券であり，手形・小切手，株券，社債など，債権の成立・譲渡・行使のいずれの段階でも証券が必要な債権である（狭義の有価証券）。もっとも，証券と債権との結合度は多様である。債権の成立・移転・行使のいずれかの段階で法制度上証券と結合して利用されている債権は証券的債権とよばれるが，これを証券の面から捉え，財産権を表象する証券として，広く有価証券とよばれる（広義の有価証券）。改正法は，かつて証券的債権とよばれた指図債権，記名式所持人払債権，および無記名債権につき，証券の側面から，その譲渡・質入れ・権利推定・権利行使・証券の喪失などに関して，「有価証券」として債権の総則に1節を設けた（第3編第1章第7節）。

> **Case 5-4**　AはB鉄道会社a駅の券売機で，a駅からb駅までの680円の切符を購入し，a駅で乗車してb駅で降車し，改札を出ようとしたところ，途中で切符を紛失したらしく，見当たらない。Aはa駅でたしかにb駅までの切符を購入し，このことを一緒にいた友人Pも見ていた。Aはどうすればよいか。

民法上の有価証券　①**指図証券**は，証券に債権者として指定された者，またはその者が指図する者に対して定められた給付をすべきことが記載された債権を表章する証券である（▶520条の2～520条の12）。

②**記名式所持人払証券**は，証券に債権者が記載されているが，この者を含め，その証書の正当な所持人に対して弁済すべきことが付記された債権を表章する証券である（▶520条の13～520条の18）。

③**その他の記名証券**には，債権者を指名する記載がされているが，指図証券および記名式所持人払証券でないものとして，裏書禁止手形，裏書禁止船荷証券などが含まれる。

④**無記名証券**は，証券に特定の権利者の名前が記載されておらず，債務者が証券の所持人に対して債務を履行すべき債権を表章する証券である。たとえば，商品券，乗車券，映画館・美術館・劇場などの鑑賞券，スポーツ試合など

の観覧券，遊園地などへの入場券，無記名式社債券などがある。**Case 5-4** の切符（乗車券）は無記名証券であり，Ａは証券（切符）を所持していないと債務の履行を受けることができず，Ｐの証言をもって代えることはできない。

⑤その他の証券として，**免責証券**がある。これは，債権者が特定されているものの，証券に債権者が記載されておらず，証券の正当な所持人に弁済することによって債務者が免責される債権を表章する証券であるが，これは本来的に流通を目的としておらず，その意味では債権を証券に化体したものとはいえない。したがって，証券がなくとも，他の方法によって債権者であることを証明すれば，債権の譲渡および行使が可能である。債権の性質としては指名債権（特定の債権者に対して債務が履行されることを想定し，証券との結合による流通を予定していない債権）であり，債務者は善意・無過失で弁済したのでなければ，債務を免れないと解される（▶478条参照）。

指図証券とその譲渡など 指図証券の譲渡は，①譲渡人と譲受人が譲渡の合意（契約）をした上で，②譲渡人が証券に譲渡の裏書をし，かつ譲受人に交付することにより，効力を生じる（▶520条の２）。証券の裏書および交付が譲渡の**効力要件**であることに注意する必要がある（形式主義）。裏書の方法には，指図証券の性質に応じ，手形法の裏書に関する規定が準用される（▶520条の３）。指図証券の所持人が，裏書の連続により，その権利を証明するときは，その所持人は，証券上の権利を適法に有するものと推定する（▶520条の４）。何らかの事由によって指図証券の占有を失った者がある場合において，その所持人が裏書の連続によって権利を証明するときは（▶520条の４），その所持人は，その証券を権利者に返還する義務を負わない（▶520条の５本文。指図証券の善意取得）。ただし，その所持人が悪意または重過失によってその証券を取得したときは，返還義務を免れない（▶520条の５ただし書）。債務者は，証券の記載事項（一部弁済された旨の記載など）および証書の性質から当然に生じる結果（裏書の連続がないために債務者は支払いを拒絶しうるなど）を除くほかは，その指図証券の譲渡前の債権者Ａに対抗することができた事由をもって，善意の譲受人に対抗することはできない（▶520条の６）。これは，善意の譲受人を保護するための**人的抗弁の切断**である。以上の規定（▶520条の２〜520条の６）

は，指図証券を目的とする質権の設定に準用される（▶520条の7）。

　指図証券の弁済は，債務者の現在の住所においてしなければならない（▶520条の8。484条1項の特則）。債務者は，債務の履行についてたとえ期限の定めがあるとしても，その期限到来後に，所持人が指図証券を提示して履行請求をした時から履行遅滞の責任を負う（▶520条の9。▶412条1項の特則）。前述したように，指図証券の所持人が裏書の連続によって権利を証明するときは，証券上の権利を適法に有するものと推定される（▶520条の4）。その際，債務者は，所持人が真の権利者であるか否か，署名・押印が真実のものであるか否かについて調査する権利をもつが，義務は負わない（▶520条の10本文）。したがって，債務者は，証券の所持人が指図証券を提示して履行を請求した場合に，証券の裏書の連続，その所持人が権利者であること，署名・押印が偽造されていないことを確認し，弁済することになる。債務者は証券の所持人に弁済すれば，たとえ所持人が真の権利者でなかったり，署名・押印が偽造であったとしても，免責される。ただし，債務者に悪意または重過失があったときは，債務者の弁済は無効になる（▶同条ただし書）。

　指図証券の権利者が，証券を喪失した場合は，公示催告手続（▶非訟100条）に従い，証券を無効とすることができる（▶520条の11）。一方で，権利者は証券を債務者に提示して権利行使することができない。もっとも，金銭，その他の物または有価証券の給付を目的とする指図証券の所持人が，その指図証券を喪失した場合において，公示催告の申立て（▶非訟114条）をしたときは，債務者に対し，債務の目的物を供託させ，または相当の担保を供してその指図証券の趣旨に従って履行させることができる（▶520条の12）。

記名証券とその譲渡など　**(1) 記名式所持人払証券の譲渡**　記名式所持人払証券の譲渡は，①譲渡人および譲受人による債権譲渡の合意のほか，②証券の交付が必要である。証書交付の法的意味については，かつては対抗要件とする見解と，効力発生要件とする見解があったが，改正法は証券の交付が譲渡の**効力要件**であることを明確にした（▶520条の13）。

　記名式所持人払証券の所持人は，証券上の権利を適法に有するものと推定する（▶520条の14）。記名式所持人払証券の占有を失った者がある場合におい

て，その所持人が記名式所持人払証券の所持によってその権利を証明するときは，その所持人は，その証券を権利者に返還する義務を負わない（▶520条の15本文。記名式所持人払証券の善意取得。善意取得を否定した★大判大正元・9・25民録18輯799頁の変更）。ただし，その所持人が悪意または重過失によってその証券を取得したときは，証券の返還義務を免れない（▶同条ただし書）。

　記名式所持人払証券の債務者は，その証券に記載した事項およびその証券の性質から当然に生ずる結果を除き，その証券の譲渡前の債権者に対抗することができた事由をもって善意の譲受人に対抗することができない（▶520条の16。人的抗弁の切断。★大判大正5・12・19民録22輯2450頁がすでにこれを認めていた）。

　記名式所持人払証券の譲渡に関する以上の規定（▶520条の13〜520条の16）は，記名式所持人払証券を目的とする質権の設定に準用される（▶520条の17）。

　記名式所持人払証券の弁済は，債務者の現在の住所においてしなければならない（▶520条の18が準用する520条の8）。債務者は，債務の履行についてたとえ期限の定めがあるとしても，その期限到来後に，所持人が記名式所持人払証券を提示して履行請求をした時から履行遅滞の責任を負う（▶520条の18が準用する520条の9）。前述のように，記名式所持人払証券の所持人は，証券上の権利を適法に有するものと推定される（▶520条の14）。その際，債務者は，所持人が真の権利者であるか否か，署名・押印が真実のものであるか否かについて調査する権利をもつが，義務は負わない（▶520条の18が準用する520条の10本文）。したがって，債務者は，証券の所持人が記名式所持人払証券を提示して履行を請求した場合に，証券の所持人が権利者であること，署名・押印が偽造されていないことを確認し，弁済することになる。債務者は証券の所持人に弁済すれば，たとえ所持人が真の権利者でなかったり，署名・押印が偽造であったとしても，免責される。ただし，債務者に悪意または重過失があったときは，債務者の弁済は無効になる（▶520条の18が準用する520条の10ただし書）。

　記名式所持人払証券の権利者が，証券を喪失した場合は，公示催告手続（▶非訟100条）に従い，証券を無効とすることができる（▶520条の18が準用する520条の11）。一方で，権利者は証券を債務者に提示して権利行使をすることができない。もっとも，金銭，その他の物または有価証券の給付を目的とする記名

式所持人払証券の所持人が，その証券を喪失した場合において，公示催告の申立て（▶非訟114条）をしたときは，債務者に対し，債務の目的物を供託させ，または相当の担保を供してその記名式所持人払証券の趣旨に従って履行させることができる（▶520条の18が準用する520条の12）。

(2) **その他の記名証券** 債権者を指名する記載がされている証券であって，指図証券および記名式所持人払証券以外のものの譲渡および質権設定は，一般の債権の譲渡またはこれを目的とする質権の設定に関する方式に従い（債権の譲渡自由の原則と対抗要件に関し，▶466条・467条，債権を目的とする質権設定の対抗要件に関し，▶364条参照），かつその効力をもってのみ（▶468条・469条参照），行うことができる（▶520条の19第1項）。また，証券を喪失した場合は指図証券の喪失の規定（▶520条の11。公示催告手続）が，金銭，その他の物または有価証券の給付を目的とする証券の所持人が証券を喪失した場合における権利行使方法の規定（▶520条の12。供託請求または相当担保を提供しての履行請求）も，準用される（▶520条の19第2項）。

無記名証券とその譲渡など 無記名証券には，①記名式所持人払証券の譲渡（▶520条の13），②所持人の権利推定（▶520条の14），③善意取得（▶520条の15），④人的抗弁の切断（▶520条の16），⑤質入れ（▶520条の17），⑥弁済の場所（▶520条の18・520条の8），⑦履行遅滞の発生時期（▶520条の18・520条の9），⑧所持人の調査権（▶520条の18・520条の10本文），⑨悪意または重過失ある債務者による弁済の無効（▶520条の18・520条の10ただし書），⑩証券喪失時の手続（▶520条の18・520条の11・520条の12）の規定が準用される（▶520条の20）。

2 債務引受

債務引受の意義 債務引受には，引受人Cとともに債務者Bも依然として同一内容の債務を負う併存的債務引受と，債務者Bの債務と同一性をもつ債務を引受人Cが負担する一方で，Bが債務を免れる免責的債務引受がある（**図表5-8**）。

債務引受は，債権譲渡と異なり，債務者側に変更が生じるものである。これ

は、債務者の交替による更改（▶514条）のように旧債務を消滅させて新債務を発生させるのと異なり、債務者Ｂの債務と同一内容の債務を引受人Ｃが負担するものである。すなわち、併存的債務引受は、引受人Ｃが債務者Ｂの債務に

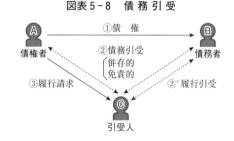

図表 5-8　債務引受

つき、連帯債務の合意または保証契約類似の契約をしたものと解し、免責的債務引受は、同様に、Ｂの債務と同一内容の債務を引受人Ｃが負う一方で、Ｂの債務を債権者Ａが免除したものである。

> **Case 5-5**　Ａから50万円を借り受けたＢは、弁済期を過ぎても返済の目途が立たなかった。ＢがＡから再三にわたって厳しい督促を受けているのをみかねたＢの知人Ｃは、Ｂの債務を引き受けたいと考えている。この場合、Ｂ・Ｃ間の合意だけでＣはＢの債務を引き受けることができるか。

併存的債務引受　　**(1) 成　立**　　**併存的債務引受**とは、引受人が、債務者の債務と「同一の内容の債務」を、「債務者と連帯して」負担するものである（▶470条1項）。このように債権者Ａに対する債務者Ｂの債務と引受人Ｃの債務は連帯債務の関係に立つ（➡149頁）。引受人Ｃの債務は、債務者Ｂの債務への付従性をもたない点で、保証債務と異なる。

　併存的債務引受には、Ａに対するＢの債務の内容が第三者Ｃによっても履行可能なものであることが必要である。その上で、①Ａ・Ｂ・Ｃ三者間の契約によって成立することには異論がない。また、②債権者Ａと引受人Ｃとの契約によってすることもできる（▶同条2項）。債権者が認めている以上、問題ない。この場合、併存的債務引受は、債務者Ｂの意思に反しても可能であると解されている（★大判大正15・3・25民集5巻219頁）。さらに、③併存的債務引受では、Ｂの債務も存続する上に、Ｃの債務が成立する以上、Ａに不利益はないことから、**Case 5-5**のように債務者Ｂと引受人Ｃとなる者との契約によってもすることができる（★大判大正6・11・1民録23輯1715頁）。しかし、この場合は、債

権者Aが引受人となるCに対して「承諾」をした時に併存的債務引受は効力を生じる（▶同条3項）。これは，BとCの契約による併存的債務引受が，「第三者のためにする契約」の規律に従う（▶同条4項）からである。したがって，ここにいう「承諾」は，要約者B・諾約者C・受益者Aの関係におけるAによるCに対する受益の意思表示（▶537条3項）に当たる。

　(2)　**効　果**　併存的債務引受が成立しても，原債務者Bの債務は存続するから，そのために設定された担保も存続する。他方，引受人Cは原債務者Bと同一内容の債務を負担する。したがって，引受人Cは，併存的債務引受が「効力を生じた時」に債務者Bが債権者Aに対して主張することができた抗弁事由をもって，債権者Aに対抗することができる（▶471条1項）。

　また，併存的債務引受が，債務者Bと引受人Cの契約によって成立したときは（第三者のためにする契約として，債権者AのCに対する承諾によって効力を生じる。▶470条3項・4項，537条3項），Cは，B・C間の引受契約に基づく抗弁事由（たとえば，条件や期限の存在など）をAに対して主張することができる（第三者のためにする契約に関する▶539条参照）。しかし，併存的債務引受が債権者Aと引受人Cの契約によって成立したときは，特約がないかぎり，CはB・C間の法律関係において生じた抗弁事由をAに対抗することができない。

　さらに，債務者Bが債権者Aに対して取消権または解除権をもつ場合，引受人Cは，第三者であるから，これらの権利を行使することはできないが，これらの権利の行使によってBがその債務を免れるべき限度において，Aに対して債務の履行を拒むことができる（▶471条2項）。

　引受人Cの債務と債務者Bの債務との関係は，当事者間に特別の合意がないかぎり，連帯債務の関係になる（▶470条1項。★最判昭和41・12・20民集20巻10号2139頁：百選Ⅱ-31。▶改正前439条により，債務者Bの債務の消滅時効の効果は，債務者Bの負担部分について引受人Cにも及ぶと解した。改正後は441条により，Bの債務の消滅時効の効果はCの債務に影響を及ぼさない。➡157頁)。たとえば，BがAに対して相殺権をもつときは，CはBの負担部分の限度で，Aに対して債務の履行を拒むことができる（▶470条1項・439条2項）。

免責的債務引受　(1)　成立（要件）　**免責的債務引受**とは，債務者Bの債務と同一内容の債務を引受人Cが負担し，債務者Bが自己の債務を免れることである（▶472条1項）。

　免責的債務引受の成立には，債務の内容が第三者Cによっても履行可能であることが必要である。そのうえで，①債権者A・債務者B・引受人Cの三者間合意によって成立することには，異論ない。また，②債権者Aと引受人Cの契約によって行うことも可能である。債権者Aが認める以上，問題ない。もっとも，この場合には，Aが債務者Bに対して「その契約をした旨を通知」した時に，免責的債務引受の効力が生じる（▶同条2項）。債務者Bは債務を免れる点で，もっぱら利益を受けるだけであるが，免責的債務引受は，引受人が債務者と同一内容の債務を負担する一方で，債権者が債務者に債務を免除することによって成立すると解されるからである。さらに，③免責的債務引受は，債務者Bと引受人Cが免責的債務引受の契約をし，債権者Aが引受人Cに対して「承諾」をすることによっても，成立する（▶同条3項。★大判大正14・12・15民集4巻710頁）。ここでのAのCに対する「承諾」には，CがBと同一内容の債務を負担することについてのAとの契約の成立，およびBの債務を免れさせることについてのAの意思表示という二重の意味ある。したがって，この場合には，Aの「承諾」時に免責的債務引受が成立するのであり，Aの承諾はB・C間の契約時にさかのぼって免責的債務引受の効果を生じさせるものではない。

　(2)　効　果　免責的債務引受の成立により，引受人は引受が効力を生じた時における債務者の債務と同一内容の債務を負担するとともに，債務者は債務を免れる（▶同条1項）。したがって，引受人Cは，免責的債務引受が効力を生じた時点において債務者Bが債権者Aに対して主張することができた抗弁事由をもって，債権者Aに対抗することができる（▶472条の2第1項）。

　また，債務者Bが債権者Aに対して取消権または解除権をもっていた場合，引受人Cは第三者であるから，これらの権利そのものを行使することはできないが，免責的債務引受がなければこれらの権利の行使によって債務者Bがその債務を免れることができた限度において，引受人Cは債権者Aに対して債務の履行を拒むことができる（▶同条2項）。

ここで、債務者Bの債務（旧債務）に付されていた担保の存続が問題になる。

①債権者は、債務者Bの債務（▶472条1項により、Bはこれを免れる）の担保として設定された担保権（たとえば、Bの債務の履行を担保するために、CやDが自己の財産に設定した抵当権や質権。物上保証）を、引受人Cが負担する債務に移すことができる。ただし、その担保権が、C以外の者（たとえば、前記のD）が設定したものであった場合は、その承諾（担保移転の承諾）を得なければならない（▶472条の4第1項）。この担保の移転は、免責的債務引受が効力を生じて債務者の債務が消滅する前にあらかじめまたはそれと同時に、債権者Aが引受人Cに対する意思表示によって行わなければならない（▶同条第2項）。

②債務者Bの債務の履行を担保するために、第三者Dが債権者Aと保証契約を締結し、保証債務を負担していた場合も①と同様であり（▶同条3項）、第三者Dの承諾がなければ、保証債務は消滅する（★大判大正11・3・1民集1巻80頁）。Aに対するDの承諾は、保証債務の移転に関するものであるから、保証契約の成立要件（▶446条2項・3項）に準じ、書面または電磁的記録によってしなければその効力を生じない（▶472条の4第4項・5項）。

免責的債務引受の引受人Cは、債権者Aに対して債務を履行しても、債務者Bとの間で特別の合意がないかぎり、債務者Bに対して求償権を取得することはない（▶472条の3）。B・C間に特約がないかぎり、Cは債務の履行による費用を最終的に負担する意思があるものと解されるからである。

履行の引受　履行の引受とは、債務者Bの債務を引受人Cが代わって履行する義務を負うことである。その法的性質は、実質的には、CがBのために第三者弁済（▶474条）をすることであり、Cによる新たな債務の負担も債務者の変更も生じない。したがって、債務者Bと引受人Cとの合意があれば可能である（図表5-8②´）。

債権者Aと引受人Cとの間には何らの法律関係（債権・債務関係）も生じない。引受人Cは、債権者Aへの弁済によって取得した債務者Bに対する求償債権と債務者Bが引受人Cに対してもつ債権とを相殺することができる。

3 契約上の地位の移転について

契約上の地位の移転：原則と例外　契約上の地位の移転とは，契約に基づいて生じる個々の債権・債務および取消権・解除権なども含む契約上の法的地位を，一括して第三者に承継させることである。たとえば，A・B間の売買契約における売主Aの地位を第三者Cに譲渡するような場合である。契約上の地位の譲渡は，債権譲渡と異なり，譲渡人であるAと譲受人であるCとの合意のみによっては移転せず，契約の相手方であるBの承諾を必要とするのが**原則**である（▶539条の2）。契約上の地位は債権のみならず債務も含むからである。

　ただし，不動産の賃貸借契約における賃貸人の地位の移転については，**例外**が認められている。すなわち，不動産の賃貸人Aの地位は，A（譲渡人）と譲受人Cの合意があれば，賃借人Bの承諾がなくとも，Cに移転する（▶605条の3）。また，A所有の不動産を賃借したBの賃借権が対抗要件を備えている場合において，Aが当該不動産をCに譲渡したときは，賃貸人の地位はCに当然に移転する（▶605条の2第1項。ただし，賃貸人の地位をAに留保し，CがAに当該不動産を賃貸する旨の合意は有効である。同条2項）。これは，不動産の賃貸人の債務は賃貸人が誰であるかによって履行方法が大きく異ならないこと，譲受人の所有権が敷金返還債務の担保になることもあるが，不動産取引実務における賃貸不動産の流動化への要請に応えたものである。

　契約上の地位の移転についての解説は，債権各論の記述（➡第4巻34頁，123頁参照）に譲る。

☑ Exam

　2018年1月10日，AはBに対して機械αを売却し，その代金債権200万円（弁済期は2018年3月10日）を取得した。同年3月1日，Aはこの債権をCに譲渡し，同日AからBに対し，確定日付のある証書によって債権譲渡通知が行われ，同通知は同年3月2日，Bに到達した。他方，Aに対して原材料βの売掛代金債権300万円（弁済期は2018年2月10日）をもっていたDは，その弁済期を過ぎてもAが支払いをしないので，AがBに対してもつ前記αの売却代金債権を差し押さえ，差押命令が3月2日にBへ到達した。AからCへの債権譲渡の通知とDによる差押通知がBに到達した先後関係は不明である。

　問1　2018年3月11日，CおよびDから債務の履行を求められたBはどのようにすればよいか。

　問2　BがCから強く弁済を迫られて200万円全額をCに支払った場合，DはBまたはCに対し，どのような主張をすることができるか。

［問1］　債権譲渡の対抗要件の問題である。Cへの債権譲渡通知もDによる差押通知も，債務者対抗要件（➡228頁）および第三者対抗要件（➡234頁）を具備しており，CもDもBに全額請求することができる（債権の強制執行による差押通知は，確定日付のある証書による債権譲渡通知と同視できる。➡229頁，**Further Lesson 5-2**）。この場合，CとDの優劣判定はどのように行うべきか（➡237頁）。Bが優劣判定できない場合，どのような法的手段があるか（➡238頁）。

［問2］　①　Bが複数の債権者C・Dから請求を受けながら，Cのみに全額弁済したことに対し，Dは何らかの法的手段をとる余地があるか（➡117頁）。

　　　　②　確定日付のある証書による通知の同時到達または到達時の先後不明の場合において，Bが代金債務200万円を供託したときは，C・Dは譲受債権額と被差押債権額に応じて案文した額の供託金還付請求権を分割取得するとみるのが判例である（➡238頁）。このことは，AのBに対する代金債権自体がCとDの債権額に応じて分割帰属し，BがCに全額弁済した場合，CはDに分割帰属すべき債権額について不当利得したことを意味するか（➡239頁）。

第6章　債権の消滅

1　債権消滅の意味と原因

債権の消滅の意味　債権の消滅とは，債権が客観的にその存在を失うことをいう。たとえば，AがBに100万円で中古自動車を売却した場合，Aの債権の権利内容は，AがBに対して100万円の支払いを請求しうることであり，Bの債権の権利内容は，BがAに対して自動車の所有権の移転および引渡しを請求しうることである。したがって，Aが自動車の所有権移転手続と引渡しをなし，Bが100万円の支払いをなせば，2つの債権は満足してともに消滅する。通常，債権は，債務者による給付内容の実現によって消滅するが，それ以外にも，以下にみるようにいくつかの消滅原因がある。

債権消滅の原因　(1)　**民法の定める消滅原因**　民法の定める消滅原因としては，弁済のほか，相殺，更改，免除，混同がある（▶473条〜520条）。また，弁済の款には，供託と代物弁済も合わせて規定されており，ともに説明するのが一般である。債権の消滅原因は，これらの場合に限られるわけではない（たとえば時効による消滅）。債権は一定の目的達成のための手段であるところから，債権の消滅原因は，目的との関係で通常次のように分類される。

(2)　**目的との関係による分類**　(a)　目的の消滅を理由とする債権の消滅原因　目的の消滅には，目的が到達されたために債権が消滅するものと，目的の到達が不可能になったために債権が消滅するものとがある。

(i)　目的の到達　代金の支払いや自動車の所有権移転手続と引渡しのように，債権の目的である給付が実現されて，債権者がこれを受け取ったときには，債権の目的が到達されて，債権は消滅する。これが債権の本来の消滅原因

であって，その典型は弁済である。その他，代物弁済，供託，担保権の実行，強制執行によって，債権の目的は到達する。

　(ⅱ)　目的到達の不能　　債権は，実現可能性がなくなると消滅する。これが目的到達の不能である。債務が履行不能になった場合がこれに当たる。債務者に帰責事由があるときには，債権が消滅する代わりに，債権者は損害賠償請求が可能になる。

　なお，債務者または第三者の弁済によらずに，債権の目的が偶然に実現された場合，これは目的の到達なのか，それとも目的到達の不能なのかが議論されている。たとえば，古くなった建物を取り壊す契約を結んだところ，地震等によりその建物が倒壊したため，取り壊しの必要がなくなった場合や，急患の患者が医師に往診を依頼したが，医師が到着した時には，患者は自然治癒していた場合である。これらの場合，債務者が履行をする余地はもはやないから，債権の消滅という次元で考えれば，債権は目的の到達によって消滅するとみるほかない。問題は，双務契約において，債務者の反対給付（対価）を求める権利がどうなるかである。まず，債権の目的が達成されている以上，債務者は対価を請求しうるものとし，ただ免れた費用・労力をそこから控除するという処理が考えられる。他方，目的到達の不能によって消滅したと考え，対価の問題は危険負担の問題であるとし，債権者・債務者双方の責めに帰することができない履行不能とみて，536条1項により，債権者は対価の履行を拒むことができるとする処理も考えられる。しかし，債務者が履行を前提として支出した費用および労力を，すべて債務者のみの負担とすることは公平に反する。債権は目的到達の不能によって消滅し，債権者は狭義の反対給付の履行を拒めるようになるが，履行を前提として出捐した費用および労力等については，信義則に基づき，合理的な範囲で債権者の負担とすべきだろう。

　(b)　目的の消滅以外の理由による債権の消滅原因　　目的の消滅以外の理由による債権の消滅原因には，相殺，更改，免除，混同がある。相殺は，債権者の負担をも免じてこれに実質的利益を与えるものではあるが，給付の内容が実現されるものではない。更改は，旧債権に代えて新債権を成立させるものであり，免除は，債権者の意思による債権の放棄であるが，いずれも目的の到達に

よるものではない。混同は，債権を存続させる実益がないとされるものである。また，債権も権利だから，権利一般の消滅原因に基づいて消滅する。たとえば，消滅時効の完成（▶166条），債権の終期の到来（▶135条2項）である。さらに，法律行為に基づき発生する債権については，債権を発生させる基本となった契約などの法律関係が消滅したときに，債権もまた消滅する。すなわち，契約の解除や告知（▶545条・617条など），意思表示や法律行為の取消し（▶95条・96条など），法律行為につけられた解除条件の成就（▶127条2項）である。

2　弁　済

1　弁済総説

弁済の意義　**弁済**とは，債務者または第三者が債務の内容である給付を実現する行為をいう。これによって，債権者が財貨獲得の目的を達成するために，債権は消滅する（▶473条）。日常用語では，弁済という語は，金銭の支払いにしか用いないが，法律上は，物の引渡し，サービスの提供，夜間はピアノを弾かないなどの不作為といった，債権の給付内容を実現させること全般を意味する。したがって，作為（積極的な行為）による場合も不作為による場合もある。また，弁済と履行は同じものを別の視点からみたものである。すなわち，債務者が義務を果たして債権を消滅させるという「行為」に視点を置く場合には履行という語を用い，これに対して，債権の消滅という「効果」に視点を置く場合には弁済という語を用いる。

弁済には，債務の消滅を欲する意思（効果意思たる意思）や意思表示の存在は必要ない。しかし，債務の履行（弁済）として給付をなそうとする意思（事実的意思）のあること，言い換えれば，給付が弁済の目的でなされることは必要である。したがって，10万円の債務を負う者が，債権者に対して同額の贈与を行っても，この事実的意思を欠くため，既存債務の弁済にはならない。また，給付が法律行為である場合には，法律行為の規定が準用される。したがって，給付行為を代理人にさせることもできるし，給付行為について，詐欺・強迫・

錯誤がある場合や，行為者が制限行為能力者である場合には，給付行為の取消しが問題となる。

弁済に関する民法の補充規定　**(1) 総説**　弁済としての効力が生ずるためには，「債務の本旨に従った」給付が存在しなければならない（▶415条1項）。たとえば，肉屋に肉を注文したところ，届けられた肉がすでに腐っていたというのでは，債務の本旨に従った給付とはいえない。債務の本旨に従うものか否かは，契約であれば合意の内容によって判断するが，民法には，いくつかの補充規定が置かれている。

(2) 特定物の引渡し　483条は，債権の目的が，中古車・芸術作品・不動産のような特定物の場合について，目的物をどのような状態で引き渡すべきかを定めている。本条によれば，第一次的には，契約その他の債権の発生原因および取引上の社会通念に照らして，引渡しをすべき時の品質を定めるが，それができない場合には，引渡しをすべき時（契約時や実際の引渡時ではなく，本来の履行期）にあるであろう状態で目的物を引き渡すことになる。

ただ，実際には，契約の趣旨や取引上の社会通念に照らして品質が定まることが通常だから，483条が使われる場面はほとんどないであろう。たとえば，特定物売主の目的物引渡義務について考えてみよう。この場合，売主は，契約によって定まる品質・状態で特定物を引き渡す義務を負う。したがって，債務者の善管注意義務違反（▶400条）の有無にかかわらず，特定物の滅失・損傷が起こった場合には，売主は，その物を修補して（代替的特定物の場合で，契約の趣旨から代替物の提供が必要とされる場合には，代替物を提供して），契約によって定まる品質・状態で，特定物を引き渡さなければならない。引き渡された目的物が，契約によって定まる品質・状態に適合しない場合には，買主は，目的物の修補や代替物の引渡しによる履行の追完（▶562条），代金減額請求（▶563条），損害賠償請求および解除（▶564条・415条・541条・542条）の主張を行うことができる。損害賠償請求に関しては，債務者の帰責事由は契約その他の債務の発生原因および取引上の社会通念によって定まるものであり，善管注意義務違反がないからといって帰責事由がないということには必ずしもならない（とりわけ特定物債務が結果債務であると解される場合には〔➡60頁〕，善管注意義務違反

がなくても帰責事由ありとされ，売主は損害賠償債務を負いうる）。

　(3) 他人物の引渡し　たとえばビール 5 ダースを交付すべき債務の弁済として他人のビールを交付した場合，その他人が債務者に処分権を付与していないかぎり，弁済としての効力は生じない。このとき，債務者に無条件で目的物の取戻しを認めると，すでに反対給付がなされている場合などに債権者の地位を不当に害すること，また，その他人所有のビールと自己所有のビールとを交換できれば処理として簡便であることから，弁済者はさらに自己の所有に属するビール 5 ダースを引き渡さなければ，前に引き渡したビールの返還を請求できないとされている（▶475条）。債務者は他人所有のビールにつき無権限であるから，本条がないと，取戻請求権の法的根拠につき疑義が生じる。よって本条は，取戻請求権の付与という意味をもつ。ただし，弁済として受領した物を債権者が善意で消費し，または譲り渡した場合には，弁済は有効となり，債務者はもはやビールの返還を請求できない（▶476条前段）。しかし，このことは，債権者・債務者間の決済を簡便にしようとするものであって，その物の所有者の地位にはまったく影響のないものであるから，所有者は債権者に対して不法行為または不当利得を理由として賠償（価値返還）を請求することができる。債権者がこれに応じて賠償をしたときは，債権者は弁済者に対して求償することができる（▶同条後段）。債権者の損失で債務を免れたことになるからである。なお，最初から他人の物を特定物売買の目的物としていた場合でも（売主がその他人の同意を得ずにその特定物を引き渡した場面を考えてほしい），その特定物が代替的特定物であり，契約の趣旨から代替物による履行も可能とされる場合には，他の代替物をもって有効な弁済をすることができるから，本条の適用がありうる。

　(4) 弁済の場所　弁済の場所は，通常は当事者の意思（合意）や給付の性質，慣習で決まるが，それで明らかにならないときに備えて，484条1項の定めがある。これによれば，まず中古車や芸術作品のような特定物の引渡債務の場合には，債権発生の時にその物が存在した場所が，弁済の場所となる。たとえば，AがBに自己所有の中古の小型船舶を売却したという事例においては，その小型船舶が停泊している港の桟橋が，買主Bが弁済をするべき場所であ

る。次に，金銭債務などその他の弁済の場合には，債権者の現在の住所で弁済することとなる（持参債務の原則）。債権者の現在の住所であるから，債権者の住所の変更あるいは債権の譲渡の場合には，債務者は債権者の新住所あるいは新債権者の住所で弁済をしなければならない。ただし，そのために増加した費用は，債権者の負担となる（▶485条ただし書）。なお，売買代金の支払いについては574条に特則があり，目的物の引渡しと同時に売買代金を支払う約束であるときは，目的物の引渡しの場所が代金の支払地となる。したがって，特定物の売買の場合には，債権発生の時にその物が存在した場所で代金を支払うことになるから，上記事例では，小型船舶が停泊している港の桟橋が代金支払場所となる（なお，▶533条により，小型船舶の引渡しと代金の支払いは同時履行である）。種類物の売買の場合には，買主（種類債権の債権者）の現在の住所地が代金支払場所となる。

(5) **弁済の時期** 債務は，履行期において弁済するのが原則である。しかし，期限の利益を放棄したとき（▶136条2項），あるいは期限の利益を喪失したとき（▶137条）には，履行期前に，履行をなし，あるいは現実に履行を請求しうる。また，履行の猶予を得たとき，あるいは双務契約において同時履行の抗弁権を有するときには，履行期後に，現実に履行を請求し，あるいは履行をなすことができる。

履行期は，当事者の意思表示または給付の性質もしくは法律の規定によって定まる（▶573条・591条・597条・617条・624条・662条1項・663条など）。以上によって履行期を定めることができない場合は，債務発生時が履行期とされる（▶412条参照）。なお，履行遅滞を生ずるには，履行期が到来することを絶対に必要とするが，履行期の到来だけで，必ずしもつねに遅滞を生ずるのではなく，履行期の種類によって異なる（▶412条。➡45頁）。履行期における履行の時間については，法令または慣習により取引時間の定めがあるときは，その取引時間内とされる（▶484条2項）。

(6) **弁済の費用** 485条によれば，商品の梱包や運送のための費用のような弁済の費用は，特別な合意がないかぎり，債務者がこれを負担する。ただし，債権者の住所の移転等によって弁済の費用が増加した場合には，その増加

額は債権者の負担となる（▶485条ただし書）。この場合，債務者は，原則として（増加額がとくに大きい場合などを除き），弁済後に求償するか，弁済すべき額から控除できるにすぎず，弁済との同時履行を主張することはできない。

(7) **預貯金口座への振込みによる弁済**　現代社会では，債権者の預貯金口座への振込みによって金銭債務の弁済が行われることも多い。このような場合について，477条は，債権者の預貯金口座への払込みによってする弁済は，債権者がその預貯金に係る債権の債務者に対して，その払込みに係る金額の払戻しを請求する権利（預貯金債権）を取得したときに，弁済の効力が生じると定める。振込手数料は，特別な合意がないかぎり，485条により債務者が負担する。

なお，誤振込みをしてしまった場合の預貯金債権の帰属について，最判平成8・4・26民集50巻5号1267頁（百選Ⅱ-72）等は，振込依頼人と受取人の間に振込みの原因となる法律関係がなかったとしても，受取人に預貯金債権が帰属するとしており，債権者に預貯金債権が帰属することはないから，誤振込みによって弁済の効力が生じることはない（預金者の確定については，**➡ Further Lesson 6-6** を参照）。

2　弁済の提供，受領遅滞

弁済の提供　(1) **弁済の提供の趣旨**　ほとんどの債務は——少なくとも受領というかたちでの——債権者の協力行為を必要とする。このような債務においては，債務者が自らの側で行うべきことをすべて行い，債権者に協力を求めても，債権者が受領等の協力行為を行わなければ，債権の目的が到達されていないので，債務は消滅しない。しかし，債権者が協力しないかぎり，いつまでも債務者が債務を免れられないというのは酷であるから，民法は，弁済の提供があるだけで，その時から債務不履行責任を免れさせることとした。これが，492条の定める**弁済提供**という制度である。

(2) **弁済提供の基準**　弁済提供があるといえるには，「債務の本旨」に従った弁済の提供が必要である（▶493条）。どの程度の行為があれば債務の本旨に従った弁済提供があったといいうるかは，主体・客体・場所・時間および債権発生原因などを顧慮して，取引慣行や信義則に従って判断されなければな

らない。

493条は，提供の方法を2種類に分け，原則として**現実の提供**をしなければならないものとし，ただし，債権者があらかじめその受領を拒み，または債務の履行について債権者の行為を要するときは，**口頭の提供**をすれば足りるものと定めている。現実の提供という概念は，種類債権の特定のところで，持参債務についての「給付をするのに必要な行為を完了」の解釈としてすでに登場しているが（→17頁），弁済の提供と種類債権の特定とはまったく別の制度である。種類債権の特定の場合には，種類物の引渡しが問題であるから，その物を持参するか，債権者が取立てに行くか，第三地に送付するかといった区別が問題となる。これに対して，弁済の提供とは，債務者が債務不履行から免れる制度であるから，種類物の引渡しだけではなく，およそ債務であればすべての債務について問題となる。物の引渡しのみならず，たとえば，歌手が債権者の指定する会場で歌うといった「なす債務」についても問題となるわけだから，493条が，物の持参や取立てという分け方をせず，債務の履行について債権者の行為を必要とするか否かで分けているのは，当然のことである。

(a) 現実の提供　給付の受領が債権者のなすべき唯一の協力である場合や，履行行為と同時に債権者が協力すべき場合には，債権者が給付の受領その他の協力をすることにより弁済が完了する程度に，債務の本旨に従った状態を作り出さなければならない。典型例は，持参債務である。

(i) 金銭債務の場合　金銭債務においては，債権者の協力は受領のみであるのが普通である。債権者があらかじめ指定する期日または場所で支払うべき場合には，債権者がまず指定という協力をしなければならないが，指定があれば，その期日または場所で現実の提供をすることができるから，金銭債務においては，現実の提供の有無が問題となることが多い。

まず，提供の金額は，原則として，債務の全額であることを要し，一部の提供では債務の本旨に従った弁済の提供にはならない。したがって，元本のほかに，利息および費用を支払うべきときは，その全額を提供しなければならない。しかしながら，提供金額にきわめて僅少額の不足があるにすぎない場合には，この一事をもって弁済提供を無効とすることは，信義則上許されない（★

大判昭和13・6・11民集17巻1249頁，最判昭和35・12・15民集14巻14号3060頁。➡供託に関する302頁も参照）。

次に，現金だけでなく，郵便為替や信用ある銀行の自己宛小切手の提供でも有効な弁済提供になる（★最判昭和37・9・21民集16巻9号2041頁〔銀行の自己宛振出小切手の提供〕）。ただし，個人振出の小切手は，当事者間の特別の意思表示または慣習のないかぎり，有効な提供とはならない（★最判昭和35・11・22民集14巻13号2827頁）。

また，金銭債務は，債権者の住所に金銭を持参して支払いをなすべき旨を述べれば，金銭を債権者の面前に呈示しなくても有効な弁済提供になる。判例上は，①地代の支払いにつき，借地人が地代を持参したが，地主が受領を拒絶したので地主に呈示しなかった場合（★最判昭和23・12・14民集2巻13号438頁），②家屋賃料の支払いにつき，代理人たる弁護士の事務所に賃料を持参したが弁護士が不在だったため呈示できず，事務員にとくに受領を催告しなかった場合（★最判昭和39・10・23民集18巻8号1773頁）に，有効な弁済提供があったとされている。

　(ii) 金銭債務以外の場合　　特定物の売買，種類物の売買いずれにおいても，売主は売買契約によって定まる品質・状態で目的物を提供しなければ，有効な弁済提供とはならない。商品を送付すべき場合に，受取人において処分できる形式の貨物引換証（▶商571条）を交付することは，原則として有効な弁済提供となる（★大判大正13・7・18民集3巻399頁）。

　(iii) 債務者の履行行為と同時に債権者が協力すべき場合　　登記は，原則として，登記権利者と登記義務者との共同申請によってなされるから，登記をなすべき債務者は，期日に登記の準備をして登記所に出頭すれば，現実の提供ありとされる（★大判大正7・8・14民録24輯1650頁）。

(b) 口頭の提供　　口頭の提供とは，弁済の準備をしたことを通知してその受領の催告をすることである。493条ただし書は，第1に，債権者があらかじめ受領を拒んでいる場合，第2に，債務の履行について債権者の行為が必要な場合には，口頭の提供をすれば，弁済提供として十分であると定める。

　(i) 債権者があらかじめ受領を拒絶する場合　　この場合にも現実の提供

をすることは可能であるが，それにもかかわらず，口頭の提供をすれば，債務者は債務不履行にならないとされている理由は，①債権者があらかじめ受領を拒絶しているにもかかわらず，債務者にまず現実の提供をさせるのは公平に反するという点，および，②債権者があらかじめ受領を拒絶した場合でも，債権者が翻意して受領することがありうるから，信義則上口頭の提供はなすべきであるという点にある。

　受領拒絶となる場合としては，賃貸人が増額賃料でなければ受領しないと主張する場合，債権者が理由もないのに契約の解除を求め，自己の負担する反対給付の履行を拒む場合などがあげられる。なお，債務者の履行の提供が債務の本旨に従っていないという理由から，受領を拒絶した場合のように，受領拒絶に正当な理由がある場合は，ここでいう受領拒絶にはあたらない。

　　(ii)　債権者の先行的協力行為を必要とする場合　　債務の履行について債権者の行為が必要な場合とは，給付をなすにつき債権者の先行的協力行為を必要とする場合を意味する。この場合には，先行的協力行為がなければ，事実上弁済の本体的部分を完了しえないから，口頭の提供で足りるとされたのである。

　これに属する場合としては，取立債務の場合のほか，債権者があらかじめ供給する材料に加工すべき債務（たとえば，債権者がもってきた車を修理する債務），債権者の指定する場所または期日において履行すべき債務（たとえば，債権者の指定する会場で歌う債務）の場合である。これらの場合には，債権者の先行的協力行為がないかぎり債務者は履行遅滞に陥らないから，債務不履行責任を免れるために口頭の提供が必要とされるのは，債務者がすでに履行遅滞にあるときのみであり，この場合でもなお口頭の提供で足りるとされるところに493条ただし書の意義がある。

　なお，493条ただし書の定める「口頭の提供」と取立債務における「特定」のために必要とされる行為とでは，後者の方が厳格に解される。すなわち，前者（口頭の提供）においては，債務者を債務不履行から免れさせるためにはどれだけのことが必要かという観点から，弁済の準備程度で足り，目的物の分離までは要しないと解されるのに対して，後者（特定）においては，所有権の移

転という効果をどの段階から発生させるのが妥当かを契約内容に照らして考えた場合には，通常は，最低限，目的物の分離終了程度の準備までは行われる必要があると解される。

　(iii) 弁済の準備の程度　　弁済の準備の程度は，将来債権者が受領その他の協力をするならば直ちに給付を完了しうる程度のもの，あるいは，債権者が翻意して受領しようとすれば債務者の方でこれに応じて給付を完了しうる程度のものである必要がある。たとえば，金銭債務について，現金を手元に用意していなくても，銀行と融資の予約をして，現金調達の手だてを講じておくことで，弁済の準備ありとした判例がある（★大判大正 7・12・4 民録24輯2288頁）。ただし，金銭以外の物を引き渡すべき債務について，債権者があらかじめ受領を拒んだ場合において，債権者の受領拒絶の態度が強固であればあるほど，債務者の方でなすべき準備の程度が少なくなり，したがって，債権者が翻意した場合にそれに応じて弁済するために相当の期日を要することになってもさしつかえないということができる。他面からいえば，債権者の先行的行為を要する場合にあっては，受領拒絶の場合に比し，準備の程度が大きくなる。なぜなら，この場合は，債権者は受領を拒絶しているわけではなく，債権者の協力は当然予期されるものなので，債権者の協力があれば弁済しうるだけの準備をしておく必要があるからである。

　(iv) 口頭の提供すら必要としない場合　　上記のように，債権者があらかじめ受領を拒絶した場合であっても口頭の提供が必要とされる趣旨は，債権者の翻意可能性に求められている。とすれば，債権者が契約そのものの存在を否定するなど，債権者の受領拒絶の意思がきわめて明確な場合にも，債務者はなお口頭の提供をしなければならないかという問題が生ずる。学説は，債権者の受領拒絶の意思が明確であっても，債権者の翻意可能性は否定できないとして，口頭の提供を要求する見解（必要説）と，信義則といっても無駄なこと・無意味なことまで要求するものではないとして，口頭の提供を不要とする見解（不要説）とに分かれる。

> **Case 6-1** YはXからビルの1室を賃借していたが、Yが契約条項に違反する工事を行ったと主張して、Xは契約解除の意思表示をした（解除①）。Yは解除の有効性を争い、訴訟となったが、順次賃料を供託し、かつその通知をXにし続けたものの、第1審口頭弁論終結ごろには供託もしなくなった。第1審で敗訴したXは、賃料不払いを理由として無催告解除特約に基づき解除する旨を控訴審で主張した（解除②）。

最大判昭和32・6・5民集11巻6号915頁は、このようなケースについて、「債権者が契約そのものの存在を否定する等弁済を受領しない意思が明確と認められる場合においては、債務者が形式的に弁済の準備をし且つその旨を通知することを必要とするがごときは全く無意義であって、法はかかる無意義を要求しているものと解することはできない。それ故、かかる場合には、債務者は言語上の提供をしないからといって、債務不履行の責に任ずるものということはできない」と判示し、不要説に立つことを明らかにした。不要説によれば、この場合、債務者は口頭の提供をしなくても債務不履行の責任を負わない。ただし、このことは、債務者が口頭の提供をすることが可能であることを前提としているのであって、経済状態が不良なために弁済の準備ができない状態にある債務者についてまで認められるものではない（★最判昭和44・5・1民集23巻6号935頁）。

　(3)　**弁済提供の効果**　492条によれば、債務者は、弁済提供の時から、「債務を履行しないことによって生ずべき責任を免れる」。したがって、債務者は履行遅滞の責任を負わず、遅滞を理由とする損害賠償、遅延利息または違約金の請求を受けない。また、債権者は、契約を解除したり、担保権を実行することはできない。

　ただし、弁済提供が行われても、債務そのものを免れるわけではない。債務そのものを免れるためには、供託をする必要がある。弁済者は、弁済提供をし、債権者がその受領を拒んだ場合には、弁済の目的物を供託できる（▶494条1項1号）。

　目的物が金銭である場合、弁済提供以後は、約定利息の発生はとまる。自己の意思に反して金銭を保管させられているからである。

　さらに、双務契約の一方当事者が弁済提供をしたときは、相手方は同時履行

Further Lesson 6-1
▶▶▶▶▶ **最大判昭和32・6・5の射程**

　前掲最大判昭和32・6・5の射程については，これを，債権者の受領拒絶の意思が明確である場合一般に関するものと解する見解が一般的のようである。しかし，これに対しては，分割的または回帰的給付債務において債権者が受領遅滞にある場合に，射程を限定する有力学説がある。すなわち，賃料などの支分債務は，ある程度おのおの独立性を有するけれども，基本債務によって統一されているものであるから，債権者がその一部について自ら受領遅滞にありながら債務者の不履行を主張することは信義則に反するのであって，債務者は次回以降の支分債務の提供をしなくても不履行の責を免れると解すべきである，というのである。この見解は，債権者の受領拒絶の意思が明確である場合についても口頭の提供を不要とするので，一般的見解と結論において差異を生じないが，両場合は明確に区別されるべきと主張する。すなわち，前者においては，債権者の一部受領遅滞を理由とするのに対し，後者においては，無駄な口頭の提供は必要ないということを理由とするからである（於保『債権総論〔新版〕』382頁，奥田『債権総論〔増補版〕』537頁）。

Further Lesson 6-2
▶▶▶▶▶ **現実の提供と口頭の提供**

　493条は，現実の提供を原則としつつも，その例外として口頭の提供を認めている。口頭の提供が認められる趣旨は，債権者があらかじめ受領を拒絶しているにもかかわらず，債務者にまず現実の提供をさせるのは公平に反し，また，給付をなすにつき債権者の先行的協力行為を必要とする場合には，先行的協力行為がなければ，事実上弁済の本体的部分を完了しえないという点にある。しかし，そもそも弁済提供が問題となるのは，債務の履行の完了のために債権者の協力が必要な場合なのである。とすれば，弁済提供とは，債権者の協力がなければ履行を完了することができない場合に，債務者が当該事情の下においてなすべきことをなして，履行につき債権者に協力を求めること一般を指すのであって，現実の提供と口頭の提供とは，結局のところ，債権者の協力の仕方の差から生じる，程度の違いにすぎないといいうる。そして，その判断の際には，債務の履行過程のどの段階で債権者のどのような行為が必要なのか，その協力を求めるにあたり，債務者としてはどれだけのことをしておく必要があるのかをそれぞれの債権関係ごとに，契約や取引慣行，信義則に則って判断してゆくほかない。しかも，多くの債権関係にあっては，債務者の具体的行為と債権者の具体的行為とが交錯しながら履行過程が進行していくのであるから，結局，各当事者のなすべき行為は，履行過程の進捗状況に即して，相手方当事者の行為態様と相関的に確定される必要がある（奥田『債権総論〔増補版〕』526頁，潮見『債権総論Ⅱ〔第3版〕』196頁）。

の抗弁権（▶533条）を失う。この場合，弁済提供をした当事者が契約を解除するときには，さらに提供をする必要はないが，現実の履行を求めるときには，相手方は同時履行の抗弁権を失うものではないから，再度弁済提供をしなければならない。相手方の先履行義務を認めるのは，衡平に反するからである。

受領遅滞　　**(1) 受領遅滞の意義**　　**受領遅滞**とは，債務の履行について受領その他債権者の協力を必要とする場合に，債務者が債務の本旨に従った履行をしたにもかかわらず，債権者がその協力をしないために，履行が遅延している状態にあることをいう。

413条は，債権者が「債務の履行を受けることを拒み」（受領拒絶），または「受けることができない場合」（受領不能）について，債務者の目的物の保存義務の軽減（▶同条1項）や，履行費用の債権者負担（▶同条2項）を定めている。また，413条の2第2項は，受領遅滞中に生じた両当事者の責めに帰することができない履行不能について，これを債権者の責めに帰すべき不能としている。

(2) 受領遅滞の本質　　(a) 法定責任説　　受領遅滞の本質は，債務者を不履行責任から免除するとともに，公平の観念から，履行遅延に伴って生ずる保管費用等の不利益を債権者に負担させるべく認められた法定責任である。後述するように，弁済提供と受領遅滞の要件は重なっており，いわば表と裏の関係

Further Lesson 6-3
▶▶▶▶▶ 弁済提供と双務契約

　双務契約の一方当事者には，同時履行の抗弁権（▶533条）があるから，相手方が自ら弁済提供して催告するまでは，自身は弁済提供をしなくても不履行の責めを負わない。したがって，履行遅滞に陥っていない当事者にとっては，弁済提供により債務不履行責任を免れるという効果には特段の意味はなく，むしろ，相手方に対する履行の請求（相手方は同時履行の抗弁権がなくなるから）や相手方の負う反対債務の不履行責任の追及との関連において意味をもつ。これに対して，履行遅滞に陥っている当事者にとっては，弁済提供（遅延賠償をそえてなす必要があるのは当然）により債務不履行責任を免れるという効果は重要な意義をもつほか，加えて，この弁済提供を相手方が受領せず，かつ自身の債務を履行しない場合には，逆に，相手方を受領遅滞および履行遅滞に陥らせることができるわけであるから，この点でも重要な意味をもつ。

にあるともいえるが，弁済提供が債務を履行しないことから生じる責任から債務者を免れさせる制度であるのに対して，受領遅滞は，同様の場面について債権者の責任や負担を加重させる制度であるという違いがある。

(b) 受領義務の不履行　　もっとも，以上の説明は，特約や慣習により，債権者に受領義務を認めて，その不履行（債務不履行）を問題にすることを排除しない（実際，そのような特約はしばしば存在する）。また，一定の場合には，契約の解釈や信義則により，債権者に受領義務を認め，その不履行を理由に損害賠償請求をしたり，契約を解除することを認める必要のある場合がありうる。

> **Case 6-2**　XはYに契約期間内に産出した硫黄鉱石の全量を売る契約をした。XはYの指導等により，搬出用の索道架設計画を変更するなど履行の準備に相当の努力を費やした。Xが，硫黄鉱石を出荷しYに通知したところ，Yは市況の悪化を理由に引取を拒絶した。そこで，XはYに対して，引取拒絶による損害の賠償を求めた。

このようなケースについて，最判昭和46・12・16民集25巻9号1472頁（百選Ⅱ-55：硫黄鉱石売買契約事件）は，「（本件）鉱石売買契約においては，Xが右契約期間を通じて採掘する鉱石の全量が売買されるべきものと定められており，XはYに対し右鉱石を継続的に供給すべきものなのであるから，信義則に照らして考察するときは，Xは，右約旨に基づいて，その採掘した鉱石全部を順次Yに出荷すべく，Yはこれを引き取り，かつ，その代金を支払うべき法律関係が存在していたものと解するのが相当である。したがって，Yには，Xが採掘し，提供した鉱石を引き取るべき義務があったものというべきであり，Yの前示引取の拒絶は，債務不履行の効果を生ずるものといわなければならない」と判示し，損害賠償請求を認めた。仮にこのケースにおいてYが受領しなければ，Xの営業に大きな支障が生ずるのだから，この結論は妥当であろう。

(3) 受領遅滞の要件　　(a) 債務の履行につき受領その他債権者の協力を必要とすること　　不作為債務の場合のように，債務者の給付行為のみで弁済が生じる場合には，受領遅滞は問題にならない。

(b) 債務の本旨に従った弁済の提供がなされたこと　　どの程度のことをすれば弁済提供があるといえるのかについては，すでに述べた（➡257頁）。

(c) **債権者の受領拒絶または受領不能** 受領拒絶・受領不能の理由は問わない。しかし，受領遅滞は履行の可能を前提とするから，履行が不能であるために受領もまた不能であるという場合は，履行不能として扱われる。

(4) **受領遅滞の効果** このように弁済提供と受領遅滞の要件は重なっており，いわば表と裏の関係にあるともいえるが，弁済提供が債務を履行しないことから生じる責任から債務者を免れさせる制度であるのに対して，受領遅滞は，同様の場面について債権者の責任や負担を加重させる制度であり，両者は異なる。

受領遅滞の効果は以下のとおりである。まず，受領遅滞の場合，債務の目的が特定物の引渡しであるときは，債務者の保存義務が軽減され，自己の財産に対するのと同一の注意をもってその物を保存すれば足りる（▶413条1項。特定物引渡債務が結果債務とされる場合であっても，受領遅滞後は，自己の財産に対するのと同一の注意をもってその物を保存したのであれば，目的物が滅失・損傷しても，損害賠償の義務を負わない）。次に，受領遅滞後に目的物の保存や管理のために支出した増加費用は，債権者が負担する（▶同条2項）。また，受領遅滞中に生じた両当事者の責めに帰することのできない履行不能は，債権者の責めに帰すべき履行不能とされ（▶413条の2第2項），双務契約においては，債権者は，反対給付の履行を拒むことができない（▶536条2項）。さらに，売買契約においては，受領遅滞によって危険が買主に移転するため，両当事者の責めに帰することができない事由によって目的物（売買の目的として特定したものに限る）が滅失・損傷した場合には，目的物の修補や代替物の引渡しによって追完が可能であっても，買主は，履行の追完の請求その他の請求を行うことができない一方，代金の支払いを拒むことはできない（▶567条2項。559条により有償契約一般に準用される）。

3 第三者の弁済と弁済による代位

第三者の弁済

(1) **第三者の弁済の意義** 弁済とは，債務の本旨に従った給付を実現することによって債権者を満足させることだから，本来の弁済者は債務者であるが，債務者以外の第三者も原則として弁済

をすることができる（▶474条1項）。

　たとえば，友人Ａの借金のために自己の土地上に抵当権を設定したＢは，自身は債務者ではないが，債務者Ａに代わって弁済をすることができる。この場合には，Ａが債務を履行しなければ，抵当権が実行されてＢは土地を明け渡さなければならなくなるが，Ｂは第三者弁済をすることで，これを回避できるのである。第三者の弁済は，本来の意味での「弁済」に限られず，代物弁済や供託をすることもできる。相殺の可否については後に述べる（➡306頁）。なお，履行補助者や代理人による弁済は，債務者の弁済であって，第三者弁済ではない。

　(2)　**第三者の弁済が許されない場合**　474条2項から4項は，債権者と債務者の立場を考慮して，次の4つの場合には第三者の弁済は許されないとする。

　(a)　債務の性質がこれを許さないとき（▶474条4項前段）　これは，給付が債務者の性質・人柄・技能・熟練などを条件としている場合のことで，これを**一身専属的給付**という。名俳優の演技・学者の講演のように債務者自身で給付しなければ債権の目的たる給付とされない絶対的な一身専属的給付と，労務者の労務・受任者の事務処理・受寄者の保管のように債権者の同意があれば第三者でもすることのできる相対的な一身専属的給付とが，これに属する。

　(b)　当事者が第三者の弁済を禁止し，または制限する旨の意思表示をしたとき（▶474条4項後段）　契約によって発生する債権については契約で，単独行為によって発生する債権については単独行為で，第三者による弁済を禁じることができる。その旨の意思表示は，債権が発生するのと同時に行う必要はないが，第三者が弁済する前に行わなければならない。この反対の意思表示が行われると，弁済をするについて正当な利益を有する第三者の弁済も禁止される。

　(c)　弁済をするについて正当な利益を有する者でない第三者は債務者の意思に反して弁済をすることができない（▶474条2項）　この規定の立法趣旨は，他人の弁済により恩義を受けることを潔しとしない場合や，債務者が第三者による苛酷な求償権にさらされる場合を考慮してのことであるとされている。

「弁済をするについて正当な利益を有する者」とは、500条による法定代位が可能な者の範囲と等しく、①不可分債務者、連帯債務者、保証人、物上保証人、担保物の第三取得者のほか、②後順位担保権者、優先担保権者の権利の実行により弁済を受けられない結果となる場合における一般債権者（★大判昭和13・2・15民集17巻179頁〔唯一の財産である担保物が不当に低廉に処分された事例。500条に関する判例〕）などがあげられる。①の者は、弁済しなければ債権者から執行を受ける地位にあり、②の者は、弁済しなければ債務者に対する自己の権利が価値を失う地位にある。これらの者でない第三者は、債務者の意思に反して弁済することができない。

2017年改正前は、「利害関係を有しない第三者」による債務者の意思に反する弁済を禁じる旨の表現がとられており、判例は、借地上の建物の賃借人はその敷地の地代の弁済について法律上の利害関係を有するとしていた。その理由は、建物賃借人と土地賃貸人との間には直接の契約関係はないが、土地賃借権が消滅するときは、建物賃借人は土地賃貸人に対して、賃借建物から退去して土地を明け渡すべき義務を負う法律関係にあり、建物賃借人は、敷地の地代を弁済し、敷地の賃借権が消滅することを防止することに法律上の利益を有するものと解される、という点にある（★最判昭和63・7・1判時1287号63頁：百選Ⅱ-32）。この判例は、改正法の下でも妥当するものとみてよく、借地上の建物賃借人は、その敷地の地代の弁済をするについて正当な利益を有すると考えられる。これに対して、親族関係や友人関係のような単なる事実上の利害関係を有するにすぎない第三者は、弁済をするについて正当な利益を有しない。

債務者の反対の意思は必ずしも明示的に表示される必要はなく、債務の性質、当事者の関係その他弁済の前後における諸般の事情から債務者の意思に反することが認定されればよい（★大判大正6・10・18民録23輯1662頁）。しかし、弁済が債務者の意思に反することを債権者が知らなかったときは、弁済は有効である（▶474条2項ただし書）。債務者の意思に反することが事後的に判明したときに、債権者に給付物の返還という不利益を甘受させてまで、債務者を保護する必要があるかは疑問だからである。なお、債務者の反対意思の立証責任は、弁済が債務者の意思に反していると主張する者が負担する。

(d) **弁済をするについて正当な利益を有する者でない第三者は債権者の意思に反して弁済をすることができない**　　かかる第三者による弁済を、債権者は拒絶でき、拒絶しても受領遅滞にはならない（受領を拒絶された第三者が債権者の預貯金口座に弁済金を一方的に振り込むようなことをしても、弁済は無効である）。ただし、その第三者が債務者の委託を受けて弁済する場合であって、債権者がそのことを知っていた場合は、債権者はその第三者による弁済を拒絶できず、拒絶すれば受領遅滞となる（▶474条3項）。

2項との関係がわかりにくいが、3項によれば、弁済が正当な利益を有する者でない第三者によるものであれば、それが債務者の意思に反しないものであっても──しかも、そのことを債権者が知っている場合ですら──、その弁済が債務者の委託を受けたものでないかぎり、債権者は受領を拒絶できる（仮に受領した場合には、その弁済は有効である）。債務者の反対意思を知らずに弁済を受領した債権者の保護は2項ただし書で図られているが、さらに債務者による弁済の委託という客観的に判断可能な要件に該当する場合でないかぎり、債権者に受領拒絶権を与えることによって、正当な利益を有する者でない第三者による弁済を受領するか否かに関する債権者の判断を容易にしたものである。なお、債務者の委託を受けて弁済する第三者が代位をするには、債権譲渡の対抗要件を具備しなければならない（▶500条）。

(3) 第三者の弁済の効果　　第三者弁済が有効である場合、債権は消滅するが、次に説明する弁済による代位が問題となる。第三者の弁済提供を債権者が正当な理由なくして受領しないときには、受領遅滞となる（ただし、(d)で述べた▶474条3項に注意）。債務者と弁済者（第三者）の法律関係は、準委任関係があるときは650条の規定に従い、準委任関係がないときは──贈与意思があるときは別として──702条の規定に従い、求償権が発生する。

弁済による代位　　**(1) 弁済による代位の意義**　　上記のように、たとえば抵当権の実行を回避するために物上保証人が第三者として弁済した場合など、債務者以外の第三者によって弁済が行われると、その債権は消滅し、弁済を行った者は債務者に対して求償権を取得する。また、保証人の弁済によって、主たる債務者が免責を受けた場合には、保証人は求償権を

行使できる（➡186頁）。これらの場合に，債務者に対して取得する求償権を確実にするために，債務者について消滅したはずの債権者の債権（原債権）および担保権が，求償権の範囲で弁済者に移転する（▶499条・501条）。501条1項の「債権の効力及び担保としてその債権者が有していた一切の権利」とは，原債権（履行請求権・損害賠償請求権）のほか，債権者代位権，詐害行為取消権，抵当権や質権などの物的担保権，保証人・連帯保証人に対する権利のような人的担保権である。この制度を**弁済による代位**とよぶ。講学上，弁済による代位のことを代位弁済とよぶことがあるが，民法は，債務者に代わって弁済することを指して代位弁済の語を用いているので（▶502条・503条），混同しないように注意されたい。

(2) **弁済による代位の要件**　(a)　弁済その他により債権が実現したこと

条文上は弁済と規定されているが，代物弁済・供託はもちろん，連帯債務者の相殺（▶439条1項）その他弁済とみなされる場合も含まれる。たとえば，連帯債務者の1人または連帯保証人が債権を譲り受け，または相続して混同を生じた場合や，物上保証人または抵当不動産の第三取得者が抵当権の実行により所有権を失った場合である。

(b)　弁済者が債務者に対して求償権を有すること　　求償権の存在を民法が個別的に定めている場合としては，不可分債務者（▶430条），連帯債務者（▶442条），保証人（▶459条・462条），物上保証人（質権について▶351条，抵当権について▶372条）がある。その他，第三者が債務者の委託に基づいて弁済した場合には，委任事務処理費用の償還請求権（▶650条）として求償権が認められる。また，第三者が債務者の委託によるのではなく，事務管理として弁済した場合には，事務管理費用の償還請求権（▶702条）として求償権を取得する。弁済による代位の制度は，弁済者の求償権の効力を確保するために認められたものだから，以上のように弁済者が求償権をもつ場合に，かつその求償権の範囲内において代位が認められる（▶501条2項）。

(c)　対抗要件　　対抗要件の要否を考えるにあたっては，任意代位と法定代位を区別しなければならない（2017年改正により，任意代位，法定代位の語が条文の表題から消えたが，なお有用である）。

(i) **任意代位** 弁済をするにつき正当な利益を有する者でないものによる弁済を**任意代位**という。法定代位の場合と異なり，任意代位の場合には，弁済をするについて正当の利益を有しない者が弁済するのだから，予測できない弁済者の出現によって，債務者その他の第三者が不測の損害を被ることが考えられる。そこで民法は，債権譲渡の対抗要件に関する467条を準用している（▶500条）。すなわち，弁済者が債務者に代位の効果を主張するためには，債権者が債務者に代位を通知するか，または債務者が代位を承諾するかが必要であり，債務者以外の第三者に代位の効果を主張するためには，確定日付のある証書での通知・承諾が必要となる。

(ii) **法定代位** 弁済をするにつき正当な利益を有する者による弁済を**法定代位**という。法定代位については，債権譲渡の対抗要件は不要である（▶500条括弧書参照）。債務者その他の第三者にとって予測できない弁済者ではないからである。「正当な利益を有する者」としては，①不可分債務者，連帯債務者，保証人，物上保証人，担保物の第三取得者のほか，②後順位担保権者，優先担保権者の権利の実行により弁済を受けられない結果となる場合における一般債権者（★大判昭和13・2・15民集17巻179頁〔唯一の財産である担保物が不当に低廉に処分された事例〕）などがあげられる。①の者は，弁済しなければ債権者から執行を受ける地位にあり，②の者は，弁済しなければ債務者に対する自己の権利が価値を失う地位にある。

(3) **弁済による代位の効果—代位者と債務者間の関係** (a) **債権者の有していた一切の権利の行使** 債務者以外の第三者が弁済すると，「債権の効力及び担保としてその債権者が有していた一切の権利」が，求償権の範囲で弁済者に移転する。「債権の効力及び担保としてその債権者が有していた一切の権利」の意義はすでに述べた。ただし，根抵当権の元本確定前に第三者が弁済したときは，根抵当権が弁済者に移転することはない（▶398条の7第1項）。

また，代位とは，権利が同一性を保ったまま移転することであるから，債務者は，法定代位においては弁済の時，任意代位においては通知または承諾が行われた時までに債権者に対して主張できたすべての抗弁（取消済みの抗弁，無効の抗弁，弁済済みの抗弁など）を，代位者にも主張することができる。これに対

して，契約の取消権や解除権は，代位の目的とならない。弁済による代位とは，債権者の債権を法律上移転するものであって，契約当事者たる地位を移転するものではないからである。民法はこのことを一部代位についてだけ規定しているが（▶502条4項），全部弁済による代位の場合でも異なるところはない。

　(b)　一部代位　　一部弁済による代位の場合には，「代位者は，債権者の同意を得て，その弁済をした価額に応じて，債権者とともにその権利を行使することができる」（▶502条1項）。

Case 6-3 BはAから1000万円の融資を受ける際に，その担保として，B所有土地上に抵当権を設定するとともに，Cを保証人とした。その後，保証人Cはこのうち300万円を弁済した。Cはどのような地位に立つか。

　Case 6-3 において，CはBに300万円の求償権をもつから（▶459条），それを確保するために，債務者について消滅したはずの債権者の債権300万円分がCに移転するとともに，それに対応する抵当権が移転する。問題は，この先であるが，これについては，権利の行使の場面と権利の満足の場面とに分けて考えるのが妥当である。

　権利の行使については，一部代位者は，代位した権利を単独で行使しうるものではなく，債権者の同意を得て，債権者とともにその権利を行使しうるだけである（▶502条1項）。その理由は，①代位者単独での実行を許すと，本来の権利者である債権者が換価時期を選択する利益を奪われることになるが，代位弁済制度の目的は求償権の保護に尽きるのであり，債権者を害してまでこれを認めることはその目的を逸脱すること，②代位者単独での実行を可能とすることは担保物権の不可分性に反すること，に求められている。これに対して，債権者は，単独での権利行使を妨げられない（▶502条2項）。債権者による権利の行使が，債権の一部を弁済したにすぎない代位者によって制約されるべきでないからである。

　権利の満足についても，債権者は，権利の行使によって得られる担保目的物の売却代金その他の金銭について，代位者に優先する（▶502条3項）。2017年改正前の最高裁判例は，「債権者が物上保証人の設定にかかる抵当権の実行に

よって債権の一部の満足を得た場合，物上保証人は，民法502条1項の規定により，債権者と共に債権者の有する抵当権を行使することができるが，この抵当権が実行されたときには，その代金の配当については債権者に優先されると解するのが相当である。けだし，弁済による代位は代位弁済者が債務者に対して取得する求償権を確保するための制度であり，そのために債権者が不利益を被ることを予定するものではなく，この担保権が実行された場合における競落代金の配当について債権者の利益を害するいわれはないからである」(★最判昭和60・5・23民集39巻4号940頁：百選Ⅰ-94)と述べていたところ，502条3項はこの判例を抵当権以外の権利行使に一般化したものである。

これに関連して，一部代位とは異なるが，次のような問題がある。

> **Case 6-4** AのBに対する債権α・β・γ(各債権額500万円)を担保するため，B所有不動産(価額1200万円)上に抵当権が設定され，さらに債権γのみについてCが保証人となった。その後，保証人Cは債権γの全額を弁済した。この抵当権が実行された場合，その代金の配当について，一部代位の場合と同じように考えて，債権者Aは保証人Cに優先して弁済を受けることができるか。

このようなケースについて，最判平成17・1・27民集59巻1号200頁は，「不動産を目的とする1個の抵当権が数個の債権を担保し，そのうちの1個の債権のみについての保証人が当該債権に係る残債務全額につき代位弁済した場合は，当該抵当権は債権者と保証人の準共有となり，当該抵当不動産の換価による売却代金が被担保債権のすべてを消滅させるに足りないときには，債権者と保証人は，両者間に上記売却代金からの弁済の受領についての特段の合意がないかぎり，上記売却代金につき，債権者が有する残債権額と保証人が代位によって取得した債権額に応じて案分して弁済を受けるものと解すべきである」と判示した。したがって，債権者Aは保証人Bに優先して弁済を受けることができない。一部代位の場合と異なり，保証人が代位によって取得した債権についてみれば，債権者は，抵当権の設定を受けるとともに保証人を徴した目的を達して完全な満足を得ているのであるから，保証人が債権者に代位して売却代金から弁済を受けることによって不利益を被るものとはいえず，また，保証人が自己の保証していない債権についてまで債権者の優先的な満足を受忍しなけ

ればならない理由はないからである。

これによれば，抵当不動産の売却代金1200万円は各債権に400万円ずつ案分され，保証人Cは400万円の弁済を受け，結局100万円を負担することになる（500万円－400万円）。

(4) 弁済による代位の効果——代位者と債権者との関係　(a) 債権証書・担保物交付義務　債権者は，代位者に対して，代位した権利の行使を容易にしてやる義務を負う。したがって，債権者は代位の通知をする義務を負う（▶500条）。

また，債権の全部について代位弁済をした第三者に対しては，債権者は，債権に関する証書および自己の占有する担保物を，代位者に交付する義務を負う（▶503条1項）。これに対して，債権の一部について代位弁済した第三者に対しては，債権者は，代位した旨を債権証書に記入し，かつ代位者に，債権者の占有する担保物の保存を監督させる義務を負う（▶同条2項）。

(b) 債権者の担保保存義務　諸外国の立法例は，保証人の求償権確保のために**担保保存義務**を認めているが，わが国の民法は，法定代位をなしうる者の間に保護の厚薄を設けるべきでないという理由から，すべての法定代位権者のために担保保存義務を認めている。すなわち，504条の趣旨は，法定代位権者の期待を保護するために，債権者の故意または過失による不利益は，債権者自身がこれを負担すべきという点にある。

> **Case 6-5**　BはAから1000万円の融資を受ける際に，その担保として，B所有土地（価額800万円）上に第1順位の抵当権を設定するとともに，Cを保証人とした。その後，Aは，保証人Cの資力が十分であるから抵当権は不要であると考えて，抵当権を放棄した。

Case 6-5において，もし抵当権の放棄がなければ，保証人Cは，後に保証債務を履行する事態となっても，求償権のうち土地の価額800万円は確実に求償を得られたはずである。しかし，Aによる抵当権の放棄によって，Cの期待は著しく害されてしまう。そこで，504条1項前段は，Cの期待を保護するために，担保の「喪失又は減少によって償還を受けることができなくなる限度に

おいて」責任を免れることとした。すなわち，Cは，Aの抵当権放棄によって求償を得られなくなる800万円の限度で保証債務を免れ，したがって，Aに200万円を支払えば足りることとなる。

　(i) 担保保存義務違反の要件　　故意または過失とは，担保の喪失または減少についてのそれをいい，免責を生ずる関係の存在についての故意・過失は必要ない。

　担保の喪失または減少は，事実的・法的な事態を意味する。抵当権の放棄，質物の返還，保証債務の免除のほか，未登記の抵当権の登記または仮登記の手続を怠ったために，その後その不動産を取得した第三者に抵当権を主張できなくなった場合（★大判大正6・7・5民録23輯1197頁，大判昭和16・3・11民集20巻176頁），質権設定の予約があり質権設定が容易であったのに，その手続を怠ったために質権の設定を受けられなくなった場合（★大判昭和8・7・5民集12巻2191頁）が，これに該当する。また，債権者が抵当権の実行を躊躇している間に担保不動産の価格が下落してしまった場合は，原則として本条の適用はない。なぜなら，債権者は，債務の履行がなくとも，担保権を実行する義務を負うものではなく，また法定代位をなしうる者は，実行を促す権利はないが，自ら代位弁済をして担保権を実行し担保物の値下りの損失を防止することも可能だからである。しかし，例外的に，債権者の態度が取引界の一般常識からみて著しく当を失し，信義に反するものと認められる場合には，担保物の値下がりによる担保の減少につき過失があるとみられる（★大判昭和8・9・29民集12巻2443頁，大判昭和10・12・28民集14巻2183頁）。

　以上に対して，取引上合理的な担保の差し替えや一部解除のように，形式的に担保の喪失または減少に該当しても，それが取引上の社会通念に照らして合理的なものである場合は，担保保存義務違反とならない（▶504条2項）。

　(ii) 担保保存義務違反の効果　　代位をなすべき者は，担保の喪失・減少により償還を受けられなくなる限度で，法律上当然に免責される。免責の範囲は，もし担保が存在していたならば，代位をなすべき者がその担保の実行により受けることができたであろう額と，現実に残存する担保（全部喪失の場合はゼロ）から受けうるであろう満足額との差額である。免責額算定の基準時につい

て，判例は，①担保の全部を喪失した場合には喪失が確定した時（★大判昭和6・3・16民集10巻157頁），②一部を喪失（減少）した場合には残部が実行された時（★大判昭和11・3・13民集15巻339頁）とする。

免責を主張できる者の範囲について，次のような問題がある。

> **Case 6-6** AのBに対する債権を担保するため，α・β 2つの不動産上に抵当権が設定された（共同抵当）。β不動産はCに譲渡され，他方その後，α不動産の抵当権は放棄された。β不動産がさらにDに譲渡された後，Aはβ不動産の抵当権を実行しようとした。Dは，504条所定の免責を主張できるか。

このようなケースについて，2017年改正前の最判平成3・9・3民集45巻7号1121頁は，「債権者がα不動産に設定された抵当権を放棄するなど故意又は懈怠によりその担保を喪失又は減少したときは，右第三取得者はもとよりβ不動産のその後の譲受人も債権者に対して504条に規定する免責の効果を主張することができるものと解するのが相当である」としていた。504条1項後段は，この判例法理を一般化して規定したものである。

　(iii)　担保保存義務を免除する特約の効力　　金融機関は，貸金額の増加に伴って債務者に担保の差し替えを要求することがある（α不動産上の根抵当権設定契約を解除して，β不動産上に根抵当権設定契約を結ぶなど）。債権者のこのような行為も形式的には担保の喪失または減少に該当するため，金融実務では，担保保存義務を免除する特約が結ばれることが多い。最判平成2・4・12金法1255号6頁は，かかる特約を有効とした上で，場合によっては特約の効力を主張することが信義則違反となりうることを認めている。なお，物上保証人が特約の効力により504条1項の免責の効果を主張できないときは，その後に，その物上保証人から不動産の譲渡を受けた第三者もまた504条1項の免責を主張できない。第三取得者は，504条1項による免責の効果が生じていない状態の担保の負担がある物件を取得したにすぎないからである（★最判平成7・6・23民集49巻6号1737頁：百選Ⅱ-37）。

　504条2項による義務免除との関係については，担保保存義務免除特約が締結されている場合は，担保保存義務違反があったことを主張する代位権者が，債権者の行為が信義則に反することを主張立証する責任を負うのに対して，同

特約が締結されていない場合は，債権者が，504条2項の要件についての主張立証責任を負うことになる点で違いがある。また，担保保存義務免除特約が締結されている場合において，担保物件が物上保証人から第三取得者へと譲渡された後に，担保の喪失・減少行為が行われ，前掲最判平成7・6・23の射程が及ばない——第三取得者への譲渡と担保の喪失・減少行為の順序が逆——ときであっても，債権者は，第三取得者に対して，少なくとも504条2項による義務免除は主張することができる。

　(c)　債権者の不当利得返還義務　　502条4項2文によれば，一部弁済を受けた債権者が，残りの債務の不履行を理由に契約を解除した場合には，債権はすでに弁済を受けた部分についても遡及的に無効となるため，545条2項に準じ，債権者は弁済を受けた価額および利息を弁済者に返還する義務を負う。

> **Case 6-7**　AのBに対する債権を担保するため，C所有土地に抵当権が設定され，さらにDが保証人となった。その後，Dは，全額の弁済をし，債権者Aに代位することにより，Bに対する債権（原債権）とともにCに対する抵当権を取得した。Dは，この抵当権を実行して，求償権全額の満足を得られるだろうか。

　(5)　**弁済による代位の効果——代位者相互の関係**　　仮にDが全額の満足を得られるとした場合，Cはどうなるか。ありうる解決としては，今度はCが，先に消滅したはずの保証債権を代位取得するというものが考えられる。しかし，これによると，C・D間での代位の循環が際限なく続くこととなる。かといって，Cの代位を否定すれば，早い者勝ちとなって混乱を生じ，不公平となる。そこで，501条3項は，代位の可否，代位の順位，代位の範囲について詳細な規定を設けている。なお，要点は，保証人・物上保証人・第三取得者——これも，債務者からの第三取得者と物上保証人からの第三取得者を区別する必要がある——という3種の登場人物を区別する点にある。

> **Case 6-8**　AのBに対する債権を担保するために，B所有土地に抵当権が設定され，さらにCが保証人となった。その後，右土地はDに譲渡された。保証人Cが全額の弁済をしたとき，Cは，債権者Aに代位して，Dの土地に対する抵当権を実行できるか。

(a) 保証人・物上保証人と（債務者からの）第三取得者との関係　保証人・物上保証人は，担保目的物の（債務者からの）第三取得者に対して，その全額について債権者に代位することができる。保証人は自分の全財産でもって無限責任を負い，主たる債務者の無資力という事態により求償権を失い，損害を受けるので，重い責任を負う者を代位の際に厚く保護しようという趣旨である（物上保証人についても同様に解されている）。なお，以上については，501条1項から当然に導かれるため，特段の規定はない。

⚅ Case 6-9　Case 6-8 において，まず，第三取得者Dが全額の弁済をしたとき，Dは，債権者Aに代位して，保証人Cに請求できるか。

　501条3項1号によれば，（債務者からの）第三取得者は保証人・物上保証人に対して代位することができない。第三取得者は担保の負担を承知の上で不動産を取得したものであるし，かつ，代価弁済（▶378条）や抵当権消滅請求（▶379条以下）などによって保護されているので，保証人・物上保証人に対して代位させる必要がないからである。

　以上に対して，物上保証人からの第三取得者については，物上保証人と同視され（▶501条3項5号），保証人との関係は，後述(c)に従う。

⚅ Case 6-10　AのBに対する900万円の債権を担保するために，B所有土地α（価格400万円）とβ（価格800万円）のそれぞれに抵当権が設定された。その後に，BはαをCに，βをDにそれぞれ譲渡した。第三取得者Dが全額の弁済をしたとき，Dは，債権者Aに代位して，α上の抵当権を実行できるか。

(b)　第三取得者相互間・物上保証人相互間の関係　501条3項2号によれば，第三取得者は，各財産の価格に応じて，他の第三取得者に代位できる。**Case 6-10** では，900万円を1：2で割り付けると，αについて300万円，βについて600万円となるから，Dは300万円の限度でα上の抵当権に代位できる。第三取得者はすべて平等に損失を被るのが衡平と考えたためである。

　以上の処理は，物上保証人相互間でも同様である（▶501条3項3号）。

> **Case 6-11** AのBに対する900万円の債権を担保するため，C所有土地に抵当権が設定され，さらにDが保証人となった。保証人Dが全額弁済をしたとき，Dは，債権者Aに代位して，C所有土地上の抵当権を実行できるか。

(c) 保証人と物上保証人との関係　(i) 保証人と物上保証人との関係
　501条3項4号によれば，物上保証人と保証人の間では，その頭数に応じて負担部分を分ける。**Case 6-11** では，CとDの頭数で分けて，450万円ずつになるから，Dは450万円の限度でC所有土地上の抵当権に代位できる。

> **Case 6-12** AのBに対する900万円の債権を担保するために，Cが保証人となり，さらにD所有土地α（価格400万円）とE所有土地β（価格800万円）のそれぞれに抵当権が設定された。保証人Cが全額弁済をしたとき，Cは，債権者Aに代位して，α・β上の抵当権を実行できるか。

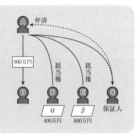

(ii) 保証人と数人の物上保証人とがある場合　501条3項4号ただし書によれば，この場合は，①まず保証人の負担部分を除き，②その残額について各財産の価格に応じて負担部分を分ける。したがって，Cの負担部分は300万円（頭数に応じて分けるから，900÷3）であり，D・Eの負担部分は，600万円を1：2で割り付けると，αについて200万円，βについて400万円となるから，Cは200万円の限度でD所有土地α上の抵当権に，400万円の限度でE所有土地β上の抵当権に代位できる。

> **Case 6-13** AのBに対する600万円の債権を担保するために，Y・C・D・Eが連帯保証人となり，さらにY所有不動産α（価格200万円）とC所有不動産β（価格300万円）のそれぞれに抵当権が設定された（YとCは保証人と物上保証人を兼ねる）。その後，Bの債務を全額弁済したYは，代位取得したCの抵当権を実行した。競売においては，保証人および物上保証人の人数は合計4名であるとして，600万円の4分の1（150万円）

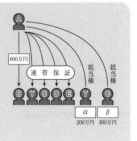

をYに配当する旨の配当表が作成された。そこで、C所有不動産上の後順位抵当権者Xが、配当異議訴訟を提起した。保証人と物上保証人を兼ねる者がいる場合、その者は、2人として数えられるべきである（本件では、保証人4名、物上保証人2名となる）というのがその主張である。

(iii) **同一人が保証人と物上保証人を兼ねている場合**　このようなケースにつき、最判昭和61・11・27民集40巻7号1205頁は、「複数の保証人及び物上保証人の中に二重の資格をもつ者が含まれる場合における代位の割合は、民法501条但書4号、5号〔引用者注：改正後501条3項3号、4号〕の基本的な趣旨・目的である公平の理念に基づいて、二重の資格をもつ者も1人と扱い、全員の頭数に応じた平等の割合であると解するのが相当である」とした。

(iv) **代位に関する特約**　保証人と物上保証人の間で、501条3項4号の代位の割合を変更する特約を結んだ場合、たとえば、保証人が弁済した場合には弁済額の全額につき抵当権を行使できる旨の特約（特約がなければ頭数に応じて2分の1）をした場合、その特約の効力はどうなるか。とくに担保不動産の

Further Lesson 6-4
▶▶▶▶▶ **保証人兼物上保証人への代位**

　この問題については、保証人兼物上保証人を1人として計算すべきか、2人として計算すべきか、1人とすべきとして保証人1人とすべきか、物上保証人1人とすべきかなど見解が分かれていた。

　Case 6-13 では、2人説によれば、Yは保証人として100万円、物上保証人として80万円、Cは保証人として100万円、物上保証人として120万円、DおよびEは保証人として各100万円を負担する。また、保証人1人説によれば、保証人4名とみるから、YからEは各150万円を負担することとなり、物上保証人1人説によれば、物上保証人2名、保証人2名とみるから、Yは120万円、Cは180万円、DおよびEは各150万円を負担することとなる。

　上記昭和61年判決は、1人説を採用することを明らかにしたが、これについては、保証人1人説を採用したものであるという理解と、保証人兼物上保証人が存在する類型においては、これを1人として扱った上で、単純頭割りにするという準則（頭数基準説。本件の結論は保証人1人説と同じ）を定立したものであるという理解とがある。なお、より重い負担を引き受けた者は、他の者に対しても、より重い出捐を忍ぶべしという価値判断その他の理由から、2人説も依然有力である。

後順位抵当権者(全額代位されると自分への配当が減る)に対して,特約の効力を主張できるだろうか。

これにつき,最判昭和59・5・29民集38巻7号885頁(百選Ⅱ-36)は,改正前501条後段5号(▶501条3項4号)は補充規定であって,「物上保証人との間で同号の定める割合と異なる特約をした保証人は,後順位抵当権者等の利害関係人に対しても右特約の効力を主張することができ,その求償権の範囲内で右特約の割合に応じ抵当権等の担保権を行使することができる」とした。そして,後順位抵当権者が被る不利益に関しては,「代位弁済をした保証人が行使する根抵当権は,その存在及び極度額が登記されているのであり,特約がある場合であっても,保証人が行使しうる根抵当権は右の極度額の範囲を超えることはありえないのであって,もともと,後順位の抵当権者その他の利害関係人は,債権者が右の根抵当権の被担保債権の全部につき極度額の範囲内で優先弁済を主張した場合には,それを承認せざるをえない立場にあり,右の特約によって受ける不利益はみずから処分権限を有しない他人間の法律関係によって事実上反射的にもたらされるものにすぎず,右の特約そのものについて公示の方法がとられていなくても,その効果を甘受せざるをえない」と判示している。

(d) 連帯債務者相互間,保証人相互間　連帯債務者相互間については442条に,保証人相互間については465条に,それぞれ求償についての規定があり,各自の負担部分に応じて代位する。

4　弁済受領権者

弁済受領者　(1) **弁済受領者の意義**　ここに弁済受領者とは,有効に弁済を受領しうる者,すなわち,その者の受領によって債権が消滅するものを指す。債権を有するのは債権者であるから,弁済受領者は原則として債権者である。しかし,債権者であっても弁済受領権限をもたないこともあり,他方,債権者でない者に弁済受領権限が認められる場合や,受領権者以外の者に対する弁済がとくに有効とされる場合もある。

(2) **債権者が弁済受領権をもたない場合**　一定の場合には,債権者であっ

図表 6-1　差押債権の弁済

ても弁済を受領する権限が制限されている場合がある。**図表 6-1**のように，B（＝差押債務者）のC（＝第三債務者）に対する債権を，Bの債権者A（＝差押債権者）が差押え（仮差押えの場合も同じ）をした場合，Cはその支払いを差し止められ，BはCからの弁済を受け取ることができなくなる（▶民執145条1項）。481条1項によれば，それにもかかわらず，CがBに弁済した場合，この弁済は，Bに対しては有効であるが，Aに対する関係では無効であって，AはBから弁済を受けない限度で，差し押さえた債権がなお存在するものとして，Cに対して取立てを行い（▶民執155条1項本文）または転付命令を取得することができる（▶民執159条）。なお，Cは，Bに対して弁済した後に，さらにAから請求を受け，二重に弁済したときは，Bに求償することができる。481条2項がこの旨を定めるが，これは不当利得の返還請求であり，当然である。

そのほか，債権が質入れされた場合，債権者が破産宣告を受けた場合は，それぞれ質権者（▶366条），破産管財人（▶破78条1項）が取立権を有し，債権者の受領する権限は制約される。

(3)　**債権者以外の者が弁済受領の権限をもつ場合**　債権者以外に弁済を受領する権限をもつ者としては，代理人，取立委任を受けた者，不在者の財産管理人，破産管財人，債権質権者，差押債権者，債権者代位権を行使した者などをあげることができる。

表見受領権者に対する弁済　弁済受領権限のない者に対して行われた弁済は無効であるのが原則である。しかし，債務の弁済は日常頻繁に行われているから，これを敏速かつ簡便に処理するためには，受領者の受領権限の有無をいちいち調査させることは適切ではない。そこで民法は，上記原則に大きな例外を設け，受領権者ではないがあたかも受領権者らしい外観を有する者に対してした弁済を，一定の要件の下に有効としている。しかし，受領権者以外の者に対する弁済が有効とされるということは，その反面，真の債権者が権利を失うことを意味するから，真の債権者の利益をも衡量しなければならない。

以下ではまず，受領権者としての外観を有する者（表見受領権者）に対する弁済（▶478条）について検討する。

(1) **表見受領権者とは**　表見受領権者とは，たとえば，債権譲渡が無効であるかまたは取り消された場合の債権の事実上の譲受人，債権の表見相続人，無効な転付命令を取得した者などのほか，預金証書その他の債権証書と印章を所持する者や，債権の二重譲渡があり，対抗要件によって優劣がついた後の劣後債権者（★最判昭和61・4・11民集40巻3号558頁：百選Ⅱ-33）をいう。

2017年改正前は，表見受領権者を，債権の準占有者と表現しており，債権者の代理人と称する者（**詐称代理人**）がこれに含まれるか争いがあった。2017年改正により，「受領権者としての外観を有する者」に表現が改められ，また，債権者の代理人は弁済受領権を有することから，詐称代理人が，表見受領権者に含まれることに問題はない。

(2) **弁済者の善意・無過失**　弁済者は善意・無過失であることを要する。善意とは，表見受領権者に弁済を受領する権限がないことを知らないことをいうが，ここではそれだけでは足りず，受領権限があるものと信じたことまで必要とされている。

また，弁済者は無過失であることを要するが，その理由は，①本条が表見法理の表れであること，②192条や表見代理等外観への信頼を保護する他の制度とのバランス，③債権者の帰責性が不要とされていることの反面として無過失を要求することで柔軟な解決を図るべきであることなどに求められる。

(3) **債権者の帰責事由**　判例・通説は，表見受領権者の出現につき債権者の広い意味での帰責事由を必要としていない。有力な批判説もあるが，債務者は債務を履行しなければ債務不履行になってしまうこと，弁済行為は日常頻繁に生じているのであり，弁済事務の敏活性が要求されることからは，善意無過失の債務者に二重弁済を課することは酷と考えられる。ただし，債権者の帰責事由を不要とした上で，弁済者の「無過失」の内容を状況に応じて厳しく判断することは考えられてよいし，判例もそのようにしているのではないかという指摘もある（債権者の過失に関連して➡ **Topic 6-1** も参照）。

なお，弁済者の善意・無過失要件が満たされなかったために，表見受領権者

に対する弁済が無効となり，預金債権が依然存続している事案において，預金債権者からの払戻請求について，預金通帳の管理につき債権者に過失があるとして，過失相殺あるいはその類推適用を認めた下級審裁判例がある（★東京地判平成11・4・22金法1549号32頁，さいたま地判平成16・6・25金法1722号81頁）。

(4) **表見受領権者に対する弁済の効果**　478条の適用により弁済が有効とされると，これによって債権は消滅し，債務者は債務を免れる。真の債権者は，受領者に対して不当利得返還請求権を取得する。また，表見受領権者に故意・過失があるときは，債権侵害を理由とする不法行為も成立する。

✐ Topic 6-1
偽造・盗難カード預貯金者保護法

　近年，偽造または盗難されたキャッシュカードや通帳を用いて現金自動支払機（ATM）において預金が不正に引き出される事件が多発している。そこで，預貯金者保護のため，「偽造カード等及び盗難カード等を用いて行われる不正な機械式預貯金払戻し等からの預貯金者の保護等に関する法律」が2005（平成17）年8月に成立した（2006年2月施行）。

　同法は，偽造されたカードや通帳を用いて行われる機械式預貯金払戻し等（機械式金銭借入れを含む）については，民法478条の適用を排除し（▶同法3条），払戻しが有効になる場合を，預貯金者の故意により機械式預貯金払戻しが行われたものであるとき，または，金融機関が当該機械式預貯金払戻しについて善意・無過失であって預貯金者の重過失により機械式預貯金払戻しが行われることとなったときに限定した（▶同法4条1項）。機械式金銭借り入れの場合も同様である（▶同条2項）。

　他方，盗難されたカードや通帳による機械式預貯金払戻しについては，民法478条が適用されるが，弁済の有効無効にかかわらず，預貯金者が速やかに金融機関に対し盗取された旨の通知を行ったこと等の要件が満たされるかぎり，預貯金者は，金融機関への通知の日から30日前までの間に盗難カード等を用いて行われた機械式預貯金払戻しの額に相当する金額の補填を求めることができるとされた（▶同法5条1項）。ただし，金融機関が善意・無過失で，預貯金者に過失があるときは補填額は4分の3に減額され（▶同条2項），金融機関が善意・無過失で，預貯金者に重過失がある場合など，一定の場合には補填義務が免除される（▶同条3項）。機械式金銭借り入れの場合も同様である（▶同条4項・5項）。

　また，以上の規定に反する特約で預貯金者に不利なものは，無効とされる（▶同法8条。片面的強行規定）。

このとき，表見受領権者に弁済した弁済者が，これに気づき，表見受領権者に対して返還を請求したときに，これを認めるかについては説が分かれている。判例は，弁済者の返還請求を認めなかった（★大判大正7・12・7民録24輯2310頁）。これは，表見受領権者に対する善意での弁済の効果は確定的であるという立場である。これに対して，学説では，弁済の効果を相対的なものと捉え，真の債権者の請求を拒否する権利を弁済者に認めるにとどめ，弁済者自ら，この権利を行使しないつもりで（真実の債権者に支払うつもりで）表見受領権者に対して返還を請求する場合には，これを肯定してよいとする見解が有力である。というのは，判例によると，債務者は表見受領権者に対する返還請求を否定されるとともに，後に真の債権者から請求を受けた場合に表見受領権者への先の弁済は無効であるとして二重払いを強いられる危険があるからである。

(5) **銀行預金の払戻しなどの場合**　(a) 銀行預金約款　弁済者の善意・無過失の要件に関して，銀行は銀行預金約款で対応している。銀行預金の場合には，「この取引において請求書，諸届その他の書類に使用された印影または署名を届出の印鑑または署名鑑と相当の注意をもって照合し，相違ないものと認めて取り扱いましたうえは，それらの書類につき偽造，変造その他の事故があっても，そのために生じた損害については，当行は責任を負いません」といった約款があることが普通である。判例・通説は，銀行が預金者大衆の信頼を基礎とする公益的存在であることにかんがみ，右約款の解釈として，銀行の無過失を要件として免責を認めており，結果的に478条の適用と重なり合うことになっている。

(b) キャッシュカードによる払戻し　キャッシュカードについても同様に，約款に，下記ケースのような免責条項が入っている。

> **Case 6-14**　XはY銀行に普通預金を有し，キャッシュカードの発行を受けていたが，何者かがYの支店およびYの提携銀行の現金自動支払機にキャッシュカードを入れ，Xの暗証番号を入力し，預金のほぼ全額を引き出した。Xが預金の返還を訴求したのに対して，Yはキャッシュカード取引規定中の免責条項（「支払機によりカードを確認し，支払機操作の際使用された暗証と届出の暗証との一致を確認の

うえ預金を払い戻しました場合には，カードまたは暗証につき偽造，変造，盗用その他の事故があっても，そのために生じた損害については，当行及び提携行は責任を負いません｣）による免責を主張した。

このようなケースにつき，最判平成5・7・19判時1489号111頁は，｢真正なキャッシュカードが使用され，正しい暗証番号が入力されていた場合には，銀行による暗証番号の管理が不十分であったなど特段の事情がないかぎり，銀行は，現金自動支払機によりキャッシュカードと暗証番号を確認して預金の払戻しをした場合には責任を負わない旨の免責約款により免責されるものと解するのが相当である｣とした。

この事件で問題となったキャッシュカードにおいては，カードの磁気ストライプ上に預金者がYに届け出た暗証番号がコード化されて記録されており，機械は客が入力した番号とこの番号とを照合して支払うというシステムになっていたため，市販のカードリーダーによって暗証番号を読み取られる危険があった。ところで，キャッシュカードには，別のシステムのものもある。これによれば，暗証番号は，カード面上ではなく，ホストコンピュータに記録されており，客の入力した番号はホストコンピュータの番号と照合される。このシステムによれば，カードから暗証番号が読み取られる危険はない（なお現在はすべてのキャッシュカードが後者のシステムになっている）。

そこでXは，本件キャッシュカードについては，市販のカードリーダーをパソコンに接続することにより，暗証番号を解読することができるから，支払システムとしての安全性を欠き，免責約款は無効であると主張した。しかし最高裁は，そのような｢方法で暗証番号を解読するためにはコンピューターに関する相応の知識と技術が必要であることは明らかである（なお，記録によれば，本件支払いがされた当時，このような解読技術はそれほど知られていなかったことがうかがえる。）から，Yが当時採用していた現金自動支払機による支払システムが免責約款の効力を否定しなければならないほど安全性を欠くものということはでき｣ないとした。

この事件では，弁済者の過失の判断方法が争点となり，それとの関係で，シ

ステムの安全性が問題とされたところに特色がある(なお，事件そのものは免責約款の効力についてのものである)。

> **Case 6-15** XはY銀行に預金口座を開設しており，通帳とキャッシュカードの交付を受けていた。XがY銀行に届け出ていたカードの暗証番号は，X所有車両の自動車登録番号の4桁の数字と同じ数字だった。Xは，通帳をダッシュボードに入れたまま本件車両を月極駐車場に駐車していたところ，通帳を本件車両ごと盗まれた。盗難に気づいたXは，Y銀行に盗難の届出をしたが，その直前に，何者かにより通帳と暗証番号の照合によって預金が引き出されていた(これを通帳機械払いという)。Y銀行の約款には，カード機械払いの方法により預金の払戻しを受けることができる旨，および，カード機械払いがされた場合の免責規定はあったが，通帳機械払いの方法により預金の払戻しを受けることができる旨，また，通帳機械払いがされた場合の免責規定はなかった。Xも，通帳機械払いができることを知らなかった。そこで，Xは，Y銀行の払戻しには過失があるとして，本件払戻しにかかる預金の返還を求めた。なお，事件当時，この地域に本店を置く地方銀行11行のうち通帳機械払いのシステムを採用していたのは，Y銀行を含めて5行であり(Y銀行以外については，少なくとも通帳機械払いが受けられる旨の規定はあったが，中には免責規定を欠くものもあった)，その他の6行は，通帳機械払いのシステムを採用しておらず，また，都市銀行で通帳機械払いのシステムを採用していたところもなかった。

(c) 通帳機械払い　この事件では，通帳機械払いについて免責約款がないことから，478条が問題となるが，機械払いの方法による預金の払戻しについては，そもそも同条が適用されるのか否かが問題となる。すなわち，機械払いの場合は，銀行の係員が相手方の挙動等も見て預金者だと信頼して支払うという同条が予定する場面がないことや，仮に同条を適用すると，真正なカードまたは通帳が使用され，正しい暗証番号が入力されれば，機械が正常に作動するかぎりつねに銀行が無過失とされるおそれがあることからすれば，この場合は同条の適用を否定すべきとも考えられる。これについて，最判平成15・4・8民集57巻4号337頁(百選Ⅱ-35)は，「無権限者のした機械払の方法による預金の払戻しについても，478条の適用があるものと解すべきであり，これが非対面のものであることをもって同条の適用を否定すべきではない」として，適用肯定説を採用した。

つづいて，478条の無過失について，最高裁は，「債権の準占有者〔引用者

注：2017年改正民法では，受領権者としての外観を有する者〕に対する弁済が民法478条により有効とされるのは弁済者が善意かつ無過失の場合に限られるところ，債権の準占有者に対する機械払の方法による預金の払戻しにつき銀行が無過失であるというためには，払戻しの際に機械が正しく作動したことだけでなく，銀行において，預金者による暗証番号等の管理に遺漏がないようにさせるため当該機械払の方法により預金の払戻しが受けられる旨を預金者に明示すること等を含め，機械払システムの設置管理の全体について，可能な限度で無権限者による払戻しを排除し得るよう注意義務を尽くしていたことを要する」とし，本件については，「無権限者による払戻しを排除するためには，預金者に対し暗証番号，通帳等が機械払に用いられるものであることを認識させ，その管理を十分に行わせる必要があることにかんがみると，通帳機械払のシステムを採用する銀行がシステムの設置管理について注意義務を尽くしたというためには，通帳機械払の方法により払戻しが受けられる旨を預金規定等に規定して

Further Lesson 6-5
▶▶▶▶▶ **システムの設置・管理についての過失**

　前掲最判平成15・4・8で捉えられている過失は，「(通帳)機械払の方法により預金の払戻しが受けられる旨を預金者に明示すること等を含め，機械払システムの設置管理の全体について，可能な限度で無権限者による払戻しを排除し得るよう注意義務を尽く」すことである。しかし，たとえば「カードだけではなく，通帳でも現金自動入出機（ATM）で払戻しが可能ですから，盗難には十分注意してください」という旨を顧客に告知しなかったとしても，それが直ちに間違った弁済へとつながるわけではなく，あくまで通帳の盗難によって間違った弁済が行われる危険性を高めているにすぎない。これに対して，銀行の係員が相手方の挙動等も見て預金者だと信頼して支払うという窓口支払いの場合を考えると，挙動不審なのにそれを見逃して払戻すという注意義務違反は，間違った弁済に直ちにつながる。478条が本来捉えているのは，弁済についての善意無過失だから，上記のような直ちに間違った弁済につながらない行為が当然に同条の過失とされるわけではなく，そのような行為を過失と評価するためには，それを正当化する理由が必要と考えられる。その理由としては，非対面式で印鑑も不要で，番号も数字4桁という比較的簡単なものにとどまるというように，過誤払の危険性が窓口での払戻しに比べて高く，そしてそのシステムを構築・管理しているのが他ならぬ銀行であるという点に求められるのではないだろうか。

預金者に明示することを要するというべきであるから，被上告人は，通帳機械払のシステムについて無権限者による払戻しを排除し得るよう注意義務を尽くしていたということはでき」ないと述べた。

> **Case 6-16** XはY銀行との間で定期預金契約を締結したが，その際，契約当事者において，定期預金を期限前に払い戻す場合には利息を普通預金の利息と同率とする商慣習による意思を有していた。その後，X宅から定期預金証書と印鑑を盗取したAが，X代理人と称して，定期預金を期限前に解約し払戻しを行った。そこで，XはY銀行に右定期預金の支払いを求めた。Aに対するY銀行の弁済は「表見受領権者に対する善意弁済」として有効になるか。

(6) 「表見受領権者に対する弁済」の拡大事例　(a) 定期預金の期限前払戻しと478条　定期預金の期限前払戻しは，「中途解約」ともよばれ，まず定期預金契約の解約があって，それに続いて払戻しが行われる。ここから，定期預金の期限前払戻しが有効になるためには，まず「解約」という法律行為が有効でなければならず，これについてはもっぱら表見代理の規定によって解約が有効とされなければならないとする考え方がある。しかし，表見代理が成立するためには，代理人であるかのような外観を本人が作出したなどの本人Xの帰責性が必要となるが，上記ケースではそうした帰責性は認められず，表見代理によるかぎり，解約は無効となり，478条の問題も生じないということになる。

しかし，期限前払戻しの義務は銀行にないとはいっても，銀行は解約の申入れに応ずるのが通常であるし，利息が普通預金のそれと同じになる点以外は満期後の払戻しと実質的な違いはない。そこで，最判昭和41・10・4民集20巻8号1565頁は，契約当事者において，定期預金を期限前に払い戻す場合には利息を普通預金の利息と同率とする商慣習による意思を有していた「本件においては，期限前払戻の場合における弁済の具体的内容が契約成立時にすでに合意により確定されているのであるから，Y銀行のなした前記の期限前払戻は，478条にいう弁済に該当」するとした。

> **Case 6-17** BはA銀行との間で定期預金契約を締結しようと考えたが，事情があって預金名義をCにした。ところがA銀行は，これはCの定期預金だと誤信し，Bに無断で銀行にやってきたCの求めに応じて，定期預金を担保にCに対する貸付けを行った。その後，定期預金の満期がきたので，A銀行は，貸付債権を回収するために，定期預金債権と貸付債権を相殺した。この相殺は，「表見受領権者に対する善意弁済」として有効になるか。

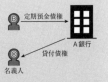

(b) 預金担保貸付と478条の類推適用　　**預金担保貸付**とは，このケースのように，定期預金を担保に銀行が預金者に貸付けを行うことをいう。一般には，その際，貸付金の返済期日と定期預金の満期日とを一致させておいて，期日に相殺する約束にしておく。こうしておけば，銀行は貸付金を確実に回収できるし，預金者にとっても，実質的に期限前払戻しを受けたのと同じになり，貸付金利息を支払っても満期日に預金利息を受け取った方が，期限前払戻しを受けた場合よりも有利な場合があるからである。

このケースでは，まず，定期預金の債権者（預金者）は誰かが問題となる。判例は，少なくとも定期預金については，預金者は出捐者であるとしている。このように預金者は原則として金銭の出捐者であるという立場を客観説というが，預金者は預入行為者であるとする主観説も有力に存在する（➡ **Further Lesson 6-6** を参照）。

客観説によれば，上記ケースにおける預金者はBということになり，結局，A銀行は，Bに対して負う預金返還債務とCに対してもつ貸金債権とを相殺したことになる。しかし，相殺が有効であるためには，向かい合った2つの債権債務が存在しなければいけないから，このような相殺はできない（▶505条1項）。相殺が有効であるためには，Cに対する貸付けの効果がBに帰属し，A・B間で向かい合った2つの債権債務が存在しなければならない。そのためには，表見代理が認められる必要があるが，表見代理が成立しない場合には，相殺はできないということになる。

最判昭和48・3・27民集27巻2号376頁は，このような構成をとらず，「銀行が，無記名定期預金債権に担保の設定をうけ，または，右債権を受働債権とし

て相殺をする予定のもとに，新たに貸付けをする場合においては，預金者を定め，その者に対し貸付けをし，これによって生じた貸金債権を自働債権として無記名定期預金債務と相殺がされるに至ったとき等は，実質的には，無記名定期預金の期限前払戻と同視することができるから，銀行は，銀行が預金者と定めた者（以下，表見預金者という。）が真実の預金者と異なるとしても，銀行として尽くすべき相当な注意を用いた以上，民法478条の類推適用，あるいは，無記名定期預金契約上存する免責規定によって，表見預金者に対する貸金債権と無記名定期預金債務との相殺等をもって真実の預金者に対抗しうるものと解するのが相当」として，預金担保貸付・相殺を全体として一体的にみれば，これは期限前払戻しと同視できるという理由から，478条の類推適用を肯定した。ただ，判例の狙いは，弁済と相殺の類似性をいうことによって債務消滅行為そのものを保護しようというよりも，むしろ，銀行の有する相殺への期待（相殺の担保的機能）をできるだけ保護しようという点ないしは預金担保貸付・相殺という仕組みそのものを保護しようという点にあるように思われる（記名式定期預金の預金担保貸付における相殺についても478条の類推適用を肯定したものとして，★最判昭和53・5・1判時893号31頁を参照）。

また，判例は，金融機関の善意無過失の判定時期を貸付等の契約締結時としている。その結果，金融機関が相殺の意思表示をする時点において貸付けの相手方が真の預金者と同一人でないことを知っていたとしても，478条の類推適用による免責という結論に影響はない（★最判昭和59・2・23民集38巻3号445頁：百選Ⅱ-34）。銀行の有する相殺への期待ないし預金担保貸付・相殺という仕組みそのものの保護という狙いからすれば，貸付け等の契約締結時が基準時とされたのも当然といえよう。

(c) 総合口座取引における当座貸越を伴う払戻し　今日広く利用されている総合口座においては，普通預金の払戻しによって残金がマイナスになるときは，定期預金を担保として一定限度までは自動的に貸付けが行われ，普通預金へと入金されて，払い戻される。そして，その後，普通預金への入金があれば，貸越金の返済にあてられ，定期預金の払戻し時になお貸越残があれば，定期預金の返還債務と相殺される。

ここでは，実質的には預金担保貸付が行われており，判例も，預金者以外の者への総合口座取引における当座貸越を伴う払戻しについて，478条の類推適用を認めている（★最判昭和63・10・13判時1295号57頁）。なお，ここでは，一定限度までの貸越は銀行の契約上の義務とされ，行為の外形上も普通預金の払戻しと同じであることからすれば，預金担保貸付（貸付・担保設定は銀行の義務で

Further Lesson 6-6
▶▶▶▶▶ **預金者の確定**

　上記のように，預金者以外の者への払戻しや預金担保貸付が478条の適用・類推適用によって処理されるかを論じるためには，まず預金者を確定しなければならない。

　判例は従来，客観説を採用しているといわれてきた。しかし，客観説が採用されたとされる判例は，主に，出捐者と預入行為者との間（無記名定期預金）あるいは出捐者と名義人との間（記名式定期預金）での定期預金債権の帰属が問題となった場合である。これに対して，普通預金の場合には，預入れと払戻しの反復が予定されており，たとえば，個々の預入行為についての出捐者を預金者であると単純に認定することではうまく対応できない。

　最判平成8・4・26民集50巻5号1267頁（百選Ⅱ-72）は，受取人を誤記した誤振込みの事案に関して，「振込依頼人から受取人の銀行の普通預金口座に振込みがあったときは，振込依頼人と受取人との間に振込みの原因となる法律関係が存在するか否かにかかわらず，受取人と銀行との間に振込金額相当の普通預金契約が成立し，受取人が銀行に対して右金額相当の普通預金債権を取得するものと解するのが相当である」とした。本判決は，客観説を基準として預金債権の帰属を判断したものではない。

　また，最判平成15・2・21民集57巻2号95頁（百選Ⅱ-73）は，損害保険代理店が保険料保管専用として開設した損害保険代理店名義の普通預金口座の預金債権の帰属について，①口座名義，②口座の管理者，③金銭については占有と所有とが結合していること（したがって，保険料の所有者は損害保険代理店である）から，預金債権は損害保険代理店に帰属するとした。本判決が，客観説と整合的かどうかは争いがあるが，少なくとも単純に客観説から結論を導くという操作をしていないことは確かである。

　この問題は，さらに，価値の上のレイ・ヴィンディカチオ（詳しくは債権各論に譲る）や信託法理（★最判平成14・1・17民集56巻1号20頁参照）とも関係して，激しい議論が展開されている。

　［参考文献：岩原紳作・森下哲朗「預金の帰属をめぐる諸問題」金融法務事情1746号24頁］

はない）以上に，478条の類推適用になじむといえるだろう。

> **Case 6-18** XはY保険会社との間で，Xを保険契約者兼被保険者，妻Aを保険受取人とする生命保険契約を締結した。この契約の約款には，保険契約者はYから解約返戻金の9割の範囲内の金額の貸付けを受けることができ，保険金または解約返戻金の支払いの際に貸付金の元利金が差し引かれる旨の定めがあった（契約者貸付制度）。Aは，Xの委任状を偽造する等し，X代理人と称して，この制度に基づいてYから金銭を借り入れた。Xは，Aとの離婚後，Yからの通知により右経緯を知るにいたり，右貸付けの無効を主張した。

(d) 契約者貸付と478条　　**Case 6-18** において，最判平成9・4・24民集51巻4号1991頁は，「右のような貸付けは，約款上の義務の履行として行われる上，貸付金額が解約返戻金の範囲内に限定され，保険金等の支払の際に元利金が差引計算されることにかんがみれば，その経済的実質において，保険金又は解約返戻金の前払と同視することができる。そうすると，保険会社が，右のような制度に基づいて保険契約者の代理人と称する者の申込みによる貸付けを実行した場合において，右の者を保険契約者の代理人と認定するにつき相当の注意義務を尽くしたときは，保険会社は，478条の類推適用により，保険契約者に対し，右貸付けの効力を主張することができる」とした。この判決は，預金担保貸付・相殺について478条を類推適用し，金融機関の注意義務の判断基準時を貸付け時とする裁判例の延長上に位置するものではあるが，ついに貸付行為それ自体について478条を類推適用したという意味において画期的なものであると評されている（ただし，実際の事案は差引計算〔相殺〕がなされていた）。

5　弁済の充当，弁済の証明

弁済の充当　　同一の債務者が同一の債権者に対して，100万円の貸金債務と500万円の代金債務を負っている場合のように「債務者が同一の債権者に対して同種の給付を目的とする数個の債務を負担する場合」（▶488条1項）において，弁済として提供した給付がすべての債務を消滅させるのに足りないときには，その給付をどの債務の弁済にあてるかを決める必要がある。これを弁済の充当という。同様の問題は，賃料債務が3か月分遅れて

いるのに，1か月分の金額しか支払われなかった場合のように，「一個の債務の弁済として数個の給付をすべき場合」にも生ずる（▶491条）。

このような場合，両当事者は契約で弁済充当の順序を決めることができるが（▶490条），そのような契約がない場合のために，民法は，当事者の一方の指定による充当（▶488条1項から3項）と法定充当（▶488条4項）という2つの基準を定めている。

(1) **費用→利息→元本（▶489条）** ただこのとき，489条の存在に注意しなければならない。同条は，「債務者が一個又は数個の債務について元本のほか利息及び費用を支払うべき場合……において，弁済をする者がその債務の全部を消滅させるのに足りない給付をしたときは，これを順次に費用，利息及び元本に充当しなければならない。」と定める。したがって，債務者の負担する1個の債務に費用と利息の負担があり，債務者がその全部を支払うのには足りない額しか支払わなかった場合には，費用→利息→元本の順に充当する。また，債務者が数個の債務を負担しており（ただし同一の債権者に対して同種の給付を目的とする数個の債務を負担する場合に限る），それぞれに費用と利息の負担があるにもかかわらず，債務者がその全額を支払うには足りない額しか支払わなかった場合には，まずすべての債務の費用の支払いにあて，次にすべての債務の利息の支払いにあて，最後に元本の支払いにあてるという順序をとる。このとき，費用相互間，利息相互間，元本相互間については，488条の準用により（▶489条2項），まず指定充当が認められ，それがなされない場合に法定充当が行われる。

したがって，指定充当が第1順位とされてはいるけれども，費用や利息を伴う場合には，まず489条1項の順序で法定充当が行われる。488条1項の括弧書きはこの旨を確認するものである。

(2) **当事者の一方の指定による充当（指定充当）** (a) 弁済者による指定（▶488条1項） 弁済者は，給付の時に，その弁済を充当すべき債務を指定することができる。弁済は弁済者の行為であり，弁済の結果につき最も利害を感ずるのは弁済者であることから，弁済者が第1の弁済充当権者とされている。この指定は，相手方に対する意思表示によってする（▶488条3項）。

なお，同一の貸主と借主との間で基本契約に基づき継続的に貸付けが繰り返される金銭消費貸借取引において，借主がそのうちの1つの借入金債務につき制限超過利息を支払い，これを元本に充当した結果当該借入金債務が完済され，これに対する弁済の指定が無意味となる場合には，特段の事情のないかぎり，弁済当時存在する他の借入金債務に対する弁済を指定したものと推認することができる（★最判平成15・7・18民集57巻7号895頁）。過払金を売買代金等まったく性質の異なる債務に充当することは当事者の意思に反するであろうが，上記のような取引においては，借主は，借入れ総額の減少を望み，複数の権利関係が発生するような事態が生じることは望まないのが通常と考えられるからである。

　過払金発生の当時，他の借入金債務が存在しなかった場合であっても，少なくとも，当事者間に過払金を新たな借入金債務に充当する旨の合意が存在するときは，その後に発生した新たな借入金債務にも，その合意に従った充当がされる（★最判平成19・6・7民集61巻4号1537頁）。

　また，あらかじめ基本契約が締結されていなかったとしても，多数回の貸付けが従前の貸付けの切替えおよび貸増しとして長年にわたり反復継続して行われているなど，各貸付けを1個の連続した貸付取引であると解することのできる場合には，過払金をその後に発生する新たな借入金債務に充当する旨の合意を含んでいるものと解するのが相当である（★最判平成19・7・19民集61巻5号2175頁）。

　さらに，2つの基本契約が締結された場合，第1の基本契約に基づく取引に係る過払金は，第2の基本契約に基づく取引に係る債務には充当されないのが原則だが，第1の基本契約に基づく取引と第2の基本契約に基づく取引とが事実上1個の連続した貸付取引であると評価することができる場合には，第1の基本契約に基づく取引により発生した過払金を新たな借入金債務に充当する旨の合意が存在するものと解するのが相当である（★最判平成20・1・18民集62巻1号28頁）。

　(b) 弁済受領者による指定（▶488条2項）　弁済者が弁済の時に充当の指定をしなかったときは，弁済受領者が，その受領の時に，弁済者に対する意思表示により（▶488条3項），充当の指定を行うことができる。「その受領の時

に」とは，受領の後遅滞なくの意味に解すべきとされている（★大判大正10・2・21民録27輯445頁）。弁済受領者による指定に対して，弁済者が直ちに異議を述べたときは，この充当は効力を失い，次の法定充当に移行する。

(3) **法定充当**（▶488条4項）　当事者が充当の指定をしなかった，または弁済受領者の指定に対して弁済者が異議を述べた場合には，法律の定める順序に従って充当される。

(a) 総債務または総給付中，弁済期にあるものと弁済期にないものとがあるときは，弁済期にあるものに先に充当する（▶488条4項1号）。

(b) 総債務または総給付が弁済期にあるとき，または弁済期にないときは，債務者のために弁済の利益が多いものに先に充当する（▶488条4項2号）。一般的な基準としては，①利息付債務と無利息債務とでは利息付債務の方が（★大判大正7・10・19民録24輯1987頁），高利率債務と低利率債務とでは高利率債務の方が（★大判大正7・12・11民録24輯2319頁），債務者のために弁済の利益が多いとされている。次に，②単純債務と連帯債務とでは単純債務の方が，債務者のために弁済の利益が多いとされている（★大判明治40・12・13民録13輯1200頁）。連帯債務は実質的には負担部分だけの債務だから，全額を弁済したときには求償権を行使することによって出捐を回復しなければならないという煩わしさが残るためである。また，③物的担保のある債務とない債務とでは物的担保のある債務が，債務者のために弁済の利益が多いとされている。担保物を自由に処分できるようになるからである。これに対して，人的担保すなわち保証人のついている債務とついていない債務とでは，保証人にとっては重要な意味があるだろうが，債務者の弁済の利益としては差がない（★大判大正7・3・4民録24輯326頁）。保証の担保力は保証人の資力によって左右されるものであり，かつ，債権者は保証債権を行使するか否かは自由だからである。同様に，物上保証人のついている債務とついていない債務とでも，弁済の利益に差はないというべきである。④実際には，物的担保のある債務が低利率で，無担保債務が高利率であるなど，以上の諸基準が交錯する場合が多い。このような場合は，担保契約の内容など諸般の事情を考慮して判断すべきである（★最判昭和29・7・16民集8巻7号1350頁）。しかし，弁済の利益の多少をどうしても認定しなけれ

ばならないというものではなく，差を認めがたいときには，弁済の利益が等しいものとして，(c), (d)の基準によれば足りるであろう。

　(c)　債務者のために弁済の利益が相等しいときは，弁済期が先に到来したものまたは先に到来すべきものに先に充当する（▶488条4項3号）。

　(d)　以上の基準によって定まらない場合は，各債務または各給付の額に応じて充当する（▶488条4項4号）。

弁済の証明　弁済の有無が問題となった場合には，債務者その他の弁済をした者が弁済のあったことを証明しなければならない。しかし，弁済は，当事者間で軽易に行われることが多いので，その証明は必ずしも容易ではない。そこで民法は，弁済者のために，受取証書交付請求権と債権証書返還請求権とを認めている。

　(1)　**受取証書交付請求権（▶486条）**　弁済者は，弁済受領者に対して受取証書の交付を請求することができる。受取証書とは，弁済受領の事実を証明する書面であって，いわゆる領収書のことである。とくに形式は問われない。弁済は，一部弁済でもよく，また，代物弁済をも含む。受取証書は弁済の事実の証拠となるものであるから，弁済と受取証書の交付は同時履行の関係にある。

　(2)　**債権証書返還請求権（▶487条）**　債権証書がある場合，弁済者は，全部の弁済をしたときには，その証書の返還を請求することができる。債権証書とは，債権の成立を証明する書面であって，借用証書などのことである。債権においては，債権証書の作成交付は必要ではなく，証拠方法にとどまるが，債権者がこれを保有することは，債権がなお存在することを推定させることから（★大判大正9・6・17民録26輯905頁），民法は，この返還請求権を認めている。

　弁済は，代物弁済を含むが，弁済・代物弁済以外の原因によって債権全部が消滅した場合も債権証書の返還を請求しうる。一部弁済の場合は，債権証書の返還請求をなしえない。この場合，弁済者は，受取証書の交付を請求できるほか，債権証書に一部弁済の旨を記載することを請求できる（▶503条2項類推）。

　また，弁済と債権証書の返還は同時履行の関係に立たないと解するのが通説である。条文の文言に合致するほか，弁済があったことを証明するためには，受取証書の交付との同時履行関係を認めれば十分であるし，債権者が債権証書

を紛失した場合には現実に弁済してもらえなくなる危険をはらむからである。なお，債権者が債権証書を紛失した場合でも，他の方法によって債権の存在を証明すれば，債務者に対して履行を請求できる。このとき，債務者は，債権証書紛失の旨の記載ある文書を請求するか，受取証書にその旨を記載するよう請求できると解すべきであろう。

3　代物弁済

代物弁済の意義　(1)　**代物弁済の意義**　**代物弁済**とは，本来の給付に代えて他の給付をすることによって債権を消滅させる，債権者と弁済者との間の契約をいう（▶482条）。たとえば，100万円の給付に代えて特定の自動車の所有権を与える旨を約する場合である。債権者は本来の給付と異なる他の給付を受領する義務はないから，このような弁済方法を債務者の意思だけですることはできない。したがって，代物弁済によって債務者が債務を消滅させるには，債権者がこれを承諾する必要がある。

(2)　**法的性質**　482条によれば，代物弁済契約は，諾成契約であって，当事者の合意のみによって成立するが，これによる代物交付義務の履行が完了した時に初めて債権消滅の効果が認められる。したがって，代物弁済は，諾成・双務・有償契約である。

代物弁済契約を締結した場合，債権者は，「本来の給付」を請求できるほか，「代物の給付」を請求することもできる。このとき，債権者が債務者に対して「本来の給付」を請求したときに，債務者が「代物の給付」をすることができるか，また，債権者が債務者に対して「代物の給付」を請求したときに，債務者が「本来の給付」をすることができるかは，個々の代物弁済契約の解釈によって決まる。

(3)　**代物弁済の予約**　消費貸借の当事者間で，債務者が債務を弁済しないときは，特定不動産の所有権を債権者に移転することをあらかじめ約束し，かつ，この予約に基づき，その不動産について貸主のために将来の所有権移転請求権保全の仮登記をしておくことがしばしば行われた。その目的は貸金債権の

担保であるが，本来の債務の額の数倍を超える価額の不動産を債権者が丸取りする事態が横行したため，現在では「仮登記担保契約に関する法律」による規制が行われている。詳細については，担保物権法に譲る。

代物弁済の要件　(1)　**債権の存在**　代物弁済は債権の消滅を目的とするものだから，債権の存在が必要である。債権が不存在であれば代物弁済契約は無効であり，給付された物は不当利得として返還されなければならない。

(2)　**本来の給付と異なる他の給付**　他の給付の種類に制限はないが，債務が消滅するためには，単なる給付の約束では足りず，他の給付が現実になされることを要する。動産・不動産の所有権を移転し，その引渡しおよび登記をなすこと，手形・小切手を交付すること，第三者に対する債権を譲渡し対抗要件を具備すること，預金証書の交付などである。また，本来の給付と他の給付とが等価値である必要はない。ただし，他の給付が本来の給付に比べて著しく過大であり，それが債務者の窮迫・軽率・無経験に乗じた結果である場合には，暴利行為として，公序良俗違反とされる（▶90条）。

(3)　**「弁済に代えて」なされること**　この要件は，主に手形・小切手を弁済の手段として交付する場合に問題となる。手形・小切手は，不渡りになる危険性があり，支払いが不確実である。そこで，代物弁済契約締結後，手形・小切手の交付によってはまだ債務は消滅せず，それらが金銭をもって支払われたときに債務が消滅するとされる（すなわち「**弁済のために**」なされたものと推定する）。ただし，とくに既存債務を消滅させる目的をもって（すなわち「**弁済に代えて**」）手形・小切手が授受された場合には，その交付によって債務が消滅する。

なお，弁済提供の項で述べたように，金銭債務に関して，郵便為替や信用ある銀行の自己宛小切手の提供は有効な弁済提供になる（★最判昭和37・9・21民集16巻9号2041頁〔銀行の自己宛振出小切手の提供〕。➡259頁）。

(4)　**債権者の承諾**　代物弁済は契約だから，債権者の承諾が必要である。

代物弁済の効果　代物弁済契約がされ，弁済者が他の給付を行ったときは，その給付は弁済と同一の効力をもつ。したがって，

債権および担保は消滅する。

　また，債権者は，代物弁済契約に適合した物の給付を請求することができる。代物弁済契約に適合しない物が債務者によって給付されたときは，債権者は追完を請求することができる。このとき，代物弁済契約に適合した物が給付されることにより契約の履行が完了し，代物弁済がされたとの法的評価が下されるまでは，債権は消滅していないから，債権者は依然として「本来の給付」を債務者に対して請求できる（このとき，契約に適合しない代物との引換給付の関係となる）。

4　供　　　託

<u>供託の意義</u>　　**供託**とは，債権者が弁済を受領しない場合に，弁済者が弁済の目的物を債権者のために供託所に寄託してその債務を免れる制度である（▶494条）。債権者が弁済を受領しない場合，債務者は弁済提供をすることによって債務不履行による一切の責任を免れる。しかし，弁済提供も，その債務までをも免れさせるものではない。そこで，債務者に債務を免れさせるために認められた制度が供託である。このような弁済のための供託を弁済供託という。供託にはこのほか，譲渡制限特約付き債権が譲渡された場合の供託（▶466条の2。➡223頁），担保のための供託，保管のための供託，執行供託といったものがあるが，ここで取扱う供託は，弁済供託である。

　なお，供託の方法については，民法の規定のほかに供託法および供託規則に詳細な規定がある。

<u>供託の要件</u>　**(1) 供託原因の存在**　供託は，弁済のために債権者の受領を必要とする場合において，債権者が受領しないときにのみ許される。494条は，供託原因を，以下の2つに区分している。

(a) 弁済の提供をした場合において債権者が弁済の受領を拒んだとき（▶494条1項1号），債権者が弁済を受領できないとき（▶同2号）　　494条1項1号によれば，債権者があらかじめ弁済の受領を拒んだときでも，債務者はさらに適法な弁済の提供（口頭の提供）をして，その後に供託をするのでなければ

債務を免れることができない。ただし，債務者が提供しても債権者が受領しないことが明確な場合には，弁済提供しないで直ちに供託することができる（★大判明治45・7・3民録18輯684頁，大判大正11・10・25民集1巻616頁）。

受領不能についての判例として，債務者が弁済しようとして債権者が在宅かどうか電話で問い合わせたところ，「債権者もその妻も留守で，自分は留守番だから分からない」と告げられたとき（一時的不在）も，受領不能に当たるとしたものがある（★大判昭和9・7・17民集13巻1217頁）。

債権に対する差押えが行われた場合，債務者（＝第三債務者）は債権者（＝執行債務者）への弁済を禁止され，債権者は取立て・受領ができなくなる。かつて，この場合について，債権者の受領不能として債務者が弁済供託できるかどうかが争われたが，現在では，民事執行法156条が，債務者（＝第三債務者）は供託をして免責を受けることができる旨を定めている。この供託は執行供託だが，弁済としての効力を生じるし，執行目的を超える部分は純然たる弁済供託の性質をもつ。

(b) 弁済者が過失なく債権者を確知することができないとき（▶494条2項）確知できない理由は事実上のものであると法律上のものであるとを問わない。①債権者について相続が開始したが，相続人が誰であるか不明の場合，②債権が譲渡されたが，譲渡の効力について譲渡人と譲受人との間に争いがある場合，③複数の債権譲渡通知が到達したが，到達時の先後が不明である場合（これに対して，複数の債権譲渡通知が同時に到達した場合は，各債権者は債務者に譲受債権全額の請求ができるから〔➡237頁参照〕，債権者確知不能とはいえず，供託できない），④債権者と称する者が複数ある場合，たとえば，妻名義の銀行預金について，離婚後，夫婦がそれぞれ夫は印鑑，妻は証書というように一方だけを所持して，互いに自分が預金者であることを主張して，現に係争中である場合などがこれに当たる。

(2) **供託の当事者** 供託の法的性質は，供託者と供託所を当事者とする第三者のためにする寄託契約である（第三者のためにする契約については，▶537条以下を参照）。債権者は当事者ではなく，第三者である。

供託者には，債務者だけでなく，第三者の弁済（▶474条。➡266頁を参照）を

することができる第三者も含む。

　供託すべき場所は，債務の履行地の供託所である（▶495条1項）。供託所とは，①金銭および有価証券については，法務局もしくは地方法務局またはその支局もしくは法務大臣の指定する出張所であり（▶供託1条），②その他の物品については，法務大臣の指定する倉庫業者または銀行である（▶供託5条）。③以上の基準で供託所が定まらない場合には，弁済者の請求によって，裁判所が供託所の指定をする（▶495条2項）。④供託所に供託しえない場合は，弁済者は，裁判所に請求して供託物保管者を選任させ，これに供託することができる（▶495条2項）。

　供託は第三者のためにする契約であるが，債権者の受益の意思表示は要しない（▶537条3項参照）。

　(3)　**供託の目的物**　供託の目的物は，原則として弁済の目的物である。ただし，目的物が供託に適さないとき，滅失損傷その他の事由による価格の低落のおそれのあるとき（生鮮食品など），または目的物の保存に過分の費用を要するとき，以上のほか，その物を供託することが困難な事情があるときは，弁済者は，裁判所の許可を得てこれを競売し，その代価を供託することができる（▶497条）。

　債権額が100万円のときに30万円を供託したなど，債権額全額に満たない額の供託をした場合について，供託は債務の本旨に従ったものでなければならないから，弁済の目的物全部を供託する必要があり，一部を供託してもその部分に相当する債務を免れることはできないとするのが判例（★大判明治44・12・16民録17輯808頁，大判昭和12・8・10民集16巻1344頁）・通説である。ただし，計算間違いから，供託金額にきわめてわずかな不足が生じた場合には，供託は有効であって，供託額の範囲において債務は消滅する（★大判昭和13・6・11民集17巻1249頁）。また，第1審判決で支払いを命じられた損害賠償金の全額を任意に弁済のため提供し，供託した場合には，提供・供託した額が損害賠償債務の全額に満たないことが控訴審における審理判断の結果判明したときであっても，原則として，弁済提供および供託はその範囲で有効である（★最判平成6・7・18民集48巻5号1165頁）。

(4) **供託の通知・供託書の交付** 供託者は遅滞なく債権者に供託の通知をしなければならない（▶495条3項）。また，供託者は，供託所から受け取る供託受理の記載ある供託書を債権者に交付すべきであるが，これは供託の有効要件ではなく，これが交付されなくても供託は有効である（★最判昭和29・2・11民集8巻2号401頁）。ただし，これを怠ったために債権者に損害を被らせたときは，供託者は損害賠償責任を負う。

供託の効果 (1) **債務の消滅** 供託がなされると，弁済がなされたのと同様に，債務は消滅する（▶494条1項）。ただし，いったん供託が行われても，後で供託物を取り戻すことが許されているので，この取戻権が存続する間は，供託の効力は不確定になる。そのため，債務消滅の効果の発生時期について見解が分かれているが，通説は，債務は供託によって直ちに消滅するけれども，取戻しがあると，（取戻しを解除条件として）供託時にさかのぼって債務が消滅しなかったことになるとする（遡及効ある解除条件説）。

(2) **供託物引渡（還付）請求権** 供託が行われると，債権者は，供託所（または供託物保管者）に対して，**供託物引渡（還付）請求権**を取得する（▶498条1項）。これは，本来の債権に代わるものだから，権利の性質および範囲は同一であり，したがって，本来の債権が双務契約から発生したものであるときには，同時履行の抗弁権が機能し，債権者は自己の給付をしなければ，供託物を受け取ることができない（▶498条2項）。

(3) **供託物所有権の移転** 金銭その他の消費物の供託の場合は，これは消費寄託（▶666条）となって，供託物の所有権はいったん供託所に帰属し，債権者が供託所からそれと同種・同等・同量の物を受け取ったときに，債権者がその物の所有権を取得する。これに対して，特定物を供託した場合には，供託物の所有権は供託者から債権者に直接移転する。なお，種類物を給付すべき場合は，少なくとも供託の時には特定しているから，特定物と同じ扱いになる。

供託物の取戻し (1) **供託物の取戻し** 供託者は，債権者または第三者に不当な不利益を及ぼさないかぎり，いったん供託した物を取り戻すことができる。供託は，あくまで弁済者の保護を目的とする制度だから，供託者が供託物を取り戻すことを禁じる理由はないからである。ただ

し，債権者が供託を受諾したとき，供託を有効と宣告した判決が確定したとき，供託により質権や抵当権が消滅したときには，供託物取戻請求権は認められない（▶496条2項）。なお，供託者が取戻権を放棄したときも取戻請求権は認められないものと解されている。

(2) **供託物取戻しの効果** 供託物が取り戻されると，供託が行われなかったものとみなされ，したがって債務は消滅しなかったものとみなされる。この場合，その債務について保証人がついていた場合には，保証債務も消滅しなかったものとみなされる。

(3) **供託物取戻請求権の消滅時効** 供託物の取戻請求権の消滅時効は，供託の基礎となった債務について紛争の解決などによってその不存在が確定するなど，供託者が免責の効果を受ける必要が消滅し，そのことを供託者が知った時から5年，または供託者が免責の効果を受ける必要が消滅した時（供託時ではない）から10年で完成する（★最大判昭和45・7・15民集24巻7号771頁）。

5 相　殺

相殺の意義
(1) **相殺の意義** **相殺**とは，当事者が互いに同種の目的を有する債務を負担する場合において，それらを対等額において消滅させる一方的意思表示をいう（▶505条1項）。たとえば，AがBに対して1000万円の金銭債権を有し，他方，BもAに対して800万円の金銭債権を有している場合に，どちらの債権（債務）も弁済期にあれば，AまたはBのどちらか一方の意思表示によって，両債権は800万円の限度で消滅し，その結果，AのBに対する残額200万円の債権だけが残ることになる。このようにすれば，弁済のために実際に金銭が移動する必要がなく，決済を簡便に行うことができる。このとき，もしAから相殺の意思表示をしたとすれば，相殺する側(A)の債権を**自働債権**，相殺される側(B)の債権を**受働債権**という（図表6-2）。

(2) **相殺の機能** 相殺は，当事者が同じ内容の給付をそれぞれ別々に弁済することは時間，労力，費用の無駄であるから，これを節約する目的のために認められた制度である。したがって，相殺は，第1に，債務の簡易な決済方法

としての機能を果たす。

　第2に、相殺は公平な結果を導く。たとえば、上記の例でBの資産状態が悪化したとして、仮に相殺を認めないとすれば、Aは自分の債務800万円については全額を弁済しなければならないのに対して、自分の債権1000万円については十分な弁済を受けえないこととなる。(800万円の範囲では)同額の債務を相互に負担しあっていながら、これはあまりに不公平であろう。

図表6-2　相殺の意義

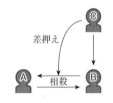

図表6-3　差押えと相殺

　第3に、相殺は、その結果として、さらに**担保的機能**をも営むことになる。たとえば、上記の例で、Bに対して債権を有する第三者Cが、強制執行の一環として、BのAに対する債権を差押えたとする。後述するように、(Aから相殺の意思表示をするとして)受働債権の債務者Aは、この場合にもなお相殺を貫徹しうるから(▶511条1項参照)、第三者Cの差押えは結果として不発に終わることとなる。このことは、Aが他の債権者に優先して自己の債権の回収を図りうることを意味し、いわば受働債権の上に強力な担保権を有するのと同じことになるのである。ここでは、相殺は、債権の消滅原因という衣をまといながら、自働債権の回収手段として捉えられることになる。このように、相殺は、相殺する債権者からすれば、債権回収のきわめて強力な手段となる。しかし、差押債権者や受働債権の譲受人のように債権の存在を信じた第三者に対しては、相殺は不測の損失を与える危険性を内包する。相殺は、担保的「機能」を営むにすぎないのであって、受働債権を対象とする物的担保とされるわけではないし、また、担保的機能を公示する手段も法定されていないのである。そのため、どのような場合に相殺が許されるのかについては、担保的機能を過度に強調するのではなく、慎重に検討される必要がある(**図表6-3**)。

　(3)　**相殺契約**　　民法上の相殺は、一方の者の1個の意思表示だけで成立する法律行為であるから、単独行為である。しかし、これと同一の目的を当事者間の契約によって達成することも可能である。**相殺契約**は当事者の合意による

ものであるから，民法の定める相殺の要件や相殺の禁止の適用を原則として受けない。したがって，たとえば，金銭債権と特定物債権というようにまったく種類の違う債権どうしでも相殺することが可能であるし，また，双方の債権が弁済期にあることも必要ない。

(4) **相殺の予約** 将来一定の事由が生じたときに，当事者間の相対立する債権について相殺（差引計算）することができる旨の，あるいは当然に相殺（差引計算）の効力が生じる旨の合意を総称して，一般に，**相殺の予約**という。これには，①将来一定の事由が生じたときには，当事者の一方の意思表示（相殺予約完結の意思表示）によって相殺の効力が生じるとするもの，②将来一定の事由が生じたときには，当然に相殺の効力が生じるとするもの（停止条件付相殺予約），③将来一定の事由が生じたときには，それによって自働債権の弁済期が到来し（期限の利益喪失特約），受働債権については期限の利益を放棄して（▶136条），相殺することができるとするもの，のほぼ3種類が考えられる。このような契約が当事者間において有効であることに問題はないが，第三者（とくに差押債権者）に対しても効力を主張しうるかについては問題があり，これについては差押えと相殺の項で論じる。

相殺の要件　(1) **相殺適状** 相殺を行うには，双方の債権（債務）が相殺をするのに適した状態（**相殺適状**）にあることを必要とする。相殺適状にあるには，次の要件を満たさなければならない。

(a) 同一当事者間に債権が対立していること　2当事者が，それぞれ相手方を債務者とする債権を有することが必要である。ただし，この原則には次のような例外がある。個別にはすでに説明したものが多いが，まとめの意味で改めてあげることとする。

> **Case 6-19** 債権者Aが主債務者Bに対して有する債権の保証人Cが，Aに対して保証債務αを負担し，主債務者Bが債権者Aに対して債権βを有する場合，保証人CはAからの請求に対して債権βを援用してαとβとを相殺することができるか。

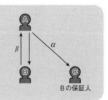

(i) 第三者が相殺される者に対して有する債権と，相殺される者が相殺者

に対して有する債権とを相殺する場合　改正前457条2項はこのような相殺を可能にしており，また，連帯債務者にも，同様の相殺権が認められていた（▶改正前436条2項）。しかし，これに対しては，主債務者の債権の処分権に対する過度の干渉になることを理由として批判が強く，2017年改正により，債権者から保証人・連帯債務者への履行請求に対して，主債務者・他の連帯債務者が反対債権を有することを理由に履行を拒絶する抗弁権を認めるにすぎないものと改められた（▶457条3項・439条2項。➡178頁）。

Case 6-20　AがBに対し債権αを，BがAに対し債権βを有し，双方の債権が相殺適状に達した後，債権αがCに譲渡された。この場合，BはCからの請求に対して債権βを援用してαとβとを相殺することができるか。

(ii)　相殺者が第三者に対して有する債権と，相殺される者が相殺者に対して有する債権とを相殺する場合　**Case 6-20** につき，469条1項によれば，債務者Bは，相殺適状にあることを譲受人Cに対して主張し，相殺をすることができる（➡316頁以下も参照）。

Case 6-21　債権者Aが主債務者Bに対して有する債権αを担保するために，Cが保証人となった。BはAに対して債権βを有していたが，CはBに事前の通知をすることなく，Aに弁済し，Bに求償を行った（この求償権を債権γとする）。この場合，BはCからの請求に対して債権βを援用してβとγとを相殺することができるか。

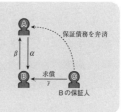

463条1項はこのような相殺を可能にしている。また，連帯債務者も同様の相殺を行うことができる（▶443条1項。➡162頁）。

Case 6-22　債権者Aが主債務者Bに対して有する債権αの担保として，Cの土地上に抵当権が設定された。この場合，Cが債権者Aに対して債権βをもつのであれば，Cは債権αと債権βとを相殺することができるか。

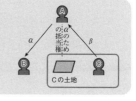

(iii) 相殺者が相殺される者に対して有する債権と，相殺される者が第三者に対して有する債権とを相殺する場合　　判例はこのような相殺を認めていない（★大判昭和8・12・5民集12巻2818頁）。しかし，学説ではこれに反対して，実質的には債権αをCが弁済する第三者弁済と同じであり，しかもCは債権αの弁済について正当な利益を有する第三者であるから，相殺を認めてよいとする見解も有力である。

　(b) 両債権が同種の目的を有すること　　この要件が必要であるため，相殺は，種類債権，とくに金銭債権相互間で行われる。目的が同種であれば，債権の発生原因，債権額，履行期の同一性は必要ない。また，履行地が同一である必要もないが，この場合には，相殺者は，相手方に対して，これによって生じた損害を賠償しなければならない（▶507条）。

　(c) 両債権が弁済期にあること　　これは，自働債権，受働債権それぞれについて検討する必要がある。

　(i) 自働債権　　自働債権は必ず弁済期が到来していなければならない。それ以前に相殺を認めることは，相手方から期限の利益を奪うことになるからである。なお，自働債権に期限の定めがない場合は，このような債務は成立と同時に弁済期にあるから，直ちに相殺することができる。

　(ii) 受働債権　　受働債権については，弁済期未到来でも，相殺者は期限の利益を放棄して（▶136条2項）相殺することができる。

　(d) 債権の性質が相殺を許すものであること　　たとえば，競業をしないといった不作為債務や労務を提供する「なす債務」を相互に負担している場合は，相互に現実の履行をしなければ債権の目的を達成することができないから，債権の性質上相殺をすることができない。また，自働債権が保証債権であり，催告の抗弁権および検索の抗弁権が付着している場合にも，債権の性質上相殺をすることはできない。なぜなら，これらの抗弁権を無視して相殺することは，債務を履行させるのと実質的に同じだからである。そのほか，自働債権に対して同時履行の抗弁権が付着している場合にも，同様に相殺はできない。なお，受働債権に対して抗弁権が付着しているときは，債務者はその抗弁権を放棄できるから，これを放棄して相殺することを妨げられない。また，金融

債・社債を受働債権とする相殺の可否について，一時争われたが，相殺は妨げられないとするのが判例である（★最判平成15・2・21金法1678号61頁。反対：東京高判平成13・12・11判時1774号145頁）。

債権の性質が相殺を許さない場合ではないが，一般に相殺が禁止されている場合については，相殺の禁止の項を参照（➡310頁）。

(2) **相殺適状の現存** 　以上の相殺適状は，原則として，相殺の意思表示の当時に存在することを必要とする。いずれか一方の債権が不存在，無効であるときは相殺も無効であり，いったん相殺適状にあっても，相殺をしないでいるうちに，弁済その他の事由によって消滅したときは，相殺は不可能となる。

(a) **自働債権の時効消滅** 　以上の原則の例外として，民法は，相殺適状に達した後，自働債権が消滅時効にかかった場合について，相殺をすることができるとする（▶508条）。

> **Case 6-23** 　AがBに対して債権αを，BがAに対して債権βを有し，相殺適状にある。債権αが時効によって消滅した後，Aは債権αと債権βとを相殺する意思表示をした。認められるか。

本来であれば，相殺される者が消滅時効を援用すれば，債務者は債務を免れることができるはずである。しかし，いったん相殺適状に達すると，当事者は，とくに意思表示をしなくても，ほとんどすでに決済されたものと考えるのが普通であることから，この信頼を保護するために，上記規定が置かれている。この趣旨からすれば，すでに消滅時効にかかった債権を譲り受けて，これを自働債権として相殺することはできない（★最判昭和36・4・14民集15巻4号765頁）。また，本条は，自働債権が消滅時効にかかった時点で相殺適状にあることを要件とするが，すでに弁済期にある自働債権と弁済期の定めのある受働債権とが相殺適状にあるというためには，受働債権につき，期限の利益を放棄できるというだけでは足りず，期限の利益の放棄または喪失等により，その弁済期が現実に到来していることを要する（★最判平成25・2・28民集67巻2号343頁：百選II-38）。受働債権の債務者がすでに享受した期限の利益を，後に自ら遡及的に消滅させることを認めるのは，相当でないからである。

> **Case 6-24** 債権者Aが主債務者Bに対して有する債権を担保するために、Cが連帯保証人となった。このAがCに対して有する連帯保証債権αと別途CがAに対して有する債権βとが相殺適状に達した後、主たる債権が時効にかかって消滅したために付従性により連帯保証債権αが消滅した場合、Aは債権αと債権βとを相殺することができるか。

判例はこのような相殺を認めている（★大判昭和8・1・31民集12巻83頁）。この場合、債権者は、連帯保証人との間での相殺可能性のゆえに、まだ相殺をしなくても債権債務が消滅したように考え、連帯保証人に対してはもちろん主債務者に対しても債権の行使を怠りやすいのが取引の実態であることを、その理由とする。これに対しては、この場合にCの連帯保証債務αが消滅するのは、保証債務の付従性によるのであって、連帯保証債務αが消滅時効にかかるからではなく、また、判例のように債権者の信頼を保護することは、保証人の予期に反し不公平であるとして、判例を批判する見解が強い。

> **Case 6-25** AがBに対して債権αを、BがAに対して債権βを有し、相殺適状にある。債権βが時効によって消滅した後、Aは債権αと債権βとを相殺することができるか。

(b) 受働債権の時効消滅　この場合、債権βは受働債権であり、受働債権が消滅時効にかかっているときは、債務者は時効の利益を放棄しうるから、相殺できることに問題はない。

相殺の禁止　(1) 当事者の意思表示による禁止（▶505条2項）　当事者は、意思表示によって相殺を禁止することができる。この意思表示は、契約によって生ずる債権については契約により、単独行為によるものは単独行為により、これを行う。ただし、この意思表示を第三者に対抗できるのは、その第三者が相殺禁止を知り、または重大な過失によって知らなかった場合に限られる。たとえば、AがBに対して有する債権αにつき相殺を禁止する合意があったとする。この合意を重過失なく知らずに債権αを譲り受けたCは、自らがBに対して負う債務βを受働債権とし、債権αを自働債権として相殺することができる。

(2) **法律による禁止**　(a) **不法行為等による損害賠償債権**　受働債権が悪意による不法行為によって生じた損害賠償債務であるとき，または人の生命・身体の侵害に基づく損害賠償債務であるときは，相殺はできない（▶509条）。「悪意」とは，故意では足りず，積極的意欲までも必要である。また，人の生命・身体の侵害による損害賠償債務には，不法行為によるもののほか，債務不履行（保護義務・安全配慮義務違反）によるものも含まれる。この趣旨は，①給料を支払わない使用者の物を被用者が横領し，これによって負担する損害賠償債務を給料債権で相殺するなどのような，債権者による不法行為を誘発させない点，および，②人身損害の被害者に現実の弁済を受けさせることを保障することにある。したがって，不法行為等に基づく損害賠償債権を自働債権として相殺することはさしつかえない（★最判昭和42・11・30民集21巻9号2477頁。2017年改正前のもの）。

また，受働債権も自働債権もともに悪意による不法行為に基づく損害賠償債権または人身侵害による損害賠償債権であるときも相殺はできない。これを認めれば，不法行為の被害者が加害者に対してまた別の不法行為や人身侵害を行って，2つの損害賠償債務を相殺できることになり，やはり不法行為・人身侵害を誘発するからである。

(b) **受働債権が差押禁止債権の場合**　受働債権が差押禁止債権（▶民執152条，生保58条，労基83条2項など）であるときは，相殺できない（▶510条）。この趣旨は，債務者に現実の支払いを受けさせるべきであるという点にある。したがって，差押禁止債権を自働債権として相殺することはさしつかえない。

(c) **受働債権が支払いの差止めを受けているとき**　これについては，次の差押えと相殺の項で説明する。

(d) **賃金債権**　使用者は，前借金その他労働することを条件とする前貸の債権と賃金とを相殺してはならない（▶労基17条）。

(e) **株金払込請求権**　募集株式の引受人は，払込みまたは現物出資財産の給付をする債務と株式会社に対する債権とを相殺することができない（▶会社208条3項）。資本充実の原則の表れである。

Case 6-26 AがBに対して有する債権αが，Aの債権者Cによって差し押えられた。Bは差押え後に取得したAに対する債権βをもって相殺できるか。

差押えと相殺

(1) **問題の所在**　受働債権が差押えを受けた場合には，その後に取得した債権を自働債権とする相殺はできない（▶511条1項前段）。この趣旨は，Bが差押え前からAに対して債権を有している場合は，自己の債務αは相殺で清算しうると期待しているから，差押えによってこの期待を奪うべきではないが，すでに差押えられていたときは，Bは差押債権者Cに対して弁済すべきことになり，したがって差押え後にAに対する債権を取得しても相殺によって清算しうると期待することは許されない，という点にある。ただし，差押え後に取得した債権であっても，それが差押え前の原因に基づいて生じたものである場合には，Bはこれを自働債権とする相殺を主張できる（差押え後に他人の債権を取得した場合は除く。▶同条2項）。たとえば，差押え前に委託を受けた保証人は，差押え後に保証債務を履行したことにより生じた事後求償権を自働債権として相殺をすることができる。

これに対して，511条1項後段によれば，差押え前に取得した債権でありさえすれば，差押え時に相殺適状にあったか否かや，自働債権と受働債権の弁済期の先後を問わず，相殺適状を生じた時点で相殺することができる（後述の無制限説）。問題の実態は債務者の責任財産をめぐる債権者間（ここでは相殺者と差押債権者）の争いであるところ，2017年改正前はこの後段部分がなかったため，相殺の担保的機能を理由として，相殺者が相殺により自働債権の回収を図ることが，差押債権者との関係でも優先的に認められてよいかが問題とされた。以下で現在までの議論の経過を概観しよう。

Case 6-27　Aは国税を滞納していたが，Y銀行に対して定期預金債権αを有していたので，X（国）はこの債権αを差し押え，弁済期に滞納税額相当を支払うようYに求めた。これに対してYは，この差押え以前からAに対して貸付債権βを有していたので，Aにつき差押え等一定の事由が将来生じたときには，それによって貸付債権βの弁済期が到来し，定期預金債権αについては期限の利益を放棄して相殺適状を生じさせる旨の特約（相殺の予約）に基づいて相殺の意思表示を行い，Xへの支払いを拒絶した。Yの主張は認められるか（★最大判昭和45・6・24民集24巻

6号587頁：百選Ⅱ-39の事例をもとにした）。

(2) **2017年改正前の判例の展開**　(a) 制限説　大判明治31・2・8民録4輯2巻11頁は，相殺が優先するためには差押え前に相殺適状が生じていることが必要であるとしたが，その後，最判昭和32・7・19民集11巻7号1297頁は，自働債権の弁済期は差押え前に到来している必要があるが，受働債権の弁済期は到来していなくてもよいとした。このような場合には，受働債権の債務者は自己の債務につき弁済期の到来するのを待って相殺することを期待しているのが通常であり，相殺をなしうべき利益を有する，というのがその理由である。

そして，最大判昭和39・12・23民集18巻10号2217頁（以下，昭和39年判決という）は，双方の債権の弁済期が差押え前にまだ到来していない場合であっても，自働債権（β）の弁済期が，受働債権（α）の弁済期よりも先に到来するものであるときには，差押債権者（X）に相殺を対抗することができるとした。逆にいえば，受働債権（α）の弁済期が自働債権（β）の弁済期よりも先に到来する場合には，差押債権者に相殺を対抗できないことになる（もちろんその場合でも差押え前に相殺適状に達していれば相殺を対抗できる）。改正前511条の反対解釈として差押え前に取得した自働債権での相殺を可能としつつ，相殺により対抗可能な場面を制限的に解釈していることから，これを**制限説**という。

昭和39年判決の理由は，将来の相殺に関する期待の保護にある。すなわち，受働債権（α）の弁済期が自働債権（β）の弁済期よりも先に到来する場合には，差押えられた受働債権（α）の弁済期が将来到来する時点においては（自働債権の弁済期が到来していないので）相殺を主張できないのだから，自己の自働債権（β）をもって将来相殺し債務を免れうるという正当な期待を，差押え当時に相殺者（Y）が有していたものとはいえないし，また，差し押えられた受働債権（α）の弁済期が到来しているのにその弁済を拒否しつつ，自働債権（β）の弁済期の到来を待って相殺するようなことは，誠実な債務者とはいいがたく，保護する必要はない，というのである。

また，この判決は，**Case 6-27**のような相殺の予約の特約についても，自働債権の弁済期が受働債権の弁済期よりも先に到来する場合にかぎって，その効

力を認めるべきであるとする。この制限を超える特約は，私人間の特約のみによって差押えの効力を排除するものであって，契約自由の原則をもってしても許されない，というのがその理由である。

ただ，この判決は，結論的には7対6の僅差によるものであって，判例の安定性については問題視されていた。

(b) 無制限説　　**Case 6-27** の最高裁大法廷判決（以下，昭和45年判決という）は，昭和39年判決を改めて，上記のような制限を完全に取り払い，自働債権が差押え後に取得されたものでないかぎり，自働債権および受働債権の弁済期の前後を問わず，相殺適状に達しさえすれば，差押え後においても，相殺をなしうるとした。これを，**無制限説**という。

本判決の理由は，「相殺の制度は……相殺権を行使する債権者の立場からすれば，債務者の資力が不十分な場合においても，自己の債権については確実かつ十分な弁済を受けたと同様な利益を受けることができる点において，受働債権につきあたかも担保権を有するにも似た地位が与えられるという機能を営むものである。相殺制度のこの目的および機能は，現在の経済社会において取引の助長にも役立つものであるから，この制度によって保護される当事者の地位は，できるかぎり尊重すべきものであって，当事者の一方の債権について差押が行なわれた場合においても，明文の根拠なくして，たやすくこれを否定すべきものではない」という点にある。

また，本判決は，相殺の予約の特約についても，契約自由の原則上有効であることは論をまたないとして，無制限に有効と判断した。

(3) 学　説　　学説上，この問題は法定相殺と相殺の予約とに分けて検討されている。

(a) 法定相殺　　昭和39年判決を契機としてさまざまな見解が発表されたが，大きく次の3種類に分類される。

（i）無制限説　　昭和45年判決を全面的に支持するものである。差押えと相殺が最もよく問題となる銀行取引では受働債権の弁済期が先に来るか後に来るかは偶然の事情によることも多く，それ以外の場合においても，両当事者間に対立した債権が存在するときは，どちらの弁済期が先に到来しようと，相対

立する債権相互間では相殺により決済することが通常期待されているとみられること，などをその理由とする。

　(ii)　制限説（制限説Ⅰ）　　昭和39年判決と同様に，自働債権の弁済期が受働債権の弁済期よりも先に到来する場合にかぎって，相殺の対抗を認めるものである。その主な理由は，昭和39年判決について述べたように，将来の相殺に関する合理的な期待の保護である。

　(iii)　合理的期待説（制限説Ⅱ）　　さらに，制限説をベースとして，弁済期の先後関係だけでなく，相殺予約の有無，質権設定の有無，対立しあう債権の関連性など，当該取引の実質関係を斟酌して，相殺者の相殺に対する期待利益が，差押債権者の利益よりも保護に値する場合に，相殺の対抗を認める見解がある。**合理的な期待**があるか否かは，弁済期の先後だけでは決められないとするのである。これに対しては，弁済期以外のもろもろの要素をも考慮して合理性を判断するときは恣意に流れるおそれがあるとの批判がある。

　以上の経緯を踏まえて，2017年改正では，無制限説をとることが明示された。

　(b)　相殺の予約　　銀行取引においては，**Case 6-27** のような相殺の予約の特約がつねになされている。相殺の予約が当事者間で有効であることに異論はないが，このような特約が差押債権者に対して無条件に有効であるとするならば，差押えと同時に相殺適状ないし自働債権の弁済期が到来し，銀行はつねに相殺を対抗できることになるため，第三者に対する効力が問題となる。

　かつての学説上は，法定相殺については制限説をとりながら，相殺予約についてはその効力を認めるものが多かった（ただし，銀行取引その他一定の場面に限る見解が多数のようである）。見解にはいくつかのニュアンスがあり，①差押え前から相殺予約をしていた勤勉な債権者は厚く保護されてしかるべきであるとする見解，②合理的期待説に依拠して，相殺予約がある場合には相殺に関する合理的な期待があるとする見解，③銀行の貸付債権と取引先の預金債権とは相互に密接な牽連関係に立ち，預金債権は貸付債権などの担保としての機能を営んでいるのが実情であるところ，かかる事情や相殺予約が銀行取引約定書中に取り入れられていることは取引界においてほぼ公知の事実となっていることを根拠に相殺予約の効力を肯定する見解（昭和45年判決における大隅意見），などさ

まざまである。

また，昭和39年判決と同様に，④自働債権の弁済期が受働債権の弁済期よりも先に到来する場合にかぎり，相殺予約の差押債権者に対する効力を認める見解（制限説）もある。その理由は，これ以外の場合に特約の効力を認めるとすれば，私人間の特約のみによって差押えの効力を排除することを認めることになること，公示性の欠如により一般債権者を害するおそれがあること，などである。

511条1項後段は法定相殺について無制限説をとることを明らかにしたのみで，相殺予約については解釈に委ねている。私見としては，差押え前から相殺予約をしていた債権者を法定相殺よりも不利に取り扱う理由はないことから，解釈論としては，相殺予約についても無制限説を支持する。

債権譲渡と相殺 差押えと相殺と同様の問題は，債権譲渡の場合にも考えられる。

> **Case 6-28** AがBに対して債権αを，BがAに対して債権βを有していた。AはCに債権αを譲渡し，譲渡通知がAからBに行われた。このとき，Bは，反対債権βを，「対抗要件具備時より前に取得した譲渡人に対する債権」（▶469条1項）と捉えて，譲渡後に双方の債権の弁済期が到来した後に，Cに対して相殺を主張できるか。

債権譲渡がなければ，債権者からの請求に対して相殺をもって対抗できるという期待を債務者Bは有している。債権譲渡に関与しえない債務者に不利益を負わせるべきでないとすれば，相殺を対抗できる範囲を広く解すべきことになるし，債権譲受人の地位の安全性を考慮すれば，狭く解すべきことになる。差押えと相殺の場面では債務者の責任財産をめぐる債権者間の争いが問題であったのに対して，ここでは，債権譲受人の保護（債権流通の安全）と債務者の正当な利益保護（相殺の担保的機能）との調和が問題となっている。以下，場合を分けて述べる。

①債務者が，譲渡通知後に，譲渡人に対して反対債権（β）を取得しても，債務者は譲受人に対して相殺を主張することはできない。「対抗要件具備時より前に取得した譲渡人に対する債権」ではないからである。ただし，対抗要件具備後に取得した債権であっても，対抗要件具備時より前の原因

に基づいて生じた債権，および，譲受人の取得した債権の発生原因である契約に基づいて生じた債権については，相殺を主張できる（対抗要件具備時より後に他人の債権を取得した場合は除く。▶469条2項1号・2号）。1号は差押えと相殺の場面（▶511条2項）と同様の規律だが，2号は，差押えと相殺の場面以上に相殺への期待を保護するものである。2号の例としては，将来の請負報酬債権が譲渡され，対抗要件が具備された後に請負契約が締結され，その後，この契約における目的物の契約不適合を理由とする損害賠償請求権が発生した場合があげられる（なお，譲渡人と債務者との間の継続的取引から生じる将来債権を譲り受けた者は，その後，当該取引に基づいて債務者が譲渡人に対して有することとなる債権を相殺に供することを覚悟しなければならないが，これは2号ではなく，1号の問題である）。

②債務者が，譲渡通知を受けた当時，譲渡人に対して相殺適状にある反対債権（β）を有していた場合には，債務者は譲受人に対しても相殺を主張することができる。

③債務者が譲渡通知を受けた当時，反対債権（β）の弁済期が到来しておれば，受働債権たる譲渡債権（α）の方の弁済期が未到来であっても，債務者は譲受人に対しても相殺を主張することができる（★大判昭和8・5・30民集12巻1381頁）。

④債務者が譲渡通知の当時譲渡人に対して反対債権（β）を有していたが，どちらの債権も弁済期が未到来だった場合，債務者が，譲渡後に相殺適状に達した時点で相殺を主張できるかについて，2017年改正前は469条の規定がなかったため，差押えと相殺の場面と同様に，制限説，無制限説等の争いがあったが，同改正後の469条1項は，ここでも無制限説をとることを明示している。

逆相殺 一般に金融機関からみて，取引先が相殺権を行使する場合を**逆相殺**とよぶ。

Case 6-29 ＡはＸ銀行に対して預金債権αを，Ｘ銀行はＡに対して貸付債権βを有していた。Ａの債権者Ｙは，預金債権αにつき差押えをし，転付命令を得た。

ところで、YはX銀行に対して手形金債務γを負っていたため、預金債権αを自働債権、手形金債権γを受働債権として相殺する旨の意思表示をした。その後、X銀行はAに対し、貸付債権βを自働債権、預金債権αを受働債権として相殺する旨の意思表示をした。相殺適状は、後者（A・X間）の方が先に生じていた。この場合に、先に相殺の意思表示をしたYの相殺を優先すべきか、それとも先に相殺適状に達していたXの相殺を優先すべきか。

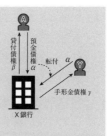

このような事案について、最判昭和54・7・10民集33巻5号533頁は、「相殺適状は、原則として、相殺の意思表示がされたときに現存することを要するのであるから、いったん相殺適状が生じていたとしても、相殺の意思表示がされる前に一方の債権が弁済、代物弁済、更改、相殺等の事由によって消滅していた場合には相殺は許されない（民法508条はその例外規定である。）、と解するのが相当である」とした。相殺は担保権ではなく、担保的機能を有するにすぎず、預金債権αはなお一般債権者の引当てとして責任財産を構成しているのである。

なお、原審は、X銀行の相殺の意思表示により、預金債権αは相殺適状時にさかのぼって消滅するから、Yは相殺をもってX銀行に対抗できないとしていた。

相殺権の濫用 相殺の場面でも、相殺の要件を満たしているにもかかわらず、相殺の意思表示が権利濫用と評価される場合がある。たとえば、他の債権との相殺により回収できるのに、被差押債権を狙い打ち的に受働債権として相殺するような場合である。

相殺の方法 相殺は、当事者の一方から相手方に対する意思表示によってする（▶506条1項）。受働債権が譲渡されたときは、債務者からの相殺の意思表示は譲受人に対してするべきである（★最判昭和32・7・19民集11巻7号1297頁）。また、相殺の意思表示に条件や期限をつけることはできない。条件をつけると、債権債務が消滅するかどうかが不明確になり、相手方を不安定な地位に置くし、期限をつけたとしても、相殺には遡及効があるため、無意味だからである。

相殺の効果　(1)　**債権の消滅と相殺の遡及効**　相殺によって，当事者双方の債権は対等額で消滅する（▶505条1項本文）。この債権消滅の効果は相殺適状の時にさかのぼって効力が発生する（▶506条2項）。民法は，意思表示によって初めて相殺の効果を生ずるものとしつつ，当事者双方の債権が相殺適状にあれば，すでに決済されているように考えられるのが普通であることから，**遡及効**を認めるのが当事者の通常の意思にかなうとしたものである。したがって，相殺適状を生じた以降は，利息は発生せず，履行遅滞は消滅する。

(2)　**相殺充当**　相殺される者が数個の相殺適状にある受働債権を有し，かつ，自働債権がその全部を消滅させるに足りないときは，充当に関する当事者間の合意がなければ，元本債権相互間で，相殺適状が生じた時期の順序に従って充当を行う（▶512条1項）。相殺適状が生じた時期を同じくする債務が複数あるときは，その時期を同じくする元本債権相互間および元本・利息・費用との間の充当については，充当に関する当事者の合意がなければ，指定充当は認めず，法定充当による（▶同条2項）。

相殺をする債権者の負担する受働債権が，自働債権の全部を消滅させるのに

Further Lesson 6-7

▶▶▶▶▶ **請負報酬債権に対する相殺と報酬残債権が履行遅滞に陥る時期**

　請負人の報酬債権に対して，注文者が，これと同時履行の関係にある修補に代わる損害賠償債権を自働債権として相殺の意思表示をした場合において，相殺の後に報酬債権がなお残存しているとき，この相殺後の報酬残債務について注文者が履行遅滞の責任を負うのは，相殺適状を生じた日の翌日か，それとも，相殺の意思表示をした日の翌日か。

　これについて，最判平成9・7・15民集51巻6号2581頁は，相殺の意思表示をした日の翌日からであるとする。相殺の効果が相殺適状時にさかのぼるとしても，相殺の意思表示をするまで注文者がこれと同時履行の関係にある報酬債務の全額について履行遅滞による責任を負わなかったという効果に影響はないと解すべきであることを，その理由とする。同時履行の抗弁権により報酬債務全額について履行拒絶が認められても，相殺後の残債務について相殺適状時から履行遅滞の責任を問われたのでは，全額について同時履行を肯定した意味が失われてしまうから，判例は妥当であろう。

足りないときにも，相殺に関する法定充当の規定を準用する（▶同条3項）。

相殺をする債権者が債務者に対して有する債権，または債権者が債務者に対して負担する債務に，1個の債権または債務の弁済として数個の給付をすべきものがある場合における相殺についても，相殺充当の規定が準用される（▶512条の2）。自働債権または受働債権に賃料債務3か月分が含まれている場合が，その例である。

6 更改・免除・混同

更改

(1) **更改の意義** 更改とは，債権の重要部分を変更することによって，新債権を成立させるとともに，旧債権を消滅させる契約をいう（▶513条）。更改は，新債権を成立させる代わりに旧債権を消滅させるものであり，その際には，旧債権と比べて何らかの変更が加えられる。債権の内容を一方当事者が勝手に変更することは許されないから，更改は契約によって行われなければならない。ローマ法においては，債権は当事者を結ぶ鎖と考えられ，主体の変更は債権の同一性を失わせるとされたため，債権譲渡・債務引受は認められず，主体の変更は更改によって行われた。しかし今日では，債権譲渡・債務引受が認められているため，更改制度の意義はほとんど失われている。

(2) **更改の要件** 更改の要件は，①旧債権の存在，②新債権の成立，③債権の重要部分の変更である。重要部分の変更とは，給付の内容に関する重要な変更，債務者の変更，債権者の変更である（▶513条1号から3号）。その他，更改契約の当事者等については514条，515条を参照。

(3) **更改の効果** 更改の効果としては，まず旧債権が消滅する。それとともに，違約金・担保・抗弁権のように旧債権に付随していたものも消滅する。そして，新債権が成立する（旧債権の担保として設定された質権または抵当権を，更改前の債務の目的の限度において，新債権に移すことも可能である〔第三者が設定したものである場合には，その承諾を得なければならない〕。ただしその移転は，あらかじめまたは更改と同時に，更改の相手方に対する意思表示によってしなければならな

い。▶518条）。

　旧債権の不存在，旧債権の発生根拠たる法律行為の無効・取消しの場合には，旧債権の存在という要件が満たされないため，新債権は発生しない。これとは逆に，新債権が取り消されると，旧債権が復活する。なお，新債権につき債務不履行があった場合には，これを理由に更改契約を解除することができ，解除によって新債権は消滅し，旧債権が復活する。

免　除　　(1) **意義と法的性質**　**免除**とは，一方的な意思表示によって，債権を無償で消滅させる行為である（▶519条）。そもそも，財産権をもつ者はこれを行使するもしないも自由であり，その利用や処分の方法もまったく自由である。したがって，債権者が望むならば，これを債権者の意思で消滅させることが可能であるということになる。また，免除は債務者に何ら不利益を生むものではない。このような理由から，債務の免除は単独行為であり，債務者の同意は必要ない（債権者から債務者への一方的意思表示による）。したがって，債権の放棄でもある。

　ローマ法においては，免除と同様の効果は契約によって達成され，諸外国の立法例にも免除を契約とするものがみられる。わが国においても，利益といえどもその意思なしには強要されるべきでないという観点から，立法論としては免除を契約とすべきであるとする見解も存在する。なお，契約によって免除の効果を生じさせることが可能であるのは，契約自由から当然である。

　また，免除は処分行為であるから，和解契約や贈与契約などによって債権者が債務を免除する債務を負担する行為と，その履行としての債務免除行為とは，これを区別しなければならない。しかし，債務の免除には形式を必要としないから，多くの場合には，そのような契約における債権者の意思表示の中に免除の意思表示が含まれているとみるべきであろう。

(2) **免除の要件**　　免除の要件は，処分権限のある債権者が債務者に対して免除の意思表示をすることである。債権が差し押さえられた場合には，処分権限が制限されているから，差押債権者に免除を対抗することはできない。免除の意思表示は，書面などの形式を必要とせず，明示でも黙示でもよい。また，債務者に不利益を与えるおそれはないから，条件を付すことも可能である。な

お，扶養請求権や株金払込請求権は，その性質上放棄できない（前者は身分権と密接な関係を有することから，後者は資本充実の原則からである）。

(3) 免除の効果　免除によって債権は消滅する。一部免除も可能であり，その場合には，その範囲内で債権が消滅する。全部免除の場合には，これに伴う担保物権・保証債務なども消滅する。ただ，債権が質入されている場合のように，債権が第三者の権利の目的となっているときは，免除の効果を第三者に対抗することはできない。この他，第三者がその債権について正当な利益をもつ場合にも，免除の効果を第三者に対抗できないと解すべきである。判例も，借地権者が借地上の建物に抵当権を設定した後にその借地権を放棄した事案につき，借地権の放棄は抵当建物の競落人に対抗できないと判示している（★大判大正11・11・24民集1巻738頁，大判大正14・7・18新聞2463号14頁〔合意解除について〕）。なお，不可分債権（▶429条），不可分債務（▶430条・445条），連帯債権（▶433条），連帯債務（▶445条）と免除の関係についてはすでに述べた（➡144頁および146頁，148頁，157頁を参照）。

混同

(1) 混同の意義　**混同**とは，同一の債権について債権者の地位と債務者の地位が同一人に帰属する事実である。典型例は，債権者が債務者を相続した場合であるが，同様のことは，会社の合併，債権譲渡などの際にも生ずる。

混同によって，債権は消滅するのが原則である。自分が自分に対して請求や弁済を行うことは，一般には無意味だからである。したがって，債権を存続させることに法律上の意味がある場合には，例外的に債権の存続を認めるべきである。民法はその典型例として，その債権が第三者の権利の目的であるときは，債権は消滅しないと定める（▶520条ただし書）。物権の混同の場合（▶179条1項ただし書）と趣旨を共通にする。たとえば，AのBに対する債権の上に，Aの債権者Cが債権質権を有するときは，BがAからその債権の譲渡を受けても，その債権は消滅しない。また，手形・小切手などの証券的債権は，独立した財産権の性質をもつため，混同の問題は生じない（▶手形11条3項，小切手14条3項参照）。

(2) 判例による例外　これ以外にも判例は混同の例外をいくつか認めてい

る。まず，転借人が目的不動産の所有者たる賃貸人の地位を承継しても，転貸借関係は，当事者間にこれを消滅させる特別の合意の成立しないかぎり消滅しない（★最判昭和35・6・23民集14巻8号1507頁）。また，賃借人が賃貸人からその不動産の譲渡を受けた場合において，その所有権移転登記前に第三者がその不動産の譲渡を受け所有権移転登記を経由したときには，いったん混同によって消滅した賃借権は，第三者の所有権の取得によって，同人に対する関係では消滅しなかったものと解すべきである（★最判昭和40・12・21民集19巻9号2221頁）。なぜなら，混同による債権消滅という原則を貫くと，前の譲受人たる賃借人は後の譲受人たる第三者による明渡請求に対して所有権はおろか賃借権をも主張できないこととなるからである。さらに，特定の土地につき所有権と賃借権とが同一人に帰属するにいたった場合であっても，その賃借権が対抗要件を具備したものであり，かつその対抗要件を具備した後に右土地に抵当権が設定されていたときは，179条1項ただし書の類推適用により，賃借権は消滅しないものと解すべきである（★最判昭和46・10・14民集25巻7号933頁）。

☑ Exam 1

　XはY銀行との間で定期預金契約を締結した。X宅から預金証書および印鑑を窃取したAは、Yに赴き、「X代理人A」と称して預金担保貸付を申し込み、同貸付けは実行された。その数日後、盗難に気づいたXは、Yにその旨の連絡をし、自分は貸付けを受けていない旨述べた。しかし、Yは、定期預金の満期が到来した時点で、貸付債権を回収するために、定期預金債権と貸付債権とを相殺した。これに対してXは、相殺は認められるべきでないとして、Y銀行に上記定期預金の支払いを求めた。Xの主張は認められるか。

解答への道すじ

(1) Aに対する貸付けはXに帰属しないか？　➡無権代理、表見代理
(2) Yによる定期預金担保貸付・相殺を478条によってXに対抗できないか？
　①債権者の代理人と称する者は「受領権者としての外観を有する者」に含まれるか？（➡283頁）
　②定期預金担保貸付・相殺は「弁済」といえるか？（➡289頁）
　③定期預金担保貸付・相殺をした者の「善意無過失」はいつの時点で判断されるか？（➡291頁）

☑ Exam 2

　AはY銀行に対して定期預金債権を、YはAに対して貸付債権をそれぞれ有していた。その後、Aの債権者Xによって、AのYに対する定期預金債権が差し押えられた。差押えの時点では、定期預金債権、貸付債権ともに弁済期はまだ到来していなかったが、Yは、相殺予約の特約（Aの定期預金債権につき差押等一定の事由が将来生じたときには、それによって貸付債権の弁済期が到来し、定期預金債権については期限の利益を放棄して相殺適状を生じさせる旨の特約）に基づいて相殺を行った。Yによる相殺は、差押え時に相殺適状にあったか否かや、自働債権と受働債権の弁済期の先後を問わず、有効と考えてよいか。

解答への道すじ

(1) 差押えと相殺に関する2017年改正前の議論を踏まえて、現在の511条1項はどのような考え方に立っているといえるか？（➡312頁）
(2) 法定相殺の場合（差押え後に日数の経過により相殺適状が生じた時点で相殺する場合）と相殺予約による相殺の場合（特約によって相殺適状を生じさせて相殺する場合）とで、相殺者の要保護性（相殺に対する期待）に違いはあるか？（➡315頁）

☑ *Hybrid Exam*

　A会社は，2017年9月1日，B銀行から経営資金4500万円を借り入れ（返済期限は2018年3月31日），その担保としてA代表取締役PがBと連帯保証契約を締結するとともに，Pが所有するビルα（時価5000万円）にBのための抵当権を設定・登記した。
　以上の事実を前提にして，以下の問1および問2に答えなさい。なお，問1および問2はそれぞれ独立した問題とする。

　問1　2017年10月1日，PはビルαをCに賃貸した。賃料は月額150万円，毎月末までに翌月分を支払うものとし，期間は5年間とする約定であり，CはPに保証金として1500万円を差し入れた。2018年4月1日，PはCとの賃貸借契約をいったん合意解除した上で，同日新たに賃貸借契約を締結した。賃料は100万円，毎月末までに翌月分を支払うものとし，期間は3年間とする約定であった。また，CがPに差し入れるべき保証金は600万円としたが，先にCがPに差し入れた保証金のうち600万円分をこれに充当するものとし，その残額900万円は2018年6月30日までにCに返還すること，返還できなかった場合はCのPに対する賃料債務と対当額で相殺する旨が合意された。また，PのCに対するαの賃料債権には譲渡禁止特約が付された。
　　　2018年4月20日，PはCに対するビルαの賃料債権のうち，同年5月分から10月分までをDに譲渡し，その旨の確定日付ある証書による通知が同年4月21日にCに到達した。他方，BはAからの返済が滞っていたことから，αに対する抵当権に基づく物上代位に基づき，2018年5月分以降の賃料債権をBの債権額に満つるまで差し押さえ，その旨の差押命令が同年4月22日にCに到達した。この場合において，DおよびBから賃料支払請求を受けたCは，DおよびBに対し，それぞれどのような主張をすることができるか。

　問2　2017年9月1日，BのAに対する4500万円の貸金債権の担保として，Qが所有する土地β（時価2500万円）にも抵当権を設定・登記した。2018年4月20日，AのBに対する前記債務4500万円のうち，3000万円をPが弁済した。同年5月10日，Bは土地βに対する抵当権を実行し，Rが2500万円で競落した。この場合，βの売却代金2500万円からBに弁済されるべき残債権額1500万円を控除した1000万円のうち，PはQに対し，いくらの金額の配当を主張することができるか。なお，利息および遅延損害金は考慮しなくてよいものとする。

[問1]　(1)　DとBの関係。PのCに対する a の賃料債権のうち、2018年5月分から10月分までは、Dへの債権譲渡と、Bの抵当権に基づく物上代位（▶372条・304条）による差押え（債権譲渡と同様に解しうる。➡229頁）とが競合している。①PのCに対する a の賃料債権には譲渡禁止特約が付されている。Bはその効果を主張し、Dはそれに対する反論を主張することが考えられる（➡222頁）。②抵当不動産の賃料債権に物上代位の効果が及ぶかどうかは議論があるが、判例は肯定する。③将来債権の譲渡も、債権が特定されていれば可能である（▶466条の6。➡220頁）。④債権譲渡による債権の譲受人Dと抵当権の物上代位に基づいて賃料債権を差し押さえたBとの優劣決定基準が問題になる。Dは債権譲渡の第三者対抗要件である確定日付ある証書による通知（2018年4月21日にCへ到達。➡234頁）がBの物上代位による差押命令の送達時（2018年4月22日にCへ送達）に先立つことを主張し、Bは抵当権の設定登記時（2017年9月1日）を基準とすべきことを主張する。D・B間の合理的な利益調整の観点から検討する。

　(2)　BとCの関係。a に対するBの抵当権に基づく物上代位による賃料請求（2018年4月22日に差押命令がCに送達）に対し、Cは敷金残額900万円の返還請求権（弁済期は2018年6月30日）を自働債権とする相殺を主張し、Bの賃料支払請求を拒むことができるか。抵当権の物上代位に基づく賃料債権の差押えと、敷金返還請求権を自働債権・賃料支払請求権を受働債権とする相殺との優劣について検討する（➡232頁、312頁）。

　(3)　DとCの関係。①Cは a の賃料債権には譲渡禁止特約が付されていたことを主張し、Dはそれに対する反論を主張する（前述(1)①参照）。②Dから賃料請求を受けたCは、D・B関係の検討（前述(1)④参照）に基づき、Bの物上代位に基づく差押えがPからDへの債権譲渡に優先することを理由に、Dの請求を拒むことができるかを検討する。

[問2]　連帯保証人として3000万円を弁済したPは、弁済による代位（▶499条・501条。➡278頁）を主張し、土地 β の売却代金2500万円からBに優先弁済されるべき1500万円を控除した残額1000万円の配当を請求することが考えられる。

　(1)　B・P間の保証契約は、主たる債務がAの事業のための貸金によるものでも、PはAの代表取締役であるから、個人保証の規制に反しない。▶465条の9第1号。➡211頁）。

　(2)　PによるAの債務の一部弁済による代位の効果を確認する（▶502条。➡272頁）。

　(3)　Pが保証人と物上保証人を兼ねている場合、弁済による代位の効果はどのような基準によって判断されるべきかを検討する（▶501条3項3号・4号。➡280頁）。物上保証人Q（時価2500万円の土地 β）とすれば、Pが保証人および物上保証人（時価5000万円のビル a）を兼ねていることから、Pが代位できる範囲が制限されることを主張することが考えられる（2人説または物上保証人として1人説）。

　これに対し、Pは、二重資格をもつ者も1人として扱い、頭数に応じた平等の割合で代位が認められると反論することが考えられる（頭数基準説）。

参考文献案内

民法全体にわたる参考文献については,『新ハイブリッド民法 第1巻』の参考文献欄参照。

1 債権総論の教科書

債権総論の分野では,特色のある教科書が数多く執筆されている。以下では,比較的最近のものに限定して,編著者名の五十音順に掲げる。

淡路剛久『債権総論』(有斐閣,2002年)
池田真朗『スタートライン債権法〔第6版〕』(日本評論社,2017年)
内田貴『民法Ⅲ 債権総論・担保物権〔第3版〕』(東京大学出版会,2005年)
近江幸治『民法講義Ⅳ 債権総論〔第3版補訂〕』(成文堂,2009年)
大村敦志『新基本民法4 債権編——契約債権の法』(有斐閣,2016年)
奥田昌道『債権総論〔増補版〕』(悠々社,1992年)
加藤雅信『新民法大系Ⅲ 債権総論』(有斐閣,2005年)
川井健『民法概論3 債権総論〔第2版補訂版〕』(有斐閣,2009年)
潮見佳男『新債権総論Ⅰ』(信山社,2017年)
潮見佳男『新債権総論Ⅱ』(信山社,2017年)
潮見佳男『プラクティス民法 債権総論〔第5版〕』(信山社,2018年)
中田裕康『債権総論〔第三版〕』(岩波書店,2013年)
野澤正充『セカンドステージ債権法Ⅱ 債権総論〔第2版〕』(日本評論社,2017年)
林良平(安永正昭補訂)・石田喜久夫・高木多喜男『債権総論〔第3版〕』(青林書院,1996年)
平井宜雄『債権総論〔第2版〕』(弘文堂,1994年)
平野裕之『債権総論』(日本評論社,2017年)
星野英一『民法概論Ⅲ 債権総論』(良書普及会,1978年)
前田達明『口述 債権総論〔第3版〕』(成文堂,1993年)
我妻栄『新訂債権総論(民法講義Ⅳ)』(岩波書店,1964年)

2 判 例 集

窪田充見・森田宏樹編『民法判例百選Ⅱ〔第8版〕』(有斐閣,2018年)
奥田昌道・安永正昭・池田真朗編『判例講義 民法Ⅱ債権〔第2版〕』(悠々社,2014年)

瀬川信久・内田貴・森田宏樹『民法判例集 担保物権・債権総論〔第3版〕』（有斐閣，2014年）
田髙寛貴・白石大・山城一真『START UP 民法③債権総論 判例30！』（有斐閣，2017年）

3　注　釈　書
奥田昌道編『新版　注釈民法 (10-2) 債権(1)債権の目的・効力(2)』（有斐閣，2011年）
西村信雄編『注釈民法 (11) 債権(2)多数当事者の債権・債権の譲渡』（有斐閣，1965年）
磯村哲編『注釈民法 (12) 債権(3)債権の消滅』（有斐閣，1970年）
遠藤浩編『基本法コンメンタール　債権総論（第4版新条文対照補訂版）』（日本評論社，2005年）

4　演　習　書
沖野眞已・窪田充見・佐久間毅編著『民法演習サブノート210問』（弘文堂，2018年）
千葉惠美子・潮見佳男・片山直也編『Law Practice 民法Ⅱ債権編〔第4版〕』（商事法務，2018年）

5　2017年民法改正に関する解説書
大村敦志・道垣内弘人編『解説 民法（債権法）改正のポイント』（有斐閣，2017年）
潮見佳男『民法（債権関係）改正法の概要』（金融財政事情研究会，2017年）
潮見佳男ほか編著『Before/After 民法改正』（弘文堂，2017年）
潮見佳男ほか編『詳解改正民法』（商事法務，2018年）
筒井健夫・村松秀樹編著『一問一答民法（債権関係）改正』（商事法務，2018年）
中田裕康ほか『講義債権法改正』（商事法務，2017年）
松尾弘『債権法改正を読む──改正論から学ぶ新民法』（慶應義塾大学出版会，2017年）

判例索引

大 審 院

大判明治31・2・8民録4輯2巻11頁………313
大判明治36・3・30民録9輯361頁…………234
大判明治36・4・23民録9輯484頁…………176
大判明治39・10・29民録12輯1358頁………36
大判明治39・12・20民録12輯1676頁………196
大判明治40・12・13民録13輯1200頁………296
大判明治43・7・6民録16輯537頁…………102
大連判明治44・3・24民録17輯117頁：
　百選Ⅱ-14…………………………………111
大判明治44・10・3民録17輯538頁…………119
大判明治44・12・16民録17輯808頁…………302
大判明治45・7・3民録18輯684頁…………301
大判大正元・9・25民録18輯799頁…………243
大判大正元・12・19民録18輯1087頁………40
大判大正2・5・8民録19輯312頁……………173
大判大正3・10・13民録20輯751頁…………166
大連判大正3・12・22民録20輯1146頁……234
大判大正4・3・10刑録21輯279頁：
　百選Ⅱ-19…………………………………131
大判大正4・3・27民録21輯444頁…………234
大判大正4・4・19民録21輯524頁…………156
大判大正4・9・21民録21輯1486頁
　……………………………………138,141,154
大判大正5・2・2民録22輯74頁……………102
大判大正5・6・3民録22輯1132頁…………156
大判大正5・7・15民録22輯1549頁…………205
大判大正5・12・19民録22輯2450頁………243
大判大正6・5・3民録23輯863頁……………161
大判大正6・7・5民録23輯1197頁…………275
大判大正6・9・22民録23輯1488頁…………219
大判大正6・9・25民録23輯1364頁…………172
大判大正6・10・2民録23輯1510頁…………230
大判大正6・10・18民録23輯1662頁………268
大判大正6・10・27民録23輯1867頁………177
大判大正6・10・30民録23輯1624頁………113
大判大正6・11・1民録23輯1715頁…………245

大判大正7・3・4民録24輯326頁……………296
大判大正7・7・31民録24輯1555頁…………16
大判大正7・8・14民録24輯1650頁…………259
大判大正7・8・27民録24輯1658頁：
　百選Ⅱ-7……………………………………71
大判大正7・9・26民録24輯1730頁…………119
大判大正7・10・19民録24輯1987頁………296
大判大正7・10・26民録24輯2036頁………114
大判大正7・12・4民録24輯2288頁…………261
大判大正7・12・7民録24輯2310頁…………285
大判大正7・12・11民録24輯2319頁………296
大連判大正8・3・28民録25輯441頁………236
大判大正8・4・16民録25輯689頁…………119
大判大正8・5・5民録25輯839頁……………118
大判大正8・6・30民録25輯1192頁…………234
大判大正8・12・25民録25輯2400頁……19,28
大判大正9・6・17民録26輯905頁…………297
大判大正10・2・9民録27輯244頁…………228
大判大正10・2・21民録27輯445頁…………296
大判大正10・6・18民録27輯1168頁………125
大決大正10・7・25民録27輯1354頁………39
大判大正10・10・15民録27輯1788頁………128
大判大正11・3・1民集1巻80頁……………248
大判大正11・7・17民集1巻460頁…………185
大判大正11・10・25民集1巻616頁…………301
大判大正11・11・24民集1巻670頁…………140
大判大正11・11・24民集1巻738頁…………322
大判大正13・4・25民集3巻157頁…………119
大判大正13・7・18民集3巻399頁…………259
大判大正14・5・30新聞2459号4頁…………203
大判大正14・7・18新聞2463号14頁………322
大判大正14・10・28民集4巻656頁…………203
大判大正14・12・15民集4巻710頁…………247
大判大正15・3・25民集5巻219頁…………245
大連判大正15・5・22民集5巻386頁……73,74
大判昭和4・3・30民集8巻363頁：

百選Ⅱ-5‥‥‥‥‥‥‥‥‥‥‥‥‥‥‥64
大判昭和4・12・16民集8巻944頁‥‥‥‥‥103
大判昭和5・1・29新聞3092号15頁‥‥‥‥‥183
大決昭和5・9・30民集9巻926頁‥‥‥‥‥‥39
大判昭和5・10・10民集9巻948頁‥‥‥‥‥230
大決昭和5・12・4民集9巻1118頁‥‥‥‥‥142
大判昭和6・3・16民集10巻157頁‥‥‥‥‥276
大判昭和6・4・18評論全集20巻民法778頁‥118
大判昭和7・4・15民集11巻656頁‥‥‥‥‥156
大判昭和7・6・21民集11巻1198頁‥‥‥‥‥105
大判昭和7・6・21民集11巻1186頁‥‥‥‥‥183
大判昭和7・9・30民集11巻2008頁‥‥‥‥‥164
大判昭和7・10・11新聞3487号7頁‥‥‥‥205
大判昭和7・12・6民集11巻2414頁‥‥‥‥‥236
大判昭和7・12・17民集11巻2334頁‥‥‥‥203
大判昭和8・1・31民集12巻83頁‥‥‥‥‥‥310
大判昭和8・2・3民集12巻175頁‥‥‥‥‥123
大判昭和8・4・6民集12巻791頁‥‥‥‥‥206
大判昭和8・4・18民集12巻689頁‥‥‥‥‥235
大判昭和8・5・30民集12巻1381頁‥‥‥‥‥317
大判昭和8・6・13民集12巻1472頁‥‥‥‥‥180
大判昭和8・7・5民集12巻2191頁‥‥‥‥‥275
大判昭和8・9・29民集12巻2443頁‥‥‥‥‥275
大判昭和8・10・13民集12巻2520頁‥‥‥‥182
大判昭和8・12・5民集12巻2818頁‥‥‥‥308

大判昭和9・1・30民集13巻103頁‥‥‥‥‥204
大判昭和9・7・17民集13巻1217頁‥‥‥‥‥301
大判昭和9・9・27民集13巻1803頁‥‥‥‥‥102
大判昭和10・3・12民集14巻482頁‥‥‥‥‥105
大判昭和10・4・25新聞3835号5頁：
　カフェー丸玉事件‥‥‥‥‥‥‥‥‥‥‥33
大判昭和10・12・28民集14巻2183頁‥‥‥‥275
大判昭和11・3・13民集15巻339頁‥‥‥‥‥276
大判昭和12・7・7民集16巻1120頁‥‥‥‥‥18
大判昭和12・8・10民集16巻1344頁‥‥‥‥302
大判昭和13・1・31民集17巻27頁‥‥‥‥‥177
大判昭和13・2・15民集17巻179頁‥‥‥268, 271
大判昭和13・5・14民集17巻932頁‥‥‥‥‥226
大判昭和13・6・11民集17巻1249頁‥‥‥259, 302
大判昭和14・4・12民集18巻350頁‥‥‥‥‥206
大判昭和14・5・16民集18巻557頁‥‥‥‥‥106
大判昭和15・3・15民集19巻586頁‥‥‥‥‥107
大判昭和15・11・26民集19巻2088頁‥‥‥‥188
大判昭和16・2・10民集20巻79頁‥‥‥‥‥124
大判昭和16・3・11民集20巻176頁‥‥‥‥‥275
大判昭和17・8・6民集21巻788頁‥‥‥‥‥210
大判昭和17・12・18民集21巻1199頁‥‥‥‥102
大判昭和18・9・10民集22巻948頁‥‥‥‥‥210
大判昭和20・5・21民集24巻9頁‥‥‥‥‥179

最高裁判所

最判昭和23・12・14民集2巻13号438頁‥‥‥259
最判昭和28・10・15民集7巻10号1093頁‥‥‥73
最判昭和28・12・14民集7巻12号1386頁‥‥‥105
最判昭和28・12・18民集7巻12号1446頁：
　百選Ⅱ-8‥‥‥‥‥‥‥‥‥‥‥‥‥‥‥73
最判昭和28・12・18民集7巻12号1515頁：
　百選Ⅱ-57‥‥‥‥‥‥‥‥‥‥‥‥‥‥128
最判昭和29・2・11民集8巻2号401頁‥‥‥‥303
最判昭和29・4・8民集8巻4号819頁：
　百選Ⅲ-65‥‥‥‥‥‥‥‥‥‥‥‥‥‥135
最判昭和29・7・16民集8巻7号1350頁‥‥‥296
最判昭和29・9・24民集8巻9号1658頁
　‥‥‥‥‥‥‥‥‥‥‥‥‥‥‥‥‥103, 105
最判昭和30・1・21民集9巻1号22頁‥‥‥‥74
最判昭和30・4・5民集9巻4号431頁‥‥‥‥128

最判昭和30・4・19民集9巻5号556頁‥‥‥‥64
最判昭和30・5・31民集9巻6号774頁‥‥‥‥131
最判昭和30・5・31民集9巻6号793頁‥‥‥‥134
最判昭和30・10・11民集9巻11号1626頁‥‥‥122
最判昭和30・10・18民集9巻11号1642頁：
　百選Ⅱ-1‥‥‥‥‥‥‥‥‥‥‥‥‥‥19, 20
最判昭和30・10・28民集9巻11号1748頁‥‥‥177
最判昭和31・1・26集21号7頁‥‥‥‥‥‥105
最大判昭和31・7・4民集10巻7号785頁‥‥‥40
最大判昭和32・6・5民集11巻6号915頁
　‥‥‥‥‥‥‥‥‥‥‥‥‥‥‥‥45, 262, 263
最判昭和32・7・19民集11巻7号1297頁
　‥‥‥‥‥‥‥‥‥‥‥‥‥‥‥‥‥313, 318
最判昭和32・11・1民集11巻12号1832頁‥‥‥118
最判昭和33・7・15新聞111号9頁‥‥‥‥‥101

判例索引

最判昭和33・9・26民集12巻13号3022頁……117
最判昭和34・6・19民集13巻6号757頁：
　百選Ⅲ-62……………………………142
最判昭和34・6・25民集13巻6号810頁………193
最判昭和35・3・15民集14巻3号430頁：
　百選Ⅲ-44……………………………40
最判昭和35・4・21民集14巻6号930頁………36
最判昭和35・6・23民集14巻8号1507頁……323
最判昭和35・6・24民集14巻8号1528頁………18
最判昭和35・11・22民集14巻13号2827頁……259
最判昭和35・12・15民集14巻14号3060頁……259
最判昭和36・4・14民集15巻4号765頁………309
最判昭和36・4・28民集15巻4号1105頁………73
最判昭和36・6・20民集15巻6号1602頁………25
最大判昭和36・7・19民集15巻7号1875頁：
　百選Ⅱ-15……………………………114,122
最判昭和36・12・8民集15巻11号2706頁………74
最判昭和37・3・6民集16巻3号436頁………118
最判昭和37・7・20民集16巻8号1583頁………73
最判昭和37・9・4民集16巻9号1834頁………46
最判昭和37・9・21民集16巻9号2041頁
　………………………………………259,299
最判昭和37・10・9民集16巻10号2070頁……125
最判昭和37・11・9民集16巻11号2270頁……203
最判昭和37・11・16民集16巻11号2280頁……73
最判昭和38・11・5民集17巻11号1510頁………92
最判昭和39・1・23民集18巻1号76頁………125
最判昭和39・6・12民集18巻5号764頁………120
最判昭和39・9・22判時385号50頁…………154
最判昭和39・10・23民集18巻8号1773頁……259
最判昭和39・11・17民集18巻9号1851頁……118
最大判昭和39・11・18民集18巻9号1868頁…29
最判昭和39・12・18民集18巻10号2179頁：
　百選Ⅱ-23……………………………203
最大判昭和39・12・23民集18巻10号2217頁
　………………………………………313-316
最大判昭和40・6・30民集19巻4号1143頁：
　百選Ⅱ-22……………………………177
最判昭和40・10・12民集19巻7号1777頁……101
最判昭和40・12・21民集19巻9号2221頁……323
最判昭和41・5・27民集20巻5号1004頁……119
最判昭和41・10・4民集20巻8号1565頁……289
最判昭和41・12・20民集20巻10号2139頁：

　百選Ⅱ-31……………………………155,246
最判昭和42・1・20民集21巻1号16頁：
　百選Ⅲ-73……………………………116
最判昭和42・11・9民集21巻9号2323頁……118
最判昭和42・11・30民集21巻9号2477頁……311
最判昭和43・9・26民集22巻9号2002頁……104
最判昭和43・10・17判時540号34頁…………184
最大判昭和43・11・13民集22巻12号2526頁…29
最判昭和43・11・15民集22巻12号2649頁……196
最判昭和44・3・20判時557号237頁………183
最判昭和44・5・1民集23巻6号935頁………262
最判昭和44・6・24民集23巻7号1079頁：
　百選Ⅱ-11……………………………106
最判昭和44・11・25民集23巻11号2137頁……29
最判昭和44・12・19民集23巻12号2518頁……118
最判昭和45・4・10民集24巻4号240頁……224
最判昭和45・4・21民集24巻4号298頁………27
最判昭和45・4・21判時595号54頁…………168
最大判昭和45・6・24民集24巻6号587頁：
　百選Ⅱ-39……………………………312,314,315
最大判昭和45・7・15民集24巻7号771頁……304
最判昭和45・10・13判時614号46頁…………141
最判昭和45・12・11民集24巻13号2015頁……219
最判昭和46・1・26民集25巻1号90頁：
　百選Ⅲ-72……………………………115
最判昭和46・10・14民集25巻7号933頁……323
最判昭和46・11・19民集25巻8号1321頁……125
最判昭和46・12・16民集25巻9号1516頁……36
最判昭和46・12・16民集25巻9号1472頁：
　百選Ⅱ-55：硫黄鉱石売買契約事件………265
最判昭和47・3・23民集26巻2号274頁……177
最判昭和47・4・20民集26巻3号520頁：
　百選Ⅱ-9……………………………73
最判昭和48・2・16民集27巻1号99頁………168
最判昭和48・3・27民集27巻2号376頁……290
最判昭和48・4・24民集27巻3号596頁……106
最判昭和48・7・19民集27巻7号823頁
　………………………………………222,225
最判昭和48・10・11判時723号44頁………69,77
最判昭和48・11・30民集27巻10号1491頁……117
最判昭和49・3・7民集28巻2号174頁：
　百選Ⅱ-29……………………………236
最判昭和49・9・20民集28巻6号1202頁……115

最判昭和49・11・29民集28巻8号1670頁……101
最判昭和49・12・12集民113号523頁………120
最判昭和50・2・25民集29巻2号143頁：
　百選Ⅱ-2……………………………………88
最判昭和50・3・6民集29巻3号203頁：
　百選Ⅱ-12………………………………102
最判昭和50・7・15民集29巻6号1029頁……25
最判昭和50・12・1民集29巻11号1847頁……123
最判昭和50・12・8民集29巻11号1864頁……233
最判昭和52・3・17民集31巻2号308頁……225
最判昭和52・9・19判時868号29頁…………138
最判昭和53・5・1判時893号31頁……………291
最判昭和53・10・5民集32巻7号1332頁：
　百選Ⅱ-16………………………………114,126
最判昭和53・12・15判時916号25頁…………220
最判昭和54・1・25民集33巻1号12頁………122
最判昭和54・3・16民集33巻2号270頁……106
最判昭和54・7・10民集33巻5号533頁……318
最判昭和55・1・11民集34巻1号42頁
　………………………………………148,238
最判昭和55・1・24民集34巻1号110頁
　………………………………………113,117
最判昭和56・2・16民集35巻1号56頁………91
最判昭和57・3・4判時1042号87頁…………168
最判昭和57・12・17民集36巻12号2399頁：
　百選Ⅱ-20………………………………166
最判昭和58・4・7民集37巻3号219頁………76
最判昭和58・5・27民集37巻4号477頁…88,89
最判昭和58・10・4判時1095号95頁…………236
最判昭和58・12・19民集37巻10号1532頁
　………………………………………116,119
最判昭和59・2・23民集38巻3号445頁：
　百選Ⅱ-34………………………………291
最判昭和59・4・10民集38巻6号557頁……88
最判昭和59・5・29民集38巻7号885頁：
　百選Ⅱ-36………………………………281
最判昭和59・9・18判時1137号51頁：
　百選Ⅱ-3………………………………57,83
最判昭和60・2・12民集39巻1号89頁………192
最判昭和60・3・26民集39巻2号124頁………49
最判昭和60・5・23民集39巻4号940頁：
　百選Ⅰ-94………………………………273
最判昭和61・4・1民集40巻3号558頁：

最判昭和61・11・27民集40巻7号1205頁……280
最判昭和62・7・10金法1180号36頁…………81
最判昭和63・7・1民集42巻6号451頁：
　百選Ⅱ-97………………………………169
最判昭和63・7・1判時1287号63頁：
　百選Ⅱ-32………………………………268
最判昭和63・10・13判時1295号57頁………292
最判平成2・4・12金法1255号6頁…………276
最判平成2・12・18民集44巻9号1686頁……189
最判平成3・4・11判時1391号3頁…………88
最判平成3・9・3民集45巻7号1121頁……276
最判平成3・10・25民集45巻7号1173頁……169
最判平成4・2・27民集46巻2号112頁……122
最判平成5・3・30民集47巻4号3334頁：
　百選Ⅱ-30………………………………238
最判平成5・7・19判時1489号111頁………286
最判平成5・11・11民集47巻9号5255頁……34
最判平成6・4・21裁時1121号1頁…………78
最判平成6・7・18民集48巻5号1165頁……302
最判平成7・6・23民集49巻6号1737頁：
　百選Ⅱ-37………………………………276,277
最判平成8・4・26民集50巻5号1267頁：
　百選Ⅱ-72………………………………257,292
最判平成9・2・25判時1607号51頁…………33
最判平成9・4・24民集51巻4号1991頁……293
最判平成9・6・5民集51巻5号2053頁：
　百選Ⅱ-25………………………………226
最判平成9・7・15民集51巻6号2581頁……319
最判平成9・11・13判時1633号81頁………205
最判平成10・4・24判時1661号66頁…………58
最判平成10・4・30判時1646号162頁：
　百選Ⅱ-111………………………………93
最判平成10・6・12民集52巻4号1121頁：
　百選Ⅱ-17………………………………113,116,117
最判平成10・9・10民集52巻6号1494頁：
　百選Ⅱ-21………………………………168
最判平成11・1・29民集53巻1号151頁：
　百選Ⅱ-26………………………………220,221
最判平成11・6・11民集53巻5号898頁：
　百選Ⅲ-69………………………………115
最判平成11・11・9民集53巻8号1403頁……33
最大判平成11・11・24民集53巻8号1899頁

判例索引

……………………………………103,105
最判平成12・3・9民集54巻3号1013頁：
　百選Ⅲ-19……………………………119
最判平成12・4・21民集54巻4号1562頁
　…………………………………220,222
最判平成13・11・22民集55巻6号1033頁……104
最判平成13・11・22民集55巻6号1056頁……221
最判平成13・11・27民集55巻6号1090頁……222
最判平成14・1・17民集56巻1号20頁………292
最判平成15・2・21民集57巻2号95頁：
　百選Ⅱ-73……………………………292
最判平成15・2・21金法1678号61頁…………309
最判平成15・2・28判時1829号151頁…………80
最判平成15・3・14民集57巻3号286頁………185
最判平成15・4・8民集57巻4号337頁：
　百選Ⅱ-35……………………………287,288
最判平成15・4・11判時1823号55頁…………137
最判平成15・7・18民集57巻7号895頁………295
最判平成15・12・9民集57巻11号1887頁………54
最判平成16・4・20家月56巻10号48頁………135
最判平成17・1・27民集59巻1号200頁………273

最判平成17・3・10民集59巻2号356頁………103
最判平成17・9・8民集59巻7号1931頁：
　百選Ⅲ-64……………………………143
最判平成17・9・16判時1912号8頁……………86
最決平成17・12・9民集59巻10号2889頁………41
最判平成19・2・15民集61巻1号243頁………220
最判平成19・6・7民集61巻4号1537頁………295
最判平成19・7・19民集61巻5号2175頁………295
最判平成20・1・18民集62巻1号28頁………295
最判平成20・6・10民集62巻6号1488頁………29
最判平成21・1・19民集63巻1号97頁：
　百選Ⅱ-6………………………………70
最判平成23・4・22民集65巻3号1405頁：
　百選Ⅱ-4……………………………84,85
最判平成25・2・28民集67巻2号343頁：
　百選Ⅱ-38……………………………309
最判平成25・9・13民集67巻6号1356頁………185
最判平成27・2・17民集69巻1号1頁…………192
最判平成27・11・19民集69巻7号1988頁……199
最大判平成28・12・19民集70巻8号2121頁…136

高等裁判所

札幌高函館支判昭和37・5・29高民15巻4号
　282頁……………………………………21
大阪高判平成元・8・29判タ709号208頁……143
東京高判平成13・12・11判時1774号145頁…309

地方裁判所

東京地判判決年月日不詳〔大正2（ワ）922号〕
　新聞986号25頁…………………………14
大阪地判昭和42・6・12下民集18巻5・6号
　641頁……………………………………79
東京地判昭和45・7・16下民集21巻7・8号
　1062頁…………………………………143
東京地判昭和55・3・31判時975号48頁……238

大阪地判昭和56・11・30判時1048号128頁…238
大阪地判平成5・12・9判時1507号151頁
　……………………………………86,87
東京地判平成11・4・22金法1549号32頁……284
東京地判平成13・6・20判タ1074号219頁……80
さいたま地判平成16・6・25金法1722号81頁
　………………………………………284

事項索引

あ 行

与える債務……………………………15,39
安全配慮義務…………………………52,88
遺産分割……………………………135,136
　　──協議……………………………114
意思表示をなす債務……………………42
委託を受けた保証人の求償権…………187
委託を受けなかった保証人の求償権……192
一部代位………………………………272
一部保証………………………………175
逸失利益…………………………………55
一身専属的給付………………………267
委　任…………………………………187
違約金……………………………………78
違約罰……………………………………78
入会権…………………………………136
入会団体…………………………136,137
遺留分減殺請求権……………………104
受取証書………………………………297

か 行

解除権…………………………138,139,179
価額償還請求…………………………123
掴取力……………………………………32
確定日付のある証書………………228,234
過失相殺………………………………76,93
カフェー丸玉事件………………………34
間接強制…………………………………38
貫徹力……………………………………32
観念の通知……………………………230
元本確定期日……………………207,208
元本の確定………………………201,207
機関保証………………………………171
期限前払戻し…………………………289
帰責事由…………………………………27
偽造・盗難カード預貯金者保護法……284
既判力…………………………………157
基本的保証債務……………………203,210

記名式所持人払証券………………240,242
記名証券………………………………244
逆相殺…………………………………317
キャッシュカード……………………285
求償権…………………145,161,186,269
　　──保証…………………………208
　　事後──…………………………187
　　事前──…………………………188
　　事後求償権と事前求償権との相互関係……191
求償権行使の制限………………162,193
　　事前の通知………………………162
　　事後の通知………………………163
給　付……………………………………10
　　──義務……………………………48
　　──保持力……………………10,32
供　託…………………………………300
供託物取戻請求権……………………304
供託物引渡（還付）請求権…………303
共同相続………………………134,135,143
共同不法行為……………………154,167
共同保証………………………………195
共同保証人間の求償権………………197
共同連帯………………………………150
共　有……………………………134,142
極度額………………………200,206,208
銀行預金約款…………………………285
金銭債権…………………………………25
具体的保証債務………………………203
組　合…………………………………136,137
形成権説………………………………109
継続的保証……………………………201
契約交渉継続義務………………………83
契約者貸付……………………………293
契約自由の原則…………………………13
契約上の地位の移転…………………249
契約の拘束力……………………………43
契約不適合………………………………50
結果債務……………………………27,48,60
検索の抗弁権……………………179,196

事項索引 | 335

現実の提供･････････････････････258, 263
限定承認･････････････････････････184
更　改･････････････････144, 154, 158, 320
口頭の提供･････････････････258, 259, 263
抗弁権･･･････････････････････････178
合　有･･････････････････････134, 136, 142
合理的期待説･････････････････････315
個人貸金等根保証契約･･･････････････207
個人根保証契約･･･････････････････206
個別損害説･･･････････････････････53
混　同･･･････････････144, 154, 160, 322

さ　行

債　権･･･････････････････････････10
債権回収機能･････････････････････99, 109
債権者代位権･････････････････････98
　　──の転用･･････････････････100, 102
債権者の情報提供義務･････････････180
債権者平等の原則･････････････････12, 40
債権証書･････････････････････････297
債権証書・担保物交付義務･･････････274
債権譲渡･････････････････････････214
債権譲渡自由の原則･･･････････････215
債権譲渡制限･････････････････････222
債権譲渡登記･････････････････････229
債権譲渡と相殺･･･････････････････316
債権侵害･････････････････････････126
債権的効力説･････････････････････222
債権の消滅･･･････････････････････251
債権の目的･･･････････････････････13, 14
催告の抗弁権･････････････････････179, 196
債務なき責任･････････････････････35
債務引受･････････････････････････244
　　免責的──･････････････････････247
詐害行為取消権･･･････････････････108
差額説･･･････････････････････････53
作為債務･････････････････････････40
差押えと相殺･････････････････････312
指図証券･････････････････････････240
詐称代理人･･･････････････････････283
三分類説･････････････････････････44
時　効･･･････････････････････････153
時効の完成猶予・更新･･････138, 143, 157, 182, 184

時効の利益の放棄･････････････････183
持参債務･････････････････････････28
事実的因果関係･･･････････････････58, 68
事実としての不履行･･･････････････44
事情変更の法理･･･････････････････203
自然債務･････････････････････････33
執行力･･･････････････････････････11, 32
指定充当･････････････････････････294
自働債権･････････････････････････304
事務管理･････････････････････････187
受益者･･････････････････････････120, 124
主観的共同目的･･･････････････････198
　　──説･･･････････････････････151
主たる債務･･････････････････････170, 173
主たる債務者の死亡・破産･･････････184
主たる債務者の情報提供義務･･･････212
手段債務･････････････････････････27, 48, 61
受働債権･････････････････････････304
受領遅滞･････････････････････62, 143, 264
種類債権･････････････････････････17
　　──の特定･･････････････････17, 258
種類物･･･････････････････････････15
準共有･･････････････････････････134, 135
準物権行為･･･････････････････････218
証　券･･･････････････････････････216
使用者責任･･･････････････････････167
承　諾･････････････････225, 228, 230, 246, 247
消費貸借契約･････････････････････173
情報提供義務･････････････････････85
証明責任･････････････････････････65, 90
将来債権の譲渡･･･････････････････219
書　面･･･････････････････････････172
自力救済の禁止･･･････････････････37
人的抗弁の切断･･････････････････217, 241
信用保証･････････････････････････201
信用保証協会････････････････････171, 193
信頼利益･････････････････････････57
随伴性･･･････････････････････････170
請　求･･････････････････････････153, 156
請求権･･･････････････････････････12
請求権競合･･･････････････････････91
請求権説･････････････････････････109
請求力･･･････････････････････････10, 32

制限行為能力者	175
制限種類債権	21
制限説	313, 315
誠実交渉義務	83
責　任	32
責任財産	32
——の保全	97
——保全機能	98
責任制限条項	79
責任説	111
責任なき債務	34
責任能力	65
積極的契約侵害	46
絶対効	112
折衷説	110
説明義務	85
責めに帰することができない事由	59
善意取得	217
選択債権	22
相互保証説	151
相殺契約	305
相殺権の濫用	318
相殺充当	319
相殺適状	306
相　殺	93, 144, 159, 186, 304
——の禁止	310
——の抗弁	179
——の予約	306, 315
相　続	184
相続放棄	115
相対性	13
相当因果関係	67
送付債務	28
総　有	137
訴求力	10, 32
訴権説	111
損益相殺	76
損　害	53
財産的——	54
消極的——	55
精神的——	54
積極的——	54
通常——	69

特別——	70
非財産的——	54
損害事実説	54
損害担保契約	171, 209
損害賠償額の予定	78
損害賠償請求	131

た　行

対抗問題	128
代償請求権	81
代替執行	38
代替的特定物	16
代替物	16
代物弁済	144, 298
——の予約	298
多数当事者の債権・債務	133
他人物の引渡し	255
単純連帯	150
担保価値維持請求権	102
担保的機能	305
担保保存義務	274
遅延賠償	55
中間最高価格	73
中間利息	76
重畳性	12
直接強制	38
賃借人の債務の保証	204
賃貸人の地位の移転	249
通　知	228, 230
通帳機械払い	287
定型約款	80
適当な処分	41
電子記録債権	217
転得者	120, 124
塡補賠償	55
同時履行の抗弁権	138
特定債権	99, 114
特定債権実現機能	99
特定物	15
——債権	15
——ドグマ	51
——の引渡し	254
特別解約権	202

事項索引 | 337

| 取消権 | 179 |
| 取立債務 | 28, 45 |

な 行

なす債務	15, 40
二重契約者	127
二重弁済	193
任意解約権	202
任意代位	271
根抵当権	200
根保証	200
包括——	202

は 行

被代位権利	98, 103
被保全債権	98
費用償還請求権	187
費用前払請求権	188
不可抗力	60, 77
不可分債権	133, 142
不可分債務	133, 139, 140, 142
不完全債務	33
不完全履行	44, 47, 66
富喜丸事件	74
不作為債務	40
付従性	170, 173, 178, 201
不真正連帯債務	162, 167
付随義務	48
不代替的特定物	16
不代替物	16
負担部分	145, 154, 155, 161, 162
物権的効力説	222
物上保証人	189
不特定物	15
不法行為	84, 85, 90, 92
分割債権	133, 138
分割債務	133, 138
分配請求権	144
分別の利益	195
併存的債務引受	154, 245
弁済	253
——受領者	281
——による代位	170, 199, 269

——の時期	256
——の充当	293
——の証明	297
——の提供	143, 257
——の場所	255
——の費用	256
第三者の——	266
みなし——	29
表見受領権者に対する——	282
預貯金口座への振込みによる——	257
放　棄	184
法人保証	171
法定充当	296
法定重利	27
法定訴訟担当	106
法定代位	271
法定利率	26, 77
法律行為自由の原則	13
保護義務	52, 88
保護範囲説	68
保証意思宣明証書	211
保証委託契約	172
保証会社	171, 193
保証期間	202
保証契約	172
保証債務	133, 170
——の補充性	179
保証人	170
——の時効援用権	182
保証連帯	196
保存行為	104

ま 行

身元保証	209
無記名証券	240
無資力	166
無資力者	175
無制限説	314
免　除	144, 153, 157, 321
免責事由	27
免責証券	241
免責条項	79
免責請求権	190

目的の消滅	251
目的の到達	251
——の不能	252
持分権の独立性	134, 137

や 行

約定利率	26, 77
有価証券	240
有限責任	35
要物契約	173
預金者の確定	292
預金担保貸付	290
予見可能性	70
余後効	87
預貯金債権	224

ら 行

履行拒絶	44, 52, 56
履行請求権	35, 58
履行遅滞	44, 45, 62, 65, 73
履行の強制	37
履行の引受	248
履行不能	36, 44, 47, 62, 66, 72
履行補助者	62, 89
履行利益	57
離婚に伴う財産分与	116, 119
利息債権	26
利息制限法	26
利用補助者	64
連帯債権	133, 147
連帯債務	133, 140, 149
連帯債務者・不可分債務者の保証	195
連帯の免除	157
連帯保証	180, 196

Horitsu Bunka Sha

新ハイブリッド民法3
債権総論

2006年11月10日　初版第1刷発行
2018年10月10日　新版第1刷発行

著　者　　松尾　　弘・松井和彦
　　　　　古積健三郎・原田昌和

発行者　　田　靡　純　子

発行所　　株式会社 法律文化社

〒603-8053
京都市北区上賀茂岩ヶ垣内町71
電話 075(791)7131　FAX 075(721)8400
http://www.hou-bun.com/

＊乱丁など不良本がありましたら、ご連絡ください。
送料小社負担にてお取り替えいたします。

印刷：中村印刷㈱／製本：㈲坂井製本所
装幀：白沢　正
ISBN 978-4-589-03963-7

Ⓒ2018　H. Matsuo, K. Matsui, K. Kozumi, M. Harada
Printed in Japan

JCOPY　〈(社)出版者著作権管理機構　委託出版物〉

本書の無断複写は著作権法上での例外を除き禁じられています。複写される
場合は、そのつど事前に、㈳出版者著作権管理機構（電話 03-3513-6969、
FAX 03-3513-6979, e-mail: info@jcopy.or.jp）の許諾を得てください。

学部とロースクールを架橋する
ハイブリッドシリーズ

基礎から応用まで，多面的かつアクセントをつけて解説・展開

2017年の民法改正に対応
新ハイブリッド民法

1 民法総則　　　　　　　　　3,100円
　　小野秀誠・良永和隆・山田創一・中川敏宏・中村　肇【著】

3 債権総論　　　　　　　　　3,000円
　　松尾　弘・松井和彦・古積健三郎・原田昌和【著】

4 債権各論　　　　　　　　　3,000円
　　滝沢昌彦・武川幸嗣・花本広志・執行秀幸・岡林伸幸【著】

ハイブリッド民法

2 物権・担保物権法　　　　　3,000円
　　本田純一・湯川益英・原田　剛・橋本恭宏【著】

5 家　族　法〔第2版補訂〕　　3,200円
　　半田吉信・鹿野菜穂子・佐藤啓子・青竹美佳【著】

『ハイブリッド民法』は『新ハイブリッド民法』に順次改訂

A5判，横組，カバー巻，表示価格は本体(税別)価格です

法律文化社